"十四五"职业教育国家规划教材

高等职业教育通信类专业系列教材

移动通信技术

（第三版）

刘良华　代才莉　主编

陶亚雄　主审

科学出版社

北　京

内 容 简 介

本书系统、全面地阐述了现代移动通信的基本概念、基本原理、基本技术和当今广泛使用的典型数字移动通信系统，较充分地反映了当代数字移动通信技术的发展。

本书共 8 个模块，主要内容有移动通信概述、移动信道中的电波传播及干扰、组网技术、GSM 数字移动通信系统、CDMA 移动通信系统、第三代移动通信系统（3G）、第四代 LTE 移动通信系统（4G）和第五代移动通信系统（5G）。每个模块均附有移动通信小百科、练习题与思考题及实践训练任务工单。

本书可作为高等职业院校现代通信技术、现代移动通信技术、通信系统运行管理、通信工程设计与监理、电子信息工程技术以及其他相关专业高年级学生的教材，也可供通信行业中的工程技术人员参考。

图书在版编目（CIP）数据

移动通信技术/刘良华，代才莉主编. —3 版. —北京：科学出版社，2021.11（2026.1 重印）

ISBN 978-7-03-070134-3

Ⅰ. ①移… Ⅱ. ①刘…②代… Ⅲ. ①移动通信-通信技术 Ⅳ. ①TN929.5

中国版本图书馆 CIP 数据核字（2021）第 214073 号

责任编辑：陈砺川 孙露露 / 责任校对：赵丽杰
责任印制：吕春珉 / 封面设计：张 帅

科学出版社 出版
北京东黄城根北街 16 号
邮政编码：100717
http://www.sciencep.com
三河市中晟雅豪印务有限公司印刷
科学出版社发行 各地新华书店经销
*
2007 年 8 月第 一 版 2026 年 1 月第二十二次印刷
2018 年 8 月第 二 版 开本：787×1092 1/16
2021 年 10 月第 三 版 印张：18 1/2
2023 年 8 月第三版增订版 字数：438 000

定价：58.00 元

（如有印装质量问题，我社负责调换）

销售部电话 010-62136230 编辑部电话 010-62135763-2010

前言

移动通信作为新一代信息技术，是加快构建新发展格局，着力推动高质量发展，推动战略性新兴产业融合集群发展的重要支柱产业，随着数字经济的发展和社会信息化水平的提高，得到了越来越广泛的应用。我国移动通信发展的起步虽晚，但发展极其迅速，到目前，我国移动通信已形成世界上移动用户最多、网络规模最大、网络结构最复杂的移动通信网。

移动通信技术的发展日新月异，我国的移动通信正处在 2G、3G、4G 和 5G 移动通信系统共存的时期。面对这种发展形势，社会对移动通信技术高素质技术技能人才的需求迅速增加。许多高等职业院校为了培养通信领域的技术人才，纷纷开设“移动通信”相关课程，而目前内容较新、较全面的适用于高等职业教育的移动通信技术教材较少，现有教材内容普遍落后于商业应用的现实，这已经成为业界专家的共识。本书较好地反映了当前商用移动通信系统的技术发展与更新现状，让现有高端技术快速进入教材与课堂。编者在编写本书的过程中力求系统、全面地阐述现代移动通信的基本概念、基本原理和基本技术，避免烦琐的数学推导。根据移动通信的发展趋势和通信行业对从业人员的知识要求，从应用出发，注重理论联系实际，合理安排课程结构和内容，力求用简洁、通俗易懂的语言，通过贴切的例子阐述复杂的移动通信技术，易于学习者理解和掌握。

全书共 8 个模块。模块 1 移动通信概述，主要介绍移动通信的概念、发展历程、特点、组成、分类、工作方式、多址方式及编码与调制技术。模块 2 移动信道中的电波传播及干扰，主要介绍天线的基本知识、电波传播特性及传播的路径损耗预测、移动信道的特征、分集接收技术和噪声与干扰。模块 3 组网技术，主要介绍频率管理与有效利用技术、区域覆盖与信道配置、移动通信系统的网络结构、多信道共用技术、信令、移动通信的移动性管理等。模块 4 GSM 数字移动通信系统，主要介绍 GSM 的组成、特点，编号计划，传输信道的种类及帧结构，GSM 的接续和移动性管理，安全性管理。模块 5 CDMA 移动通信系统，主要介绍 CDMA 的基本原理，CDMA 在 CDMA 网络中的实现过程，CDMA 移动通信系统的特点与网络结构，CDMA 信道结构、移动性管理、呼叫处理和功率控制。模块 6 第三代移动通信系统（3G），主要介绍第三代移动通信系统的特点、系统组成结构和网络演进策略，并主要讲述了 CDMA2000 移动通信系统、TD-SCDMA 移动通信系统、WCDMA 移动通信系统的基本原理及其关键技术。模块 7 第四代 LTE 移动通信系统（4G），主要介绍 LTE 系统的网络架构、OFDM 技术、MIMO 技术、关键技术及随机接入等。模块 8 第五代移动通信系统（5G），主要介绍 5G 移动通信系统的概念及性能指标、关键技术、应用场景、网络结构和物理层技术等。

本书与第二版相比，具有如下特色与创新。

1. 落实立德树人根本任务，将思政元素融入教材

本书以习近平新时代中国特色社会主义思想为指导，坚持“为党育人、为国育才”的原则，精选通信历史、红色通信、通信人物、典型事迹、科学思维等方面的思政案例，形成移动通信小百科，将家国情怀、责任担当、科学思维、职业素养和工匠精神等的培养融入教材，通过凝练案例的思政教育映射点，将思政元素与教学内容有机结合，达到潜移默化的育人效果，培养德智体美劳全面发展的社会主义建设者和接班人。

2. 教材内容融入新技术，符合产业发展对人才培养的需求

本书较好地反映了当前商用移动通信系统的技术发展与更新现状，紧跟产业发展趋势和行业人才需求，将 4G 和 5G 移动通信技术快速融入教材，反映典型岗位（群）的职业能力要求，以适应我国通信行业目前急需掌握现代高端技术的技能型人才的需求，使教材内容更加突出时代性和先进性。

3. 模块化新型活页式教材，满足不同院校和专业的教学需求

本书采用模块化结构，对移动通信的基本概念、原理、技术和移动通信系统进行教学模块设计，每个模块具有一定的独立性，不同院校和专业可根据教学要求、专业特点和课程设置等具体情况对教学模块进行灵活选取，不会影响教学的完整性，从而满足不同院校和专业的教学需求，也方便进行教材内容的更新和调整。

4. 信息化教学资源丰富，适应“互联网+职业教育”发展需求

本书是在中国大学 MOOC 平台上线的国家精品在线开放课程《探秘移动通信》的配套教材，课程网站中的微视频生动有趣、通俗易懂，可帮助学习者理解深奥的移动通信技术，便于学习者在线学习，利于信息化教学与推广。另外，编者团队精心设计微课视频，以二维码形式链接在书中，学习者扫码即可观看；还配套教学课件、教学设计、考核标准、专用词汇及缩略语表等教学资源，为师生营造良好的线上线下学习环境，便于提高学习者的学习兴趣和学习效果。

5. 校企双元合作开发教材，突出职业教育类型特点

本书的编写人员由双高职业院校教师、双一流大学教师和行业龙头企业工程师组成，其理论知识扎实，教学经验丰富，实践技能强，熟悉培养通信行业高端技能型人才对专业知识和技能的要求，确保教材内容的科学性、应用性和实践性。

本书的参考学时数为 64～80 学时。本书由重庆电子工程职业学院刘良华教授和代才莉教授主编，具体编写分工为：重庆大学曾孝平教授编写模块 1，刘良华教授编写模块 2 和模块 3，代才莉教授编写模块 4 和移动通信小百科，重庆电子工程职业学院徐东副教授编写模块 5，重庆电子工程职业学院任志勇教授编写模块 6，重庆电子工程职业学院赵阔副教授编写模块 7，中兴通讯股份有限公司无线专家张星工程师编写模块 8，任志勇教授和徐东副教授编写实践训练任务工单。全书由刘良华教授统稿，由重庆电子工程职业学院陶亚雄教授主审。

由于编者水平有限，加之编写时间仓促，书中难免有疏漏之处，敬请广大读者批评指正。

目 录

模块1 移动通信概述

本模块内容是移动通信的基础知识，主要内容包括移动通信的概念、发展历程、特点、组成、分类、工作方式、多址技术及编码与调制技术。通过学习本模块，学习者可以初步认识移动通信，为后续模块的学习奠定基础。

知识目标

- 了解移动通信的发展历程。
- 掌握移动通信的分类。
- 掌握移动通信系统的构成及特点。
- 了解移动通信的工作方式和频率分配情况。
- 正确理解多址技术在移动通信中的应用。
- 理解移动通信中的编码与调制技术。

能力目标

- 能够准确表述移动通信的特点及组成。
- 能够正确区分移动通信的工作方式。
- 能够正确解释移动通信的多址技术。

素质目标

- 培养文献搜集等信息处理能力。
- 激发民族自豪感和科技报国的家国情怀。

学习任务 1.1 了解移动通信的发展

1.1.1 移动通信的概念

随着社会的发展，人们对通信的需求日益迫切，对通信的要求也越来越高。现代通信系统是信息时代的生命线，以信息为主导地位的信息化社会又促进通信技术的迅速发展，传统的通信网已不能满足现代通信的要求，移动通信已成为现代通信发展最为迅速的一种通信手段。随着人类社会对信息需求的增加，通信技术正在逐步走向智能化和网络化。人们对通信的理想要求是，任何人在任何时候、任何地方与任何人都能及时进行任何形式的沟通联系和信息交流。显然，没有移动通信，这种愿望是无法实现的。

移动通信是指通信的双方至少有一方是在移动中进行信息传输和交换的，这包括移动体之间的通信，移动体与固定体之间的通信。移动体可以是人，也可以是汽车、火车、轮船等在移动状态中的物体。

移动通信技术是 20 世纪 80 年代开始迅速发展起来的，是一种微型计算机和移动通信相结合的技术。频率复用、多信道共用技术和全自动接入公用电话网的小区制、大容量蜂窝移动通信系统，在美国、日本和瑞典等发达国家先后投入使用。1979 年美国在芝加哥开始进行 AMPS（先进移动电话服务）蜂窝系统的汽车电话试验，并在 1983 年正式开通业务，其主要特征是利用频分多址（FDMA）接入技术，在移动信道中传输调频模拟语音信号（简称模拟系统），这种模拟蜂窝移动通信系统在当时有相当大的发展前景，但是随着用户的迅速增长，其模拟容量却无法满足这种增长。随即美国和欧洲各自发展了基于时分多址（TDMA）技术的数字蜂窝移动通信系统（简称数字系统），其发展相当迅速，并在几年内就取代了大多数工业化国家的模拟系统。这两代通信系统主要是针对传统的语音和低速率数据业务的系统，但“信息社会”要求的是图像、语音、数据相结合的多媒体业务和高速率数据业务的服务内容，它们的业务量将远远超过传统的语音业务的业务量。2000 年开始商用以码分多址（CDMA）技术为核心的第三代移动通信系统，实现了语言和数据相结合的多媒体业务，最高速率为 2Mb/s。2011 年开始商用以正交频分多址（OFDMA）技术为核心的第四代移动通信系统（LTE），最高速率可达 100Mb/s。2018 年推出的第五代移动通信系统，不仅满足人与人之间的通信，还能实现人与物、物与物之间的通信，最高速率可达 10Gb/s 以上，移动通信进入了万物互联时代。

1.1.2 移动通信的发展历程

1. 第一阶段：从 20 世纪 20 年代至 40 年代初

在第一阶段，移动通信有了初步的发展，不过当时的移动通信使用范围很小，主要使用对象是船舶、飞机、汽车、军事通信等专用移动通信系统，使用频段主要是短波段。由于技术的限制，电话的接续工作是由人工操作完成的。移动用户主要是和有线网用户相连接，使用的终端采用由电子管构成的设备，其体积庞大笨重并且价格高昂；网络服务区也仅限于单个基站（BS）的覆盖范围，并且可用频率少；没有使用蜂窝技术，因而系统容量相当有限；服务质量也随用户量的增加而受到影响，有时甚至无法通信。由于是以 FDMA 技术为主体的模拟移动通信系统，存在频率利用率低、不能传输数字信息、防窃听能力差等缺点，但当时的工程师们看到了移动通信的潜力，将大量的人力、物力投入到移动通信的发展上。

2. 第二阶段：从 20 世纪 40 年代中至 60 年代末

在第二阶段，移动通信有了进一步的发展，由于技术的进步，20 世纪 60 年代晶体管的出现，使移动终端（移动台）向小型化方向前进了一大步。在频段的使用上，放弃了原来的短波段，主要使用 VHF（甚高频）频段的 150MHz，到了后期又发展到 400MHz 频段。效果也比以前有了明显的好转，由于移动通信的便捷性，在美国、日本、英国、前联邦德国等国家开始应用于公用无线电话系统，此阶段的交换系统由人工发展为用户直接拨号的专用自动交换系统，接续效率也有了很大改善。这时，移动通信逐步走进了公众的日常生活，人们已经看到了未来个人移动通信的曙光。移动通信开始快速地向小型化、便捷化及个人化方向发展。

3. 第三阶段：从 20 世纪 70 年代至 80 年代

在第三阶段，集成电路技术、微型计算机和微处理器快速发展，由美国贝尔实验室推出的蜂窝系统的概念和其理论在实际中得到应用，这使得美国、日本等国家纷纷研制出陆地移动电话。

这个时期的系统的主要技术是模拟调频、频分多址，以模拟方式工作，使用频段为 800/900MHz（早期曾使用 450MHz），故称为模拟移动通信系统或第一代移动通信系统（简称 1G）。

这一阶段是移动通信系统不断完善的过程。系统的耗电、重量、体积大大减小，服务多样化，信息传输实时化，控制与交换更加自动化、程控化、智能化，服务质量已达到很高的水平。世界上第一个蜂窝系统是由日本电信电话株式会社（NTT）于 1979 年实现的。进入 20 世纪 80 年代，蜂窝移动通信已经到了广泛应用阶段。

与此同时，许多无线系统已经在全世界范围发展起来，寻呼系统和无绳电话系统在扩大服务范围，许多相应的标准应运而生。

这个时期的移动通信系统真正地进入了个人领域。具有代表性的第一代移动通信系统有 1973 年由美国摩托罗拉公司（Motorola）向美国联邦通信委员会（FCC）提出的 AMPS 系统，英国的 TACS（全接入通信系统），北欧（丹麦、挪威、瑞典、芬兰）的 NMT（北欧移动电话）系统，日本的 NAMTS 系统等，这些系统先后被投入商用。

4. 第四阶段：20 世纪 90 年代至今

在第四阶段，移动通信发展最为迅速，目前是第二代、第三代、第四代、第五代移动通信系统（简称 2G、3G、4G、5G）共存的时代，同时第六代移动通信系统（简称 6G）正处于研究布局阶段。随着数字技术的发展，通信、信息领域中的很多方面都面临向数字化、综合化、宽带化方向发展的问题。

2G 是以数字传输、时分多址或码分多址为主体的技术。这个时期国际上已进入商用的数字蜂窝系统有欧洲的 GSM、美国的 DAMPS、日本的 JDC 及美国的 IS-95 等系统。

进入 20 世纪 90 年代中期，世界各移动通信设备制造商和运营商已从对 3G 的概念认同阶段进入具体的设计、规划和实施阶段。

在开发 3G 的进程中形成了北美、欧洲和中国三大区域性集团，它们分别推出了 CDMA2000、WCDMA 和 TD-SCDMA 的技术方案。为实现 3G（IMT-2000）全球覆盖与全球漫游，3 种技术方案之间相互做出某些折中，以达到相互融合的目的。

3G 和个人通信需要有更大的系统容量和更灵活的高速率数据的传输，除语音和数据传输外，还能传输高质量的活动图像，真正实现了“任何人在任何地方、任何时间可以同任何对方进行任何形式的通信”的目标。3G 网是一个相当庞大的全球统一的移动通信网络，系统容量可以满足全球人口的应用需求，其覆盖范围理论上可以达到地球上任何一个有人类活动的地方。

随着数据通信与多媒体业务需求的发展，适应移动数据、移动计算及移动多媒体运作需要的 4G 兴起，该技术包括 TD-LTE 和 FDD-LTE 两种制式。4G 是多功能集成的宽带移动通信系统，在业务、功能、频带上都与 3G 不同，会在不同的固定和无线平台及跨越不同频带的网络运行中提供无线服务，比 3G 更接近于个人通信。4G 技术把上网速度提高到超过 3G 技术 50 倍，速率达到 100Mb/s，可实现三维图像高质量传输。

随着人与物、物与物通信需求的出现，以及为满足移动医疗、车联网、智能家居、工业控制、环境监测等应用需求，5G 技术迅速发展。5G 通信设施是实现人机物互联的网络基础设施，最终将渗透到经济社会的各行业、各领域，成为支撑经济社会数字化、网络化、智能化转型的关键新型基础设施。

6G 网络将融合地面通信与卫星通信，构建空天地一体化网络体系，实现全球全域无缝覆盖。通过太赫兹频段传输与空间复用等创新技术，其核心性能较 5G 提升 10～100 倍，推动通信从“万物互联”迈向“万物智联”新时代。6G 技术将深度赋能数字健康监测、低空无人机管控、全息交互体验、智能应急救援、自动驾驶系统、智能制造等前沿领域，实现人机物智能协同。

学习任务 1.2　熟悉移动通信系统的特点及组成

1.2.1　移动通信系统的特点

移动通信系统与固定通信系统等其他系统相比，主要有以下特点。

1. 无线电波传输环境复杂

移动通信中基站至用户间必须靠无线电波来传输信息。目前，移动通信所使用的频率范围在甚高频（VHF，30～300MHz）与特高频（UHF，300～3000MHz）内。这个频段的特点是，传播距离在视距范围内，一般在几十千米，且以反射波、直射波、散射波等方式传播；受地形和地物影响比较大，如移动通信系统多建在人口较多的市区内，城市高楼林立、高低不一、疏密不同、形状各异，这些因素都使电波传输路径进一步复杂化，从而导致电场强度起伏不定，最大相差可达 20～30dB，也就是产生衰落现象；同样山区会受到山的高低、大小的影响，使信号产生衰落。另外，天线短、抗干扰能力弱。

由于移动用户的移动具有随机性，故要想解决这种衰落现象是非常复杂的问题，这就要求在设计移动通信系统时，必须具备抗衰落性能和一定的衰落储备。

2. 多普勒频移产生调制噪声

由于移动台（MS）的随机运动，当达到一定的速度时，如超声速飞机、火箭在飞行中，天线接收到的载波频率将随运动速度 v 的不同，产生不同的频移，即产生多普勒效应，如图 1.1 所示，使接收点的信号场强的振幅、相位随时间和地点的不同而不断地变化。

因移动而产生的频移值为

$$f_{\mathrm{a}}=\frac{v}{\lambda}\cos\theta \tag{1.1}$$

式中，v为移动体的运动速度；λ为接收信号载波的波长；θ为电波到达时的入射角。

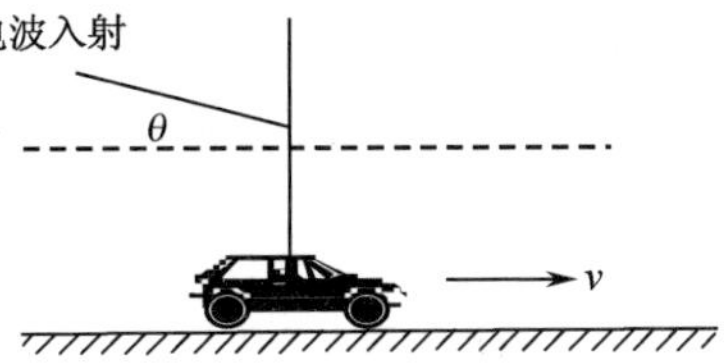

图 1.1　多普勒效应

为防止多普勒效应对通信系统的影响，通常地面接收机需要采用“锁相技术”，加入自动频率跟踪系统，即高速移动接收机在捕捉到发来的载频信号后，当接收到的载频信号随速度 v 变化时，地面接收机本振信号频率也跟着变化，这样就可以使信号不丢失。因此，移动通信设备都采用锁相技术。

3. MS 受噪声的干扰并在各种干扰下工作

干扰 MS 的噪声主要来自人为噪声，如来自城市的噪声、各类车辆发动机点火的噪声、微波炉干扰噪声等；对于自然噪声，由于其频率相对较低，可忽略其影响。

对于移动通信网来说，因是多频道、多电台同时工作的通信系统，所以，当 MS 工作时往往受到来自其他电台的干扰，最主要的有互调干扰、邻道干扰及同频干扰等。因此，无论在系统设计中还是在组网时，都要考虑干扰问题。

4. 对 MS 的要求高

MS 长期处于无固定位置状态，外界影响无法预料，这就要求 MS 必须有很强的适应能力。此外，还要求 MS 性能稳定可靠、携带方便、小型、低功耗及耐高温和低温；同时，要尽量让用户操作方便，适应新业务、新技术的发展，以满足不同人群的使用，这给 MS 的设计和制造带来了一定的难度。

5. 信道容量有限

频率作为一种资源，必须考虑合理的分配利用。由于适合移动通信的频段仅限于UHF 与 VHF，所以可用的信道容量极其有限。为满足用户需要的增加，只有采用能使频率充分利用的方法（如窄带化、缩小频带间距、频道重复利用等）来解决问题。每个地区在通信建设中要考虑长期增容的规划，以利于今后的发展需要。

6. 通信系统复杂

由于 MS 在通信区域内随时运动，需要随机选用无线通道进行频率和功率控制，以及选用地址登记、越区切换及漫游存取等跟踪技术，这使其信令种类比固定网要复杂得多。此外，在入网和计费方式上也有其特殊的要求，因此移动通信系统相当复杂。

1.2.2 移动通信系统的组成

移动通信包括无线传输、有线传输及信息的收集、处理和存储等，使用的设备主要有无线收发信机、移动交换控制设备和移动终端设备。其系统主要由 MS、基站和移动交换中心（MSC）及与公用电话交换网（PSTN）相连接的中继线组成。图 1.2 所示为一个典型的移动通信系统最基本的结构。

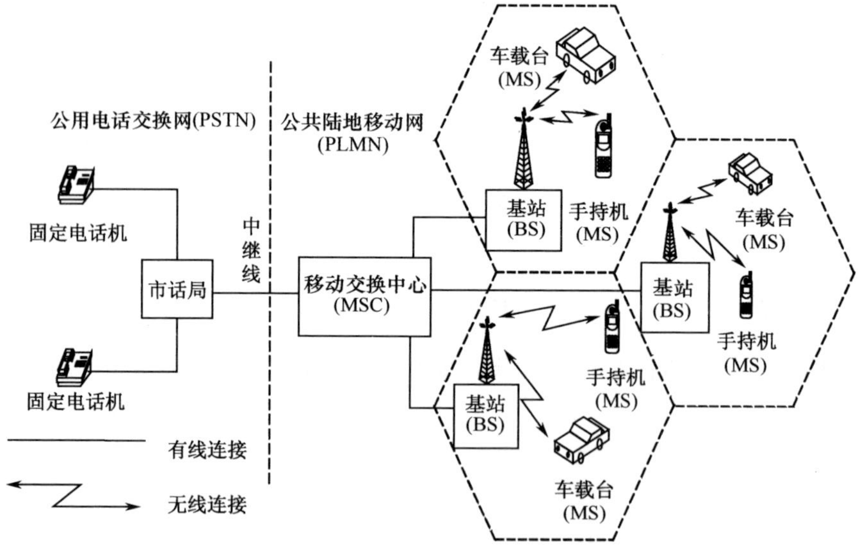

图 1.2 移动通信系统最基本的结构

基站与 MS 都设有收发信机和天馈线等设备。基站的作用是为 MS 提供一个双向的无线链路，负责管理无线资源。每个基站都有一个可靠通信的服务范围，称为无线小区。无线小区的大小，主要由基站的发射功率和基站天线的高度决定。移动业务交换中心主要用来处理信息的交换和整个系统的集中控制管理。

大容量移动通信系统可以由多个基站构成一个移动通信网。由图 1.2 可以看出，通过基站和移动业务交换中心就可以实现在整个服务区内任意两个移动用户之间的通信；也可以经过中继线与市话网连接，实现移动用户和市话用户之间的通信，从而构成一个有线、无线相结合的移动通信系统。但是，移动用户间不能直接进行通信，所有的呼叫都经由移动业务交换中心建立连接。

学习任务 1.3　区分移动通信的分类

移动通信是当今发展迅速、应用广泛和技术前沿的通信领域之一。移动通信分为公用移动通信和专用移动通信，公用移动通信与公众的生活密切相关，大家都很熟悉；与公用移动通信发展相对应，专用移动通信亦有其重要的市场定位和需求。

移动通信一般有以下几种分类：

1）按使用的对象可分为军用移动通信和民用移动通信。

2）按使用的环境可以分为陆地移动通信、海上移动通信和空中移动通信。

3）按多址方式可分为频分多址、时分多址和码分多址等。

4）按覆盖范围可分为城域网、局域网和个域网。

5）按业务类型可分为话务网、数据网和综合业务网。

6）按工作方式可分为单工、双工和半双工。

7）按服务范围可分为专用网和公用网。

8）按信号形式可分为模拟网和数字网。

1.3.1　公用移动通信系统

公用移动通信系统包括蜂窝移动通信系统、无线寻呼系统、无绳电话系统等。

1. 蜂窝移动通信系统

蜂窝移动通信系统示意图如图 1.3 所示。由于该移动通信无线服务区由许多正六边形小区覆盖而成，呈蜂窝状，故称为蜂窝移动通信系统。该系统适用于全自动拨号、全

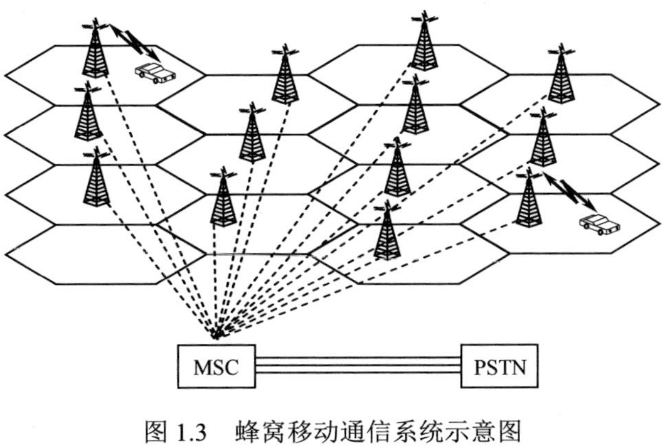

图 1.3　蜂窝移动通信系统示意图

双工工作、大容量公用移动陆地网组网，可与公用电话网中任何一级交换中心相连接，实现移动用户与本地电话网用户、长途电话网用户及国际电话网用户的通话接续；可与公用数据网相连接，实现数据业务的接续。该系统具有越区切换、自动和人工漫游、计费及业务统计等功能。模拟蜂窝移动通信系统主要用于开放式话务业务，随着 GSM 数字蜂窝移动通信网和 CDMA 网的建设与发展，也可用于数据、传真等许多非话务业务。

2. 无线寻呼系统

无线寻呼系统示意图如图 1.4 所示。它是一种单向通信系统，既可以作公用，也可以作专用，仅仅是规模大小不同而已。公用寻呼系统由与公用电话网相连接的无线寻呼控制中心、寻呼发射台及寻呼接收机组成。寻呼系统有人工和自动两种接续方式。人工方式由话务员代主呼用户搜寻到需要寻找的寻呼机和传送需要传递的信息信令与代码。随着无线寻呼的发展，用户逐渐转向自动寻呼，无线寻呼发展到成熟的自动化、数字化、多功能和汉字的水平，不过现在无线寻呼已被相当多的人所遗忘。

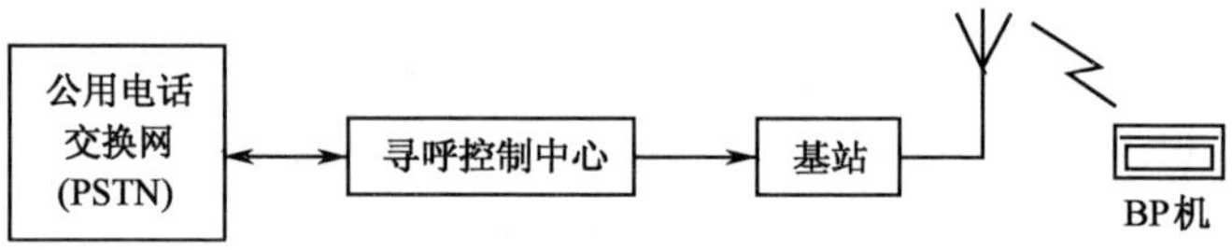

图 1.4　无线寻呼系统示意图

3. 无绳电话系统

无绳电话系统示意图如图 1.5 所示。这种系统初期应用于家庭，结构相当简单，只需要一个与有线电话用户线相连接的基站和随身携带的手持机，基站与手持机之间就可以建立起通信。不过无绳电话系统发展相当迅速并很快应用于商业，并且通信由室内走向了室外，该系统由移动终端（无绳电话）和基站组成。基站通过用户线与公用电话网的交换机相连接而进入本地电话交换系统。

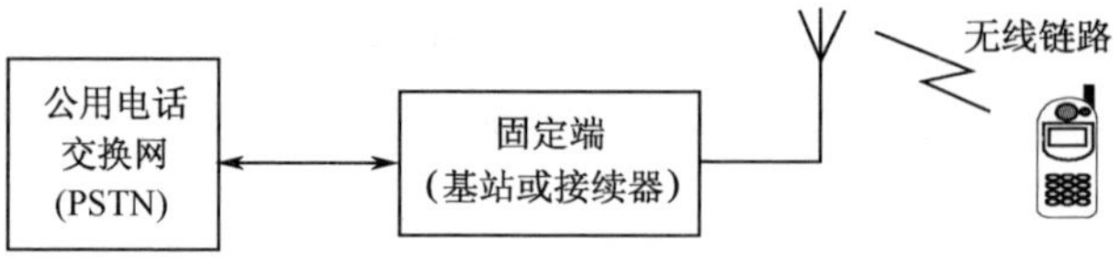

图 1.5　无绳电话系统示意图

1.3.2　专用移动通信系统

专用移动通信系统是为了保证某些特殊部门的通信而建立的通信系统，因为各个部门的性质和环境有很大的区别，所以各个部门使用的移动通信的技术要求有很大的差异，如公共安全方面有军事、公安、消防、急救、森林保护等；应急通信方面有地震、防汛等；交通运输方面有铁路、公路、汽车调度、交通管理、机场调度、航运等。在专用移动通信系统中，比较典型的是集群移动通信系统（也称为大区制移动通信系统）和卫星移动通信系统。

1. 集群移动通信系统

集群移动通信系统是一种用于集团调度指挥通信的移动通信系统，主要应用在专业移动通信领域，如图 1.6 所示。该系统具有可用信道可为系统的全体用户共用和自动选择信道的功能，它是共享资源、分担费用、共用信道设备及服务的多用途、高效能的无线调度通信系统。

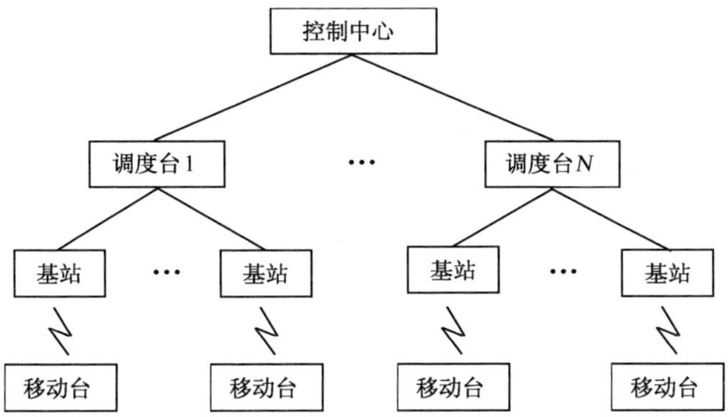

图 1.6　集群移动通信系统示意图

集群移动通信系统的组成与公用移动通信系统类似，但是又有自己的特点。它由基站、移动台、调度台及控制中心组成。基站由若干无线收发信机、天线共用器、天馈线系统和电源等设备组成。天线共用器包括发信合路器和接收分路器，天馈线系统包括接收天线、发射天线和馈线。移动台是用于运行中或停留在某未定地点进行通信的用户台，它包括车载台和便携式的手持台，由收发信机、控制单元、天馈线（或双工台）和电源组成。调度台是能对移动台进行指挥、调度和管理的设备，分有线调度台和无线调度台两种。无线调度台由收发信机、控制单元、天馈线（或双工台）、电源和操作台组成，有线调度台只有操作台。控制中心包括系统控制器、系统管理终端和电源等设备，它主要控制和管理整个集群通信系统的运行、交换和接续，它由接口电源、交换矩阵、集群控制逻辑电路、有线接口电路、监控系统、电源和计算机组成。

集群通信的最大特点是语音通信 PTT（即按即通），以一按即通的方式接续，被叫无须摘机即可接听，且接续速度较快，并能支持群组呼叫等功能，它的运作方式以单工、半双工为主，主要采用信道动态分配方式，并且用户具有不同的优先等级和特殊功能，通信时可以一呼百应。

随着数字技术的发展，集群通信系统已经逐渐发展成为数字集群通信系统。数字集群通信系统具有很多优点，它的频率利用率有很大提高，可进一步提高集群系统的用户容量；它提高了信号抗信道衰落的能力，使无线传输质量变好，即提高了语音质量；由于使用了发展成熟的数字加密理论和实用技术，使其保密性也有了很大改善。另外，数字集群移动通信系统可提供多业务服务，即除数字语音信号外，还可以传输用户数字、图像信息等，由于网内传输的是统一的数字信号，容易实现与综合业务数字网（ISDN）、公用电话交换网（PSTN）、公用数据网（PDN）等接口的互联，因此极大地提高了集群网的服务功能；最后，数字集群移动通信网能实现更加有效、灵活的网络管理与控制，在数字集群网中，在用户语音比特源中插入控制比特比较容易实现，即信令和用户信息统一成数字信号，这种一致性克服了模拟网的不足，给数字集群通信系统带来极大的好处。

2. 卫星移动通信系统

卫星移动通信系统是利用卫星转发信号实现移动通信的。车载移动通信可采用赤道固定卫星，而手持终端可采用中低轨道的多颗星座卫星。

学习任务 1.4　掌握移动通信的工作方式

移动通信的工作方式可分为单向通信方式和双向通信方式两大类，其中双向通信方式又分为单工、双工和半双工通信方式 3 种。

1.4.1　单向通信方式

单向通信方式就是通信双方中的一方只能接收信号，而另一方只能发送信号，不能互逆。接收信号方不能对发送信号方直接进行信息反馈。陆地移动通信中的无线寻呼系统就采用的这种工作方式。BP 机只能收信而不能发信，反馈信息只能通过“打电话”间接完成。

1.4.2　双向通信方式

双向通信方式就是通信双方都可以接收信号和发送信号。

1. 单工通信方式（按–讲方式）

单工通信方式就是移动通信的双方只能交替地进行发信和收信，而不能同时进行发信和收信。

常用的对讲机就是采用的这种通信方式。平时天线与接收机相连接，发信机不工作。当一方用户需要讲话时，按下“按–讲”开关，天线与发信机相连（发信机开始工作）；另一方的天线接至接收机，因而可以收到对方发来的信号。

根据收、发频率的异同，单工又可以分为同频单工和异频单工。

（1）同频单工

通信双方使用相同的频率 f_1 工作，发送时不接收，接收时不发送，只占用一个频点，如图 1.7 所示。

（2）异频单工

发信机和收信机分别使用两个不同的频率进行发送和接收。例如，甲的发射频率和乙的接收频率为 f_1，乙的发射频率和甲的接收频率为 f_2。同一部电台的发射机和接收机是轮换工作的，如图 1.8 所示。

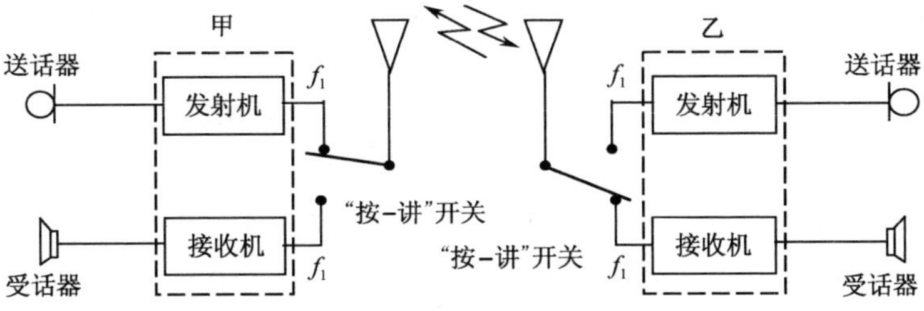

图 1.7　同频单工通信方式示意图

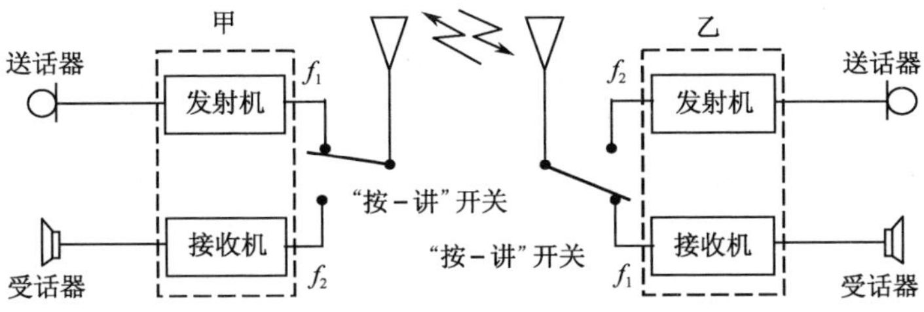

图 1.8　异频单工通信方式示意图

这种工作方式只允许一方发送时另一方进行接收。在图 1.7 和图 1.8 中，甲方发送期间，乙方只能接收而无法应答，这时即使乙方启动其发射机，也无法通知甲方使其停止发送。此外，当任何一方发话完毕时，必须立即松开“按-讲”开关，否则将收不到对方发来的信号。

2. 双工通信方式（全双工通信方式）

双工技术在移动通信系统中的应用

双工通信方式是指通信的双方在通话时，收发信机均同时工作，即任意一方在发话的同时，也能收听到对方的信息，与普通有线电话的使用情况类似。这时通信双方一般通过双工器来完成这种功能。双工通信又分为频分双工（FDD）和时分双工（TDD）。

（1）频分双工

当今的蜂窝移动通信系统采用的就是 FDD 模式。FDD 是指收发信机所用频率不同，一般双工频差为几兆赫到几十兆赫，即从频率上来区分收发信道，如图 1.9 所示。这种制式可以避免收发信机自身的干扰，但是双工频分信道需要占用频差为几兆赫到几十兆赫的两个频段才能工作，需要占用很大的频率资源。

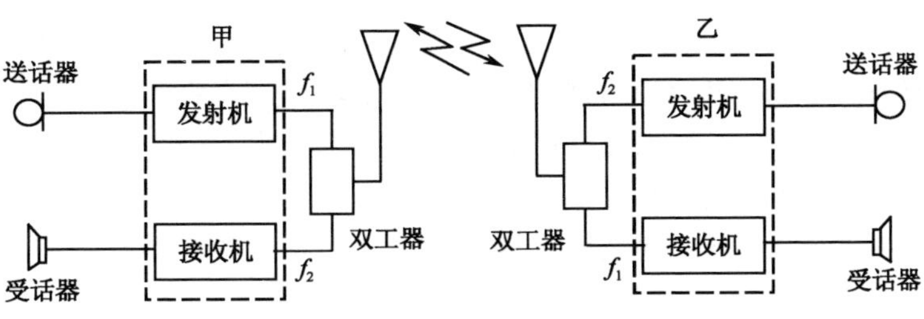

图 1.9　频分双工通信方式示意图

这种方式最受人们欢迎，不仅使用方便，还因收发频率有一定间隔，干扰较少。其缺点是各 MS 在通信过程中发射机经常处于发射状态，故耗电大；另外，占用频率资源较多，需要有天线共用器和隔离措施。频分双工的收发频率间必须有一定的间隔才能避免自身发对收的干扰。间隔大小在不同频段有不同规定。我国无线电管理委员会规定的间隔是 150MHz 频段为 5.7MHz，450MHz 频段为 10MHz，800MHz 与 900MHz 频段为 45MHz。这样基站配置若干对频率同时工作时，相互之间不会产生干扰。

（2）时分双工

TDD 技术是近年来发展起来的新技术，在我国的 3G 技术标准 TD-SCDMA 中就采用了这种技术。

TDD 就是信号的接收和传送是在同一频率的信道（即载波）的不同时隙，利用时隙的不同来分离接收与发送信道。它与传统的 FDD 模式相比具有以下 5 个方面的优势：

1）频段利用灵活。TDD 模式不需要对称的频段，可以利用 FDD 无法利用的不对称频段，在频段利用上可以做到“见缝插针”。只要有一个载波的频段就可以使用，从而能够灵活有效地利用现有的频率资源。目前移动通信系统面临的一个重大问题就是频率资源的极度紧张，在这种条件下，要找到符合要求的对称频率非常困难，因此 TDD 模式的优势是十分明显的。

2）频率利用率高。使用 TDD 模式，TD-SCDMA 系统可以在带宽为 1.6MHz 的单载波上提供高达 2Mb/s 的数据业务和 48 路语音通信，使单一基站可支持较多的用户，系统建网及维护费用降低。

3）支持不对称数据业务。TDD 可以根据上、下行链路业务量来自适应调整上、下行时隙个数，这在 IP 型数据业务所占比例越来越大的今天显得特别重要。

4）有利于采用新技术。上、下行链路用相同的频率，其传播特性相同，功率控制要求降低，有利于采用智能天线、预 RAKE 等技术。

5）成本低。无收发隔离的要求，可以使用单片 IC 来实现射频（RF）收发信机。

当然，TDD 模式也是有缺点的。首先，TDD 模式对定时和同步要求严格，上、下行链路之间需要保护时隙，同时对高速移动环境的支持也不如 FDD 模式；其次，TDD 信号为脉冲突发形式，采用间断传输（DTX），因此发射信号的峰均功率比值较大，导致带外辐射较大，对 RF 实现提出了较高要求。

3. 半双工通信方式

半双工通信方式是指通信双方，一方使用 FDD 方式，收发信机同时工作，而另一方则采用异频单工方式，即收发信机交替工作，也称为双向异频半双工工作方式，如图 1.10 所示。这种通信方式主要用于专用移动通信系统中，如汽车调度等。

这种工作方式是通信双方收发信机分别使用两个频率，一方使用双工方式，另一方使用单工方式。基地台是双工方式，即收发信机同时工作，而 MS 是按键讲话的异频单工方式。基地台用两副天线（或采用天线共用器用一副天线）同时工作，MS 通常处于收信守候状态。

半双工通信方式的优点主要如下：

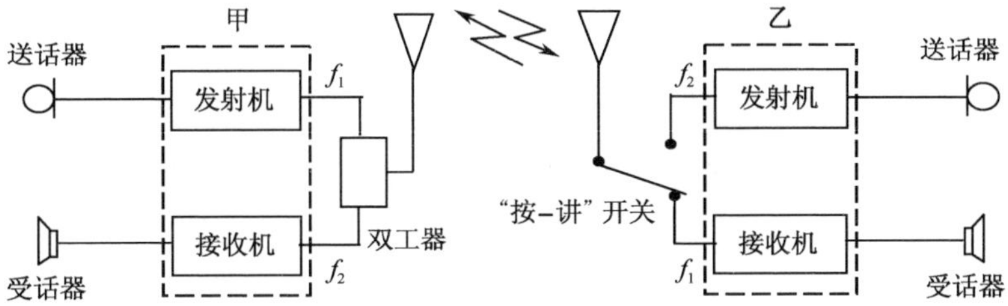

图 1.10 半双工通信方式示意图

1）由于 MS 采用异频单工方式，故设备简单、省电、成本低、维护方便，而且受邻近 MS 干扰少。

2）收发采用异频，收发频率各占一段，有利于频率协调和配置。

3）有利于 MS 紧急呼叫。

半双工通信方式的缺点是 MS 需按键讲话，松键收话，使用不方便，发话时不能收信，故有丢失信息的可能。

学习任务 1.5 熟知移动通信中的多址技术

移动通信多址技术的变迁

移动通信系统是以信道来区分通信对象的，每个信道只能容纳一个用户进行通话，许多同时通话的用户，相互之间以信道来区分，这就是多址。移动通信系统是一个多信道同时工作的系统，具有广播信道和大面积覆盖的特点，在无线通信环境的电波覆盖区域内，怎样建立用户之间无线信道的连接是多址接入要考虑的问题。由移动通信网的构成可知，移动通信系统都是由一个或几个基站与若干个 MS 组成的；基站一般是多路的，具有许多信道，可与许多 MS 同时进行通信，而 MS 是单路的，每个 MS 只供一个用户使用。当许多用户同时通信时，可以用不同的信道进行分隔，防止相互产生干扰，以实现双边通信的连接，这种连接方式称为多址连接。在移动通信业务区内，MS 之间或 MS 与市话用户之间通过基站同时建立各自的信道，实现多址连接。

基站是以怎样的信号传输方式接收、处理和转发 MS 发来的信号的呢？基站又是以怎样的信号结构发出各 MS 的寻呼信号，并且使 MS 从这些信号中识别出本台的信号的呢？这就是多址接入方式问题。

多址接入方式的数学基础是信号的正交分割原理。无线电信号可以表达为时间、频率和码型的函数，即可写作

$$S(c,f,t)=c(t)\,s(f,t) \tag{1.2}$$

式中，$c(t)$ 为码型函数；$s(f,t)$ 为时间 t 和频率 f 的函数。

当以传输信号的载波频率的不同划分来建立多址接入时，称为频分多址（FDMA）方式；当以传输信号存在的时间不同划分来建立多址接入时，称为时分多址（TDMA）方式；当以传输信号的码型不同划分来建立多址接入时，称为码分多址（CDMA）方式。

1.5.1 频分多址

频分多址（FDMA）是将给定的频谱资源划分为若干个等间隔的频道（或称信道）供不同的用户使用。接收方根据载波频率的不同来识别发射地址，从而完成多址连接，如图 1.11 所示。

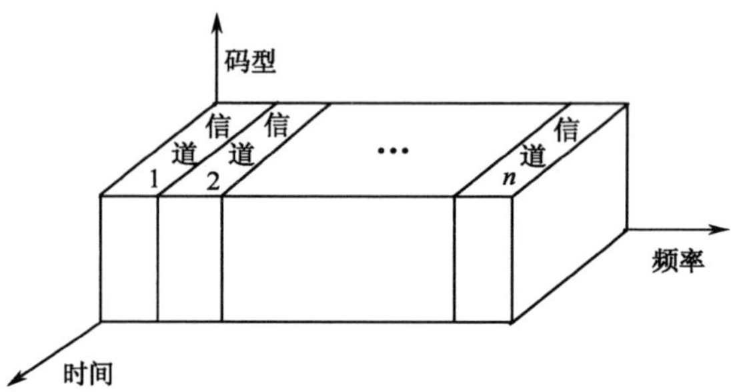

图 1.11 FDMA 示意图

从信道分配角度来看，可以认为 FDMA 方式是按照频率的不同给每个用户分配单独的物理信道，这些信道根据用户的需求进行分配。在用户通话期间，其他用户不能使用该物理信道。在 FDD 情形下分配给用户的物理信道是一对信道（占用两段频段），一段频段用作前向信道（即基站向 MS 传输的信道），另一段频段用于反向信道（即 MS 向基站传输的信道）。

FDMA 方式有以下特点：

1）FDMA 信道的宽带相对较窄（25～30kHz），为防止干扰，相邻信道间要留有防护带。

2）与 TDMA 系统相比，FDMA 移动通信系统的复杂度较低，容易实现。

3）FDMA 系统采用单路单载波（SCPC）设计，需要使用高性能的 RF 带通滤波器来减少邻道干扰，因而成本较高。

1.5.2 时分多址

时分多址（TDMA）是把时间分割成周期的帧，再把每一帧分割成若干个时隙（无论帧或时隙都是互不重叠的），然后根据一定的时隙分配原则，使各个 MS 在每帧内只能按指定的时隙向基站发送信号，在满足定时和同步的条件下，基站可以分别在各时隙中接收各 MS 的信号而互不干扰。同时，基站发向多个 MS 的信号都按顺序安排在预定的时隙中传输，各 MS 只要在指定的时隙内接收信号，就能在合路的信号中把发给它的信号区分出来，如图 1.12 所示。每个用户占用一个周期性重复的时隙。

图 1.13 是 TDMA 的帧结构。每条物理信道可以看作每一帧中的特定时隙。在 TDMA 系统中，N 个时隙组成一帧，每帧由前置码、信息码和尾比特组成。在 TDMA/FDD 系统中相同或相似的帧结构单独用于前向或反向。

在一个 TDMA 的帧中，前置码中包括地址和同步信息，以便基站和用户都能彼此识别对方信号。

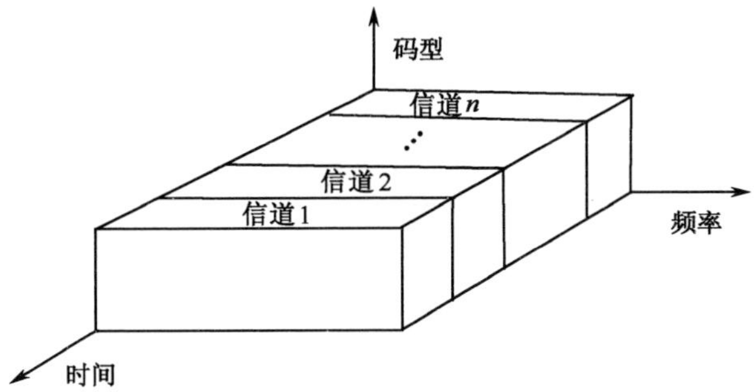

图 1.12　TDMA 示意图

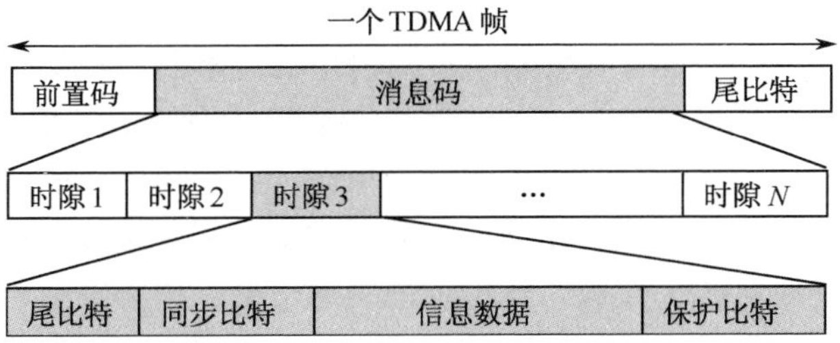

图 1.13　TDMA 的帧结构

TDMA 有如下一些特点：

1）TDMA 系统中几个用户共享单一的载频，其中，每个用户占用彼此不重叠的时隙。每帧中的时隙数取决于几个因素，如调制方式、可用宽带等。

2）TDMA 系统中的数据发射不是连续的，而是以突发的方式发射的。由于用户发射机可以在不同的时间（绝大部分时间）关掉，因而耗电较少。

3）与 FDMA 信道相比，TDMA 系统的传输速率一般较高，故需要采用自适应均衡。

4）由于 TDMA 系统的数据发射是不连续的，MS 可以在空闲的时隙里监听其他基站，从而使其越区切换过程大为简化。

5）TDMA 必须留有一定的保护时间（或相应的保护比特）。

6）TDMA 系统必须有精确的定时和同步，保证各 MS 发送的信号不会在基站发生重叠或混淆，并且能准确地在指定的时隙中接收基站发给它的信号。同步技术是 TDMA 系统正常工作的重要保证，往往也是比较复杂的技术难题。

1.5.3　码分多址

码分多址（CDMA）是各发送端用各不相同、相互（准）正交的地址码调制其所发送的信号，在接收端利用码型的（准）正交性，通过地址识别（相关检测）从混合信号中选出相应的信号，如图 1.14 所示。

在 CDMA 移动通信中，不同的移动用户传输信息所用的信号不是靠频率不同或时隙不同来区分的，而是用各自不同的编码序列来区分的，或者说是靠编码后的不同波形来区分的。从频域或时域上来看，多个 CDMA 信号是互相重叠的。接收机用相关器从多个 CDMA 信号中选出其中使用预定码型的信号。其他使用不同码型的信号因为与接收机产生的本地码型不同而不能被解调。

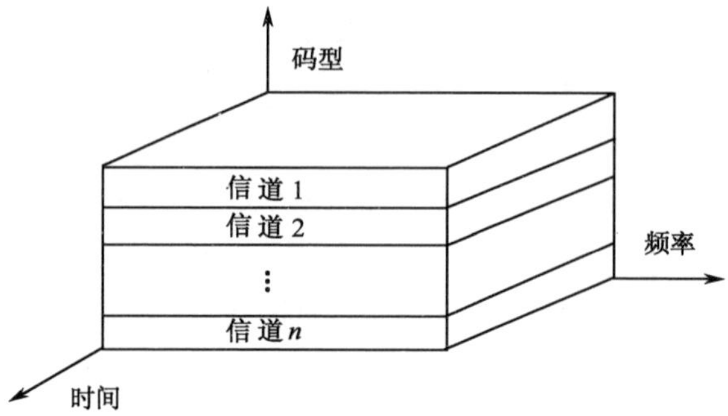

图 1.14　CDMA 示意图

CDMA 技术比较复杂。CDMA 利用不同码型实现不同用户的信息传输，扩频信号是一种经过伪随机序列调制的宽带信号，其带宽通常比原始信号带宽高几个数量级。

把无线电信号的码元或符号，用扩频码来填充，且不同用户的信号用互成正交的不同的码序列来填充，这样的信号可在同一载波频率上发射。接收时，只要接收端与发送端采用相同的码序列进行相关接收，就可以恢复原信号。利用码型和移动用户一一对应的关系，只要知道用户地址（地址码）便可实现选址通信。在 CDMA 系统中，每对用户是在一对地址码型中通信，因此其信道是以地址码型来表征的。在移动通信系统中，为了充分利用信道资源，这些信道（地址码型）是动态分配给移动用户的，其信道指配是由基站通过信令信道进行的。

CDMA 通信系统的特点如下：

1）系统容量大。

2）抗干扰性好。

3）保密安全性高。

4）系统容量配置灵活。

5）通信质量更佳。

6）频率规划简单。

1.5.4　空分多址

空分多址（SDMA）通过空间的分割来区分不同的用户。在移动通信中，实现空间分割的基本技术是采用自适应阵列天线，即智能天线。智能天线能在不同用户方向上形成不同的波束，如图 1.15 所示。

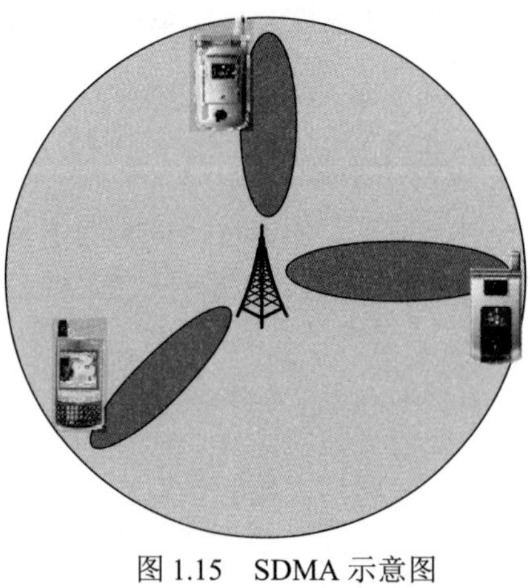

图 1.15　SDMA 示意图

SDMA 可使系统容量成倍增加，使得系统在有限的频谱内可以支持更多的用户，从而成倍地提高频谱使用效率。SDMA 方式在中国 3G 的 TD-SCDMA 中引入，该方式是将空间进行划分，以得到更多地址。在相同时间间隙、相同频率段、相同地址码情况下，根据信号在一空间内传播路径的不同来区分不同的用户，故在有限的频率资源范围内可以更高效地传递信号。在相同的时间间隙内可以多路传输信号，也可以达到更高效率的传输；同时，采用这种方式传递信号，在同一时刻，由于接收信号来自不同的路径，故可以大大降低信号间的相互干扰，从而提高信号质量。

学习任务 1.6　理解移动通信的编码与调制技术

由于通信的原始信号大多是模拟信号，要实现数字移动通信，必须将模拟信号进行数字化处理，才可能在数字信道中进行传输，并且转化后的数字信号也需要进行特定处理才能在合适的信道中传输，这就要考虑到编码和调制技术。

语音信号的处理过程——声音的奇幻之旅

1.6.1　移动通信的编码技术

在数字通信中，原始信息在传输之前实现两级编码：信源编码和信道编码。

1. 信源编码

在发送端，把经过采样和量化后的模拟信号转换成数字信号的过程，称为信源编码。通信信源中的模拟信号主要是语音信号和图像信号，而移动通信业务中最多的是语音信号，故语音编码技术在数字移动通信中具有相当重要的作用。

信源编码——声音信号的华丽变身

语音编码属于信源编码，指的是利用语音信号及人的听觉特征上的冗余性，在将冗余性压缩（信息压缩）的同时，将模拟语音信号转换为数字信号的过程。

语音编码的目的是把模拟语音信号转换为数字信号，以便在信道中传输。语音编码技术在移动通信系统中与调制技术直接决定了系统的频率利用率。在移动通信中，节省频率是至关重要的，移动通信中对语音编码技术的研究目的是在保证一定的语音质量的前提下，尽可能地降低语音码的比特率。

什么样的语音编码技术适用于移动通信，这主要取决于无线移动信道的条件。因为频率资源十分有限，所以要求编码信号的速率较低；因为移动信道的传播条件恶劣，所以编码算法应有较好的抗误码能力。另外，从用户的角度出发，还应有较好的语音质量和较短的时延。概括起来，移动通信对数字语音编码的要求如下：

1）速率较低，纯编码速率应低于 16kb/s。

2）在一定的编码速率下，音质应尽可能高。

3）编码时延应较短，控制在几十毫秒以内。

4）在强噪声环境中，算法应具有较好的抗误码性能，以保持较好的语音质量。

5）算法复杂程度适中，易于大规模集成。

信源编码技术通常分为 3 类：波形编码、参量编码和混合编码，其中波形编码和参量编码是两种基本类型，混合编码是前两者的衍生产物。

（1）波形编码

脉冲编码调制（PCM）和增量调制（DM）是波形编码的代表，波形编码直接对模拟语音采样、量化，并用代码表示。波形编码的比特速率一般为16～64kb/s，它有较好的语音质量与成熟的技术实现方法。

波形编码的优点如下：

1）具有很宽范围的语音特性，对各类模拟语音波形信号进行编码均可达到很好的效果。

2）抗干扰能力强，具有优良的语音质量。

3）技术成熟、复杂度不高。

4）费用适中。

波形编码的缺点有：编码速率要求高，一般要求在16～64kb/s，所占用的频带较宽，只适用于有线通信系统，对于频率资源相当紧张的移动通信来说，显然这种编码方式不合适。

典型的波形编码技术包括PCM和DM、自适应增量调制（ADM）、差分脉冲编码调制（DPCM）、自适应差分脉冲编码调制（ADPCM）等。

（2）参量编码

参量编码又称声源编码，它是以发音机制的模型作为基础，用一套模拟声带频谱特性的滤波器系数和若干声源参数来描述这个模型，在发送端从模拟语音信号中提取各个特征参量并进行量化编码。这种编码的特点是语音编码速率较低，基本上在2～4.8kb/s，语音的可懂度较好，但有明显的失真。

参量编码的优点是，由于只需传输语音特征参量，因而语音编码速率可以很低，一般在2～4.8kb/s，并且对语音可懂性没有多少影响。

参量编码的缺点是，语音有明显的失真，并且对噪声较为敏感，语音质量一般，不能满足商用语音质量的要求。

典型的参量编码技术包括线性预测编码（LPC）及各种改进型。目前，移动通信系统的语音编码技术大多采用这种类型的技术。

（3）混合编码

混合编码是近年来提出的一类新的语音编码技术，它将波形编码和参量编码结合起来，力图保持波形编码语音的高质量与参量编码的低速率。混合编码数字语音信号中既包括若干语音特征参量，又包括部分波形编码信息，其比特速率一般为4～16kb/s。

混合编码的特点是，数字语音信号中既包括若干语音特征参量，又包括部分波形编码信息，因而综合了参量编码和波形编码各自的优点。混合编码的比特速率一般为4～16kb/s，当编码速率为8～16kb/s时，其语音达到商用语音通信标准的要求。因此，混合编码技术在数字移动通信系统中得到了广泛应用。

典型的混合编码技术包括应用于GSM蜂窝移动通信系统的规则脉冲激励长期预测（RPE-LTP）编码和应用于IS-95 CDMA蜂窝移动通信系统的码激励线性预测（CELP）编码。

2. 信道编码

信道编码——对信号保驾护航的尖兵

信道编码是发送方和接收方通过一定的信道收发信息时采用的双方协议的编码方式，以便保证传输信息的完整性、可靠性和安全性。通常与传输信道的特性密切相关，不同特性的信道编码通常不一样。

移动通信中常用的信道编码如下：

1）奇偶校验码。

2）重复码。

3）循环冗余校验（CRC）码。

4）卷积码。

5）交织。

信道编码专门用于数字通信传输系统，在模拟传输中没有对应的部分。它是这样构成的：按照已知的方法把冗余位插入信源提供的比特流中。因此，信道编码的结构增加了传输比特速率。信道译码器知道发射端所用的编码方法，并在接收端检查信息是否改变。如果信息发生改变，它能检测出存在的传输错误，在某些情况下，还可以对错码进行纠正。

为了提高系统性能，无线移动通信系统使用几种可以级联起来的码。级联码由两种或多种构成，这样第一个编码器（称为外码）的输出比特流，用作第二个编码器（称为内码）的输入。使用级联码时，两种码所选择的码性能上应互补。例如，内码具有较好的纠错能力；外码具有更高的效率，能纠正残存的错码。

由于通信线路上总有噪声和损耗存在，噪声和有用信息混合的结果再加上损耗就会出现差错，因此信道编码多数会兼有差错控制的功能，信道编码有时也被称为纠错/检测编码。

（1）奇偶校验码

奇偶校验码是一种最简单的编码。其方法是，首先把信源编码后的信息数据流分成等长码组，在每一信息码组之后加入一位（1b）校验码元作为“奇偶检验位”，使得总码长 n（包括信息位 $n-1$ 和校验位 1）中的码重为偶数（称为偶校验码）或为奇数（称为奇校验码）。如果在传输过程中任何一个码组发生一位（或奇数位）错误，则收到的码组必然不再符合奇偶校验的规律，因此可以发现误码。奇校验和偶校验两者具有完全相同的工作原理和检错能力，原则上采用任一种都是可以的。例如，有如下信息数据流：

0011010101011101010100011

0011010101011101010100011…

奇校验：00110101→001101011（码重为奇数）

偶校验：00110101→001101010（码重为偶数）

由于每两个 1 的模 2 相加为 0，故利用模 2 加法可以判断一个码组中码重是奇数还是偶数。

奇偶校验码的特点是编码速率较高，只能发现奇数个错误，无纠错功能。

（2）重复码

最容易想到的能纠正错误的办法，就是将信息重复传几次，只要正确传输的次数多于传错的次数，就可用少数服从多数的原则排除差错。这就是简单的重复码原则。

00110101→0011010100110101

其特点是编码/解码速率较高，信道有效利用率低。

（3）循环冗余校验码

循环冗余校验码是先性分组码，其特点是具有严密的数学理论基础、编码和解码设备中等复杂、检（纠）错能力较强，因此这种码得到了越来越广泛的应用。

循环冗余校验码有 3 个主要数学特征：

- 具有循环性，即循环冗余校验码中任何一个码组循环右移一位（将最右端的码移至左端）或循环左移一位以后，仍为该码中的一个码组。
- 在循环冗余校验码组中，任两个码组之和（模 2）必定为该码组集合中的一个码组。
- 在循环冗余校验码每个码组中，各码元之间存在循环依赖关系。

1）循环冗余校验码的数据信息编码如下。

数据信息：$M(x)=1101011011$

生成多项式：$G(x)=10011$

$M(x)/G(x)=11010110110000/10011$

余数 1110

待发送的编码 $T(X)=11010110111110$

用多项式作为检验码时，发送器和接收器必须具有相同的生成多项式 $G(x)$。

循环冗余校验码编码过程：将要发送的二进制序列看作多项式的系数，除以生成多项式，然后把余数挂在原多项式之后。

2）循环冗余校验码的数据信息解码如下。

接收的编码信息：$R(x)=11010110111110$

生成多项式：$G(x)=10011$

$R(x)/G(x)=11010110111110/10011$

余数为 0，说明接收正确。

数据信息：$M(x)=1101011011$

循环冗余校验码译码过程是接收方用同一生成多项式除以接收到的循环冗余校验编码，若余数为零，则说明传输无错。

（4）卷积码

卷积码是非线性编码，其性能对于许多实际情况常优于分组码。

卷积码的特点：编码简单；设备简单；性能高；适合解离散的差错，对于连续的差错效果不理想。

卷积码在它的信码元中也有插入的校验码元，但并不实行分组校验，每一个检验码元都要对前后的信息单元起校验作用，整个编解码过程也是一环扣一环，连锁地进行下去。

（5）交织

在数字通信中，交织也是常见的信道编码的方式。

在发送端，编码序列在被送入信道传输之前先通过一个交织寄存器矩阵，将输入序列逐行存入寄存器矩阵，存满以后，按列的次序取出，再送入传输信道。

接收端收到序列后，先将序列按列的次序存到一个与发送端相同的交织寄存器矩阵，存满以后，按行的次序取出并送进解码器。由于接收端存取的程序与发送端正好相反，因此，送进解码器的序列与编码器输出的序列次序完全相同，解码器丝毫感觉不出交织矩阵的存在与否。

这种编码方式实现简单，通常不单独使用，但可以和其他编码方式结合解决检验连续出错的情况。

（6）LDPC 码

LDPC 码（low-density parity-check code）即低密度奇偶校验码，是麻省理工学院的罗伯特·加拉格尔（Robert Gallager）教授于 1963 年在博士论文中提出的一种具有稀疏校验矩阵的分组纠错码。1996 年，MacKay D、Neal M 等对它重新进行了研究，发现 LDPC 码具有逼近香农极限的优异性能，从而成为信道编码理论新的研究热点。

LDPC 是一种线性分组码（n, k），其中 n 为码长，k 为信息位，$n-k$ 为校验位。线性分组码由校验矩阵唯一确定。校验矩阵表示信息位与校验位的对应关系，只含有很少量非零元素。校验矩阵的构成满足以下 3 个条件：

- 每一列有 j 个 1（$j \geqslant 3$）。
- 每一行有 k 个 1（$k > j$）。
- 矩阵共有 n 列（即码长），j、k 应远小于 n（即矩阵是稀疏的），n、j、k 共同构成了一个（n, j, k）LDPC 码，正是校验矩阵的稀疏性保证了译码复杂度和最小码距都只随码长呈现线性增加。

LDPC 码的主要优点如下：

1）LDPC 码适合大容量通信系统。LDPC 码的译码采用一种基于稀疏矩阵的并行迭代译码算法，运算量较低，并且由于结构并行的特点，硬件实现比较容易，因此 LDPC 码更适合应用在大容量通信中。

2）LDPC 码具有较高的灵活性。LDPC 码的码率可以任意构造，有更大的灵活性。

3）LDPC 码具有更低的错误平层。LDPC 码具有较低的错误平层，可以应用于有线通信、深空通信及磁盘存储工业等对误码率要求更加苛刻的场合。

4）LDPC 码具有后发优势。LDPC 的理论是 20 世纪 60 年代提出的，避免了知识产权和专利上的纠纷，给进入通信领域较晚的国家和公司提供了一个很好的发展机会。

LDPC 码的缺点主要体现在，随机构造的 LDPC 码编码复杂度与码长的二次方近似成正比，高码率的 LDPC 长码的性能优异，但是码长的增加会增大硬件复杂度，译码延迟比较长。

5G 的 eMBB 场景的数据信道采用了 LDPC 编码，被称为“长码”。

（7）Polar 码

Polar 码（极化码）是由 Erdal Arikan 于 2007 年基于信道极化理论提出的一种新型线性信道编码方案，是目前唯一经过理论严格证明可以达到香农极限的编码技术。

Polar 码是一类基于被称为信道极化现象的线性分组码。信道极化包括信道组合和信道分解两部分。当组合信道的数目趋于无穷大时，会出现极化现象：一部分信道将趋于无噪信道，另一部分则趋于全噪信道。无噪信道的传输速率将会达到信道容量（极限容量），而全噪信道的传输速率趋于零。Polar 码的编码策略正是应用了这种现象的特性，利用无噪信道传输用户有用的信息，全噪信道传输约定的信息或不传信息。

Polar 码构造的核心是“信道极化”的处理。在编码侧，使各个子信道呈现出不同的可靠性，当码长持续增加时，一部分子信道趋向于容量接近于 1 的可靠信道（无误码）；另一部分子信道趋向于容量接近于 0 的纯噪声信道，选择在容量接近于 1 的子信道上直接传输信息以逼近信道容量。在译码侧，极化后的信道可用简单的逐次干扰抵消译码的方法，以较低的实现复杂度获得与最大似然译码相近的性能。极化码做到了扬长避短，在最可靠的子信道上传输消息比特是为扬长，在最不可靠的子信道上传输冻结比特是为避短。

2010 年华为开始研发 Polar 码，坚定 Polar 码作为优秀信道编码技术的潜力，在埃尔达尔 • 阿里坎（Erdal Arikan）教授理论的基础上，斥资数十亿美元，实现 Polar 码的工业化。2016 年 11 月 17 日，在 3GPP RAN 187 次会议的 5G 短码方案讨论中，正式通过了华为主推的 Polar 码方案，其成为 5G 控制信道编码最终方案，实现了中国在核心编码技术标准化上的重大突破。

1.6.2 移动通信的调制技术

调制技术

在通信系统中，发送端的信息要变换成原始电信号，接收端恢复原始电信号并变换成接收信息。这里的原始电信号一般含有直流成分和频率较低的频谱分量，称为基带信号。基带信号往往不能直接作为传输信号，必须将基带信号变换成适合信道传输的信号，并在接收端进行反变换。这种变换和反变换分别称为调制和解调。经过调制的信号称为已调信号或频带信号，它携带信息，而且更适合在选定的信道中传输。

调制是一种对信号进行变换的处理手段，经过调制可将信号变换成适合传输和记录的形式。被调制的信号可以是数字的，也可以是模拟的。调制的目的是：便于信息的传输；改变信号占据的带宽，改善系统的性能；便于多路多址传输。调制以后的信号对干扰有较强的抵抗作用，同时对相邻的信道信号干扰较小，且解调方便易于集成。因此，要根据环境和条件的变化选用不同的调制技术。

按照调制器输入信号（调制信号）的形式，调制可以分为模拟调制（或连续调制）和数字调制。模拟调制是利用输入的模拟信号直接调制（或改变）载波的振幅、频率或相位，从而得到调幅（AM）、调频（FM）或调相（PM）信号。数字调制是利用数字信号来控制载波的振幅、频率或相位。基本的数字调制方式有幅移键控（ASK）、频移键控（FSK）和相移键控（PSK），其他各种调制方式都是以上调制方式的改进或组合。

GSM 蜂窝移动通信系统采用高斯最小移频键控（GMSK）调制方式，IS-95 CDMA 蜂窝移动通信系统前向信道采用四相移相键控（QPSK）调制方式，反向信道采用交错四相移相键控（OQPSK）调制方式，TD-SDCMA 移动通信系统还采用八相移相键控（8PSK）调制方式，4G 则采用正交幅度调制（QAM）等调制方式。这里不讨论它们的具体工作原理，只讨论它们的主要特点。

1. 高斯最小移频键控

高斯最小移频键控（GMSK）的基本原理是将基带信号先经过高斯滤波器滤波，使基带信号形成高斯脉冲，之后进行最小移频键控（MSK）调制。由于滤波形成的高斯脉冲包络无陡峭的边沿，亦无拐点，所以经调制后的已调波相位路径在 MSK 的基础上进一步得到平滑。高斯滤波器用于限制邻道干扰。这种技术提供了相当好的频谱效率、固定的信号幅度，是一种具有较好载干比（*C*/*I*）的优秀调制方式。它还具有功耗小、重量轻、收发信机成本低等优点。

2. 四相移相键控

四相移相键控（QPSK）与二相移相键控（BPSK）相比有以下特点：

1）可以压缩信号的频带，提高信道的利用率。

2）可以减小由于信道特性引起的码间串扰的影响。

3）传同样信息时，传输速率减半，传输的可靠性将随之降低。

3. 交错四相移相键控

交错四相移相键控（OQPSK）是在四相移相键控（QPSK）调制基础上演变而来的，是四相移相键控的改进型。交错四相移相键控的特点有：最大相位跳变为$\pm\pi/2$；具有较高的抗相位抖动性能；不需要线性功率放大器。由于不需要线性功率放大器，功率放大器的效率高、功耗小、温升低，这正是 MS 所需要的，所以 CDMA 反向信道 MS 就是采用的交错四相移相键控调制方式。

4. 八相移相键控

八相移相键控（8PSK）中的 PSK 表示使用移相键控方式，移相键控是调相的一种形式，用于表达一系列离散的状态，8PSK 对应 8 种状态的 PSK。如果是其一半的状态，即 4 种，则为 QPSK；如果是其 2 倍的状态，则为 16PSK。因为 8PSK 拥有 8 种状态，所以 8PSK 每个符号（symbol）可以编码 3b。8PSK 抗链路恶化的能力（抗噪能力）不如 QPSK，但提供了更高的数据吞吐容量，TD-SDCMA 移动通信系统的高速数据业务就是采用的这种调制方式。

5. 正交幅度调制

在二进制 ASK 系统中，其频带利用率是 1（b/s）• Hz，若利用正交载波调制技术传输 ASK 信号，可使频带利用率提高一倍。如果再把多进制与其他技术结合起来，还可进一步提高频带利用率。能够完成这种任务的技术称为正交幅度调制（QAM）。

QAM 是一种幅度、相位联合调制的技术，同时使用载波的幅度和相位来传递信息比特，将一个比特映射为具有实部和虚部的矢量，再调制到时域上正交的两个载波上，然后进行传输。每次在载波上利用幅度和相位表示的比特位越多，其传输的效率越高。通常有 4QAM、16QAM、64QAM、256QAM 等，以 16QAM 为例，其规定了 16 种幅度和相位的状态，一次可以传输 1 个 4 位的二进制数。64QAM 则一次可以传输 1 个 6 位的二进制数。256QAM 则一次可以传输 1 个 8 位的二进制数。为了提高传输速率，第四代移动通信系统采用 64QAM 调制方式。第五代移动通信系统采用 256QAM 调制方式。

移动通信小百科之通信历史

中国移动通信的崛起

中国移动通信产业的发展始于 20 世纪 80 年代。1987 年，中国首个 TACS 制式模拟移动电话系统在广东启动，在网用户 150 人。这是我国第一代移动电话系统，但背后的主宰者却是爱立信和摩托罗拉，我国没有任何自主的通信产业基础。

1995 年，中国移动开始使用 GSM 技术建立 2G 网络，由爱立信提供设备；1999 年，联通引进高通的 CDMA 相关技术，我国迅速发展成为全球 2G 网络用户数最多的国家。但是在这耀眼光环的背后，我国的通信产业仍然没有核心知识产权，依然要向高通等企业支付高昂的专利费用。

如果说 1G 和 2G 时代是我国的追随期，那么 3G 时代就是我国的争取期。TD-SCDMA 作为我国提出的 3G 标准，标志着我国在世界通信领域的一次重大发声，中国实现了通信史上“零的突破”。许多专家评价 TD-SCDMA 像是南昌起义，点燃了火种，播下了希望，营造了生态，积累了技术，指明了未来。

4G 时代，我国的移动通信产业实现了从跟随到同步的跨越。在 4G 的 FDD-LTE 和 TD-LTE 两种制式中，TD-LTE 由中国主导。可以说，4G 时代，中国与世界巨头并肩而行。2023 年 8 月，中华人民共和国工业和信息化部（简称工信部）统计我国 4G 用户数 12.68 亿，超过了国外发达国家的平均水平。

5G 时代，我国已成为绝对的“领跑者”。2019 年 6 月 6 日，工信部正式向中国电信、中国移动、中国联通、中国广电发放 5G 商用牌照，中国正式进入 5G 商用元年，比全球 5G 商用时间表提前了半年。截至 2023 年 8 月，我国已建造 5G 基站突破 305 万个，占全球 74.4%，我国建造的 5G 基站是全球规模最大、配套设施最完整、发展最先进的网络基站。

从 1G 到 5G，绵延了 40 多年的移动通信发展史，也是我国移动通信从落后到跟跑再到领先的奋斗史，见证了中国从网络大国走向网络强国的崛起之路。

小　结

1. 移动通信的发展

移动通信就是移动体之间的通信，或移动体与固定体之间的通信。第一阶段：模拟移动通信系统电话的接续工作由人工操作完成，采用电子管，使用短波段。第二阶段：交换系统由人工交换变为自动交换，接续效率高，采用晶体管，使用甚高频。第三阶段：蜂窝系统的概念及其理论在实际中应用，由于集成电路技术、微型计算机和微处理器的快速发展，系统的耗电、重量、体积大大减小，服务多样化，信息传输实时化，控制与交换更加自动化、程控化、智能化，其服务质量已达到很高的水平，此阶段为第二代移动通信系统。第四阶段：第三代和第四代移动通信系统广泛应用，第五代移动通信系统的具体设计、规划和实施阶段。随着数字技术的发展，通信、信息领域中的很多方面都面临向数字化、综合化、宽带化方向发展的问题。

2. 移动通信系统分类

移动通信系统按其服务范围可以分为公用移动通信系统和专用移动通信系统。公用移动通信系统包括蜂窝移动通信系统、无线寻呼系统和无绳电话系统等。专用移动通信系统包括集群移动通信系统和卫星移动通信系统。

3. 移动通信系统的组成及特点

移动通信系统是移动体之间、移动体与固定用户之间，以及固定用户与移动体之间，能够建立起许多信息传输通道的通信系统。系统主要由移动台（MS）、基站（BS）、传输线与移动交换中心（MSC）等构成。移动通信系统的特点如下：

1）无线电波传输环境复杂。

2）多普勒频移产生调制噪声。

3）MS 受噪声的干扰并在各种干扰下工作。

4）对 MS 的要求高。

5）通道容量有限。

6）通信系统复杂。

4. 移动通信的工作方式

移动通信的工作方式可分为单向通信方式和双向通信方式两大类，其中双向通信方式又分为单工、双工和半双工通信方式 3 种。

5. 移动通信的多址技术

移动通信系统中是以信道来区分通信对象的，每个信道只容纳一个用户进行通话，许多同时通话的用户相互以信道来区分，这就是多址。

FDMA 系统是以不同的频率信道实现通信的，把可以使用的总频段划分为若干占用较小带宽的频带的频道，这些频道在频域上互不重叠，每个频道就是一个通信信道。TDMA 系统是把时间分割成周期性的帧，每一帧再分割成若干个时隙（无论帧或时隙都是互不重叠的），再根据一定的时隙分配原则，使各个 MS 在每帧内只能按指定的时隙向基站发送信号，在满足定时和同步的条件下，基站可以分别在各时隙中接收到各 MS 的信号而互不干扰。在 CDMA 系统中，不同用户传输信息所用的信号不是靠频率不同或时隙不同来区分的，而是用各自不同的编码序列来区分的，也可以说是靠编码后的不同波形来区分的。

6. 移动通信系统的编码与调制技术

在发送端，把经过采样和量化后的模拟信号变换成数字脉冲信号的过程，称为编码。

编码可以分为信源编码与信道编码。语音编码属于信源编码，指的是利用语音信号及人的听觉特征上的冗余性，在将冗余性压缩（信息压缩）的同时，将模拟语音信号转换为数字信号的过程。语音编码技术通常分为3类：波形编码、参量编码和混合编码。典型的混合编码技术包括应用于GSM蜂窝移动通信系统的规划脉冲激励长期预测（RPE-LTP）编码和应用于IS-95 CDMA蜂窝移动通信系统的码激励线性预测（CELP）编码。信道编码是指发送方和接收方通过一定的信道收发信息时采用的双方协议的编码方式，以便保证传输信息的完整性、可靠性和安全性。移动通信中常用的信道编码有奇偶校验码、重复码、循环冗余校验码、卷积码和交织。调制的目的是便于信息的传输；改变信号占据的带宽，改善系统的性能；便于多路多址传输。调制以后的信号对干扰有较强的抵抗作用，同时对相邻的信道信号干扰较小，解调方便且易于集成。因此，要根据环境和条件的变化，选用不同的调制技术。GSM蜂窝移动通信系统采用高斯滤波最小移频键控调制方式，CDMA蜂窝移动通信系统前向信道采用四相移相键控，反向信道采用交错四相移相键控调制方式。

练习题与思考题

1. 什么是移动通信？
2. 移动通信系统发展到目前经历了几代？各代有什么特点？
3. 现在中国有多少家公司经营移动通信业务？
4. 阐述你对中国移动通信事业发展前景的看法。
5. 移动通信系统与固定通信系统等其他系统相比有哪些特点？
6. 当移动台工作时，往往受到来自其他电台的干扰，其中最主要的干扰有哪些？有何特点？
7. 简述移动通信系统的组成及各部分的作用。
8. 移动通信系统的分类有哪些？试描述你身边的移动通信系统。
9. 公用移动通信系统包括哪些系统？各有何特点？
10. 简述集群移动通信系统的组成。
11. 什么是单向工作方式？
12. 什么是单工通信？
13. 什么是FDD方式，有什么特点？什么是TDD方式，有什么优点？
14. 半双工工作方式有什么特点？
15. 移动通信系统中的多址技术包括哪些？分别有什么特点？
16. 你身边的通信系统采用了哪些技术？试举例说明一下。
17. 什么是编码？编码可以分为哪几种？
18. 语音编码技术通常分为哪3类？请描述各类的优缺点。
19. 移动通信中常用哪些信道编码？
20. 什么是调制？GSM系统和CDMA系统采用什么调制方式？

实践训练任务工单 1

专业：________	班级：________
姓名：________	学号：________

实训名称：查阅移动网络技术标准与主要技术。

实训目的：培养学生收集资料的习惯及处理信息的能力。

任务描述

目前，三大运营商正在运行的 2G、3G、4G、5G 网络采用多种技术标准，请查阅资料，收集并整理各个运营商正在运行的网络所使用的技术标准及该标准所使用的双工技术、多址技术、编码技术和调制技术。

任务讨论与实施

运营商	技术阶段	技术标准	双工技术	多址技术	编码技术	调制技术
中国移动	2G					
	3G					
	4G					
	5G					
中国联通	2G					
	3G					
	4G					
	5G					

运营商	技术阶段	技术标准	双工技术	多址技术	编码技术	调制技术
中国电信	2G					
	3G					
	4G					
	5G					

任务总结

1．任务讨论总结

2．任务实施总结

模块 2 移动信道中的电波传播及干扰

本模块内容是移动信道的理论知识，主要内容包括天线知识、电波传播特性、移动信道特征、传播损耗、分集接收技术、噪声和干扰。通过学习本模块，学习者可以为从事移动通信网络规划、网络优化、基站（BS）系统建设与维护等工作奠定理论基础。

知识目标

- 了解天线的基本特性和类型。
- 了解移动通信中的电波传播特性和移动信道特性。
- 了解移动通信接收中分集接收的基本概念和原理。
- 了解噪声和干扰的分类、定义和特性，掌握避免各种干扰应采取的措施。
- 掌握陆地移动信道场强的估算方法。

能力目标

- 能够根据基站天馈系统的参数规划正确选择天线。
- 能够识别全向天线、定向天线和特殊天线。
- 能够计算不同地形、地物中无线信道的传播损耗。
- 能够根据不同的干扰类型给出解决办法和方案。

素质目标

- 培养探索未知科学的精神。
- 激发爱党、爱国、爱社会主义的深厚情怀。

学习任务 2.1 熟知天线的基本知识

天线是将传输线中的电磁能转换成自由空间的电磁波，或将空间电磁波转换成传输线中的电磁能的专用设备。在移动网络通信中，从基站天线到用户手机天线，或从用户手机天线到基站天线，都是通过电磁波进行无线连接的，它的运行质量在整个网络运行质量中所占的位置是十分明显的。

2.1.1 天线的基本特性

探秘移动通信天线

1. 天线辐射的方向图

天线辐射电磁波是有方向性的，它表示天线向一定方向辐射电磁波的能力。反之，接收天线的方向性表示了它接收不同方向来的电磁波的能力。通常，用水平平面及垂直平面上表示不同方向辐射（或接收）电磁波功率大小的曲线来表示天线的方向性，并称为天线辐射的方向图。同时，用半功率点之间的夹角表示天线方向图中的水平波束宽度及垂直波束宽度，如图 2.1 所示。

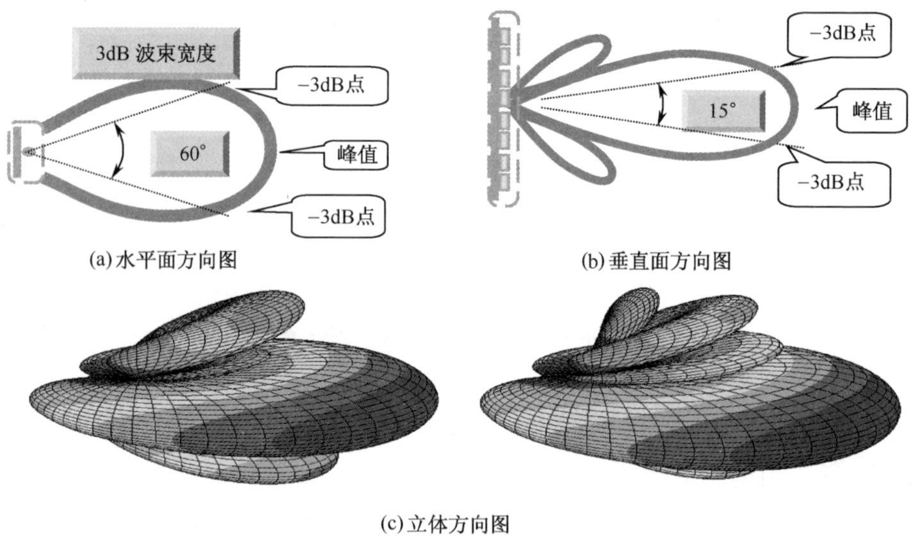

图 2.1 天线的方向图

2. 天线的增益

天线通常是无源器件，它并不放大电磁信号，天线的增益是将天线辐射电磁波进行聚束以后与理想的参考天线，在输入功率相同的条件下，在同一点上接收功率的比值。显然增益与天线的方向图有关。方向图中主波束越窄，副瓣尾瓣越小，增益就越高。可以看出，高的增益是以减小天线波束的照射范围为代价的。一个天线与对称振子相比较的增益用“dBd”表示，一个天线与各向同性辐射器相比较的增益用“dBi”表示，它们相差 2.17dB。例如，0dBd＝2.17dBi。一个单一对称振子具有面包圈形的方向图辐射，一个各向同性的辐射器在所有方向具有相同的辐射，如图 2.2 所示。

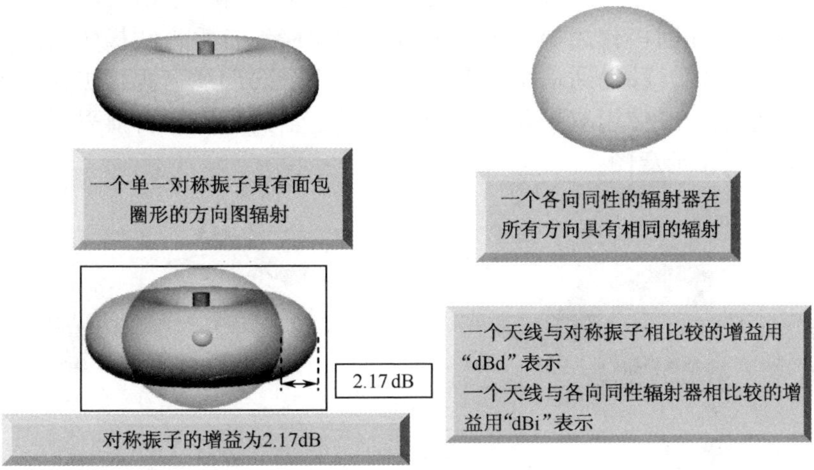

图 2.2　天线的增益

3. 天线驻波比

天线驻波比是表示天馈线与基站（收发信机）匹配程度的指标。

驻波比的定义为

$$\mathrm{VSWR}=\frac{U_{\max}}{U_{\min}}\geqslant 1.0 \tag{2.1}$$

式中，$U_{\max}$ 为馈线上的波腹电压；$U_{\min}$ 为馈线上的波节电压。

驻波比产生示意图如图 2.3 所示。驻波比是由于入射波能量传输到天线输入端 B 未被全部吸收（辐射），产生反射波，叠加而形成的。VSWR 越大，反射越大，匹配越差。

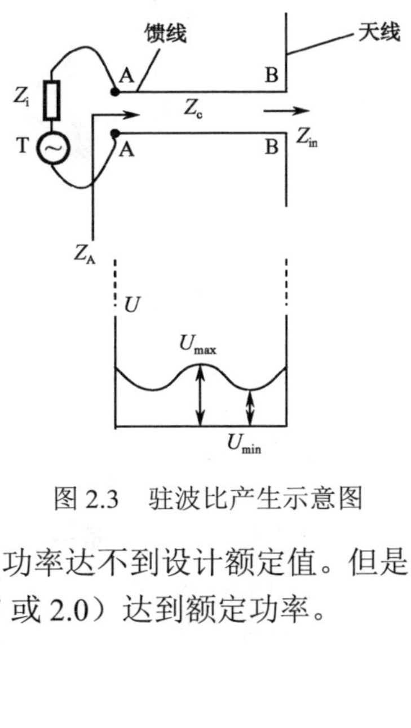

图 2.3　驻波比产生示意图

那么，驻波比差到底有哪些坏处呢？在工程上可以接受的驻波比是多少？一个适当的驻波比指标是要在损失能量的大小与制造成本之间进行折中权衡的。

1）VSWR＞1，说明输入天线的功率有一部分被反射回来，从而降低了天线的辐射功率。

2）增大馈线的损耗。馈线损耗是在 VSWR＝1（全匹配）情况下测的；有了反射功率，就增大了能量损耗，从而降低了馈线向天线的输入功率。

3）在馈线输入端 A，失配严重时，发射机 T 的输出功率达不到设计额定值。但是，发射机输出功率允许在一定失配情况下（如 VSWR＜1.7 或 2.0）达到额定功率。

4. 天线的极化

极化用于描述电磁波中电场的方向，分为单极化和双极化。天线辐射电磁波中电场的方向就是天线的极化方向。由于电磁波在自由空间传播时电场的取向有垂直线极化的、水平线极化的和圆极化的等，因而天线也就相应地有垂直线极化天线、水平线极化天线和圆极化天线。移动通信中一般采用单极化全向天线（垂直极化）和双极化定向天线。定向小区一般使用双极化定向天线，对于全向小区，目前采用单极化全向天线。图 2.4 是单极化示意图。

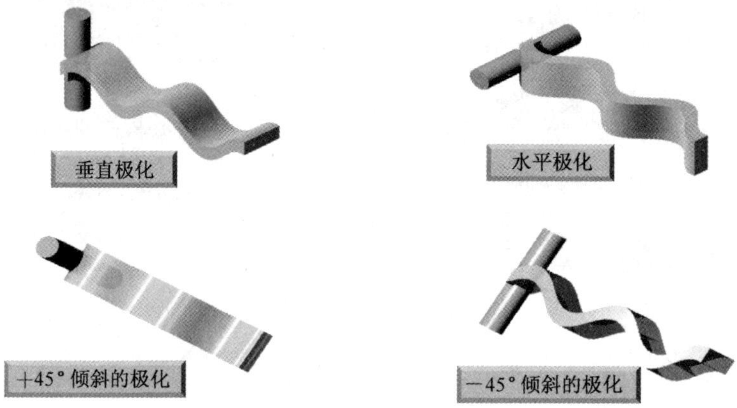

图 2.4　单极化示意图

双极化天线是指在一副天线罩下将水平线极化与垂直线极化两副天线做在一起的天线。它既能收发水平极化波，又能收发垂直极化波，有利于节省天线的数量，如图 2.5 所示。

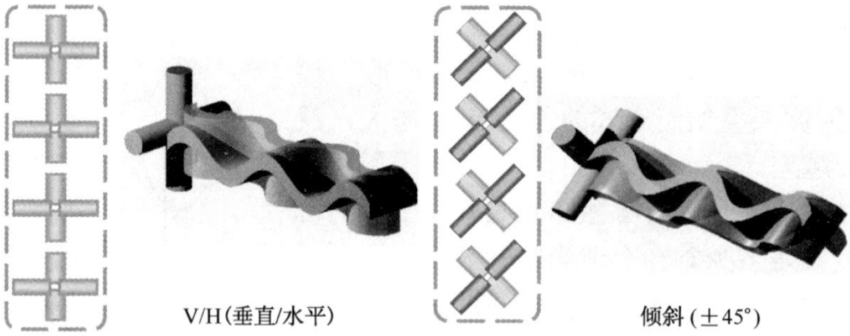

图 2.5　双极化示意图

5. 天线的频率范围

无论是发射天线还是接收天线，它们都是在一定频率范围内工作的，通常，天线工作在设计频率时（称为中心频率），天线所能传送的功率最大；偏离中心频率时它所传送的功率都将减小，据此可以定义天线的频率宽度。

频率宽度有两种不同的定义：一种是指天线增益下降 3dB 时的频率宽度；一种是指在规定驻波比下的天线频率宽度。

6. 天线下倾

运用天线下倾技术可以有效控制天线的覆盖范围，减小系统内干扰；天线下倾的角度必须根据具体情况确定，以达到既能够减少小区之间的干扰，又能够保证满足覆盖要求的目的；下倾角的设计需要综合考虑基站发射功率、天线高度、小区覆盖范围、无线传播环境等因素。

天线下倾技术可以通过两种方式实现：一种是机械下倾，另一种是电下倾。机械下倾是通过机械装置调节天线向下倾斜所需的角度。电下倾是通过调节天线各振子单元的相位使天线的垂直方向图主瓣下倾一定的角度，而天线本身仍保持和地面成垂直放置的位置。天线下倾示意图如图 2.6 所示。

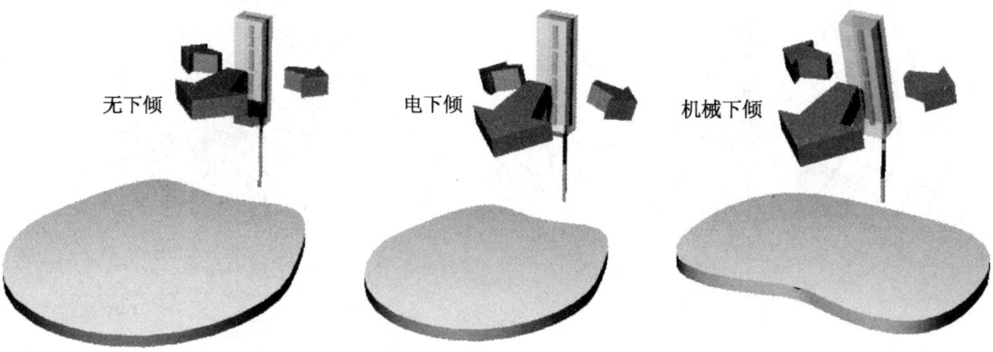

图 2.6　天线下倾示意图

由图 2.6 可以看出机械下倾时其水平方向图将变形，当下倾角度达到 10° 时，水平方向图严重变形，因此机械下倾的角度不宜过大。电下倾时，水平方向图基本保持不变，因此电下倾天线在性能上远远优于机械下倾天线。

7. 天线前后比

如图 2.7 所示，在天线方向图中，前后瓣最大电平之比称为前后比，其值越大，天线定向接收性能就越好。基本半波振子天线的前后比为 1，所以对来自振子前后的相同信号电波具有相同的接收能力。以 dB 表示的前后比等于 10lg（前向功率/后向功率），定向天线前后比的典型值为 25dB 左右，目的是有一个尽可能小的后向功率。

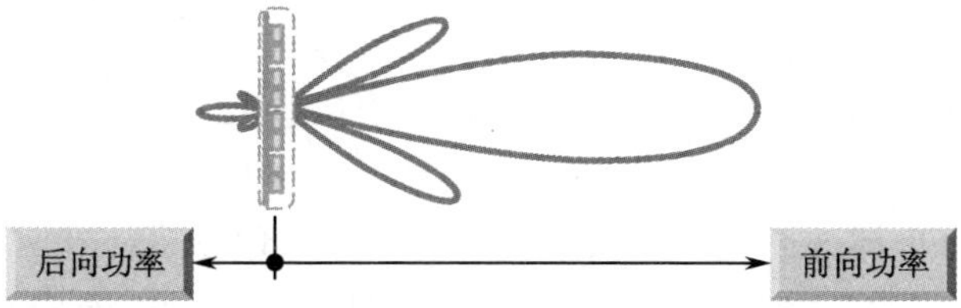

图 2.7　天线前后比示意图

2.1.2 基站天线的类型

根据所要求的辐射方向图可以选择不同类型的天线，移动通信基站常用的天线有全向天线、定向天线和特殊天线等。

1. 全向天线

全向天线在水平各个方向上均匀地辐射功率，因此，其水平方向图的形状基本为圆形。不过在其垂直方向上，可以看到辐射能量是集中的，因而可以获得天线增益，典型增益值是 6～9dBd，主要用于覆盖全向小区。全向天线方向图如图 2.8 所示。

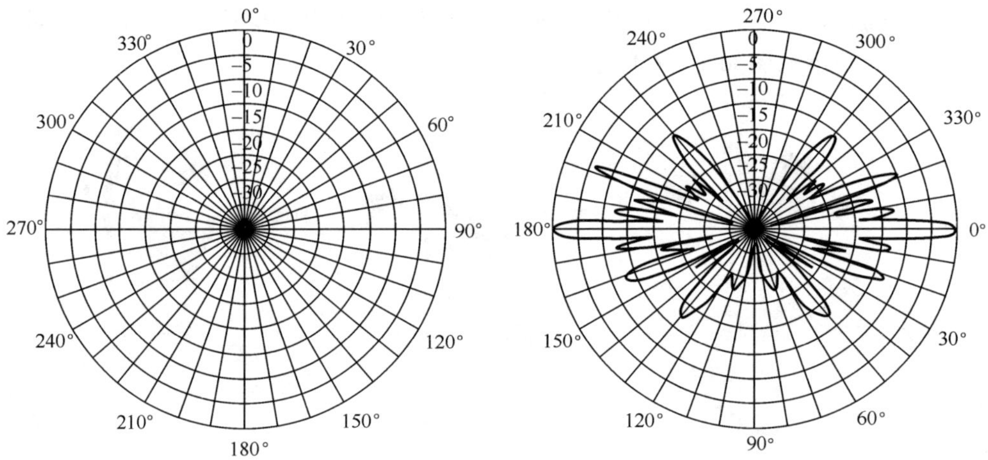

(a) 水平面方向图　(b) 垂直面方向图

图 2.8　全向天线方向图

2. 定向天线

定向天线的水平和垂直辐射方向图是非均匀的，它经常用在定向小区。辐射功率集中在一个方向，因此天线增益一般较高，典型增益值是 9～16dBd。定向天线又分为 120°、90°、65°、33°等。定向天线方向图如图 2.9 所示。

3. 特殊天线

特殊天线是指用于特殊场合信号覆盖的天线，如室内、隧道等，可以根据用途来选择天线类型，使其适应场合要求。

泄漏同轴电缆就是一种特殊天线，用于解决室内或隧道中的覆盖问题。泄漏同轴电缆的外层窄缝允许所传送的信号能量沿整个电缆长度不断泄漏辐射，接收信号能从窄缝进入电缆传送到基站。泄漏同轴电缆适用于任何开放的或是封闭的、需要局部覆盖的区域。使用泄漏同轴电缆时，没有增益，为了延伸覆盖范围可以使用双向放大器。

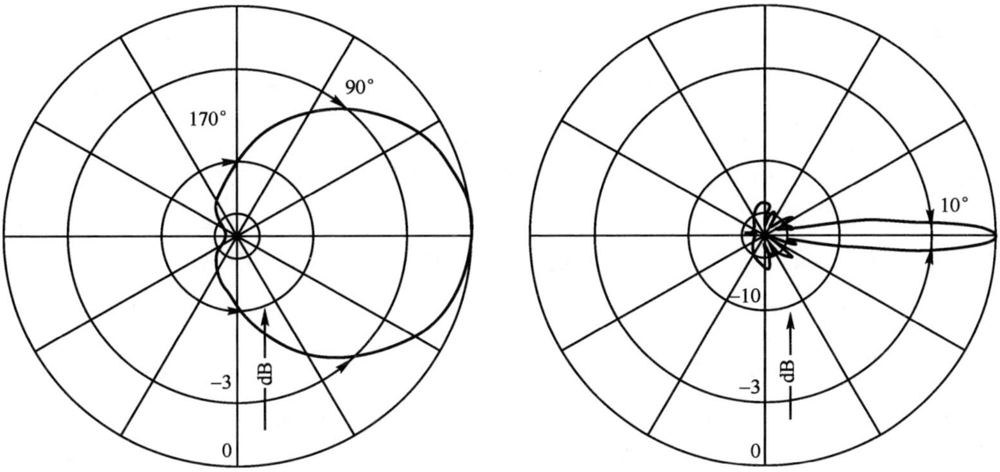

(a) 水平面方向图　　(b) 垂直面方向图

图 2.9　定向天线方向图

学习任务 2.2　了解移动通信的电波传播特性

现代移动通信已广泛使用 150MHz（VHF）、450MHz、900MHz、1800MHz（UHF）频段，因此必须熟悉它们的传播方式和特点。

无线电波及其传播方式

2.2.1　电波的传播方式

发射机天线发出的电波，可依不同的路径到达接收机，当频率大于 30MHz 时，典型的传播路径如图 2.10 所示。

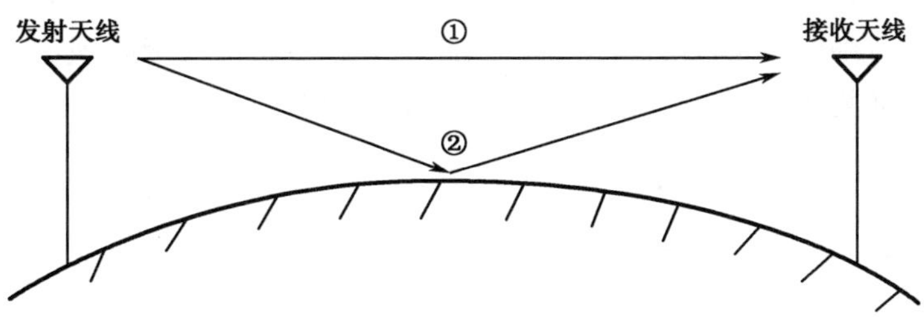

图 2.10　电波典型的传播路径

沿路径①从发射天线直接到达接收天线的电波称为直射波，它是 VHF 和 UHF 频段的主要传播方式；沿路径②的电波经过地面反射到达接收天线，称为地面反射波。除此以外，在移动信道中，电波遇到各种障碍物时会发生反射和散射现象，它对直射波会引起干涉，即产生多径衰落现象。本任务主要讨论直射波和反射波的传播特性。

2.2.2 直射波

直射波的传播可按自由空间传播来考虑。自由空间传播是指天线周围为无限大真空时的电波传播，它是理想传播条件。电波在自由空间传播时，其能量既不会被障碍物吸收，也不会产生反射和散射。在实际情况中，只要地面上空的大气层是各向同性的均匀介质，其相对介电常数 ε_r 和相对磁导率 μ 都等于 1，当传播路径上没有障碍物阻挡时，到达接收天线的地面反射信号场强也可以忽略不计，在这种情况下，电波可视为在自由空间传播。

2.2.3 反射波

当电波传播中遇到两种不同密度介质的界面时，如果界面尺寸比电波尺寸大得多，就会发生反射，由于大地和大气是密度不同的介质，所以入射波会在界面上发生反射，如图 2.11 所示。反射发生于地球表面、建筑物和墙壁表面等。

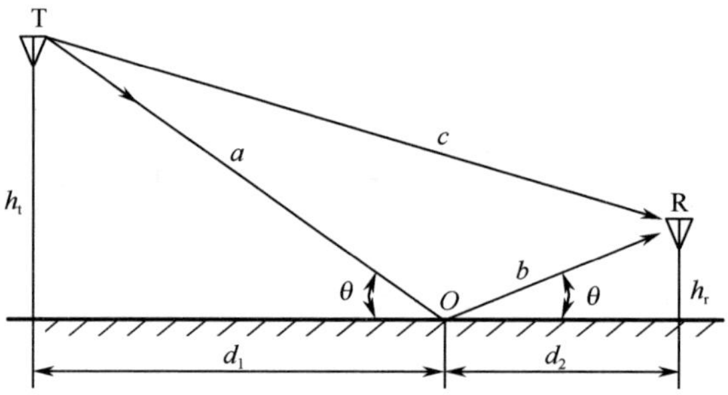

图 2.11　反射波与直射波

2.2.4 大气中的电波传播

在实际移动通信中，电波在低层大气中传播。由于低层大气并不是均匀介质，它的温度、湿度及气压随时间和空间而变化，因此，会产生折射及吸收现象，VHF 和 UHF 波段的折射现象尤为突出，它将直接影响视线传播的极限距离。

1. 大气折射

在不考虑传导电流和介质磁化的情况下，介质折射率 n 与相对介电常数 ε_r 的关系为

$$n = \sqrt{\varepsilon_r} \tag{2.2}$$

大家知道，大气的相对介电常数与温度、湿度及气压有关。大气高度不同，ε_r 也不同，即 dn/dh 是不同的。根据折射定律，电波传播速度 v 与大气折射率 n 成反比，即

$$v = c / n \tag{2.3}$$

式中，c 为光速。所以，大气高度不同，电波传播的速度也不同。

当一束电波通过折射率随高度变化的大气层时，由于不同高度上的电波传播速度不同，从而使电波传播轨迹发生弯曲，弯曲的方向和程度取决于大气折射率的垂直梯度

dn/dh。这种由大气折射率引起的电波传播方向发生弯曲的现象，称为大气对电波的折射。

大气折射对电波传播的影响，在工程上通常用“地球等效半径”来表征，即认为电波依然按直线方向进行，只是地球的实际半径 R_0（6.37×10^6m）变成了等效半径 R_e，R_e 与 R_0 之间的关系为

$$k = R_e / R_0 = \frac{1}{1 + R_0(dn / dh)} \tag{2.4}$$

式中，k 为地球等效半径系数。

当 $dn/dh<0$ 时，表示大气折射率 n 随着高度升高而减小。这时 $k>1$，$R_e>R_0$。在标准大气折射情况下，即当 $dn/dh\approx-4\times10^{-8}\text{m}^{-1}$，地球等效半径系数 $k=4/3$，地球等效半径 $R_e=8500$km。

由上可知，大气折射有利于超视距的传播。

2. 视线传播极限距离

视线传播极限距离可由图 2.12 计算。

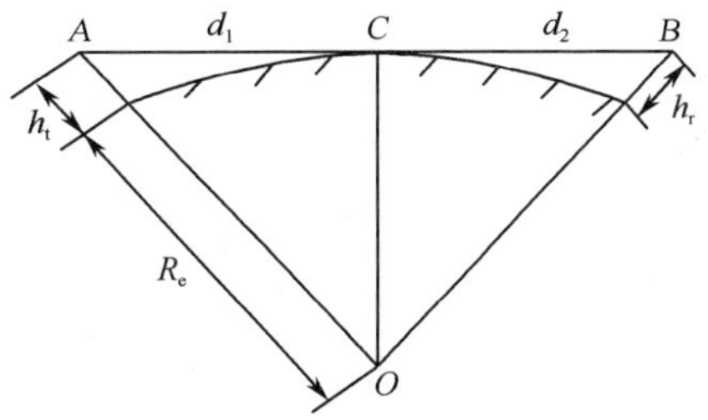

图 2.12　视线传播极限距离

天线的高度分别为 h_t 和 h_r，两个天线顶点 A、B 的连线与地面相切于 C 点。

由于地球等效半径 R_e 远远大于天线的高度，可以证明，自发射天线顶点 A 到切点 C 的距离 d_1 为

$$d_1 \approx \sqrt{2R_e h_t} \tag{2.5}$$

同理，由切点 C 到接收天线顶点 B 的距离 d_2 为

$$d_2 \approx \sqrt{2R_e h_r} \tag{2.6}$$

可见，视线传播的极限距离为

$$d = d_1 + d_2 \approx \sqrt{2R_e}(\sqrt{h_t} + \sqrt{h_r}) \tag{2.7}$$

在标准大气折射情况下，$R_e=8500$km，故

$$d = \sqrt{2\times8.5}(\sqrt{h_t} + \sqrt{h_r}) \approx 4.12(\sqrt{h_t} + \sqrt{h_r}) \tag{2.8}$$

式中，h_t、h_r 的单位是 m；d 的单位是 km。

学习任务 2.3　掌握移动信道的特征

在陆地移动通信中，移动台（MS）常常工作在城市建筑群和其他地形、地物较为复杂的环境中，其输入信道的特性是随时随地变化的，因此移动信道是典型的随参信道。本节着重就移动信道中几个比较突出的问题进行讨论。

2.3.1 自由空间的传播损耗

由 2.2.2 节介绍的直射波了解到，虽然电波在自由空间里传播不受阻挡，其能量既不会被障碍物所吸收，也不会产生反射或散射，但是当电波经过一段路径传播后，能量仍会衰减，这是由于辐射能量的扩散引起的。那么电波在自由空间的传播损耗是多少呢?

对于移动通信系统而言，自由空间的传播损耗 L_{fs} 与传播距离 d 和工作频率 f 有关，可定义为（以 dB 计）

$$L_{fs}=10\lg\left(\frac{4\pi d}{\lambda}\right)^2=20\lg\left(\frac{4\pi d}{\lambda}\right) \tag{2.9}$$

或

$$L_{fs}=32.44+20\lg d+20\lg f \tag{2.10}$$

式中，d 为距离，单位为 km；f 为频率，单位为 MHz。

由式（2.9）和式（2.10）可以得出，传播距离 d 越远，自由空间传播损耗 L_{fs} 越大，当传播距离 d 加大一倍，自由空间传播损耗 L_{fs} 就增加 6dB；工作频率 f 越高，自由空间传播损耗 L_{fs} 越大，当工作频率 f 提高一倍，自由空间传播损耗 L_{fs} 就增加 6dB。

移动通信中的衰落

2.3.2 多径衰落

在 VHF 和 UHF 移动信道中，电波在传播路径上遇到各种障碍物都可能产生反射、散射和吸收。实际上，接收点的电波除直射波以外，还有从各种障碍物（包括地面）产生的反射波和散射波，如图 2.13 所示。

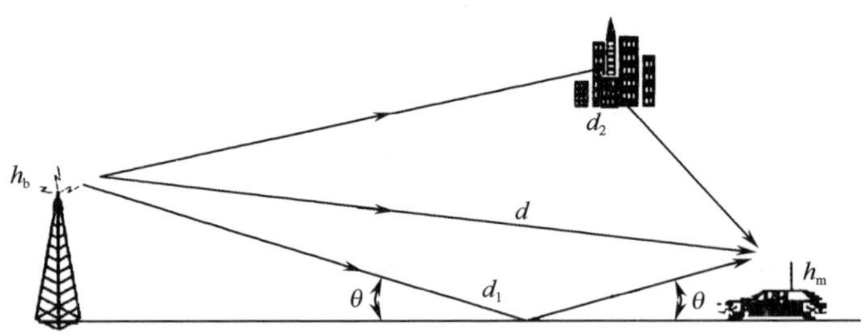

图 2.13 移动信道的传播路径

接收点的电波是直射波、反射波和散射波的合成，形成所谓的多径传播。由于每条传播路径各不相同，各路径信号的时延也各不相同，接收点信号（场强）的矢量合成的结果就形成了接收点场强瞬时值迅速、大幅度的变化，这种变化就称为多径引起的快衰落，所以把多径传播引起的衰落称为多径衰落。由于这些衰落服从瑞利分布，所以又称为瑞利衰落，如图 2.14 中的实线所示。图中横坐标表示时间或距离，纵坐标表示相对信号电平（以 dB 计），在典型移动信道中，衰落深度达 30dB 左右，衰落速度为 30～40 次/s。

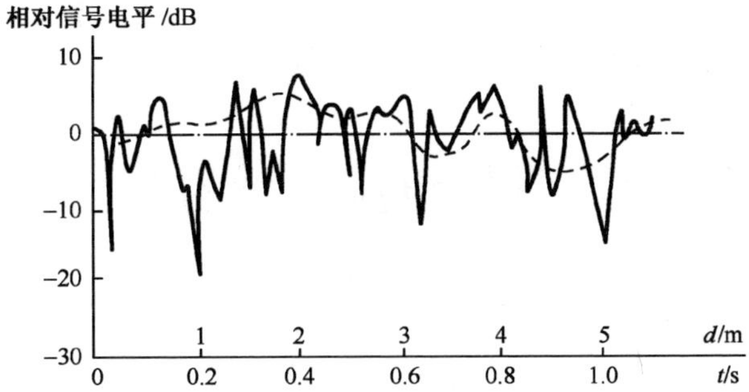

图 2.14　典型信号的衰落特性

2.3.3　阴影衰落

当电波在传播路径上遇到建筑物、森林等障碍物的阻挡时，会形成由障碍物产生的电磁场阴影。当 MS 通过这些阴影时，就造成接收场强中值的变化。这是由于阴影效应导致接收场强中值随着地理位置改变而产生的缓慢变化，称为阴影衰落，这种变化所造成的衰落比多径效应所引起的快衰落要慢得多，所以称为慢衰落，如图 2.14 中虚线所示。

另外，气象条件的改变导致大气折射系数随时间而变化，也会造成同一地点的场强中值随时间而缓慢变化。

在移动信道中，大量统计测试表明，阴影衰落近似服从对数正态分布。

为了防止因衰落（包括快衰落和慢衰落）引起的通信中断，在信道设计中，必须使信号的电平留有足够的余量，以使中断率 R 小于规定指标。这种电平余量称为衰落储备。衰落储备的大小决定于地形、地物、工作频率和要求的通信可靠性。通信可靠性也称为可通率，用 T 表示，它与中断率的关系是 $T=1-R$。

图 2.15 所示为可通率 T 分别为 90%、95%和 99%的 3 组曲线，根据地形、地物、

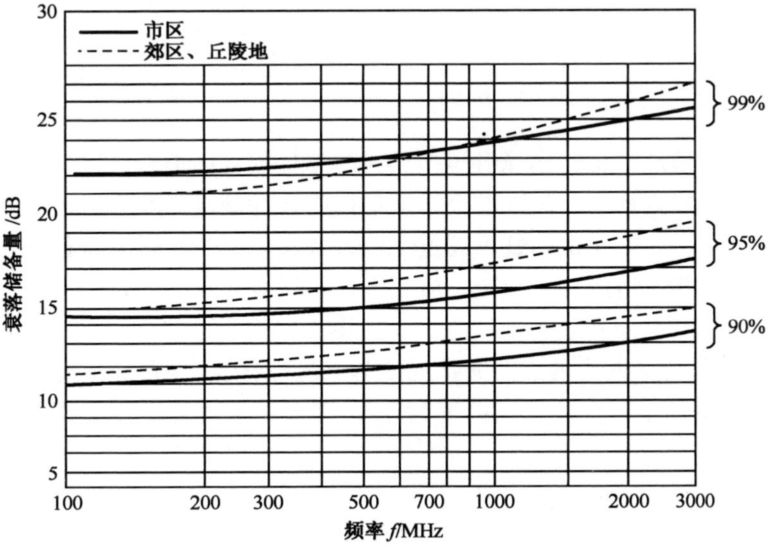

图 2.15　衰落储备

工作频率和可通率的要求，由此图可查得必需的衰落储备量。例如，f=450MHz，市区工作，要求 T=99%，则由图 2.15 可查得此时必需的衰落储备约为 22.5dB。

学习任务 2.4　掌握电波传播的路径损耗预测

由于移动环境的复杂性和多变性，要对接收信号中值进行准确计算是相当困难的，任何一个理论公式的计算结果都会引入较大的误差，甚至与实际结果相差很远。人们的做法是，在大量场强测试的基础上，经过对数据的分析和统计处理，找出各种地形、地物环境下的传播损耗（或接收信号场强）与距离、频率及天线高度的关系，给出传播特性的各种图表和计算公式，建立传播预测模型，从而能用简单的方法预测接收信号的中值。

在移动通信领域，目前已经建立了许多场强预测模型，它们是根据各种地形、地物环境下实际测量数据总结出来的，各有特点，能用于不同的场合。其中，奥村（Okumura）模型（简称 OM 模型）提供的数据较为齐全，应用广泛，适用于 UHF、VHF 频段。

奥村模型是由奥村等人对日本东京城市场强中值实测结果得到的经验曲线构成的模型。奥村模型将城市视为“准平坦地形”给出城市市区场强中值，对于郊区、开阔地等地形的场强中值，则以城市市区场强中值为基础进行修正，对于特殊地形也给出了修正因子。由于给出了修正因子，因此在掌握了详细地形、地物的情况下，预测将更准确。OM 模型适用条件为：频率为 100～2000MHz（可扩展到 3000MHz），传播距离为 1～100km，基站天线高度为 30～1000m，MS 天线高度为 1～10m。我国建议采用 OM 模型。

本节主要以 OM 模型介绍移动信道的场强中值估算，它先以自由空间传播为基础，再分别考虑各种地形、地物对电波传播的实际影响并逐一予以必要的修正。

2.4.1　地形、地物分类

1. 地形的分类

为了计算移动信道中信号电场强度中值（或传播损耗中值），可将地形分为两大类，即准平坦地形和不规则地形，并以准平坦地形作为传播基准。准平坦地形是指在传播路径的地形剖面图上，地面起伏高度不超过 20m，且起伏缓慢，峰点与谷点之间的水平距离大于起伏高度。其他地形（如丘陵、孤立山岳、斜坡和水陆混合地形等）称为不规则地形。下面介绍基站天线有效高度的定义，如图 2.16 所示。

图 2.16 中，若基站天线顶点的海拔高度为 h_{ts}，从天线设置地点开始，沿着电波传播方向的 3～15km 的地面平均海拔高度为 h_{ga}，则定义基站天线的有效高度为

$$h_b = h_{ts} - h_{ga} \tag{2.11}$$

若传播距离不到 15km，h_{ga} 是 3km 到实际距离之间的平均海拔高度。

MS 天线有效高度 h_m 总是指天线在当地地面上的高度。

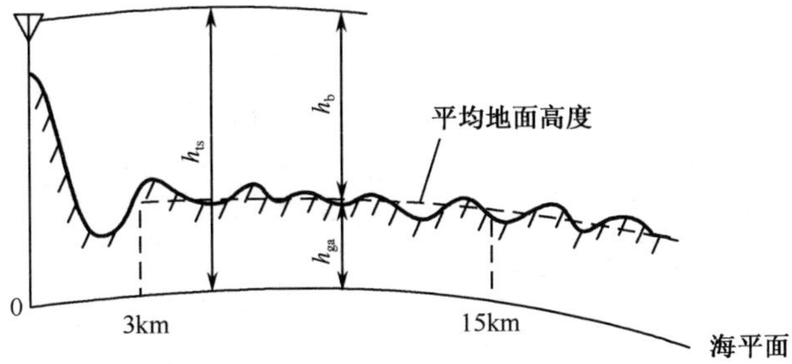

图 2.16　基站天线有效高度

2. 地物（或地区）的分类

不同地物环境其传播条件不同，按照地物的不同密集程度可分为以下 3 类地区：

1）开阔地。在电波传播的路径上无高大树木、建筑物等障碍物，呈开阔状地面，或在 400m 内没有任何阻挡物的场地，如农田、荒野、广场、沙漠和戈壁滩等。

2）郊区。在靠近 MS 处有些障碍物，但不稠密。例如，有少量的低层房屋或小树林等。

3）市区。有较密集的建筑物和高层楼房。

2.4.2　准平坦地形电波传播损耗中值

1. 市区传播损耗中值

在计算各种地形、地物的传播损耗时，均以准平坦地形的损耗中值或场强中值作为基准，因而把它称为基准中值或基本中值。

由电波传播理论可知，传播损耗取决于传播距离 d、工作频率 f、基站天线高度 h_b 和 MS 天线高度 h_m。在大量实验、统计分析基础上，可做出传播损耗基本中值的预测曲线。图 2.17 所示为典型准平坦地形市区的基本中值与频率和距离的关系曲线，且图中纵坐标刻度以 dB 计，是以自由空间传播损耗为 0dB 的相对值。换言之，曲线上读出的是基本损耗中值大于自由空间传播损耗的数值。由图 2.17 可知，随着频率和距离的增大，市区传播损耗中值都将增加。图 2.17 中曲线是在基准天线高度情况下测得的，即基站天线高度 h_b=200m，MS 天线高度 h_m=3m。

如果基站天线高度不是 200m，则损耗中值的差异用基站天线高度增益因子 $H_b(h_b, d)$ 表示。图 2.18（a）给出了不同通信距离 d 时 $H_b(h_b, d)$ 与 h_b 的关系。横坐标表示的是天线的高度，单位是 m；纵坐标表示的是损耗，单位是 dB。显然，当 h_b>200m 时，$H_b(h_b, d)$>0dB；反之，当 h_b<200m 时，$H_b(h_b, d)$<0dB。

同理，当 MS 天线高度不是 3m 时，需用 MS 天线高度增益因子 $H_m(h_m, f)$ 加以修正，如图 2.18（b）所示。当 h_m>3m 时，$H_m(h_m, f)$>0dB；反之，当 h_m<3m 时，$H_m(h_m, f)$<0dB。从图中还可知，当 MS 天线高度大于 5m 时，其高度增益因子 $H_m(h_m, f)$ 不仅与天线高度、频率有关，而且还与环境有关。例如，在中小城市，因建筑物的平均高度较

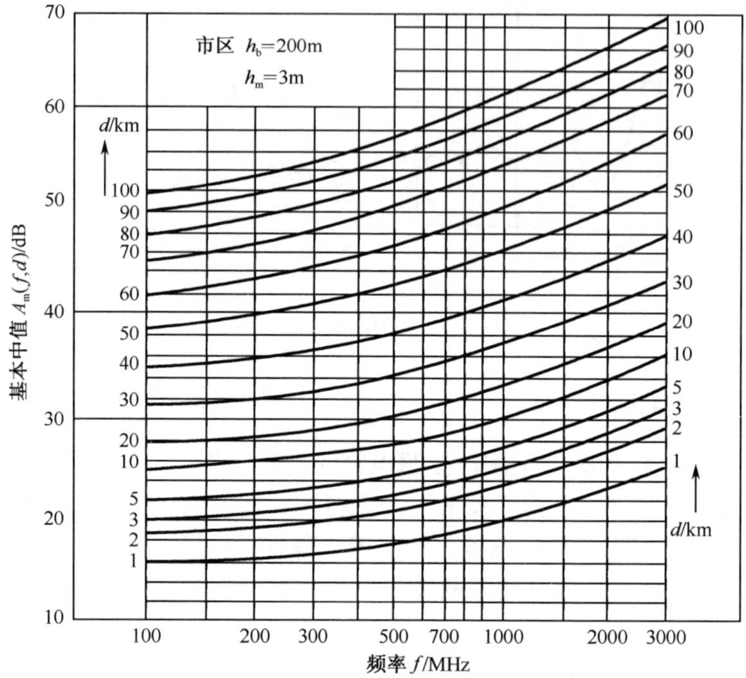

图 2.17 准平坦地形市区的基本中值与频率和距离的关系曲线

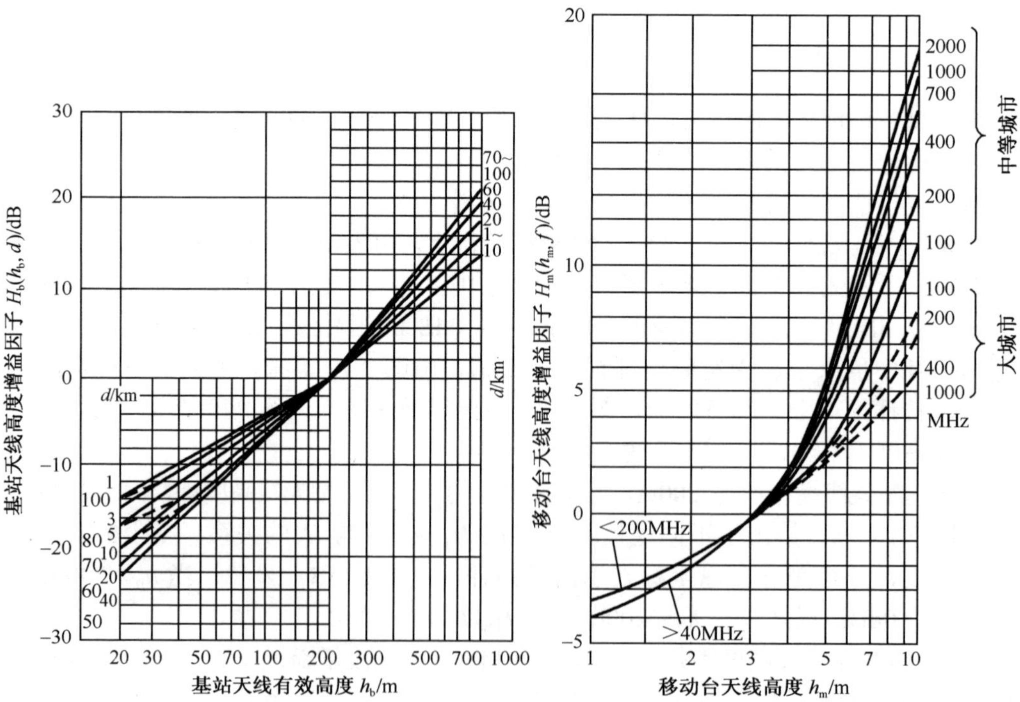

(a) 基站 $H_b(h_b,d)$　　(b) 移动台 $H_m(h_m,f)$

图 2.18 天线高度增益因子

低，它的屏蔽作用较小，当 MS 天线高度大于 4m 时，随着天线高度的增加，天线高度因子明显增大；当 MS 天线高度为 1～4m 时，$H_m(h_m, f)$受环境条件的影响较小，MS 天线高度增加一倍时，$H_m(h_m, f)$变化约为 3dB。

此外，市区的场强中值还与街道走向（相对于电波传播方向）有关。纵向路线（与电波传播方向相平行）的损耗中值明显小于横向路线（与电波传播方向垂直）的损耗中值。建筑物形成的沟道有利于无线电波的传播（称为沟道效应），使得在纵向路线上的场强中值高于基准场强中值，而在横向路线的场强中值低于基准场强中值。图 2.19 所示为它们相对于基准场强中值的修正曲线。

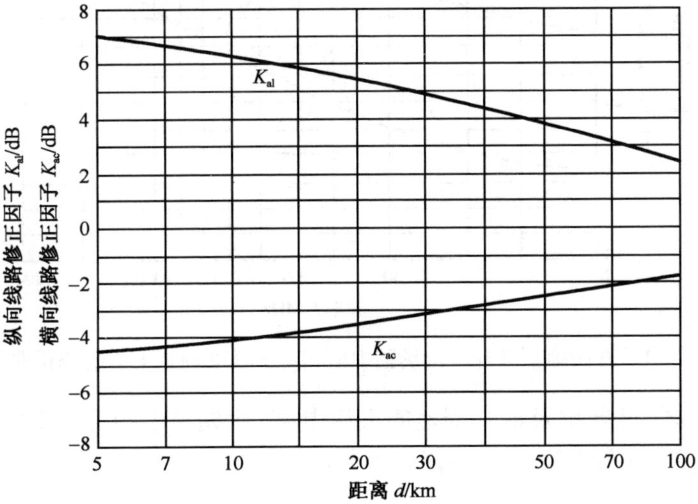

图 2.19　街道走向修正曲线

2. 郊区和开阔地损耗中值

郊区的建筑物一般分散、低矮，故电波传播条件优于市区。郊区场强中值与基准场强中值之差称为郊区修正因子 K_{mr}，它与频率和距离的关系如图 2.20 所示。由图 2.20 可知，郊区场强中值大于市区场强中值。或者说，郊区的传播损耗中值比市区传播损耗中值要小。

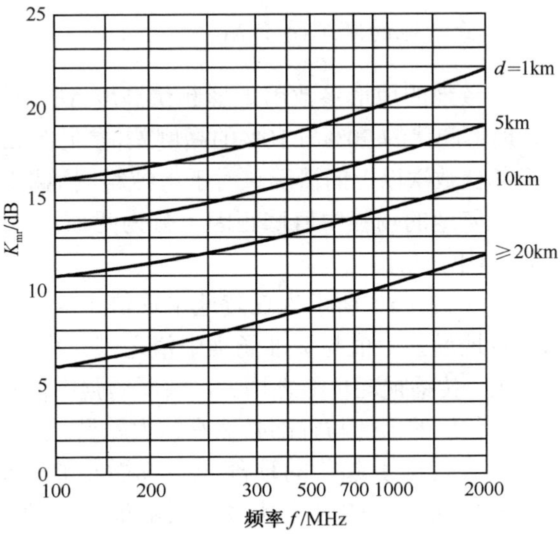

图 2.20　郊区修正因子与频率和距离的关系

图 2.21 所示为开阔地、准开阔地（开阔地与郊区过渡区）场强中值相对于基准场强中值的修正曲线。Q_0 表示开阔地的修正因子，Q_r 表示准开阔地的修正因子。显然开阔地的传播条件

优于市区、郊区及准开阔地，在相同条件下，开阔地上场强中值比市区高 20dB。

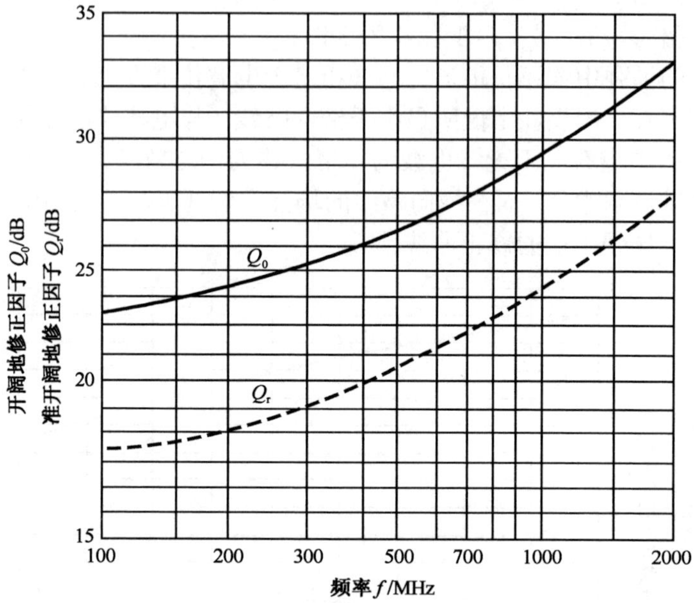

图 2.21 开阔地、准开阔地场强中值相对于基准场强中值的修正曲线

为了求出郊区、开阔地及准开阔地的损耗中值，应先求出相应的市区传播损耗中值，然后减去由图 2.20 或图 2.21 查出的修正因子即可。

2.4.3 不规则地形电波传播损耗中值

对于丘陵、孤立山岳及水陆混合等不规则地形，其传播损耗计算同样可以采用基准场强中值修正的办法。

1. 丘陵地的修正因子 K_h

丘陵地的地形参数用地形起伏高度 Δh 表征。自接收点向发射点延伸 10km 的范围内，地形起伏的 90%与 10%的高度差[参见图 2.22（a）上方]即为 Δh。这一定义只适用于地形起伏数次以上的情况，对于单纯斜坡地将用后述的另一种方法处理。

丘陵地的场强中值修正因子分为两项：一是丘陵地平均修正因子 K_h；二是丘陵地微小修正因子 K_{hf}。

图 2.22（a）所示为丘陵地平均修正因子 K_h（简称丘陵地修正因子）的曲线，它表示丘陵地场强中值与基准场强中值之差。由图 2.22（a）可知，随着丘陵地起伏高度 Δh 的增大，传播损耗也随之增大，因而场强中值减小。此外，可以想到在丘陵地中，场强中值在起伏地的顶部与谷部必然有较大差异。为了对场强中值进一步加以修正，图 2.22（b）所示为丘陵地上起伏的顶部与谷部微小修正曲线。图 2.22（b）中，上方画出了地形起伏与电场变化的对应关系，顶部处修正值 K_{hf}（以 dB 计）为正，谷部处修正值 K_{hf} 为负。

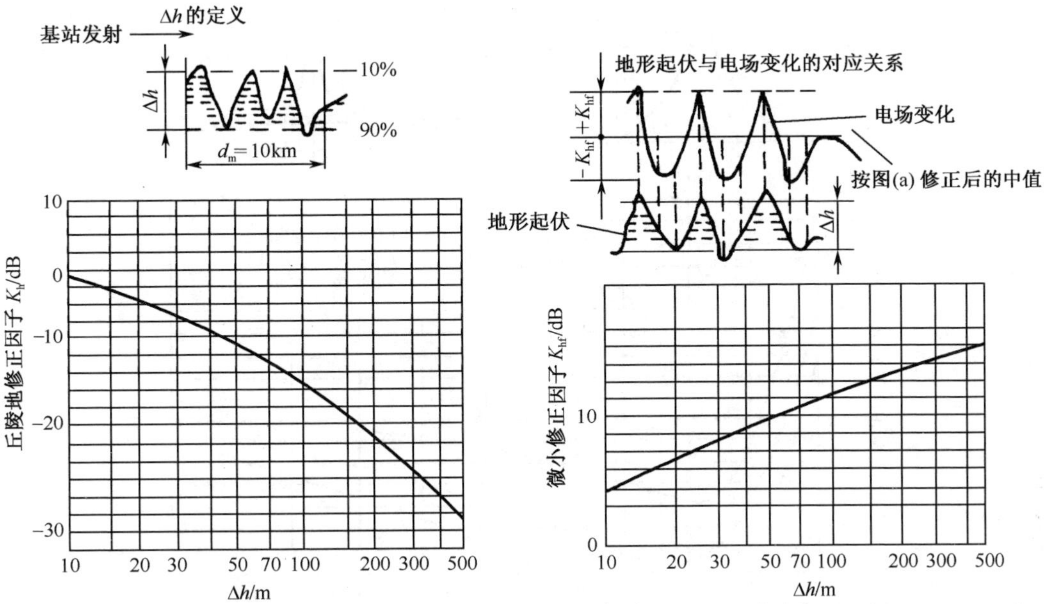

(a) 平均修正因子 K_h　　　(b) 微小修正因子 K_{hf}

图 2.22　丘陵地场强中值修正因子

2. 孤立山岳修正因子 K_{js}

当电波传播路径上有近似刃形的单独山岳时，若求山背后的电场强度，一般可从相应的自由空间场强中减去刃形绕射损耗即可。但对于天线高度较低的陆上 MS 来说，还必须考虑阴影效应和屏蔽吸收等附加损耗。由于附加损耗不易计算，故仍采用统计方法给出的修正因子 K_{js} 曲线。图 2.23 所示为适合于工作频段为 450～900MHz，山岳高度为 110～350m，由实测所得的孤立山岳地形的修正因子 K_{js} 的曲线。其中，d_1 是发射天线至山顶的水平距离，d_2 是山顶至 MS 的水平距离。图 2.23 中，K_{js} 是针对山岳高度 H=200m 所得场强中值与基准场强的差值。如果实际的山岳高度 H 不为 200m，则上述求得的修正因子 K_{js} 还需乘以系数 α，计算 α 的经验公式为

$$\alpha = 0.07\sqrt{H} \tag{2.12}$$

式中，H 的单位为 m。

3. 斜坡地形修正因子 K_{sp}

斜坡地形是指 5～10km 的倾斜地形。若在电波传播方向，地形逐渐升高，则称为正斜坡，倾角为 $+\theta_m$；反之为负斜坡，倾角为 $-\theta_m$。图 2.24 所示的斜坡地形修正因子 K_{sp} 的曲线是在 450MHz 和 900MHz 频段得到的，横坐标为平均倾角 θ_m，以毫弧度（mrad）为单位。图 2.24 中给出了 3 种不同距离的修正值，其他距离的值可近似求出。此外。如果斜坡地形处于丘陵地带，那么还必须增加由 Δh 引起的修正因子 K_h。

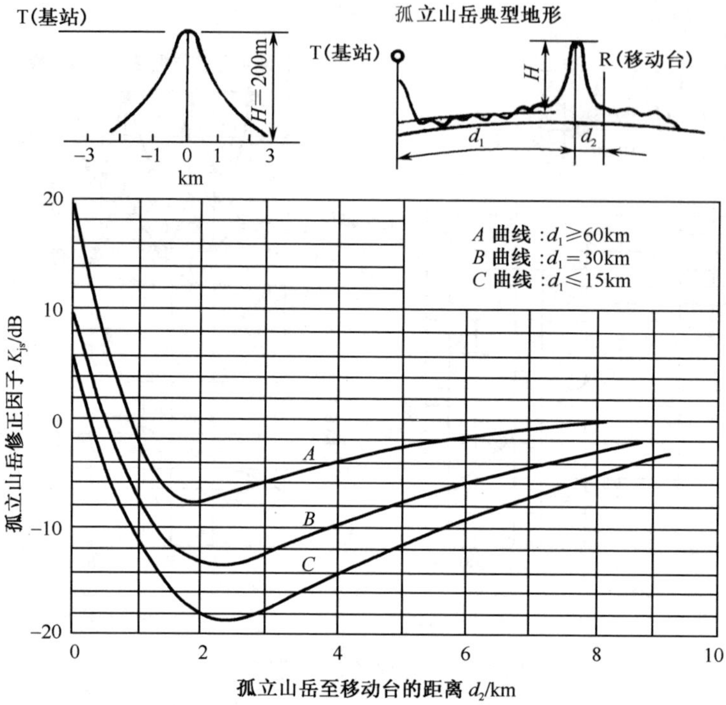

图 2.23 孤立山岳修正因子 K_{js} 曲线

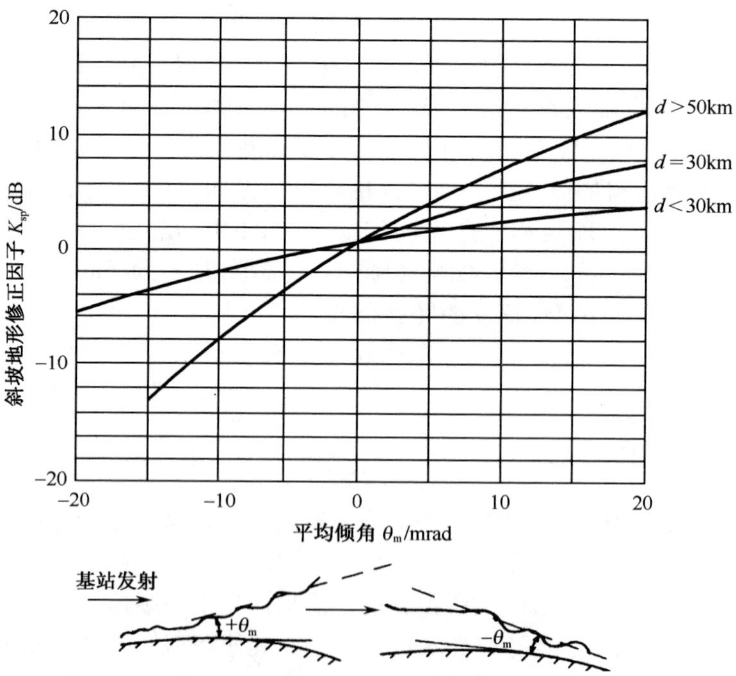

图 2.24 斜坡地形修正因子 K_{sp}

4. 水陆混合路径修正因子 K_s

在传播路径中如遇有湖泊或其他水域，接收信号的场强往往比全是陆地时要高。为了估算水陆混合路径情况下的场强中值，用水面距离 d_{SR} 与全程距离 d 的比值作为地形参数。此外，水陆混合路径修正因子 K_s 的大小还与水面所处的位置有关。在图 2.25 中，曲线 A 表示水面靠近 MS 一方的修正因子，曲线 B（虚线）表示水面靠近基站一方的修正因子。在同样 d_{SR}/d 情况下，水面位于 MS 一方的修正因子 K_s 较大，即信号场强中值较大。

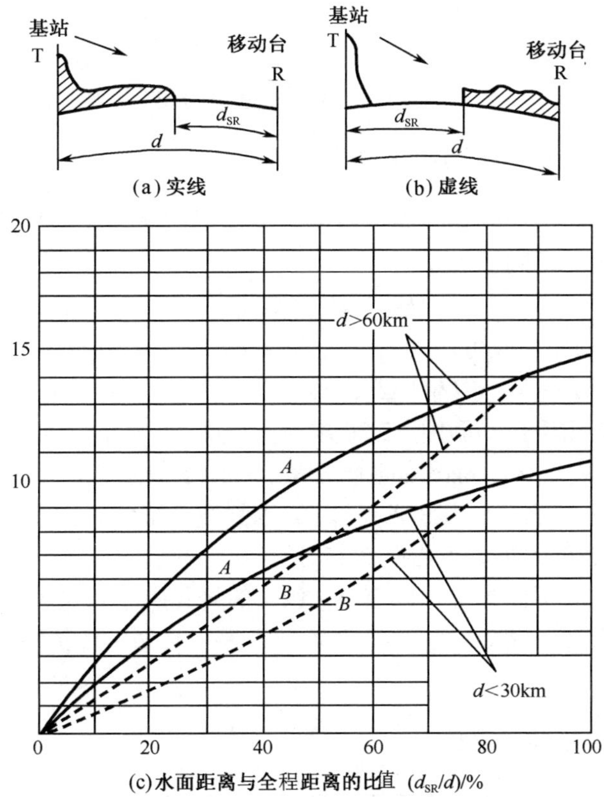

图 2.25　水陆混合路径修正因子 K_s

当水面位于传播路径中间时，应采用上述两条曲线的中间值。

2.4.4　任意地形地区的传播损耗中值

上面已分别阐述了在各种情况下，信号的传播损耗中值与距离、频率及天线高度等的关系，利用上述各种修正因子就能较准确地估计各种地形、地物条件下的传播损耗中值，进而求出信号的功率中值。

1. 准平坦地形市区接收信号的功率中值 P_P

准平坦地形市区接收信号的功率中值 P_P（不考虑街道走向）可由下式确定：

$$P_{\mathrm{P}} = P_0 - A_{\mathrm{m}}(f, d) + H_{\mathrm{b}}(h_{\mathrm{b}}, d) + H_{\mathrm{m}}(h_{\mathrm{m}}, f) \tag{2.13}$$

式中，P_0为自由空间传播条件下接收信号的功率，即

$$P_0 = P_{\mathrm{T}}\left(\frac{\lambda}{4\pi d}\right)^2 G_{\mathrm{b}}G_{\mathrm{m}} \tag{2.14}$$

其中，P_{T}为发射机至天线的发射功率；λ为工作波长；d为收发天线间的距离；G_{b}为基站天线的增益；G_{m}为 MS 天线的增益；$A_{\mathrm{m}}(f,d)$为准平坦地形市区的基本损耗中值，即假定自由空间损耗为 0dB，基站天线高度为 200m，MS 天线高度为 3m 的情况下得到的损耗值，它可以由图 2.17 求出；$H_{\mathrm{b}}(h_{\mathrm{b}},d)$为基站天线高度增益因子，它是以基站天线高度 200m 为基准得到的相对增益，其值可由图 2.18（a）求出；$H_{\mathrm{m}}(h_{\mathrm{m}},f)$为 MS 天线高度增益因子，它是以 MS 天线高度 3m 为基准得到的相对增益，其值可由图 2.18（b）求出。

若需考虑街道走向，那么式（2.12）还应加上街道的纵向或横向的修正值。

2. 任意地形地区接收信号的功率中值 P_{PC}

任意地形地区接收信号的功率中值以准平坦地形市区接收信号的功率中值 P_{P} 为基础，加上地形、地物修正因子 K_{T}，即

$$P_{\mathrm{PC}} = P_{\mathrm{P}} + K_{\mathrm{T}} \tag{2.15}$$

地形、地物修正因子 K_{T} 一般可写为

$$K_{\mathrm{T}} = K_{\mathrm{mr}} + Q_0 + Q_{\mathrm{r}} + K_{\mathrm{h}} + K_{\mathrm{hf}} + K_{\mathrm{js}} + K_{\mathrm{sp}} + K_{\mathrm{s}} \tag{2.16}$$

式中，K_{mr}为郊区修正因子，可由图 2.20 求得；Q_0、Q_{r}为开阔地或准开阔地修正因子，可由图 2.21 求得；K_{h}、K_{hf}为丘陵地修正因子及微小修正值，可由图 2.22 求得；K_{js}为孤立山岳修正因子，可由图 2.23 求得；K_{sp}为斜坡地形修正因子，可由图 2.24 求得；K_{s}为水陆混合路径修正因子，可由图 2.25 求得。

根据地形、地物的不同情况，确定 K_{T} 包含的修正因子。例如，传播路径是开阔地上的斜坡地形，那么$K_{\mathrm{T}} = Q_0 + K_{\mathrm{sp}}$，其余各项为零。又如，传播路径是郊区和丘陵地，则$K_{\mathrm{T}} = K_{\mathrm{mr}} + K_{\mathrm{h}} + K_{\mathrm{hf}}$。

3. 任意地形的传播损耗中值

任意地形的传播损耗中值可由下式计算得出，即

$$L_{\mathrm{A}} = L_{\mathrm{T}} - K_{\mathrm{T}} \tag{2.17}$$

式中，L_{T}为准平坦地形市区传播损耗中值，即

$$L_{\mathrm{T}} = L_{\mathrm{fs}} + A_{\mathrm{m}}(f, d) - H_{\mathrm{b}}(h_{\mathrm{b}}, d) - H_{\mathrm{m}}(h_{\mathrm{m}}, f) \tag{2.18}$$

例 2.1 某一移动信道，工作频率为 450MHz，基站天线高度为 50m，天线增益为 6dB，MS 天线高度为 3m，天线增益为 0dB，在市区工作，传播路径为准平坦地形，通信距离为 10km，试求：

1）传播路径损耗中值；

2）若基站发射机送至天线的信号功率为 10W，求 MS 天线得到的信号功率中值。

解 1）根据已知条件，$K_{\mathrm{T}} = 0$，$L_{\mathrm{A}} = L_{\mathrm{T}}$。

由式（2.10）可得到自由空间传播损耗

$$L_{fs}=32.44+20\lg d+20\lg f=32.44+20\lg 10+20\lg 450=105.5(\text{dB})$$

由图 2.17 查得市区基本损耗中值

$$A_m(f,d)=27\text{dB}$$

由图 2.18（a）查得基站天线高度增益因子

$$H_b(h_b,d)=-12\text{dB}$$

MS 天线高度增益因子

$$H_m(h_m,f)=0\text{dB}$$

把上述各式代入式（2.18），可得传播路径损耗中值为

$$\begin{aligned}L_T&=L_{fs}+A_m(f,d)-H_b(h_b,d)-H_m(h_m,f)\\&=105.5+27+12=144.5(\text{dB})\end{aligned}$$

2）由式（2.13）和式（2.14）可求得准平坦地形市区中接收信号的功率中值为

$$\begin{aligned}P_P&=P_T\left(\frac{\lambda}{4\pi d}\right)^2G_bG_m-A_m(f,d)+H_b(h_b,d)+H_m(h_m,f)\\&=P_T-L_{fs}+G_b+G_m-A_m(f,d)+H_b(h_b,d)+H_m(h_m,f)\\&=P_T+G_b+G_m-L_T\\&=10\lg 10+6+0-144.5=-128.5(\text{dBW})=-98.5(\text{dBm})\end{aligned}$$

式中，$L_{fs}=10\lg\left(\frac{4\pi d}{\lambda}\right)^2$。

例 2. 2　若例 2.1 改为郊区工作，传播路径是正斜坡，且 θ_m=15mrad，其他条件不变。再求传播路径损耗中值及接收信号功率中值。

解　由式（2.17）可知 $L_A=L_T-K_T$，由例 2.1 已求得 L_T=144.5dB。

根据已知条件，地形地区修正因子 K_T，只需考虑郊区修正因子 K_{mr} 和斜坡修正因子 K_{sp}，因而

$$K_T=K_{mr}+K_{sp}$$

由图 2.20 可得到 K_{mr} 为

$$K_{mr}=12.3\text{dB}$$

由图 2.24 可得到 K_{sp} 为

$$K_{sp}=3.2\text{dB}$$

所以传播路径损耗中值为

$$\begin{aligned}L_A&=L_T-K_T=L_T-(K_{mr}+K_{sp})\\&=144.5-(12.3+3.2)=144.5-15.5=129(\text{dB})\end{aligned}$$

接收信号功率中值为

$$P_{PC}=P_T+G_b+G_m-L_A=10+6+0-129=-113(\text{dBW})=-83(\text{dBm})$$

或

$$P_{PC}=P_P+K_T=-98.5+15.5=-83(\text{dBm})$$

通过上面两个例子可以说明，在传播条件相同的情况下，市区的传播路径损耗大于郊区的传播路径损耗。

学习任务 2.5 掌握分集接收技术

衰落是影响通信质量的主要因素。快衰落深度可在 30～40dB，如果想利用加大发射功率（1000～10000 倍）来克服这种深度衰落是不现实的，而且会造成对其他电台的干扰。分集接收是抗衰落的一种有效措施，它已广泛应用于移动通信、短波通信等随参信道中。

对抗衰落的利剑——分集接收技术

2.5.1 分集接收的基本概念

分集接收技术是指接收消息的恢复是在多重接收的基础上，并利用接收到的多个信号的适当组合和选择，来缩短信号电平陡峭到不能利用的那部分时间，从而提高通信质量和可通率的技术。其基本思想是，将接收到的多径信号分离成独立的多路信号，然后将这些多路分离信号的能量按一定规则合并起来，使接收到的有用信号能量最大，使接收的数字信号误码率最小。

分集接收有两重含义：一是分散传输，使接收端能获得多个统计独立的、携带同一信息的衰落信号；二是集中处理，即接收机把收到的多个统计独立的衰落信号进行合并（包括选择与组合），以降低衰落的影响。

2.5.2 分集接收的基本原理

1. 分集方式

在移动通信系统中可能用到两类分集方式：一类称为宏分集；另一类称为微分集。宏分集主要用于蜂窝通信系统中，也称为多基站分集。这是一种减小慢衰落影响的分集技术，其做法是把多个基站设置在不同的地理位置上（如蜂窝小区的对角上）和不同方向上，同时和小区的一个 MS 进行通信（可选择其中信号最好的一个基站通信）。显然，只要在各个方向上的信号传播不是同时受到阴影效应或地形的影响而出现严重的慢衰落（基站天线架设可以防止这种情况发生），这种方法就能保持通信不会中断。

微分集是一种减小快衰落影响的分集技术，在各种无线通信系统中都经常使用。理论和实践都表明，在空间、频率、极化、场分量、角度及时间等方面分离的无线信号，都呈现互相独立的衰落特性。因此，微分集又可以分为以下 6 种：

1）空间分集。空间分集的依据在于快衰落的空间独立性，即在任意不同的位置上接收同一个信号，只要两个位置的距离大到一定程度，则两处所收到信号的衰落是不相关且相互独立的。

2）频率分集。由于频率间隔大于相关带宽的两个信号所遭受的衰落可以认为是不相关的，因此可以用两个以上频率传输同一信息，以实现频率分集。

3）极化分集。由于两个不同极化的电磁波具有独立的衰落特性，所以发送端和接收端可以用两个位置很近但为不同极化的天线分别发送和接收信号，以获得分集效果。

但由于射频功率分给两个不同的极化天线，因此发射机功率有一定的损失。它可以被看成空间分集的一种特殊情况。

4）场分量分集。由电磁场理论可知，电磁场的 E 场和 H 场载有相同的消息，而反射机理是不同的。因此，可以通过接收 E_z 、 H_x 和 H_y 三个场分量来获得分集的效果。场分量分集和空间分集的优点是这两种方式不像极化分集那样要损失一定的辐射功率。

5）角度分集。角度分集的做法是使电波通过几个不同路径，并以不同角度到达接收端，而接收端利用多个方向尖锐的接收天线能分离出不同方向来的信号分量。由于这些分量具有互相独立的衰落特性，因而可以实现角度分集并获得抗衰落的效果。显然，角度分集在较高频率时容易实现。

6）时间分集。快衰落除具有空间和频率独立性外，还具有时间独立性，即同一信号在不同的时间区间多次重发，只要各次发送的时间间隔足够长，那么各次发送信号所出现的衰落是彼此独立的，接收机将重复收到的同一信号进行合并，就能减小衰落的影响。时间分集主要用于在衰落信道中传输数字信号。此外，时间分集也有利于克服移动信道中由于多普勒效应引起的信号衰落现象。

2. *合并方式*

接收端收到 M（$M\geqslant 2$）个分集信号后，如何利用这些信号减小衰落的影响，这就是合并问题。一般均使用线性合并器，把输入的 M 个独立衰落信号相加后合并输出。

假设 M 个输入信号解调后的包络电压为 $r_1(t), r_2(t),\cdots, r_M(t)$，则合并器输出电压 $r(t)$ 为

$$r(t)=a_1r_1(t)+a_2r_2(t)+\cdots+a_Mr_M(t)=\sum_{K=1}^{M}a_Kr_K(t) \tag{2.19}$$

式中，a_K 为第 K 个信号的加权系数。

选择不同的加权系数，就可以构成不同的合并方式。常用的方式有以下 3 种：

1）选择式合并。选择式合并是检测所有分集支路的信号，以选择其中信噪比最高的那一支路的信号作为合并器的输出。由式（2.19）可见，在选择式合并器中加权系数只有一项为 1，其余均为 0。图 2.26 所示为二重分集选择式合并示意图。两个支路的中频信号分别经过解调，然后做信噪比比较，选择其中有较高信噪比的支路接到接收机的共用部分。

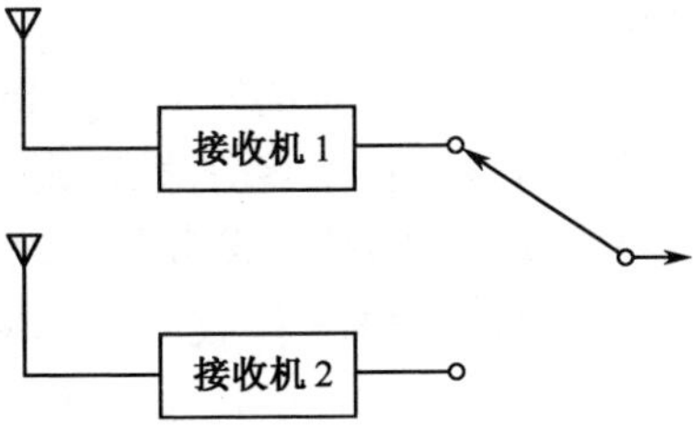

图 2.26　二重分集选择式合并示意图

选择式合并又称开关式相加。这种方法简单，实现容易。但由于未被选择的支路信号弃之不用，因此抗衰落又不如后述两种方法。

2）最大比值合并。最大比值合并是一种最佳合并方式，如图 2.27 所示。为了书写简便，每一支路信号包络 $r_K(t)$ 用 r_K 表示。每一支路的加权系数 a_K 与信号包络 r_K 成正比，而与噪声功率 N_K 成反比，即

$$a_K=\frac{r_K}{N_K} \tag{2.20}$$

由此可得到最大比值合并器输出的信号包络为

$$r_{\mathrm{R}}=\sum_{K=1}^{M}a_K r_K=\sum_{K=1}^{M}\frac{r_K^2}{N_K} \tag{2.21}$$

式中，下标 R 表示采用最大比值合并方式。

由于在接收端通常都要有各自的接收机和调相电路，以保证在叠加时各个支路的信号是同相位的。最大比值合并方式输出的信噪比等于各个支路信噪比之和。所以，即使当各路信号都很差时，采用最大比值合并方式仍能解调出所需信号。现在 DSP 技术和数字接收技术，正在逐步采用这种最优的分集方式。

3）等增益合并。等增益合并无须对支路信号加权，各支路的信号是等增益相加的，如图 2.28 所示。

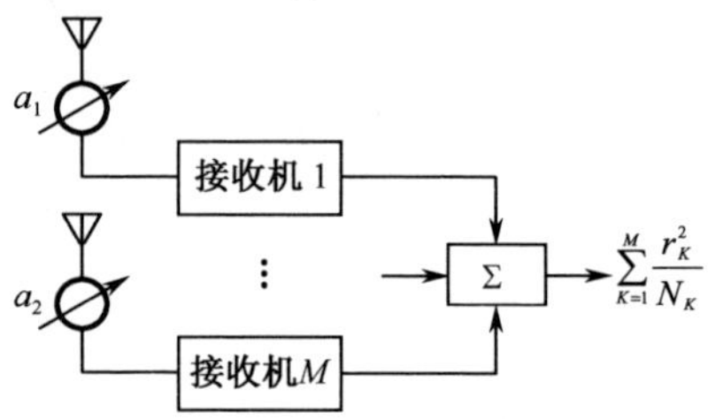

图 2.27　最大比值合并方式

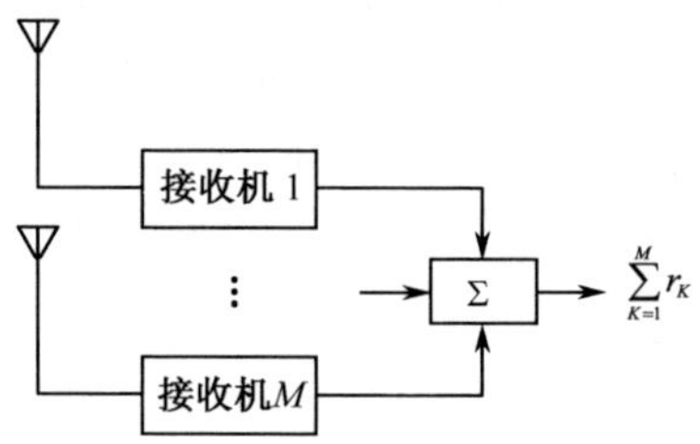

图 2.28　等增益合并方式

这种方式是把各支路信号进行同相后再叠加，加权时各路信号的权重相等。这样，其性能只比最大比值合并方式差一些，但比选择合并方式性能要好得多。

2.5.3　隐分集与 RAKE 接收

前面提到的空间分集、频率分集、极化分集等均属于显分集，因为这些分集明显是采用多套设备在不同空间、不同频率、不同极化方向接收合并而成，故称之为显分集。

随着科学技术的发展，分集的实现方法也在不断提高。其中最有前途的一种技术是利用信号设计技术将分集作用隐含在被传输的信号之中，称为隐分集。其中，在移动通信中，最典型的是多径分集的 RAKE 接收技术及信道交织与抗衰落纠错码等。本节介绍多径分集的 RAKE 接收的基本原理。

（1）移动通信中传播的多径效应

它引入接收信号时延功率谱的扩散，其中最典型的有以下两类。

1）连续型时延功率谱：它一般出现在繁华市区，由密集建筑反射形成。

2）离散型时延功率谱：它一般出现在繁华市区，由非密集型建筑反射形成。

如何能将被扩散的时延功率充分利用起来，这是工程设计者要重点研究的问题。它可以形象地由下列信号矢量来表示。

（2）RAKE 接收用信号矢量的直观表示

1）无 RAKE 接收时，多径信号的合成矢量图如图 2.29 所示。

2）采用 RAKE 接收后的合成矢量图如图 2.30 所示。

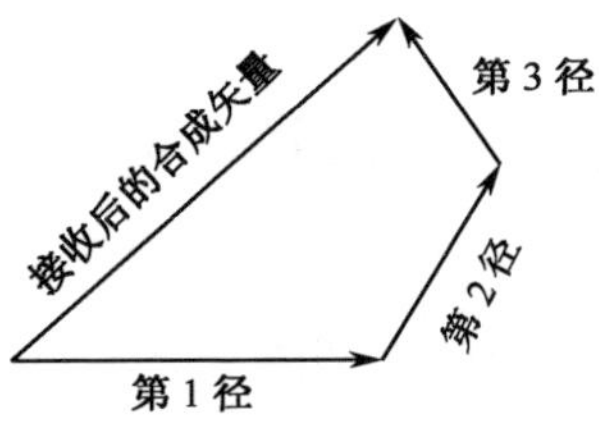

图 2.29　多径信号的合成矢量图

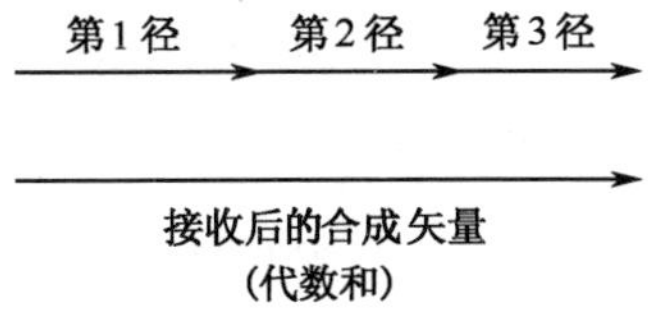

图 2.30　采用 RAKE 接收后的合成矢量图

3）由于用户的随机移动性，接收到的多径分量的数量、大小（幅度）、时延、相位均为随机量，因而合成矢量也是一个随机量。但若是能通过 RAKE 接收将各路径分离开，分别进行相位校准并加以利用，则随机的矢量和将可以变成比较稳定的代数和而得到有效利用。

（3）有效利用时延功率谱

利用宽频带的扩频信号的相关理论，可以将上述连续或离散的时延功率谱扩散分量加以分离、处理，最后达到合并起来加以有效利用的目的。

1）上述时延功率谱的利用效率，决定于多径时延宽度与多径分离的能力，即分离出多少条路径，而路径的分辨率取决于扩频增益与扩频带宽。

2）对于 IS-95，在城市繁华地区，多径时延 $\Delta\tau$ 为 5μs 左右，而 IS-95 的扩频信号带宽为 1.25MHz。频率分集的载波间隔应大于 200kHz，而对于 IS-95 扩频带宽 1.25MHz，理论上可提供 $\frac{1.25\text{MHz}}{200\text{kHz}} \approx 6$ 重隐频率分集的可能，但有利用价值的不超过 4 重。实际应用中一般选择 3～4 重。

2.5.4　发送分集

由于在移动通信中存在严重的多径衰落，它影响传输的可靠性，为了提高可靠性，往往在接收端引入分集接收技术，但是有些分集接收技术（如空间分集）只适合于基站。对于 MS，由于受体积、价格及电池容量等方面的限制，多重天线的空间分集几乎不可行。

为了改善下行传输条件，利用线性系统的互易原理，将体积严重受限的 MS 的接收端分集技术等效地搬至发送端来实现，这就是所谓的发送分集技术。从原理上看，实现发送分集的首要条件是将移动信道看作一个线性系统或至少是一个线性时变系统，线性系统的互易原理才能得以应用。严格地说，移动信道是一个复杂的非线性系统，但是一般情况下均可以将它看作一个近似的线性时变系统。

发送分集及一些文献中曾研究过的在发送端实现的“预 RAKE”系统均基于这一原理。利用线性系统互易原理，接收端的天线分集可以等效地搬至发送端来实现，接收端的 RAKE 接收也可以等效地搬至发送端用“预 RAKE”来实现。这一线性系统收发互易等效原理在实现时，还要求收发工作于同一频段，即工作于同一线性系统。然而，实际上在移动通信中多半是采用 FDD 的收发工作于不同频段的方式，而不是采用 TDD 的收发工作于同一频段的方式。

学习任务 2.6　了解移动信道噪声

信道对信号传输的限制除损耗和衰落外，另一重要的限制因素就是噪声与干扰。通信系统中任何不需要的信号都是噪声和干扰，因此，从移动通信系统的性能考虑，必须研究噪声和干扰的特性，以及它们对信号传输的影响，并采取必要的措施，以减小它们对通信质量的影响。本节主要介绍噪声，干扰将在 2.7 节介绍。

2.6.1　噪声的分类与特性

移动信道中噪声的来源是多方面的，一般可分为内部噪声、自然噪声和人为噪声。

内部噪声是系统设备本身产生的各种噪声。不能预测的噪声统称随机噪声。自然噪声和人为噪声是外部噪声，它们也属于随机噪声。

在移动通信中，外部噪声（亦称环境噪声）的影响较大，美国 ITT（国际电话电报公司）公布的数据如图 2.31 所示，图中将噪声分为 6 种：大气噪声、太阳噪声、银河噪声、郊区人为噪声、市区人为噪声和典型接收机的内部噪声。其中前 5 种均为外部噪声。有时将太阳噪声和银河噪声统称为宇宙噪声。

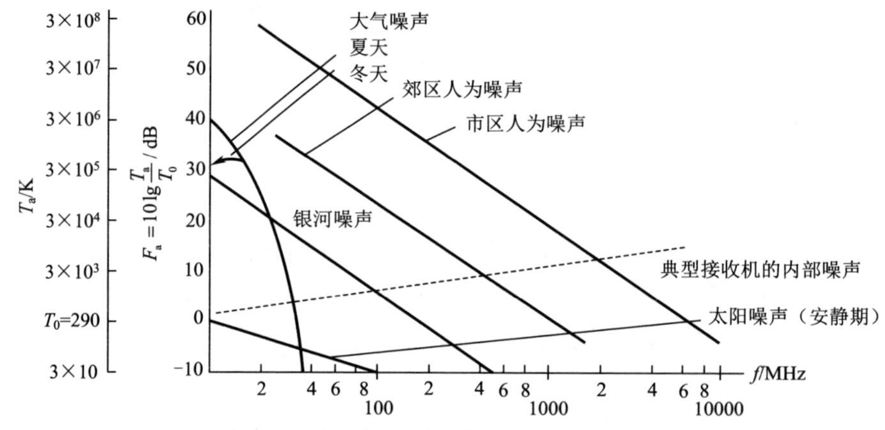

图 2.31　各种噪声功率与频率的关系

大气噪声和宇宙噪声属于自然噪声。在图 2.31 中，纵坐标用等效噪声系数 F_a 或噪声温度 T_a 表示。F_a 以超过基准噪声功率 N_0（KT_0B_N）的分贝数来表示，即

$$F_a = 10\lg\frac{KT_aB_N}{KT_0B_N} = 10\lg\frac{T_a}{T_0} \tag{2.22}$$

式中，K 为玻耳兹曼常数（1.38×10^{-23}J/K）；T_0 为参考绝对温度（$t=27$℃时，$T_0=290$K）；B_N 为接收机的有效噪声带宽（它近似等于接收机的中频带宽）。

由式（2.22）可知，等效噪声系数 F_a 与噪声温度 T_a 相对应，若 $T_a=T_0=290$K，则 $F_a=0$dB；若 $T_a=10T_0=2900$K，则 $F_a=10$dB 等。

由图 2.31 可见，在 30～1000MHz，大气噪声和太阳噪声（非活动期）很小，可以忽略不计；在 100MHz 以上时，银河噪声低于典型接收机的内部噪声（主要是热噪声），也可忽略不计。因而，除海上、航空及农村移动通信外，在城市移动通信中不必考虑宇宙噪声。这样，我们最为关心的主要是人为噪声的影响。

2.6.2　人为噪声

人为噪声是指各种电气装置中电流或电压发生急剧变化而形成的电磁辐射，诸如电动机、电焊机、高频电气装置、电气开关等所产生的火花放电形成的电磁辐射。

在移动信道中，人为噪声主要是车辆的点火噪声。汽车火花所引起的噪声系数不仅与频率有关，而且与交通密度有关。交通流量越大，噪声电平越高。由于人为噪声源的数量和集中程度随时间和地点而异，因此人为噪声就时间和地点而言，都是随机变化的。图 2.32 所示为美国国家标准公布的几种典型环境的人为噪声系数平均值示意图。

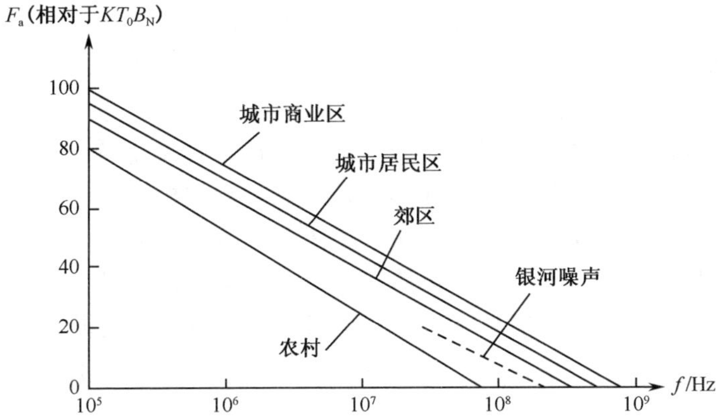

图 2.32　几种典型环境的人为噪声系数平均值示意图

由图 2.32 可见，城市商业区的噪声系数比城市居民区约高 6dB，比郊区则约高 12dB。

学习任务 2.7　熟知移动信道干扰

在移动通信系统中，基站或 MS 接收机必须能在其他通信系统产生的众多较强干扰信号中保持正常的通信。因此，移动通信对干扰的限制更为严格，对接收和发射设备的抗干扰特性要求更高。

移动通信中的干扰

2.7.1　邻道干扰

邻道干扰是与工作频道相邻的或邻近的信号相互干扰。为此，移动无线电通信系统的信道必须有一定宽度的频率间隔。考虑到发射机、接收机频率不稳定和不准确造成的

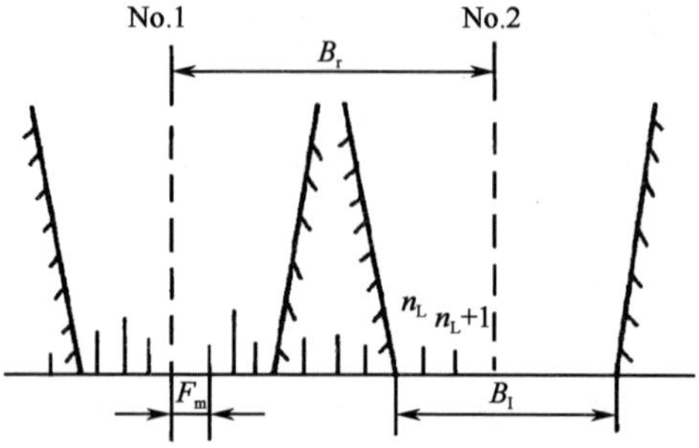

图 2.33 邻道干扰示意图

频率偏差 Δf_{TR} 及接收机滤波特性欠佳等原因，No.1 频道发射信号的调频信号的 n_L 次边频将落入邻近 No.2 频道内，如图 2.33 所示。

图 2.33 中调制信号最高频率为 F_m，信道间隔为 B_r，B_I 为接收机的中频带宽。图中示出最低 n_L 次边频落入邻道的情况。其中

$$n_L = \frac{B_r - 0.5B_I - \Delta f_{TR}}{F_m} \tag{2.23}$$

移动通信系统中两个电台在地理上的间隔距离有助于减小信号干扰，但是有一种情况地理上的间隔距离并不利于减小信号干扰，而是带来另一种邻道干扰。现在考虑这种情况，在基站覆盖区内有一些 MS 在运动，其中有一些 MS 距基站较近，另一些 MS 距基站较远。现在设想有两个 MS 同时向基站发射信号，基站从接近它的 MS（k 信道）接收到很强的信号，从远离它的 MS（$k+1$ 信道）接收到很微弱的信号。然而，远离它的 MS 的信号为需要信号，靠近它的 MS 的信号为非需要信号，此时，较强的接收信号（非需要信号）将掩盖较弱的信号（需要信号），在解调器输出端较弱信号以噪声形式输出，而较强信号作为“有用”信号输出，也就是说强的非需要信号（k 信道）对弱的需要信号（$k+1$ 信道）形成邻道干扰。

为了减小邻道干扰一方面需提高接收机的中频选择性及优选接收机指标；另一方面要限制发射信号带宽，可在发射机调制器中采用瞬时频偏控制电路，防止过大信号进入调制器产生过大的频偏。在 MS 功率方面，应在满足通信距离的要求下，尽量采用小功率输出，以缩小服务区。通常，大多数移动通信设备采用自动功率控制，利用 MS 接收到的基站信号的强度对 MS 发射功率进行自动控制，使 MS 驶近基站时降低发射功率。还有一些其他减小干扰的方法，如使用天线定向波束指向不同的水平方向及指向不同的仰角方向。

2.7.2 同频道干扰

同频道干扰是指同载频电台之间的干扰。在电台密集的地方，若频率管理或设计不当，就会造成同频道干扰。

在移动通信系统中，为了增加频率利用率，有可能有两条或多条信道都被分配在一个相同频率上工作，这样就形成一种同频结构。在同频环境中，当有两条或多条同频波道同时进行通信时，就有可能产生同频道干扰。

移动通信设备能够在同频道上承受干扰（同频干扰）的程度与所采用的调制制式有关。一般情况下，信号强度随着基站距离的增大而减弱，但是这种减弱不是均匀的，还与地形和其他因素有关。

为了避免产生同频干扰，应在满足一定通信质量的前提下，选择适当的复用波道的保护距离，这段距离即为使用相同工作频道的各基站之间的最小安全距离，简称同频道再用距离或共道再用距离。所谓“安全”，是指接收机输入端的有用信号与同频道干扰的比值大于射频防护比。再用距离越近，同频道干扰就越大；再用距离越远，同频道干

扰就越小。由于同频道干扰影响与调制制式及频偏有关，因此在不同信号和不同干扰的情况下，射频防护比有所不同。表 2.1 列出了射频防护比的数值。

表 2.1　射频防护比的数值

有用信号类型	无用信号类型	射频防护比/dB
窄带F3E，G3E	窄带F3E，G3E	8
宽带F3E，G3E	宽带F3E，G3E	8
宽带F3E，G3E	A3E	8
窄带F3E，G3E	A3E	10
窄带F3E，G3E	直接打印F2B	12
A3E	宽带F3E，G3E	8～17
A3E	窄带F3E，G3E	8～17
A3E	A3E	17

表 2.1 中的有关符号含义如下：

信号类型用 3 个符号表示，第一个符号表示主载波的调制方式，如 F 代表调频，G 代表调相（或间接调频），A 为双边带调幅；第二个符号表示调制信号的类别，如“3”为模拟单信号，“2”为数字单信号；第三个符号代表发送消息的类别，如 E 为电话，B 为印字电报。因此，F3E 表示调频、模拟单信号、电话，简称调频电话。

对于 3 级语音质量，当有用信号与无用信号均为 F3E 时，由表 2.1 可知，要求的射频防护比为 8dB。

假定各基站与各 MS 的设备参数相同，地形条件也是理想的。这样，同频道再用距离只与以下因素有关：

1）调制制式。要达到规定的接收质量，对于不同的调制制式，所需要的射频防护比是不同的。例如，窄带调频或调相，其射频防护比为（8±3)dB。

2）电波传播特性。假定传播路径是光滑的地平面，路径损耗 L 为

$$L = 102 + 40\lg d - 20\lg(h_t, h_r) \tag{2.24}$$

式中，d 为收、发天线之间的距离，单位为 km；h_t、h_r 为发射天线和接收天线的高度，单位为 m。

3）基站覆盖范围或小区半径 r_0。

4）通信工作方式。

5）要求的可靠通信概率。

图 2.34 为同频道再用距离示意图。

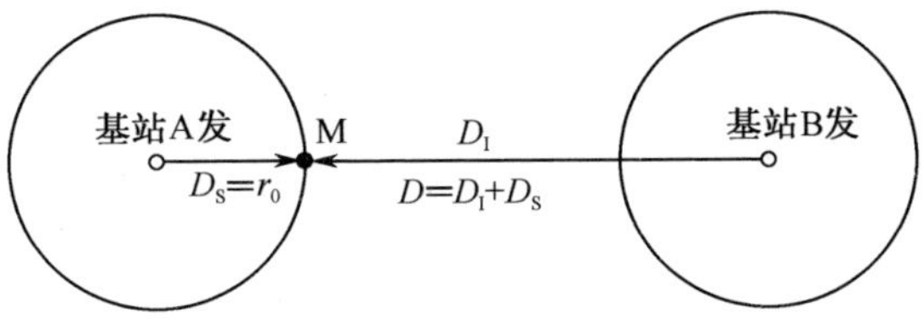

图 2.34　同频道再用距离示意图

假设基站 A 和基站 B 使用相同的频道，移动台 M 正在接收基站 A 发射的信号，由于基站天线高度大于 MS 天线高度，因此当移动台 M 处于小区的边沿时，易受到基站 B 发射的同频道干扰。假若输入 MS 接收机的有用信号与同频道干扰之比等于射频防护比，则 A、B 两基站之间的距离即为同频道再用距离，记作 D。

由图 2.34 可见

$$D=D_{\mathrm{I}}+D_{\mathrm{S}}=D_{\mathrm{I}}+r_0 \tag{2.25}$$

式中，D_{I} 为同频道干扰源至被干扰接收机的距离；D_{S} 为有用信号的传播距离，即小区半径 r_0。

通常，定义同频道复用系数为

$$\alpha=\frac{D}{r_0} \tag{2.26}$$

由式（2.26）可得同频道复用系数为

$$\alpha=\frac{D}{r_0}=1+\frac{D_{\mathrm{I}}}{r_0} \tag{2.27}$$

为了避免产生同频道干扰，也可采用其他的方法，如使用定向天线、斜置天线波束、降低天线高度、选择适当的天线场址。在实践中，频道规划是一项复杂任务，需要详细考虑有关区域的地形、电波传播特性、调制制式、无线电小区半径和工作方式等。目前已广泛使用计算机分析方法，可以帮助解决这个复杂课题。

2.7.3 互调干扰

1. 互调干扰的形成

互调干扰是由传输信道中的非线性电路产生的。当两个或多个不同频率的信号同时作用在通信设备的非线性电路上时，由于非线性器件的作用，会产生许多谐波和组合频率分量，其中一部分谐波或频率分量与有用信号频率相同或相近时，就会顺利地落入接收机通带内而形成干扰，这就是互调干扰。

假设有两个不同频率的信号同时作用于非线性电路，即

$$u=A\cos\omega_{\mathrm{A}}t+B\cos\omega_{\mathrm{B}}t \tag{2.28}$$

它们会产生很多的互调频率，其中危害最大的互调频率如下：

1）$2\omega_{\mathrm{A}}-\omega_{\mathrm{B}}$，$2\omega_{\mathrm{B}}-\omega_{\mathrm{A}}$，这两种组合频率产生的干扰称为三阶互调干扰。

2）$3\omega_{\mathrm{A}}-2\omega_{\mathrm{B}}$，$3\omega_{\mathrm{B}}-2\omega_{\mathrm{A}}$，这两种组合频率产生的干扰称为五阶互调干扰。

因为在非线性器件中，谐波项次数越高，系数越小，因而高阶互调频率的强度一般小于低阶互调频率的强度。在一些实际系统的设计中，常常只考虑三阶互调干扰，五阶以上的互调干扰一般不予考虑。

两个或多个发射机相互靠近，每个发射机与其他发射机之间通常通过天线系统耦合，从每个发射机发出的辐射信号进入其他发射机时，发射机末级功率放大器（简称功放）通常工作在非线性状态，于是就形成了互调干扰。

互调干扰也可以在接收机上产生。如果有两个或多个干扰信号同时进入接收机高放

或混频器，只要它们的频率满足一定的关系，由于器件的非线性特性，就有可能形成互调干扰。

一般情况下可以把三阶互调干扰归纳为两种类型，即两信号三阶互调和三信号三阶互调，可分别表示为

$$\begin{cases}2f_A - f_B = f_0 \\ f_A + f_B - f_C = f_0\end{cases} \tag{2.29}$$

等号左边表示三阶互调源频率，而等号右边表示受三阶互调干扰的频率。

例 2.3 已知干扰的频率 f_A=150.2MHz，f_B=150.1MHz，f_C=150.0MHz。问当某用户 MS 的接收频率为 150.3MHz 时，能否产生三阶互调干扰?

解 由式（2.29）得

$$2f_A - f_B = 2\times150.2 - 150.1 = 150.3\ (\text{MHz})$$

$$f_A + f_B - f_C = 150.2 + 150.1 - 150.0 = 150.3\ (\text{MHz})$$

所以它既受两信号三阶互调干扰，又受三信号三阶互调干扰。

2. 减小互调干扰的方法

为了消除或减小互调干扰对移动通信系统的影响，对发射机和接收机可采用不同的方法。

对于发射机必须设法减小互调电平，可以采用下列措施：尽量增大基站与发射机之间的耦合损耗，各发射机分用天线时，要增大天线间的空间隔离度，在发射机的输出端接入高 Q 带通滤波器，增大频率隔离度，避免馈线相互靠近和平行敷设；改善发射机末级功率放大器的性能，提高其线性动态范围；在共用天线系统中，在各发射机与天线之间插入单向隔离器或高 Q 谐振腔。

对于接收机可以采取下列措施：高放和混频器宜采用具有平方律特性的器件（如结型场效应管和双栅场效应管）；接收机输入回路应有良好的选择性，如采用多级调谐回路，以减小进入高放的强干扰；在接收机的前端加入衰减器，以减小互调干扰。当把输入的信号与干扰均衰减 10dB 时，互调干扰将衰减 30dB。

在一个移动通信系统中，为了避免三阶互调干扰，在分配频率时，应合理地选用频道（或波道）组中的频率，使它们可能产生的互调干扰产物不致落入同组频道中任一工作频道。表 2.2 列出了无三阶互调干扰频道组。

从表 2.2 中可以看出，随着使用频道数的增加，频段利用率在下降。需要说明的是，选用无三阶互调干扰的频道组工作，三阶互调干扰产物依然存在，只是不落在本系统的工作频道中而已。

表 2.2 无三阶互调干扰频道组

需要频道数	最小占用频道数	无三阶互调干扰的频道组	频段利用率/%
3	4	1，2，4；1，3，4	75
4	7	1，2，5，7；1，3，6，7	57
5	12	1，2，5，10，12；1，3，8，11，12	42

续表

需要频道数	最小占用频道数	无三阶互调干扰的频道组	频段利用率/%
6	18	1，2，5，11，13，18；1，2，9，13，15，18；1，2，5，11，16，18；1，2，9，12，14，18	33
7	26	1，2，8，12，21，24，26；1，3，4，11，17，22，26；1，2，5，11，19，24，26；1，3，8，14，22，23，26；1，2，12，17，20，24，26；1，4，5，13，19，24，26；1，5，10，16，23，24，26	27
8	35	1，2，5，10，16，23，33，35	23
9	45	1，2，6，13，26，28，36，42，45	20
10	56	1，2，7，11，24，27，35，42，54，56	18

上面仅考虑了无三阶互调干扰的要求，实际上在一组频道中，如果两个相邻频道同时被占用，通常会出现邻道干扰。若需要一组频道既无互调干扰又无邻道干扰，那么频段利用率将更低。

2.7.4 远近效应

通常将近处无用信号压制远处有用信号的现象称为远近效应，又称近端对远端比干扰。

当基站同时接收到两个不同距离 MS 的信号时，若两者频率相同或邻近，则基站接收到的远端 MS 的较弱有用信号会被近端 MS 的较强信号淹没。如图 2.35 所示，距离基站收发信台（BTS）远的（距离 d_2）移动台 B 的信号将会被近端（距离 d_1）另一移动台 A 的信号所淹没（$d_2 \gg d_1$）。

一般情况下，各 MS 的发射频率和功率是相同的，因此基站接收到的近距离 d_1 移动台 A 的信号将会严重干扰或掩盖远距离 d_2 移动台 B 处的接收信号。同样，当一部 MS 接收基站的信号时，也容易受到靠近的另一部 MS 发射的强信号的干扰。

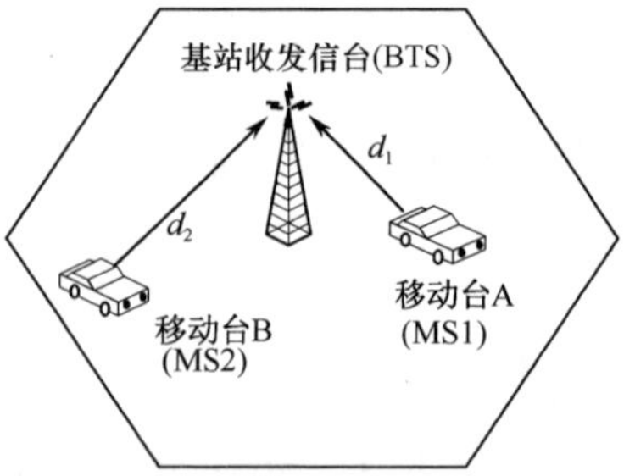

图 2.35　近端对远端的干扰情况

由于基站的位置与两个分开的 MS 之间的路径传输损耗不同而引起的接收功率差，这里称为近端-远端比干扰，可表示为

$$\text{近端-远端比干扰}\ R_{d_2d_1} = \frac{d_2\text{的路径传输损耗}}{d_1\text{的路径传输损耗}}$$

假设在同样的地形、地物条件下，路径传输损耗近似与距离的 4 次方成比例，则上式可表达为

$$\text{近端-远端比干扰}\ R_{d_2d_1} = 40\lg\frac{d_2}{d_1}$$

例如，当一个基站同时接收两个 MS 发来的信号时，一个 MS 离基站为 0.1km，另一个 MS 离基站为 10km，在这种条件下，近端-远端比干扰为

$$\text{近端-远端比干扰}\ R_{d_2d_1} = 40\lg\frac{10}{0.1} = 80(\text{dB})$$

在实际的移动通信环境中，MS 的离散移动使近端-远端比干扰不可避免，减小近

端-远端比干扰的有效办法是采用闭环 APC 技术（即 MS 具有自适应控制发送功率的能力）。

移动通信小百科之红色通信

精心打造“鲁班石”

红一方面军无线电队成立之初，在总司令朱德、总政委毛泽东的领导关怀下，1931 年 2 月，在江西宁都小布村开办了第一期无线电训练班。总政委毛泽东来到训练班给学员上了一堂精彩的课——“鲁班石”的故事。

一开课，毛泽东先说：“朱总司令对我讲，无线电台是他指挥作战的心肝宝贝！我说这个无线电台简直是千里眼、顺风耳！我们在井冈山和赣南闽西打了许多仗，深感红军通信联络太原始了。由于没有无线电台，就像造桥缺少‘鲁班石’一样。”

有的学员不解地问：“什么是‘鲁班石’？”

于是，毛泽东绘声绘色地和大家讲起了“鲁班石”的故事。

很久很久以前，有条河上在修一座石拱桥，工匠们辛辛苦苦干了很多天，桥身修好了，拱形桥洞也砌得差不多了，只是桥洞的脊梁处缺少一块能够连接并撑住两侧桥体的石头。于是，工匠们四处寻找，爬了很多山，走了很多路，终于在一位打草鞋的老公公家里发现了一块石头，搬去一试，不大不小正合适。原来，这是鲁班从修桥工地路过时，悄悄按尺码量身预制的。后来人们称这块石头为“鲁班石”。

毛泽东说：“红军今后要大发展，一块一块被分割的革命根据地要靠一座座桥连接起来，通信就是这座桥的‘鲁班石’。”“鲁班石”的比喻高屋建瓴、言简意赅，深刻地揭示了先进通信网络和技术与革命大业的关系，极大地调动了训练班老师和学员学习、钻研无线电通信技术和业务的热情。从此，“当好革命事业的‘鲁班石’”成了红色通信人的座右铭。

小　　结

1. 天线的基本知识

天线的基本特性包括方向图、增益、驻波比、极化、频率范围、下倾和前后比等。根据所要求的辐射方向图可以选择不同类型的天线，移动通信基站常用的天线有全向天线、定向天线和特殊天线等。

2. 移动通信的电波传播特性

无线通信的使用频段已非常广泛，主要有 150MHz（VHF）、450MHz、900MHz、1800MHz（UHF）。它们属于超短波和微波。

电波的传播与地球大气层结构有密切关系，对 VHF 电波，地表面对它的吸收严重，而它对电离层的穿透能力强，故 VHF 波主要以直射方式传播。UHF 波的传播是一种视频传播。

3. 移动信道的特征

在陆地移动通信中，由于 MS 的工作环境随时随地在变化，因此移动信道是典型的随参信道。

在自由空间传播的电波被视为在理想条件下的传播，它的传播损耗为估算各种地形、地物条件下传播损耗的基础。同时，多径衰落（快衰落）、阴影衰落（慢衰落）对通信质量也有较大的影响。

4. 电波传播路径损耗的估算

电波传播的损耗随传播路径的不同有所不同，路径损耗是以自由空间传播损耗为基础，再考虑各种地形、地物的修正值估算出来的。通过修正值曲线图可以查出各种地形、地物的修正值，以及估算任意地形、地物的传播损耗中值。

5. 分集接收技术

衰落是影响通信质量的主要因素，而分集接收是抗衰落的有效措施。通信中常采用的分集方式有宏分集和微分集，其中微分集又可分为空间分集、频率分集、极化分集、场分量分集、角度分集和时间分集 6 种。合并方式常用的有 3 种：选择式合并、最大比值合并和等增益合并。

另外，还有应用前景广阔的隐分集、发送分集和 RAKE 接收。

6. 噪声和干扰

噪声和干扰是对移动通信质量的另一大影响。噪声一般可分为内部噪声、自然噪声和人为噪声。其中，自然噪声和人为噪声为外部噪声，对移动通信的影响较大。干扰主要有邻道干扰、同频道干扰、互调干扰及远近效应。

练习题与思考题

1. 什么是驻波比？它对通信有什么影响？
2. 天线的下倾分几种？它们有什么区别？
3. 移动通信基站常用哪些天线？它们分别用在什么场合？
4. 试简述移动信道中电波传播的方式和特点。
5. 在标准大气折射下，发射天线高度为 200m，接收天线高度为 2m，试求视线传播极限距离。
6. 某一自由空间传播信道，通信距离为 10km，工作频率为 450MHz，试求其自由空间传播损耗。
7. 试分析造成场强中值慢衰落和快衰落的原因，它们服从什么规律？

8. 某一移动通信系统，基站天线高度为 100m，天线增益为 6dB；MS 天线高度为 3m，天线增益为 0dB；在市区工作，传播路径为准平坦地形，通信距离为 10km，工作频率为 900MHz，试求：

1）传播路径损耗中值。

2）若基站发射机送至天线的信号功率为 10W，求 MS 天线得到的信号功率中值。

9. 什么是分集接收？分集的含义是什么？

10. 有哪几种分集方式？有哪几种合并方式？

11. 有哪几种微分集方式？

12. 试分析比较 3 种合并方式的优缺点。

13. 什么是隐分集？什么是 RAKE 接收？简述 RAKE 接收的基本原理。

14. 在移动通信环境中，有哪些噪声来源？哪类噪声对移动信道的影响较大？

15. 内部噪声和外部噪声的主要区别是什么？

16. 移动通信系统中主要的干扰有哪些？

17. 什么是邻道干扰？如何减小邻道干扰？

18. 什么是同频道干扰？它是如何产生的？

19. 什么是同频道再用？与同频道再用距离有关的因素有哪些？

20. 互调干扰是怎样产生的？采用什么方法可经减小互调干扰？

21. 试检验频道序号为 1、2、12、20、24 和 26 的频道组是否为无三阶互调干扰的相容频道组。

22. 已知干扰频率 f_A=120.2MHz，f_B=120.1MHz，f_C=120.0MHz。问当某用户 MS 的接收频率为 120.3MHz 时，能否产生三阶互调干扰？

23. 什么是远近效应？

学习笔记

学习笔记

实践训练任务工单 2

专业：__________　　班级：__________

姓名：__________　　学号：__________

实训名称： 调查移动网络覆盖情况。

实训目的： 调查周边 TD-LTE 网络的覆盖情况，结合本模块的知识思考并分析在不同地点网络覆盖质量存在差异的原因，进而加深对知识点的理解，并锻炼思维能力。

任务描述

使用移动网络信号测试小程序，选取不同的地形、地物情况及离基站不同距离的多个测试点，测试 TD-LTE 网络的信号覆盖情况，记录下各点的 RSRP（参考信号接收功率）值，通过给出的任务讨论知识点，比较覆盖情况的差异，并结合本模块的知识，思考及讨论产生差异的原因。

任务讨论与实施

1. RSRP 是 LTE 网络中可以代表无线信号强度的关键参数。该值小于-105dBm，表示覆盖较差；该值大于-65dBm，表示覆盖非常好。请记录下选取各点的 RSRP 值。

2. 请根据本模块所学习的自由空间传播损耗、各种衰落及损耗的知识，思考并分析在不同距离、不同地形/地物（如有、无建筑阻挡）、不同环境（如室内、室外）等典型环境下，RSRP 值变化的原因。

任务总结

1. 任务讨论总结

2. 任务实施总结

模块 3 组网技术

本模块内容是移动通信网络组建需要具备的相关理论知识，主要内容包括频率管理、区域覆盖、信道配置、网络结构、多信道共用技术、通信信令、移动性管理。通过学习本模块，学习者可以为从事频率规划、基站（BS）勘察与选址、网络故障分析、网络优化等工作奠定理论基础。

知识目标

- 了解移动通信系统的网络结构和信令组成形式。
- 正确理解频率管理与有效利用技术。
- 正确理解区域覆盖与信道配置方法。
- 正确理解多信道共用技术。
- 正确理解移动通信的移动性管理。

能力目标

- 能够根据给定的频道范围进行合理的频道规划。
- 能够区分大区制和小区制移动通信系统。
- 能够根据网络小区拓扑结构图确定同频小区。
- 会计算话务量、呼损率和信道利用率。
- 能够分析位置更新和越区切换通信事件的过程。

素质目标

- 自觉弘扬通信人自强不息的奋斗精神。
- 培养探索未知领域的创新意识。

最早的移动通信是移动体之间或者移动体与固定体之间的点对点通信，只要将电台设定在规定的无线电频道上就可以进行通信。但是，随着经济的发展，移动通信应用日益广泛，有限的无线电频率要提供给越来越多的用户共同使用，频道拥挤，相互干扰也成为阻碍移动通信发展的首要问题，解决这些问题的办法就是按一定的规范组成移动通信网络，保障网内的用户有次序地通信。

移动通信组网涉及的问题非常多，大致可以分为以下几个方面的问题：首先是频率资源的管理与有效利用问题。频率资源是人类共同拥有的特殊资源，需要在全球范围内统一管理，在不同的空间域、时间域、频率域可以采用多种技术手段来提高它的利用率。其次是网络控制方面的问题。随着移动通信服务区域的扩大，需要用合理的方法对整个服务区域进行区域划分并组成相应的网络。各种业务需求不同，网络结构也就有所不同。为了保证整个网络的用户有次序地进行通信，必须对网络内的设备进行各种控制，要适时地将主叫用户与被呼叫用户的线路（有线和无线链路）连接起来，这就是网络的交换。这些都是移动通信网络组网的共性问题。

学习任务 3.1　理解频率管理与有效利用技术

无线通信是利用无线电波在空间内传播信息的，很多用户共用一个空间，如果在同一时间、同一地点、同一方向上使用相同频率的无线电波就容易形成干扰。移动通信的突出问题就是如何将有限的可用频率资源有次序地提供给越来越多的用户而不发生相互干扰，这就涉及频率管理与有效利用技术。

3.1.1 频率管理

移动通信的频段划分与频道带宽

频率是人类所共有的一种特殊资源，它并不是取之不尽的，与其他资源相比，它有一些特殊的性质。例如，无线电频率资源不是消耗性的，用户只是在某一空间和时间内使用，使用完之后依然存在，不使用或者使用不当都是浪费；电波传播不分地区和国界，它具有时间、空间和频率的三维性，可以从这 3 个方面对其实施有效利用，提高其利用率；它在空间传播时容易受到来自大自然和人为的各种噪声和干扰的污染。基于这些特点，频率的分配和使用需要在全球范围内制定统一的规则。

国际上，由国际电信联盟（ITU）召开世界无线电管理大会，制定无线电使用规则。它包括各种无线电系统的定义、国际频率分配表和使用频率的原则、频率的分配和登记、抗干扰的措施、移动业务的工作条件及无线电业务的分类等。

国际频率分配表按照大区域和业务种类给定。全球划分为 3 个区域。

第一区：欧洲、非洲和苏联的部分亚洲地区及蒙古。

第二区：南北美洲（包括夏威夷）。

第三区：亚洲（除苏联的部分亚洲地区和蒙古）和大洋洲。

业务种类划分为固定业务、移动业务（分海、陆、空）、广播业务、卫星业务和遇险呼叫业务等。

2000 年，ITU 在世界无线电管理大会上为 IMT-2000 重新分配了频段，标志着建立全球无线系统新时代的到来。这些频段是 805～960MHz、1710～1885MHz 和 2500～2690MHz。

各国以国际无线电分配表为基础，根据本国的情况制定国家频率分配表和无线电规则。我国位于第三区，无线电频率分配之频段划分情况如表 3.1 所示。

表 3.1 中国无线电频率分配之频段划分情况

名称	符号	频率/Hz	波长	波段	传播特性	主要用途
甚低频	VLF	3～30k	1000～10km	超长波	以空间波为主	远距离通信、海岸潜艇通信、远距离导航
低频	LF	30～300k	10～1km	长波	以地波为主	越洋通信、中距离通信、地下岩层通信、远距离导航
中频	MF	300～3000k	1～100m	中波	以地波与天波为主	航用通信、业余无线电通信、中距离导航
高频	HF	3～30M	100～10m	短波	以地波与天波为主	远距离短波通信、国际定点通信
甚高频	VHF	30～300M	10～1m	米波	空间波	人造电离层通信、空间飞行体通信、移动通信
特高频	UHF	300～3000M	1～0.1m	分米波	空间波	小容量微波中继通信
超高频	SHF	3～30G	10～1cm	厘米波	空间波	大容量微波中继通信、卫星通信、数字通信、国际海事卫星通信
极高频	EHF	30～300G	10～1mm	毫米波	空间波	波导通信

目前，移动电话使用的频段主要在 150MHz、450MHz、800MHz、900MHz、2000MHz 频段。各项具体的业务和专业对讲电话、单频组网对讲机、双频组网对讲机、无线电寻呼、无中心组网、无线话筒等使用的频率均有具体的明确规定。

对于双工移动通信网，规定工作在 VHF 频段的收发频差为 5.7MHz，工作在 UHF450MHz 频段的收发频差为 10MHz，工作在 UHF900MHz 频段的收发频差为 45MHz，并规定基站对移动台（MS）的下行链路的发射频率高于 MS 对基站的上行链路的发射频率。

国家统一管理频率的机构是国家无线电管理委员会，移动通信网必须遵守国家有关规定并接受当地无线电管理委员会的具体管理。

无线通信中划分信道的方法有很多种，可按照频率的不同、时隙的不同、码型的不同等来划分信道。无论何种划分，最终承载信息的都是频率。

无线信道的频率间隔大小取决于所采用的调制方式和设备的技术性能，世界各国的 VHF/UHF 频段移动通信相邻信道间隔不尽相同，从几千赫到几兆赫不等。

已调信号的占有频带是指包含了信号 90%功率的带宽，它是决定频道间隔的主要因素，无线信道保证了这一带宽即可保证本信道信息的有效传输。但是也不能忽略带宽之外的辐射功率对邻近频道的影响，因此相邻频道之间还必须有一定的保护带，即占有带宽应小于频道间隔。例如，我国规定的频道间隔为 25kHz 时，其占有带宽为 16kHz。

3.1.2 频率的有效利用技术

频率的有效利用是根据其频率域、空间域和时间域这 3 个性质，从这 3 个方面采用多种技术来设法提高它的利用率。

1. 频率域的有效利用

频率域的有效利用可以从两方面着手：一是信道的窄带化。信道的窄带化从基带方面考虑可采用频带压缩技术，如低速率的语音编码等；从射频调制方面考虑可采用各种窄带调制技术，如窄带和超窄带调频及各种窄带数字调制技术。应用窄带化技术减小带宽，同时减小了信道间隔，可以在有限的频段内设置更多的信道，从而提高频率的利用率。二是应用宽带多址技术。例如，FDMA 即在频率上划分信道，每个用户占用一定的频带，为进一步提高频率利用率可采用更为合适的多址技术，如 TDMA、CDMA 及它们的组合。

2. 空间域的有效利用

在某一地区（空间）使用了某一频率之后，只要能控制电波辐射的方向和功率，在相隔一定的距离之后的另一个地区可以重复使用这一频率，这就是频率的空间复用。蜂窝移动通信网就是根据这一概念组成的。在频率复用的情况下，会有若干个收发信机使用同一频率，虽然它们工作在不同的空间，但由于相隔距离有限，相互之间仍会存在干扰，称为同频道干扰。在频率复用的通信网络设计中，必须使同频工作收发信机有足够的距离，以保证有足够的同频道干扰防护比。因此，在采用空间域有效利用技术的频率复用技术时，必须严格掌握网络的空间结构及各基站的信道配置等，这是组网技术的一个重要方面。

3. 时间域的频率有效利用

在某一地区，若某一用户固定占用某一信道，事实上它不可能占用全部时间，在该用户空闲的时间内，任何其他用户都无法使用这个信道，只能让它闲置，这是很大的浪费。计算表明，若多个信道供大量的用户共同使用，则频率资源的利用率可以明显提高。当然，在信道共用的情况下，当某一用户发出呼叫时，可能信道正被其他用户占用，因而呼叫不通，即发生“呼损”（如同有线电话的占线）。显然，在信道数目一定的情况下，用户越多则频率利用率越高，但同时呼损也就越频繁。究竟怎样的呼损率是人们可以接受的，共用信道数、用户数、呼损率、信道利用率之间有怎样的定量关系，这就是多信道共用技术需要研究的问题，也是组网技术的一个重要方面。

频率有效利用的最终评价准则是“频率利用率”，它的定义为

$$\text{频率利用率（}\eta\text{）}=\frac{\text{通信业务量}}{\text{使用频谱空间的大小}} \tag{3.1}$$

这里的频谱空间指的是由频宽、时间、实际物理空间所构成的三维空间，即

$$[\text{使用频谱空间的大小}]=W[\text{使用的频带宽}]\times S[\text{占有的物理空间大小}]\times T[\text{使用时间}]$$

通信业务量以话务量 A 表示，则有

$$\eta=\frac{A}{WST} \tag{3.2}$$

由此可见，为了提高频率利用率，应压缩信道间隔，减小电波辐射空间的大小，使信道经常处于使用状态。

学习任务 3.2　理解区域覆盖与信道配置

3.2.1　区域覆盖

通信系统分为两大类：一类是点对点的通信，在两点之间建立一条通信链路（其中包括终端设备和信道），确保信息从某一地点有效而可靠地传输到另一地点；另一类通信系统，往往需要进行多点之间的通信，这就是网通信。现代移动通信系统一般是网通信系统。

在设计一个移动通信网时，必须考虑组网的制式问题、工作方式、网络结构、控制、信令方式、受损等问题。

在公用移动通信系统中，大部分服务区是宽阔的面状区域，根据对服务区域的覆盖方式可划为两种体制：一种是小容量的大区制，另一种是大容量的小区制。大区制采用一个基站覆盖整个通信服务区或者个别情况由较少基站覆盖整个服务区，但是每个基站基本上是独立的。小区制采用的是把一个服务区域划分为若干个小区，或者说由若干个小区组成一个大的服务区，并通过交换控制中心进行统一控制，实现移动用户之间或者移动用户与固定用户之间的通信。

1. 大区制——“单一基站大面积覆盖”方式

所谓大区制，就是一个服务区域（如一个城市内），只有一个或少数几个基站负责移动电话通信的联络和控制，每个基站基本上是独立的，如图 3.1 所示。

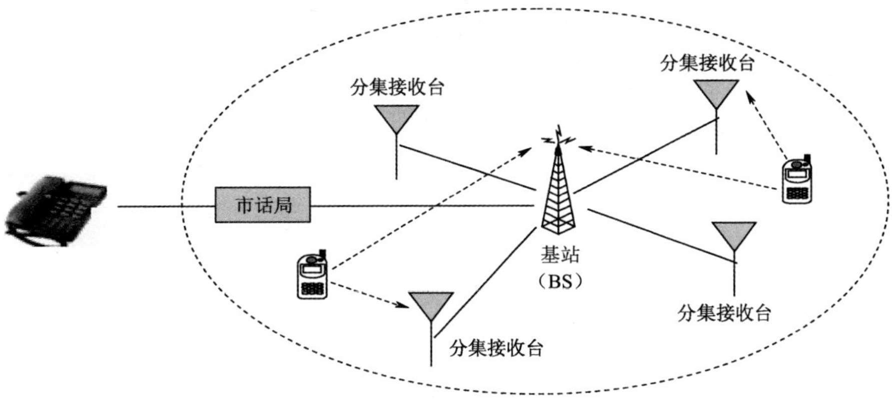

图 3.1　大区制示意图

为了扩大服务区域，基站天线很高，可达到数十米到百余米，发射机输出功率也较大，其覆盖半径为 30～50km。

由于基站的功率较大，而 MS 电池容量有限，通常 MS 可以收到基站的信号（下行信号），但是基站却收不到 MS 的信号（上行信号）。为了克服两个方向上的通信距离不一致的问题，利用分集接收技术，可以在适当的地点设立若干个分集接收站，通过分集接收站把上行信号传给基站，以保证服务区域的双向通信。

在基站，一般一个频道就有一部对应的收发信机，由于电磁兼容的原因，在同一地点（同一基站）可同时工作的收发信机数目有限，那么用单个基站覆盖整个区域的大区制可容纳的用户是有限的，因此大区制是小容量系统。大区制用户容量在几十到数百个。

在大区制中，为了避免相互间的干扰，在服务区内的所有频道都不能重复。例如，一个 MS 使用了频率 f_1 和 f_2，那么另外一个 MS 就不能使用这对频率，否则将产生严重的同频干扰。因而，这种体制的频率利用率和通信容量都受到限制，满足不了用户数量急剧增长的要求。

大区制的主要优点是组网简单、投资少、见效快，但是系统容量小，在用户密度不大、用户量少的区域或者话务量较小的专用系统中得到广泛的应用。例如，在农村或者中小城市，为了节约初期的工程投资，可按照大区制考虑。但是为了满足用户数量增长的需要，就需要采用小区制。

移动通信中的无缝覆盖是如何实现的

2. 小区制——“集中控制的多基站小区覆盖”方式

（1）小区制

小区制是指将整个服务区划分成若干个无线小区（cell），每个小区分别设置一个基站，由它负责本区移动通信的联络和控制。同时，在移动交换中心（MSC）的统一控制下，实现小区之间移动用户通信的转接，以及移动用户和市话用户之间的通信，如图 3.2 所示。

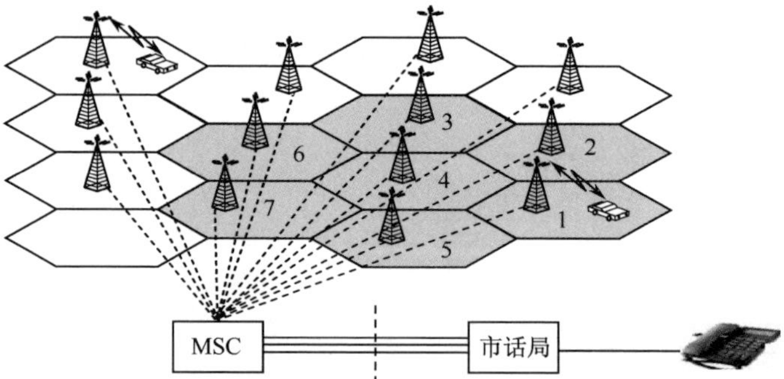

图 3.2 小区制示意图

每个小区各设一个小功率基站，发射功率一般为 5～20W；小区的覆盖半径也比大区制小，一般在 1～35km，也可以小于 1km。

由于小区半径小，基站发射功率较小，这样相隔一定距离的两个小区，就可使用相同的频率通信而不会产生干扰。在一个较大的服务区内，同一组信道可以多次重复使用，这种技术称为同频复用。采用相同信道组的小区称为同频小区。由于采用了同频复用技术，增加了单位面积可供使用的信道数，提高了频率利用率和用户的容量。随着用户数的不断增加，每个无线小区可继续被划分，以适应用户增长的需求。

图 3.2 中是把一个服务区分为 7 个小区（可以是其他数目，如 4、9 等），这 7 个小区构成一个区群，同一区群里不能使用相同信道（频道），不同的区群里可以采用信道再用技术（同频复用技术）。经过合理的配置可以使相邻区群使用相同的信道，并且不会产生干扰。例如，移动台 A 在第 4 区使用过的频道，可以在另一个区群里的第 4 区的移动台 B 使用。

小区制的主要优点是，采用了频率复用技术（同频复用），既解决了频率不够用的问题，又提高了频率的利用率；由于 MS、BS 都采用较小的发射功率，还可以减小干扰。

但是，小区制存在一个问题，就是当正在通话的 MS，从一个小区进入另一个小区的概率增加时，为了保持通话的连续性，要求 MS 经常更换工作频道，并且小区越小，通话中需转换工作频道的次数越多，这样对控制交换技术的要求也越高。同时，由于增加了基站的数目，建网的成本和复杂性亦有所提高。另外，采用同频复用技术，同频小区之间会产生干扰（同频干扰），在设计系统时必须考虑它的影响。这种体制适用于用户量较大的公用移动通信系统。

（2）服务区域

采用小区制的移动通信的服务区是指 MS 能够获得服务的区域。通常服务区根据不同的业务要求、用户区域分布、地形及不产生相互干扰等因素可分为带（条）状服务区和面状服务区（蜂窝小区制）。

1）带状服务区。带状服务区指用户的分布呈带状或者条状。例如，铁路的列车无线电话、长途汽车无线电话、内河航运的无线电话、沿海岸线的移动通信系统等都是带状服务区，如图 3.3 所示。

在带状服务区中，有的采用双频制，即采用两个频率组成一个频率组重复使用，有的采用三频制。

除了带状服务区，服务区更多的是呈广阔的面状，在面状服务区中划分更多的小区，组成移动通信网络。

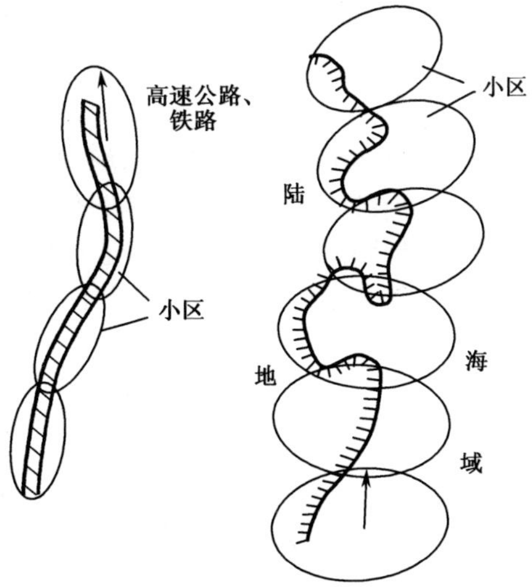

图 3.3 带（条）状服务区

2）面状服务区。

① 小区的形状。在平面内划分小区的时候，通常采用正六边形的小区结构，形成蜂窝网状分布，故小区制又称为蜂窝制。

小区结构为什么采用正六边形呢？

假设整个服务区地形平坦、地物相同，且基站采用全向天线使基站辐射区域大体是一个圆形。为了不留空隙地覆盖整个平面服务区，一个个圆形的辐射小区之间会有大量的重叠区域。为了使多个小区彼此邻接、无空隙、无重叠地覆盖整个服务区，常用圆的内接正多边形来近似圆，在这些正多边形中，能够全面无空隙、重叠地覆盖整个区域的就只有正三角形、正方形、正六边形。

对于覆盖同样大小的服务区，下面比较正六边形相对于正三角形、正方形的优势，如图 3.4 所示。

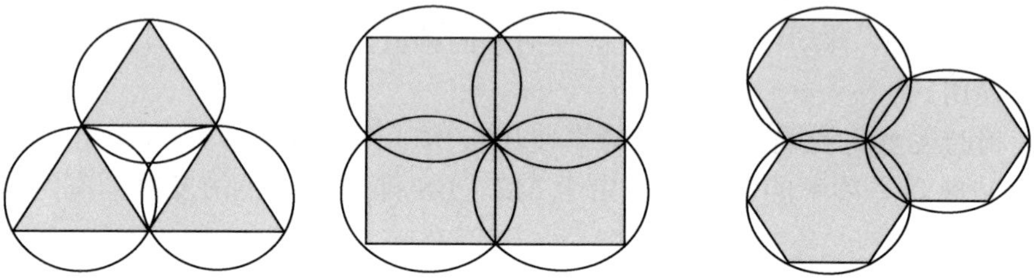

小区形状	正三角形	正方形	正六边形
邻区距离	r	$\sqrt{2}r$	$\sqrt{3}r$
小区面积	$1.3r^2$	$2r^2$	$2.6r^2$
重叠区宽度	r	$0.59r$	$0.27r$
重叠区面积	$1.2\pi r^2$	$0.73\pi r^2$	$0.35\pi r^2$

图 3.4 正三角形、正方形、正六边形的比较

- 相邻小区的中心间隔最大，从图 3.4 中可以直接看出来，正六边形相邻小区的中心间隔距离最大，间隔越大，各基站的干扰就会越小，所以正六边形最好。
- 小区的有效面积最大。在同样的半径下，圆内接正六边形大于内接正三角形和正四边形，更接近于圆形。在覆盖同样的面积时，正六边形所需小区的个数最少，建立基站也就最少、最经济。
- 重叠区域宽度和面积最小，正六边形邻接小区之间重叠面积最小，使同频干扰最小，宽度最小，便于通信设备的跟踪服务。
- 所需的无线信道组数最少，相邻的小区不能使用相同的信道组，附近的若干个小区也不能使用相同的信道组，只有在不同的区群里才能实现信道再用。覆盖相同的服务区，正六边形使用 3 组信道即可，如图 3.5 所示。图 3.5 中小区编号代表不同的信道组（若干个信道构成一个信道组），小区不同的信道组编号不同。

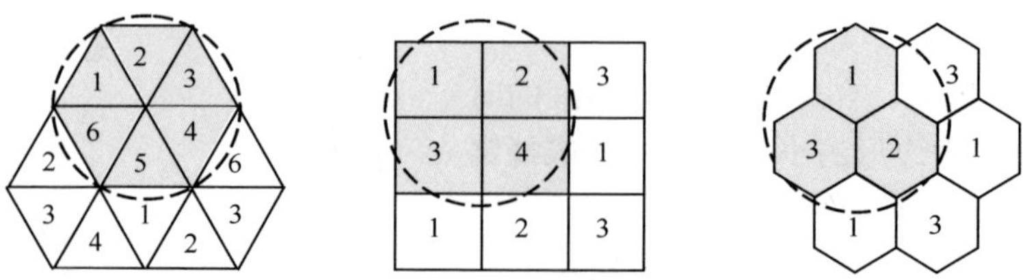

图 3.5 信道组数的比较

由上可知，由正六边形构成的无线小区是整个面状服务区中最好的，因为面状服务

区的形状很像蜂窝，所以采用小区制的通信网络称为蜂窝网。

常见的蜂窝移动通信系统中的蜂窝分为 3 类，它们分别是宏蜂窝、微蜂窝及智能蜂窝，这 3 种蜂窝技术各有特点。

宏蜂窝技术 在蜂窝移动通信系统中，在网络运营初期，运营商的主要目标是建设大型的宏蜂窝小区，取得尽可能大的地域覆盖率，宏蜂窝每个小区的覆盖半径大多为 1～35km。在实际的宏蜂窝小区内，通常存在着两种特殊的微小区域：一是“盲点”，是电波在传播过程中遇到障碍物而造成的阴影区域，该区域通信质量严重低劣；二是“热点”，是空间业务负荷的不均匀分布而形成的业务繁忙区域。以上两“点”问题的解决，往往依靠设置直放站、分裂小区等办法。除经济方面的原因外，从原理上讲，这两种方法也不能无限制地使用，因为扩大了系统覆盖区域，通信质量要下降；提高了通信质量，往往又要牺牲容量。近年来，随着用户的增加，宏蜂窝小区进行小区分裂，变得越来越小。当小区小到一定程度时，建站成本就会急剧增加，小区半径的缩小也会带来严重的干扰，另外，盲区仍然存在，热点地区的高话务量也无法得到很好的吸收，微蜂窝技术就是为了解决以上难题而产生的。

微蜂窝技术 与宏蜂窝技术相比，微蜂窝技术具有覆盖范围小、基站的功率低及安装方便灵活等优点。微蜂窝每个小区的覆盖半径为 30～300m，基站天线低于屋顶高度，传播主要沿着街道的视线进行，信号在楼顶的泄漏小。微蜂窝可以作为宏蜂窝的补充和延伸，微蜂窝的应用主要有两方面：一是提高覆盖率，应用于一些宏蜂窝很难覆盖到的盲点地区，如地铁、地下室；二是提高容量，主要应用在高话务量地区，如繁华的商业街、购物中心、体育场等。微蜂窝在作为提高网络容量的应用时一般与宏蜂窝构成多层网。宏蜂窝进行大面积的覆盖，作为多层网的底层；微蜂窝则小面积连续覆盖叠加在宏蜂窝上，构成多层网的上层。微蜂窝和宏蜂窝在系统配置上是不同的小区，有独立的广播信道。

智能蜂窝技术 智能蜂窝是指基站采用具有高分辨阵列信号处理能力的自适应天线系统，智能地监测 MS 所处的位置，并以一定的方式将确定的信号功率传递给 MS 的蜂窝小区。对于上行链路而言，采用自适应天线阵接收技术，可以极大地降低多址干扰，增加系统容量；对于下行链路而言，则可以将信号的有效区域控制在 MS 附近半径为 100～200 波长的范围内，使同频道干扰大为减小。智能蜂窝小区既可以是宏蜂窝，也可以是微蜂窝。利用智能蜂窝小区的概念进行组网设计，能够显著地提高系统容量，改善系统性能。

② 区群的构成。蜂窝移动通信网络通常由若干个相邻的正六边形小区构成一个区群，再由若干个区群彼此邻接，构成整个服务区域。若同频小区之间的距离大于同频复用距离，则各个区群可以使用相同的信道组，以达到有效利用频率的目的。

区群的构成应满足以下两个条件：

- 若干个区群能彼此邻接组成整个蜂窝服务区域，且无空隙地覆盖整个面积。
- 相邻区群中，同频小区的中心间隔距离应该相等并且最大。

满足以上两个条件所构成的区群的小区数目 N 是有限制的，N 应该满足

$$N=a^2+ab+b^2 \tag{3.3}$$

式中，a、b 分别为同频小区之间的二维距离，a、b 均为整数，分别为纵向跨过小区的数目和横向跨过小区的数目，其中一个可以为 0，但不能同时为 0。

当 $a=1$、$b=1$ 时，$N=3$，这表示 3 个小区组成一个区群；当 $a=0$、$b=3$ 时，$N=9$，这表示 9 个小区组成一个区群。不同的小区数目 N 构成的服务区域图形是不一样的。

图 3.6 所示为不同 N 值的区群，图中 d_g 表示相邻区群的同频小区的中心间距，称为同频小区的距离，即同频复用距离。

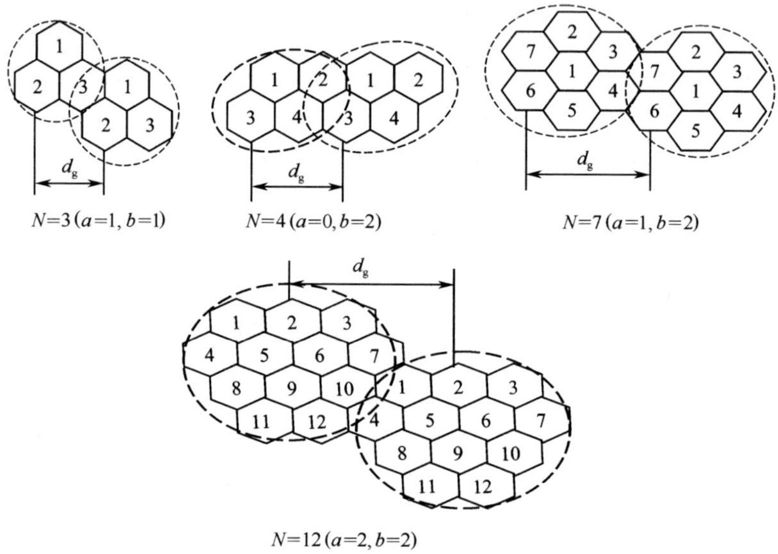

图 3.6　不同 N 值的区群

由图 3.6 可以看出，随着 N 值的增大，d_g 也增大。假设小区的辐射半径（圆心到正六边形顶点的距离）为 r_0，则 d_g 为

$$d_g = \sqrt{3N} r_0 \tag{3.4}$$

可见，在一个区群中，小区数 N 越大，同频小区之间的距离 d_g 也越大，抗同频干扰的能力就越好，但在相同覆盖服务区域情况下，频率的利用率会降低。

除以上几种区群外，a、b 不同的取值还有其他 N 的取值，如表 3.2 所示。

表 3.2　其他不同 a、b 取值时 N 的取值

b	a				
	0	1	2	3	4
	N				
1	1	3	7	13	21
2	4	7	12	19	28
3	9	13	19	27	37
4	16	21	28	37	48

当给定一个服务区时，如何寻找一个小区的同频小区呢？

寻找 A 小区的同频小区，自 A 小区出发，先沿边的垂线方向跨过 a 个小区；再向左或右转 60°，跨过 b 个小区，就达到和 A 小区使用相同信道组的 A′小区了。A 小区和 A′小区不属于一个区群，如图 3.7 所示。

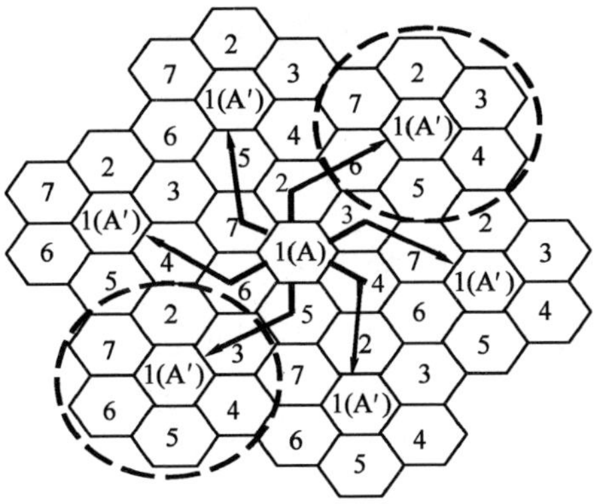

图 3.7 找寻相同小区示意图

（3）激励方式

激励方式如图 3.8 所示。

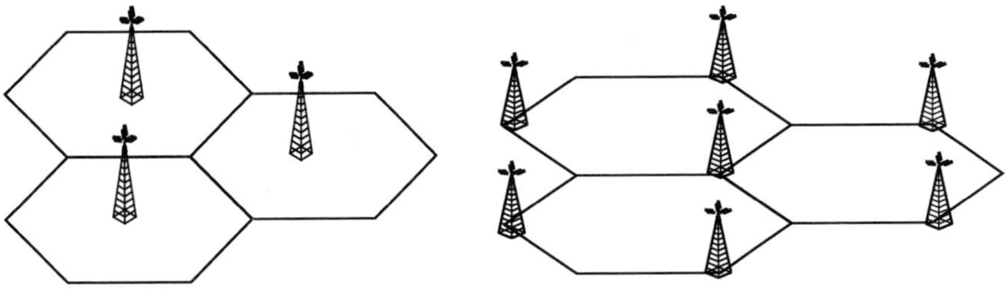

（a）中心激励方式　　（b）顶点激励方式

图 3.8 激励方式

在每个小区中，基站可以架设在小区的中心，用全向天线形成 360° 的圆形覆盖区，这就是中心激励方式。

假如小区内有较大的阻碍物，如孤立的山岳或高大的建筑物，中心激励方式难免有电磁辐射的阴影，若改为顶点激励方式就可以避免阴影区域的出现。

顶点激励方式是指基站架设在每个正六边形的 3 个顶点上，并用 3 个互成 120° 的扇形张角覆盖定向天线，同样也可覆盖整个小区。

在实际应用中，顶点激励有两种常见的形式：三叶草形和 120° 扇面，如图 3.9 所示。

（4）小区分裂——提高系统容量的措施

在前面出现的小区图形中，每个小区的大小是相同的，每个基站的信道数也是一样的。这仅仅适合用户密度均匀分布的情况。

在实际情况中，服务区内的用户密度是不均匀的，例如，城市中心商业区的用户密度大，居民区和市郊区的用户密度小，为了适应这种情况，在用户密度大的区域，应将

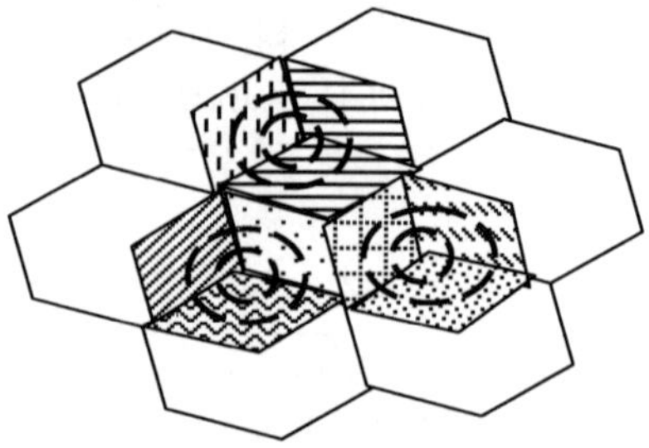

（a）三叶草形 （b）120°扇面

图 3.9 顶点激励的形式

小区面积划小一些；在用户密度小的区域，可以将小区面积划大一些。另外，由于城市的发展，业务量的增加，原来用户密度小的区域可能变成密度大的区域，这个时候就应该在相应的地区设置新的基站，将小区面积划小一些，提高系统的容量，增加新的用户，解决以上问题的方法就是小区分裂。

小区分裂技术是指把每个小区都分裂成一定数目的半径更小的小区，通过减小小区的半径来增大系统容量。

小区分裂的方式有两种：一种是重新划分小区，另一种是小区扇形化，如图 3.10 和图 3.11 所示。

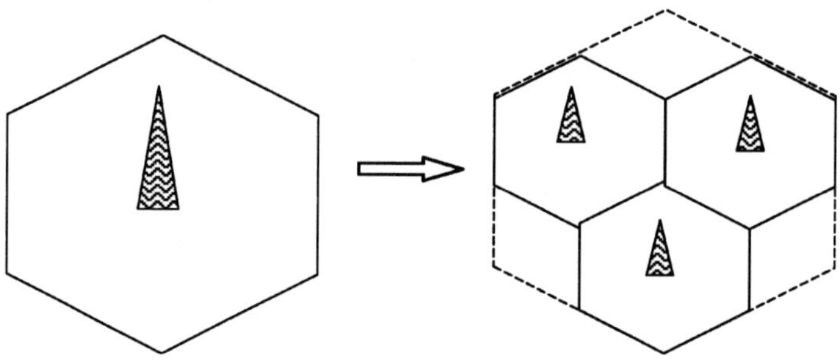

图 3.10 重新划分小区

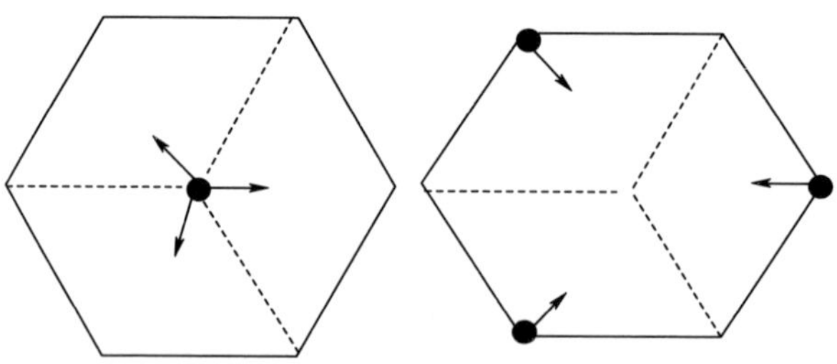

图 3.11 小区扇形化

小区扇形化就是把小区分成几个扇区，每个扇区使用一组不同的信道，并采用一副定向天线来覆盖每个扇区。这样，每个扇区都可以看作一个新的小区。最常用的结构包括 3 个扇区或 6 个扇区。在市区一般采用 3 个扇区，在农村一般是全方向性的小区，在覆盖公路的时候则采用 2 个扇区。基站可以位于小区中央，也可以位于小区顶点。

小区分裂方式的主要缺点是，干扰电平增大，需要建造新的基站，并需要重新进行频率规划，增加了切换的次数，而且随着小区半径的减小，同频干扰变严重。小区扇形化的优点是，不增加基站的数目，增大载干比（*C*/*I*）值，改善通信质量。

（5）小区制移动通信网服务区域的划分

在小区制移动通信系统中，由于用户的移动性，位置信息是一个很关键的参数。小区制移动通信网服务区域的划分如图 3.12 所示。

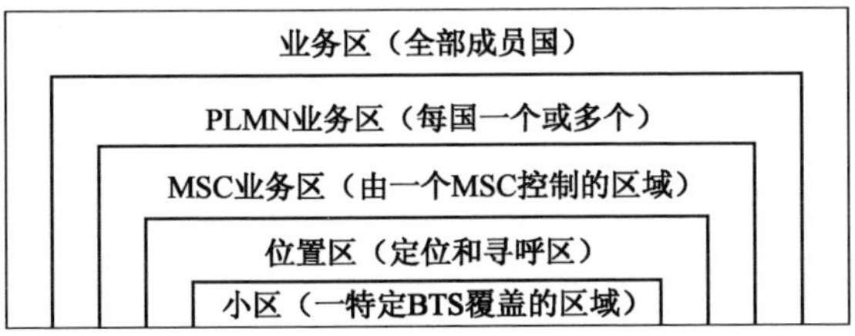

图 3.12 小区制移动通信网服务区域的划分

移动通信网络区域的划分

小区制移动通信网服务区域的最小不可分割的区域是由一个基站（全向天线）或一个基站的一个扇形天线所覆盖的区域，称为小区。

若干个小区组成一个位置区（LA），位置区的划分是由通信网运营者设置的。一个位置区可能和一个或多个 BSC（基站控制器）有关，但只属于一个 MSC。位置区信息存储于系统的 MSC/VLR 中，系统使用位置区识别码（LAI）识别位置区。

为了确认 MS 的位置，每个 PLMN 的覆盖区都被分为许多个位置区，一个位置区可以包含一个或多个小区。网络将存储每个 MS 的位置区，并作为将来寻呼该 MS 的位置信息。对 MS 的寻呼是通过对 MS 所在位置区的所有小区寻呼实现的。在做网络规划时，对位置区的划分相当重要，在划分位置区的过程中，应保证在不会产生呼叫负荷过高的前提下，尽量使位置更新次数降低到最小。

当 MS 更换位置区时，MS 发现其存储器中的 LAI 与接收到的 LAI 发生了变化，便执行登记。这个过程称为“位置更新”，位置更新是 MS 主动发起的。

一个 MSC 业务区是其所管辖的所有小区共同覆盖的区域，可由一个或几个位置区组成。

PLMN 业务区是由一个或多个 MSC 业务区组成的，每个国家有一个或多个。例如，中国移动的全国 GSM 移动通信网络，以网络号“00”表示；中国联通的全国 GSM 移动通信网络，网络号用“01”表示。

业务区是由全球各个国家的 PLMN 网络所组成的。

3.2.2 信道配置

不论是大区制还是小区制的移动通信网，只要基站为多信道工作，就需要研究信道配置的问题。大区制单基站的通信网，根据用户业务量的多少，需设置若干个信道，这些信道应按一定的规则配置，以避免互相干扰。小区制多个基站的通信网，对信道的配置有更为严格的限制。信道分配中要解决 3 个问题，即信道组的数目（即区群内小区数）、每组（即每个小区）的信道数目和信道的频率指配。

1. 分区分组配置法

分区分组配置法所遵循的原则是，尽量减小占用的总频段，以提高频段的利用率；同一区群内不能使用相同的信道，以避免同频道干扰；小区内采用无三阶互调干扰的相容信道组，以避免互调干扰。现举例说明如下。

设每个区群有 6 个小区，每个小区需要 4 个信道，全区需要配置 24 个信道。可用下面的 6 组信道：

第 1 组	1	2	5	11
第 2 组	6	7	10	16
第 3 组	3	4	13	15
第 4 组	8	12	18	25
第 5 组	9	17	20	21
第 6 组	14	19	22	23

这里 24 个信道互不相重，应用 24 个信道仅占用了 25 个信道的频段，利用率很高。每组信道都是无三阶互调干扰的相容信道组，这是分区分组配置法的很好的例子。

若每个区群有 7 个小区，每个小区需 6 个信道，按上述原则进行分配，可得到下面 7 组信道：

第 1 组	1	5	14	20	34	36
第 2 组	2	9	13	18	21	31
第 3 组	3	8	19	25	33	40
第 4 组	4	12	16	22	37	39
第 5 组	6	10	27	30	32	41
第 6 组	7	11	24	26	29	35
第 7 组	15	17	23	28	38	42

这里使用 42 个信道只占用了 42 个信道频率，是最佳的分配方案。

以上配置中的主要出发点是避免三阶互调干扰，但未考虑同一信道组中的频率间隔，可能会出现较大的邻道干扰，这是这种配置方法的一个缺陷。

2. 等频距配置法

等频距配置法是按频率间隔来配置信道的，只要频距选得足够大，就可以有效地避免邻道干扰，这样的频率配置正好满足产生互调的频率关系，但正因为频距大，干扰易于被接收机输入滤波器滤除而不易作用到非线性器件，这也就避免了互调干扰的产生。

等频距配置时可根据群内的小区数 N 来确定同一信道组之间的频率间隔。例如，第一组用（$1,1+N,1+2N,1+3N,\cdots$），第二组用（$2,2+N,2+2N,2+3N,\cdots$）等，如 $N=7$，则信道的配置如下：

第 1 组	1	8	15	22	29	…
第 2 组	2	9	16	23	30	…

第 3 组	3	10	17	24	31	…
第 4 组	4	11	18	25	32	…
第 5 组	5	12	19	26	33	…
第 6 组	6	13	20	27	34	…
第 7 组	7	14	21	28	35	…

这样，同一信道组内的信道最小频率间隔为 7 个信道间隔。若信道间隔为 25kHz，则其最小频率间隔可达 175kHz。可见，接收机输入滤波器可有效抑制邻道干扰和互调干扰。

以上是以全向天线进行中心激励的方式来说明的。如果是定向天线进行顶点激励的小区制，情况就有所不同。若是三顶点 120° 定向辐射，那么每个基站应配置 3 组信道，向 3 个方向辐射，每个小区也有来自 3 个不同方向的 3 组信道的辐射。

以上讲的信道配置方法都是将某一组信道固定配置给某一基站，这只能适应 MS 业务分布相对固定的情况。事实上，MS 业务的地理分布是经常发生变化的，如早上从住宅区向商业区移动，傍晚又反向移动，发生交通事故或集会时又向某处集中。此时，某一小区业务量增大，原来配置的信道可能就不够用了，而相邻小区业务量小，原来配置的信道可能有空闲，小区之间的信道又无法相互调剂，因此频率的利用率不高，这就是固定配置信道的缺陷。为了进一步提高频率利用率，使信道的配置能随移动通信业务量地理分布的变化而变化，有两种办法：一种是“动态配置法”——随业务量的变化重新配置全部信道；另一种是“柔性配置法”——准备若干个信道，需要时提供给某个小区使用。前者如能理想地实现，频率利用率可提高 20%～50%，但要及时算出新的配置方案，且能避免各类干扰，收发信机及天线共用器等装备又能适应，这是十分困难的。后者控制比较简单，只要预留部分信道使各基站都能共用，即可应付局部业务量变化的情况，是比较实用的一种方法。

学习任务 3.3　熟知移动通信系统的网络结构

要实现任意两个移动用户之间或移动用户和市话用户之间的相互通信，必须建立具有交换功能的移动通信网。

3.3.1　基本网络结构

移动通信的基本网络结构如图 3.13 所示，基站通过传输链路和交换机相连接，交换机再与固定的电信网络相连接，这样就可形成移动用户↔基站↔交换机↔固定网络↔固定用户；移动用户↔基站↔交换机↔基站↔移动用户等不同情况下的通信链路。

基站与交换机之间、交换机与固定网络之间可以采用有线链路（如光纤、同轴电缆、双绞线等），也可以采用无线链路（如微波链路）。

移动通信网络中使用的交换机通常称为移动业务交换中心（MSC）。它与常规的交换机的不同之处是，MSC 除要完成常规的交换机的所有功能外，它还负责移动性管理和无线资源管理（包括越区切换、漫游、用户位置登记管理等）。

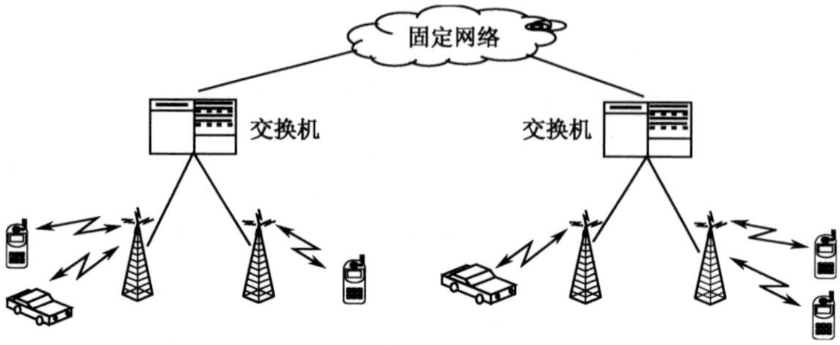

图 3.13 移动通信的基本网络结构

在蜂窝移动通信网络中，每个 MSC（它包括移动电话端局和移动汇接局）要与本地的市话汇接局、本地长途交换中心相连接。MSC 之间需要相互连接才能构成一个功能完善的网络。

3.3.2 移动通信网的结构

按照容量大小、覆盖区大小，移动通信网的结构可以划分为：单基站（一个基站）小容量移动通信网络结构，移动电话本地网结构，混合式区域联网的移动通信网络结构，叠加式区域联网的大、中容量移动通信网络结构。无论什么样的移动通信网络都必须具有能和公用电话网联网的功能，中等容量以上的网络还应具有完全自动交换控制的功能。

1. 单基站小容量移动通信网络结构

单基站小容量移动通信网络结构是由一个基站构成的移动通信网。如图 3.14 所示，移动用户通过市话用户线进入公用电话网。

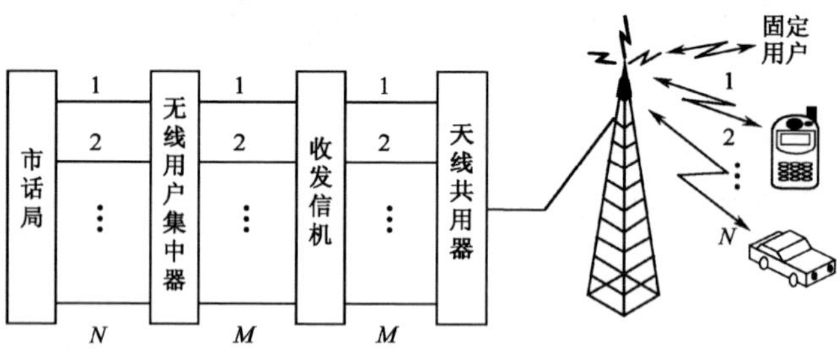

N—用户数量（市话用户数量）；M—无线信道数量。

图 3.14 单基站小容量移动通信网络结构

这种网络结构中移动用户为市话用户线的延伸。若移动用户有 N 个，基站只有 M 个信道（$N>M$），则在基站装一个 $M:N$ 的集中器（集线器），不需要交换中心，所有交换功能全由市话局进行。

这种网络适用于中小城市，服务区域半径一般不超过 30km，用户数量在 500 以下，其特点是结构简单、经济。移动用户之间的呼叫需要通过市话局交换机进行交换后再接回基站。

2. 移动电话本地网结构

移动电话本地网的服务范围一般为一个移动交换区。在一个交换区内一般只设一个移动交换中心，当用户增加较多时，也可设多个移动交换中心作为移动电话端局。通常包括：城市市区和郊区、卫星城镇、郊县县城和农村地区，在这个范围内采用同一移动区号。因此，全国可划分为若干个移动电话本地网，原则上按照长途编号区各为2位、3位（如重庆长途区号为2位，长沙长途区号为3位）建立本地移动电话网。移动电话本地网络结构的一般形式如图3.15所示。基站与移动交换中心之间通过中继线相连，中继线路应根据实际情况采用电缆、光缆、微波中继等传输手段。

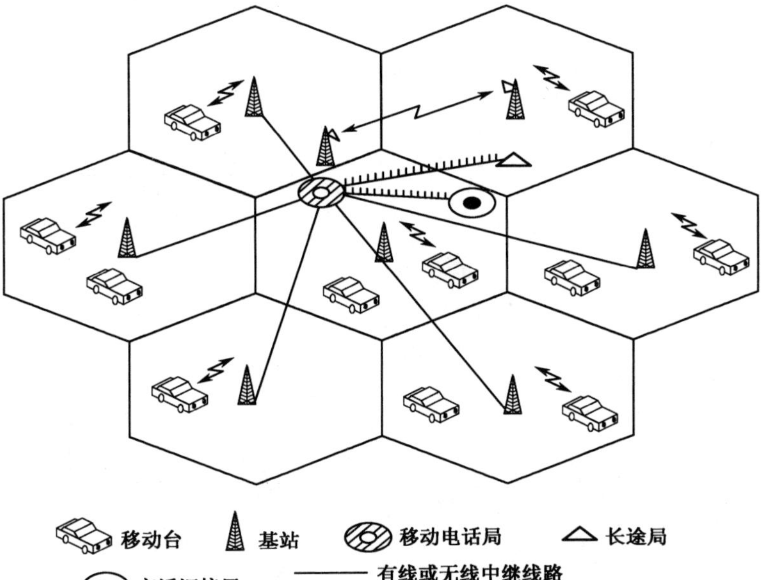

图3.15 移动电话本地网络结构的一般形式

在移动电话本地网中，用户数量为500～2000，每个MSC都要与本地的长途局和市话局相连。视业务量的情况，还可以越级与长途交换中心或邻区长途交换中心建立高效直达路由，如图3.16所示。

3. 混合式区域联网的移动通信网络结构

当多个移动交换区进行区域联网时，就构成了大、中容量移动通信网。混合式区域联网的网络结构如图3.17所示，从图中可以看出，整个联网区域分成若干个移动交换区，每个移动交换区一般设立一个移动交换中心。在联网的区域内，由相关主管部门根据需要，可规定一个或一个以上移动交换中心作为移动汇接局，以疏通该区域内其他移动交换中心的来话、转话话务。

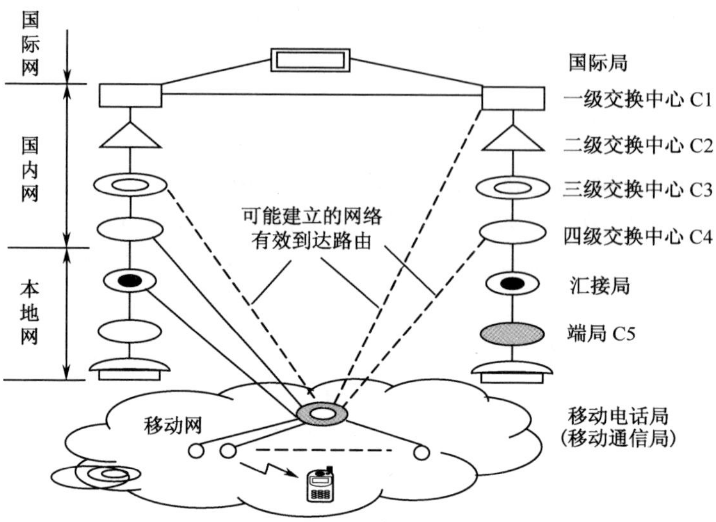

图 3.16 移动电话局在长途网中的位置

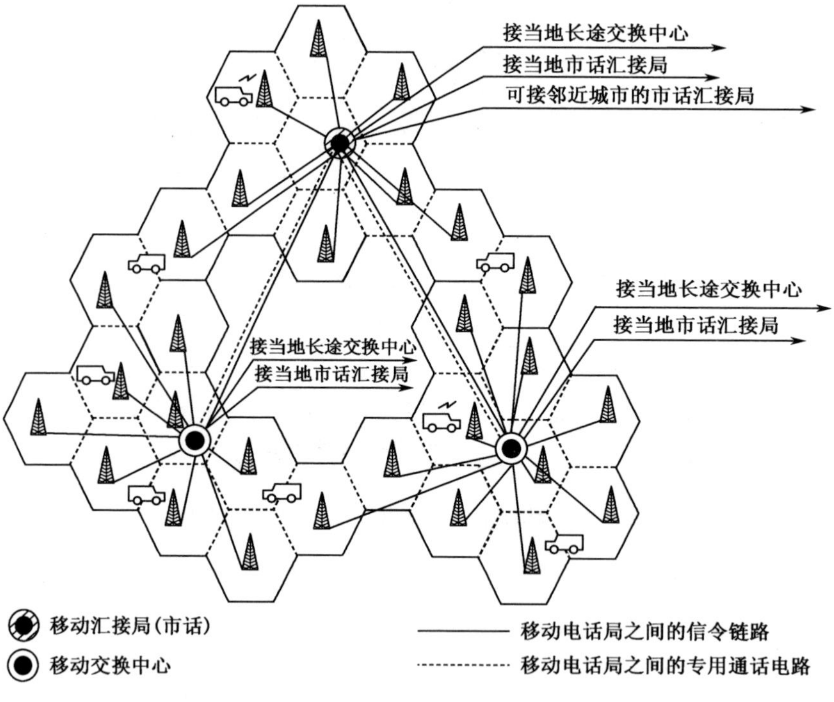

图 3.17 混合式区域联网的移动通信网络结构

4. 叠加式区域联网的大、中容量移动通信网络结构

这是一种具有自己的层次（等级）结构和独立编号计划及网号的网，网络结构如图 3.18 所示。它的优点是移动通信自成网络，编号自成体系，号码资源大，灵活性强，有利于自动漫游及计费。

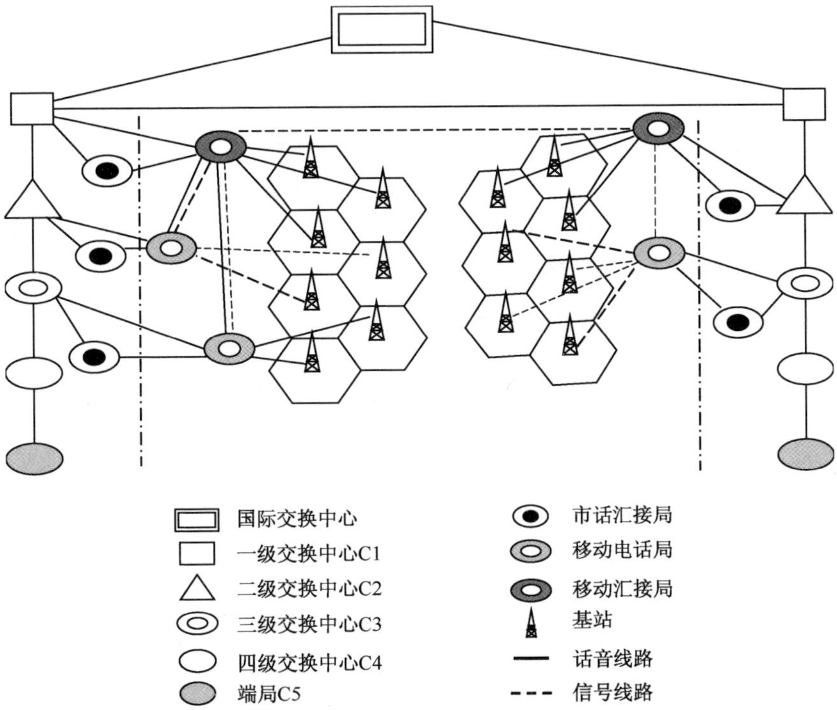

图 3.18 叠加式区域联网的大、中容量移动通信网络结构

学习任务 3.4 理解多信道共用技术

在 FDMA 通信中，一个无线通信频道就是一个无线通信信道；而在 TDMA 通信中，为了提高无线通信频道的有效利用率，人们将通信中一个无线频道划分成 n 个时隙 T_s，一个用户占用其中一个时隙 T_s 进行通信对话，这样一个无线通信频道被用来同时提供 n 个用户通信对话，因此，此时的无线通信频道就不再与通信信道同日而语，即一个无线通信频道就变成了 n 个无线通信信道。多信道共用技术是目前无线通信，尤其是移动通信中为提高信道利用率而普遍采用的技术。

3.4.1 多信道共用的概念

移动通信系统都采用多信道共用的体制。多信道共用是指多个无线信道为许多 MS 所共用，或者说，网内大量用户共享若干无线信道，其目的也是提高信道利用率，所以与有线用户共享中继线的概念相似。多信道共用的信道指配方式按照用户工作时占用的方式分类，分为独立信道方式和多信道共用方式。

独立信道方式，就是若一个无线小区有 n 个信道，则将用户分成 n 组，每组用户分别被指定在某一个信道上工作，不同信道内的用户不能互换信道。在这种方式中，即使 MS 具有多信道选择功能，也只能在规定的信道上工作。当该信道被某一用户占用，在该用户通信结束前，属于该信道的所有其他用户都不能再占用该信道。但是，此时很可能其他一些信道正在空闲。这样就造成了有些信道在“紧张”排队，而另一些信道却呈现空闲状态。这种独立信道方式对信道的利用是不充分的。

多信道共用，就是一个无线小区的 n 个信道为该无线小区内所有用户共用。当其中 k（$k<n$）个信道被占用时，其他需要通话的用户可以选择（$n-k$）个信道中的任一空闲信道进行通话，因为任何一个移动用户选择空闲信道和占用空闲信道的时间都是随机的。显然，所有信道（n 个）同时被占用的概率远小于一个信道被占用的概率。因而，多信道共用可以大大提高信道的利用率。

3.4.2 相关概念

1. 话务量与呼损率

在语音通信中，业务量的大小用话务量来度量。话务量分为流入话务量和完成话务量。流入话务量的大小取决于单位时间（1h）内平均发生的呼叫次数 λ 和每次呼叫平均占用信道的时间（含通话时间）S。显然 λ 和 S 的加大都会使业务量加大。因而可定义流入话务量 A 为

$$A=S\lambda \tag{3.5}$$

式中，λ 的单位是次/h；S 的单位是 h/次；两者相乘得到的 A 应是一个量纲为一的量，专门命名它的单位为“爱尔兰”（Erlang，简写为 Erl）。

根据式（3.5）可以这样来理解“爱尔兰”的含义：已知 1h 内平均发生的呼叫次数为 λ（次），用式（3.5）可求得

$$A\text{（Erl）}=S\text{（h/次）}\times\lambda\text{（次/h）}$$

可见这个 A 是平均 1h 内所有呼叫需占用信道的总小时数。因此 1Erl 就表示平均每小时内用户要求通话的时间为 1h。

从一个信道看，假设它在 1h 之内不间断地进行通信，那么它所能完成的最大话务量也就是 1Erl。由于用户发起呼叫是随机的，不可能不间断地持续利用信道，所以一个信道实际所能完成的话务量必定小于 1Erl。也就是说，信道的利用率不可能达到 100%。

例如，设 100 个信道上，平均每小时有 2100 次呼叫，平均每次呼叫时间为 2min，则这些信道上的呼叫话务量为

$$A=\frac{2100\times2}{60}=70\text{（Erl）}$$

在信道共用的情况下，通信网无法保证每个用户的所有呼叫都能成功，必然有少量的呼叫会失败，即发生“呼损”。已知全网用户在单位时间内的平均呼叫次数为 λ，其中有的呼叫成功了，有的呼叫失败了。设单位时间内成功呼叫的次数为 λ_0（$\lambda_0<\lambda$），则通话完成话务量 A_0 为

$$A_0=\lambda_0 S \tag{3.6}$$

流入话务量 A 与完成话务量 A_0 之差，即为损失话务量。损失话务量与流入话务量的比率即为呼叫损失的比率，称为呼损率，用符号 B 表示，即

$$B = \frac{A - A_0}{A} = \frac{\lambda - \lambda_0}{\lambda} = 1 - \frac{A_0}{A} \tag{3.7}$$

显然，呼损率 B 越小，成功呼叫的概率就越大，用户就越满意。因此，呼损率 B 也称为通信网的服务等级（或业务等级）。例如，某通信网的服务等级为 0.05（即 $B=0.05$），表示在全部呼叫中未被接通的概率为 5%。但是，对于一个通信网来说，要想使呼叫损失小，只有让流入话务量小，即容纳的用户少些，这又是所不希望的。可见呼损率与流入话务量是一对矛盾，要折中处理。

2. 信道利用率

采用多信道共用技术能够提高信道利用率。由前面的分析可以看出，在单位时间内，信道空闲的时间越短，信道的利用率就越高。信道的利用率可以用每个信道平均完成的话务量来表示。若共用信道数为 n，则信道的利用率 η 为

$$\eta = \frac{A_0}{n} = \frac{A(1-B)}{n} \tag{3.8}$$

在日常生活中，一天 24h 总有一些时间打电话的人相对多，另外一些时间打电话的人相对少，因此对于一个通信系统来说，可以区分为忙时和非忙时。例如，在我国早晨 8 点到 9 点属于电话忙时，而在一些欧美国家，晚上 7 点属于电话忙时，因此考虑通信系统的用户数量和信道数量时，应采用忙时的平均话务量。因为只要忙时信道够用，非忙时肯定不成问题。

3. 繁忙小时集中度（K）

忙时话务量和全日话务量之比称为繁忙小时集中度。

$$K = \frac{\text{忙时话务量}}{\text{全日话务量}} \tag{3.9}$$

繁忙小时集中度 K 一般为 8%～14%。

4. 每个用户忙时话务量（A_a）

假设每个用户每天平均呼叫次数为 C，每次呼叫平均占用信道时间为 T（单位为 s），繁忙小时集中度为 K，则每个用户忙时话务量为

$$A_a = \frac{CTK}{3600} \tag{3.10}$$

可以看出，A_a 是最忙小时的话务量，是统计平均值。

例如，每天平均呼叫 3 次，每次的呼叫平均占用时间为 120s，繁忙小时集中度为 10%（$K=0.1$），则每个用户忙时话务量为 0.01Erl。

一些移动电话通信网络的统计数值表明，对于公用移动通信网络，每个用户忙时话务量可以按照 0.04Erl 计算；对于专用移动通信网络，由于业务不同，每个用户忙时话务量也不一样，一般可以按照 0.06Erl 计算。

5. 每个信道能容纳的用户数量

当每个用户的忙时话务量确定以后，每个信道所能容纳的用户数量 m 可以用下式确定

$$m=\frac{\frac{A}{n}}{CTK\frac{1}{3600}}=\frac{\frac{A}{n}}{A_a}=\frac{\frac{A}{A_a}}{n} \tag{3.11}$$

每个信道的 m 与在一定呼损条件下的信道平均话务量成正比，而与每个用户忙的时话务量成反比。

例如，某一移动通信系统一个无线小区有 8 个信道(1 个控制信道和 7 个语音信道)，每天每个用户平均呼叫 10 次，每次占用信道平均时间为 80s，呼损率要求为 10%，繁忙小时集中度为 0.125，问该无线小区能容纳多少用户？

1）根据呼损率的要求（10%）及信道数（$n=7$），可以查表格或者计算得出 $A=4.6666\text{Erl}$。

2）每个用户的忙时话务量为

$$A_a=\frac{CTK}{3600}\approx 0.0278\text{Erl / 用户}$$

3）每个信道可以容纳的用户数量为

$$m=\frac{\frac{A}{n}}{A_a}\approx 24$$

4）系统所容纳的用户数量为

$$mn\approx 168$$

3.4.3 空闲信道的选取

在移动通信网中，在基站控制的小区内有 n 个无线信道，提供给 $n\times m$ 个移动用户共同使用。那么，当某一用户需要通信而发出呼叫时，怎样从这 n 个信道中选取一个空闲信道呢？

空闲信道的选取方式有专用呼叫信道方式、循环定位方式、循环不定位方式、循环分散定位方式 4 种。

1. 专用呼叫信道方式

这种方式是在网中设置专门的呼叫信道，专用于处理用户的呼叫。移动用户只要不通话，就停在该呼叫信道上守候。这种方式的优点是处理呼叫的速度快；但是，当用户数和共用信道数不多时，专用呼叫信道处理呼叫并不繁忙，它又不能用于通话，利用率不高。因此，这种方式适用于大容量的移动通信网，是公用移动电话网所用的主要方式。

2. 循环定位方式

没有专用的呼叫信道，由基站临时指定一个信道作为呼叫信道，并在该临时呼叫信道上发出空闲信号。平时所有未通话的 MS 都自动对全部信道进行扫描搜索，一旦在哪个信道上收到空闲信号，就停留在该信道上。因此，在平时所有 MS 都集中守候在临时呼叫信道上，当某个用户叫通后，就在该信道上通话。此时，基站要另选一个空闲信道作为临时呼叫信道发出空闲信号，于是所有未通话的 MS 接收机都自动转到新的临时呼叫信道上守候（定位）。

可见，在循环定位方式下，其呼叫信道是临时的、不断改变的。一旦临时呼叫信道转为通话信道，基站要重新确定某空闲信道为临时信道，并发出空闲信号。MS 一旦收不到空闲信道就不断进行信道扫描。

这种方式的信道利用率高（全部信道都可用于通话），接续快，但由于所有不通话的 MS 都守候在一个临时呼叫信道上，同抢概率大，因此这种方式只适合小容量系统。

3. 循环不定位方式

这种方式是在循环定位方式的基础上，为减少同抢概率而出现的一种改进方式。

循环不定位方式中的基站在所有不通话的空闲信道上都发出空闲信号，网内 MS 自动扫描空闲信道，并随机停靠在就近的空闲信道上（不定位）。避免了循环定位方式中所有不通话的 MS 都在同一个临时呼叫信道主叫抢占的情况。当基站呼叫 MS 时，必须选择一个空闲信道先发出时间足够长的召集信号（其他空闲信道停发空闲信号），而后再发出选呼信号。网内 MS 由于收不到空闲信号重新进入扫描状态，一旦扫到召集信号就停在该信道上等候被呼。一旦发现自己未被呼中，重新处于不断进行信道扫描的状态。

从以上可以看出，循环不定位方式的优点是减少了同抢概率，但 MS 被呼叫的接续时间比较长。而且，系统的全部信道（不管通话还是不通话）都处于工作状态。这种多信道的常发状态会引起严重的互调干扰，因此这种方式只适合信道较少的系统。

4. 循环分散定位方式

为克服循环不定位方式时 MS 被呼叫的接续时间比较长的缺点，人们提出一种循环分散定位方式。在循环分散定位方式中，基站在全部不通话的空闲信道上都发出空闲信号，网内 MS 分散停靠在各个空闲信道上。MS 主呼是在各自停靠的空闲信道上进行的，保留了循环不定位方式的优点。基站呼叫 MS 时，其呼叫信号在所有的空闲信道上发出并等待应答信号，从而提高了接续的速度。

这种方式接续快、效率高、同抢率小。但当基站呼叫 MS 时，这种方式必须在所有空闲信道上发出选呼信号，因而互调干扰比较严重。这种方式同样只适合小容量系统。

学习任务 3.5 了解移动通信信令

信令含有信号和指令双重意思，它是移动通信系统内部实现自动控制的关键。

在移动通信网中，除传输用户信息（如语音信息）外，为使整个网络有序地工作，还必须在正常通话的前后和过程中传输很多其他的控制信号，如摘机、挂机和忙音等，以及移动通信网中所需要的信道分配、用户登记与管理、呼叫与应答、越区切换和发射机功率控制等信号。这些与通信有关的一系列控制信号称为信令。

信令不同于用户信息，用户信息是直接通过通信网络由发信者传输到收信者，而信令通常需要在通信网络的不同环节（BS、MS 和移动控制中心）之间传输，各环节进行分析、处理并通过交互作用而形成一系列的操作和控制。因此，信令是整个移动通信网的重要组成部分之一，其作用是保证用户信息有效且可靠地传输。其性能在很大程度上决定了一个通信网络为用户提供服务的能力和质量。

按信号形式的不同，信令又可分为数字信令和音频信令两类。由于数字信令具有速度快、容量大、可靠性高等一系列明显的优点，它已成为目前公用通信网中主要采用的形式。不同的移动通信网络，其信令系统各具特色。

3.5.1 数字信令

1. 数字信令的构成

在传输数字信令时，为了便于接收端解码，要求数字信令按一定格式编排。常用的数字信令格式如图 3.19 所示。

前置码（P）	字同步码S（W）	信息码（A或D）	纠错码S（P）

图 3.19 常用的数字信令格式

前置码（P）：又称位同步码（或比特同步码）。前置码提供位同步信息，以确定每一位码的起始和终止时刻，以便接收端进行积分和判决。为便于提取位同步信息，前置码一般采用 1010…的交替码。

字同步码 S（W）：用于确定信息（报文）的开始位，相当于时分制多路通信中的帧同步，因此也称为帧同步。适合作字同步的特殊码组很多，它们都具有尖锐的自相关函数，便于与随机的数字信息相区别。在接收时，可以在数字信号序列中识别出这些特殊码组的位置来实现字同步。最常用的是著名的巴克码。

信息码（A 或 D）：真正的信息内容，通常包括控制、寻呼、拨号等信令，各种系统都有独特规定。

纠错码 S（P）：其作用是检测和纠正传送过程中产生的差错，主要是指纠、检信息码的差错。因此，通常纠、检错码与信息码共同构成纠、检错编码，所以有时又称纠错码为监督码，以区别于信息码。

2. 数字信令的传输

基带数字信令常以二进制 0、1 表示，为了能在 MS 与基站收发信台（BTS）之间的无线信道中传输，必须进行调制。例如，对二进制数据流在发射机中可采用频移键控（FSK）方式进行调制，即对数字信令“1”以高于发射机载频的固定频率发送，而对数字信令“0”则以低于载频的固定频率发送。不同制式、不同设备在调制方式、传输速率上存在着差异。数据流可以在控制信道上传送，也可以在语音信道上传送。但语音信道主要用于通话，只有在某些特殊情况下才发送信令信息。

3. 差错控制编码

数字信令在传输过程中，由于受到噪声或干扰的影响，信号码元波形变坏，传输到接收端后可能发生错误判决，即把“0”误判为“1”，或把“1”误判成“0”。有时由于受到突发的脉冲干扰，错码会成串出现。为此，在传送数字信令时，往往要进行各种编码。通常把在信息码元序列中加入监督码元的办法称为差错控制编码，也称为纠错编码。不同的编码方法有不同的检错或纠错能力，有的编码只能检错，不能纠错。一般来说，监督位码元所占比例越大（位数越多），检（纠）错能力越强。监督码元位数的多少，通常用多余度来衡量，因此，纠错编码是以降低信息传输速率为代价来提高传输可靠性的。

3.5.2 音频信令

音频信令是由不同音频信号组成的。目前，常用的有单音频信令、双音频信令和多音频信令 3 种。这里介绍几种常用的音频信令。

1. 带内单音频信令

用 0.3～3kHz 范围内不同的单音作为信令的称为带内单音频信令。例如，单音频码（SFD），它由 10 个带内单音组成，如表 3.3 所示。表中 F1～F8 用于选呼。基站发 F9 表示信道忙，发 F10 表示信道空闲。反过来，MS 发 F10 表示信道忙，发 F9 表示信道空闲。拨号信号是用 F9 和 F10 组成的 FSK 信号。

表 3.3 单音频码（SFD）

信令类型	单音频率/Hz	信令类型	单音频率/Hz
F1	1124	F6	1540
F2	1200	F7	1640
F3	1275	F8	1745
F4	1355	F9	1860
F5	1446	F10	2110

单音信令系统要求发送端有多个不同频率的振荡器，接收端有相应的选择性极好的滤波器，通常都用音叉振荡器和滤波器。这种信令的优点是抗衰落性能好，但每一单音必须持续 200ms 左右，处理速度慢。

2. 带外亚音频信令

采用低于 300Hz 的单音作为信令的称为带外亚音频信令。例如，用 67～250Hz 的 43 个频率点的单音可对 43 个 MS 进行选台呼叫，也可进行群呼，一次呼叫时间为 4s。通常要求频率准确度为±0.1%，稳定度为±0.01%，单音振幅为$U_{PP}=4V$，允许电平误差为±1dB。

有一种用于选择呼叫接收机的音锁系统（CTCSS）用的就是亚音频信令。用户电台在接收期，若未收到有用信号，音锁系统起闭锁作用。只有收到有用信号及与本机相符的亚音频时，接收机的低频放大电路才被打开并进行正常接收。

3. 双音频拨号信令

双音频拨号信令是 MS 主叫时发往基站的信令，它应考虑与市话机的兼容性且易于在无线信道中传输。常用的方式有单音频脉冲、双音频脉冲、10 中取 1、5 中取 2 及 4×3 方式。

单音频脉冲方式是用拨号盘使 2.3kHz 的单音按脉冲形式发送，虽然简单，但受干扰时易误动。双音频脉冲方式应用广泛，已比较成熟。10 中取 1 是用话带内的 10 个单音，每一个单音代表一个十进制数。5 中取 2 是用话带内的 5 个单音，每次同时选发两个单音，共有 $C_5^2=10$ 种组合，代表 0～9 共 10 个数。

4×3 方式就是市话网用户环路中用的双音多频（DTMF）方式，也是 CCITT 与我国国家标准中都推荐的用户多频信令。这种信令在与地面自动电话网衔接时不需译码转换，故被自动拨号的移动通信网普遍采用。它使用话带内的 7 个单音，将它们分为高音群和低音群。每次发送用高音群中的一个单音和低音群中的一个单音来代表一个十进制数。4×3 方式的频率组成如表 3.4 所示。

表 3.4 4×3 方式的频率组成

低音群	高音群		
	1209Hz	1336Hz	1477Hz
697Hz	1	2	3
770Hz	4	5	6
852Hz	7	8	9
941Hz	*	0	#

表 3.4 中频率组合的排列与电话机拨号盘的排列一致，使用十分方便。这种方式的优点是，每次发送的两个单音中，一个取自低音群，另一个取自高音群。两者频差大，易于检出；与市话兼容，不需转换，传送速度快；设备简单，有国际通用的集成电路可用，性能可靠，成本低。此外，尚留有两个功能键“*”和“#”，可根据需要赋予其他功能。

学习任务 3.6　掌握移动通信的移动性管理

在固定式的电信网中，每个用户终端都可以通过一个固定的接入点与电信网连接。然而在移动通信系统中，移动终端没有固定的连接点，这个连接点是动态的，是随着用户的移动而不断改变的。因此，移动通信是由动态（移动）的终端通过动态的连接点构成的一个动态通信链路。利用“动态”性满足“移动服务”是实现移动性网络的一项核心技术，这就是移动性管理。其内容大致包含下列 3 个部分。

1）小区选择与位置登记。它是 MS 开机后，首先需要进行的建立过程。

2）越区切换。它是 MS 在通信状态下，从一个小区进入另一个小区，为了保持不间断、无缝隙通信的一种有效手段。

3）小区重选与用户漫游。它是当 MS 已选择本地小区后，又离开该小区，进入某个服务区内另一个较远的小区（处于不同的 MSC 之间），但仍需要实现移动通信的基本保证。

移动性管理还可以从另一个角度来划分，即根据 MS 所处的状态，从移动性管理的宏观与微观两个不同层面来划分，可以分为以下两大类型。

1）MS 处于空闲（待机）状态。它可看作移动性管理的宏观层面，而且还可以进一步分为下列两类，但这两类同属于位置登记类型：①小区选择与位置登记，MS 开机后并处于未登记状态；②小区重新选择与用户漫游，MS 开机后并处于已登记状态，它主要用于漫游，在漫游中由于用户已离开原小区并漫游至其他小区或服务区内，需要重新选择小区和登记。

2）MS 处于联机（通话）状态。它可看作移动性管理的微观层面，这时 MS 与网络之间已存在一条点对点无线链路，由于用户位置的移动，离开原小区进入另一个新小区而产生了越区切换，网络必须保证已建立的无线链路在切换时实现不间断的通信。

3.6.1　位置登记

用户的位置信息是蜂窝式移动通信系统中的一项重要特征，它是通过移动位置管理来实现的。在固定式通信系统中，每个用户特征的号码即电话号码对应一个物理地址，它一般为一个电话线插座，是静态不变化的。在移动通信系统中，从网络观点看，用户的移动终端的号码仅是一个逻辑地址，它并不是固定的，而是动态变化的。

为了适应用户的移动性，系统需要不断地识别 MS 所在位置，需要 MS 始终处于“待机”（空闲模式）状态，并且通过无线链路将用户位置告知网络，这些都属于移动性管理，显然它会增加大量的信令业务和无线接口上的处理工作量。这一点与固定式网络通信不同，固定式网络通信中由于终端与接入点固定不动，因此也不会给网络增加任何附加的信令业务与相应的处理过程。

位置登记是指网络跟踪、保持 MS 所处的位置并存储其位置信息，一般是存储在两个寄存器中，即静态的归属用户位置寄存器 HLR 和动态的访问用户位置寄存器 VLR 中。

1. 位置登记的主要内容和目的

位置登记主要包含以下内容。

1）位置更新。当MS开机后或在移动过程中，收到的位置区识别与其存储的位置区识别不一致时，即发出位置更新请求，并通知网络更新该MS的新位置区识别消息。

2）位置删除。MS到一个新位置区后，需要为其在当前VLR重新登记并从原来VLR中删除该MS的有关信息。

3）周期性位置更新。使处于待机状态且位置稳定的MS以适当的时间间隔周期性地进行位置更新。

4）国际移动用户识别码（IMSI）的位置更新。它产生在MS关机时及在所在位置区内开机时，或用户识别卡[如GSM的SIM（用户识别模块）卡]取出/插入时。

位置登记的目的是允许MS在网络中选择一个最适合的小区，如具有强的信号或最大的信噪比等。

MS在“待机”（空闲）状态，执行小区选择/重新选择的位置登记处理过程，捕捉小区、建立通信链路、完成位置登记或将漫游后的重选位置告知网络，即需要完成（它要求MS不断地收听附近基站信号）记录网络发给移动台的数据，做好接入网络的准备，并将用户的移动情况通知报告给网络。

小区选择是MS刚开机时进行的过程，而重新选择小区则是MS已经选择小区后进行的，但是两者都可以使用相同的算法来选择小区。

漫游是指MS无论在原归属覆盖区还是在其他的新覆盖区内，均能保证进行正常通信的功能，如在通话时都可以进行去话呼叫和来话呼叫。其主要功能有：通过移动通信网实现对漫游用户（移动台）位置的自动跟踪、定位，在位置寄存器之间通过7号（No.7）信令互相询问和交换MS的漫游信息，需要在国内或国际不同运营网络和部门之间就有关漫游费率结算办法和网络管理方面达成协议，就能实现在相应网络之间、运营商之间的自动漫游功能。

在蜂窝移动通信系统中，目前应用广泛的是一种基于跨位置区的位置更新和周期性位置更新相结合的混合方法。MS每次跨越位置区都要进行一次位置登记，另外还要加上定期的周期性位置更新，其更新周期是根据MS的移动情况和无线传输环境来确定的。

2. 位置管理

位置管理主要包括两个任务：位置登记（location registration）和呼叫传递（call delivery）。

在现有的移动通信系统中，将覆盖区域分为若干个登记区（RA）[在GSM中，登记区称为位置区（LA）]。当一个移动终端（MT）进入一个新的RA，位置登记过程分为3个步骤：在管理新RA的新VLR中登记MT，修改HLR中登记服务该MT的新VLR的ID，在旧VLR和MSC中注销该MT。

呼叫传递过程主要分为两步：确定为被呼MT服务的VLR及确定被呼MS正在访问哪个小区，如图3.20所示。

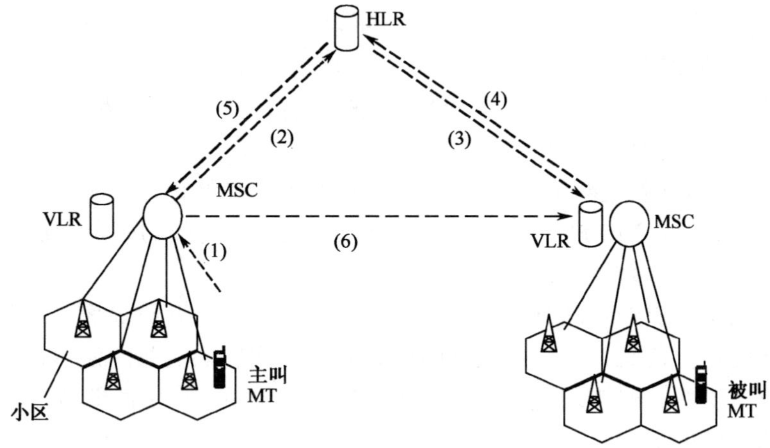

图 3.20 呼叫传递过程

确定被呼叫 VLR 的过程和数据库查询过程如下。

1）主叫 MT 通过基站向其 MSC 发出呼叫初始化信号。

2）MSC 通过地址翻译过程确定被呼 MT 的 HLR 地址，并向该 HLR 发送位置请求消息。

3）HLR 确定出为被叫 MT 服务的 VLR，并向该 VLR 发送路由请求消息；该 VLR 将该消息转给为被叫 MT 服务的 MSC。

4）被叫 MSC 为被叫的 MT 分配一个被称为临时本地号码（TLDN）的临时标识，并向 HLR 发送一个含有 TLDN 的应答消息。

5）HLR 将上述消息转给为主呼 MT 服务的 MSC。

6）主叫 MSC 根据上述信息便可通过 SS7 网络向被叫 MSC 请求呼叫建立。

上述步骤允许网络建立从主叫 MSC 到被叫 MSC 的连接。但由于每个 MSC 与一个 RA 相联系，而每个 RA 又有多个蜂窝小区，这就需要通过寻呼的方法，确定出被叫 MT 在哪一个蜂窝小区中。

3. 位置更新和寻呼

前面提到，在移动通信系统中，是将系统覆盖范围分为若干个 RA。当用户进入一个新的 RA，它将进行位置更新。当有呼叫要到达该用户时，将在该 RA 内进行寻呼，以确定出移动用户在哪一个小区范围内。位置更新和寻呼信息都是在无线接口中的控制信道上传输的，因此必须尽量减少这方面的开销。在实际系统中，RA 越大，位置更新的频率越低，但每次呼叫寻呼的基站数目就越多。在极限情况下，如果 MS 每进入一个小区就发送一次位置更新信息，则这时用户位置更新的开销非常大，但寻呼的开销很小；反之，如果 MS 从不进行位置更新，这时如果有呼叫到达，就需要在全网络范围内进行寻呼，用于寻呼的开销非常大。

由于 MS 的移动性和呼叫到达情况是千差万别的，一个 RA 很难对所有用户都是最佳的。理想的位置更新和寻呼机制应能够基于每一个用户的情况进行调整。

有以下 3 种动态位置更新策略。

1）基于时间的位置更新策略：每个用户每隔 ΔT（单位为 s）周期性地更新其位置。ΔT 的确定可由系统根据呼叫到达间隔的概率分布动态确定。

2）基于运动的位置更新策略：当 MS 跨越一定数量的小区边界（运动门限）以后，MS 就进行一次位置更新。

3）基于距离的位置更新策略：当 MS 离开上次位置更新时所在小区的距离超过一定值（距离门限）时，MS 进行一次位置更新。最佳距离门限的确定取决于各个 MS 的运动方式和呼叫到达参数。

基于距离的位置更新策略具有最好的性能，但实现它的开销最大。它要求 MS 能有不同小区之间的距离信息，网络必须能够以高效的方式提供这些的信息，而对于基于时间和运动的位置更新策略实现起来比较简单，MS 仅需要一个定时器或运动计数器就可以跟踪时间和运动的情况。

3.6.2 越区切换

不断跳槽的手机——切换技术

越区（过区）切换（handover 或 handoff）是指将当前正在进行的 MS 与基站之间的通信链路从当前基站转移到另一个基站的过程。该过程也称为自动链路转移（ALT）。

越区切换通常发生在 MS 从一个基站覆盖的小区进入另一个基站覆盖的小区的情况下，为了保持通信的连续性，将 MS 与当前基站之间的链路转移到 MS 与新基站之间的链路。

越区切换包括 3 个方面的问题：

1）越区切换的准则，也就是何时需要进行越区切换。

2）越区切换如何控制。

3）越区切换时的信道分配。

研究越区切换算法所关心的主要性能指标包括越区切换的失败概率、因越区失败而使通信中断的概率、越区切换的速率、越区切换引起的通信中断的时间间隔及越区切换发生的时延等。

越区切换分为两大类：一类是硬切换，另一类是软切换。硬切换是指在新的连接建立以前，先中断旧的连接。软切换是指既维持旧的连接，又同时建立新连接，并利用新旧链路的分集合并来改善通信质量，当与新基站建立可靠连接之后再中断旧链路。

在越区切换时，可以仅以某个方向（上行或下行）的链路质量为准，也可以同时考虑双向链路的通信质量。

1. 越区切换的准则

在决定何时需要进行越区切换时，通常是根据 MS 处接收的平均信号强度，也可以根据 MS 处的信噪比（或信号干扰比）、误比特率等参数来确定。

假定 MS 从基站 1 向基站 2 运动，其信号强度的变化如图 3.21 所示。判定何时需要越区切换的准则如下。

1）相对信号强度准则（准则 1）：在任何时间都选择具有最强接收信号的基站。如

图 3.21 中的 A 处将要发生越区切换。但这种准则的缺点是，在原基站的信号强度仍满足要求的情况下，会引发太多不必要的越区切换。

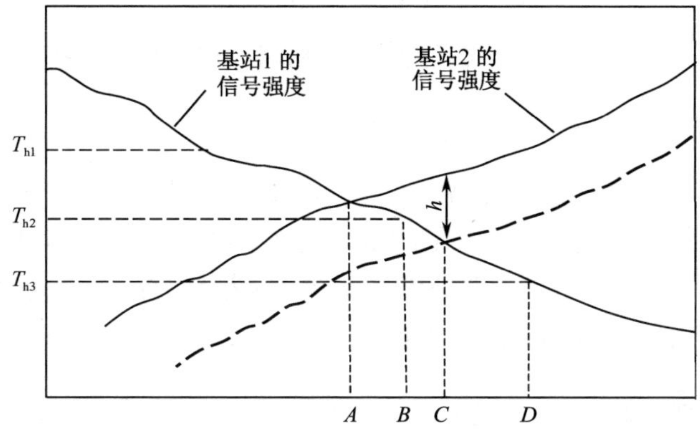

图 3.21 MS 从基站 1 向基站 2 运动时信号强度变化

2）具有门限规定的相对信号强度准则（准则 2）：仅允许移动用户在当前基站的信号足够弱（低于某一门限），且新基站的信号强于本基站的信号情况下，才可以进行越区切换。如图 3.21 所示，在门限为 T_{h2} 时，在 B 点将会发生越区切换。

在该方法中，门限选择具有重要作用。例如，在图 3.21 中，如果门限太高，取为 T_{h1}，则该准则与准则 1 相同。如果门限太低，取为 T_{h3}，则会引起较大的越区时延，此时，一方面可能会因链路质量较差而导致通信中断；另一方面，它会引起对同道用户的额外干扰。

3）具有滞后余量的相对信号强度准则（准则 3）：仅允许移动用户在新基站的信号强度比原基站信号强度强很多（即大于滞后余量）的情况下进行越区切换，如图 3.21 中的 C 点。该技术可以防止以准则 1 判定时，由于信号波动引起的 MS 在两个基站之间来回重复切换，即“乒乓效应”。

4）具有滞后余量和门限规定的相对信号强度准则（准则 4）：仅允许移动用户在当前基站的信号电平低于规定门限并且新基站的信号强度高于当前基站给定滞后余量时进行越区切换。

2. 越区切换的控制策略

越区切换控制包括两个方面：一方面是越区切换的参数控制，另一方面是越区切换的过程控制。参数控制在上面已经提到，过程控制的方式主要有以下 3 种。

1）MS 控制的越区切换（MCHO）。在该方式中，MS 连续监测当前基站和几个越区时的候选基站的信号强度和质量。当满足某种越区切换准则后，MS 选择具有可用业务信道的最佳候选基站，并发送越区切换请求。

2）网络控制的越区切换（NCHO）。在该方式中，基站监测来自 MS 的信号强度和质量，当信号低于某个门限后，网络开始安排向另一个基站的越区切换。网络要求 MS 周围的所有基站都监测该 MS 的信号，并把测量结果报告给网络，网络从这些基站中选择一个基站作为越区切换的新基站，把结果通过旧基站通知 MS 并通知新基站。

3）MS 辅助控制的越区切换（MAHO）。在该方式中，网络要求 MS 测量其周围基站的信号质量并把结果报告给旧基站，网络根据测试结果决定何时进行越区切换以及切换到哪一个基站。

在现有的系统中，IS-95 CDMA 系统和 GSM 系统采用了 MAHO。

3. 越区切换时的信道分配

越区切换时的信道分配是解决当呼叫转换到新小区时，新小区如何分配信道，才能使越区失败的概率尽量小的问题。常用的做法是在每个小区预留部分信道专门用于越区切换。这种做法的特点是，用于新呼叫的信道数量减少，要增加呼损率，但减少了通话被中断的概率，从而符合人们的使用习惯。

移动通信小百科之通信历史

中国第一座基站

20 世纪 80 年代，中国大地掀起了改革开放的热潮，处于改革开放前沿阵地的广东省，对公共通信服务的及时性和可靠性提出了强烈需求。

那一年，广州市正在筹划 1987 年的第六届全国运动会。在布置筹备任务时，广州市政府明确提出，广州市邮电部门必须在等六届全国运动会前开通移动电话业务。当时我国的移动通信技术还非常薄弱，无法独力完成技术的研发，更没有属于我们自己国家的标准。经过当时中华人民共和国邮电部和地方政府的多次研究和讨论，最终决定引进英国的 TACS 制式，作为我国模拟蜂窝移动通信的第一个标准。设备供应厂商方面，则是选择了来自瑞典的爱立信。

当时中国根本没有移动通信建设经验，也没有专业的通信机房施工队。所有的工作，包括体力活，都是邮电员工自己做。大约六七个人，蹲在偏僻的机房里，遇到困难只能靠自己摸索。最终，经过半年夜以继日的艰苦努力，邮电无线分局的员工们最终完成西德胜、天河邮电机楼、黄埔开发区首批三个基站主设备的安装调测、跳线、传输对通等工作。

1987 年 11 月 18 日，广州市在全国率先开通第一个模拟蜂窝 TACS 网络系统交换局。当天，全国首个模拟蜂窝移动电话通过西德胜基站成功打通。当时整套系统拥有 1 个交换局、3 个基地站，可容纳 1200 个用户。中国第一个基站在广东省建成之后，在全国范围引起了巨大的反响。随后，北京等省市也争先恐后地开通了移动通信网络，中国的移动通信发展从此掀开了新的篇章。

小　结

1. 频率管理与有效利用技术

频率是人类所共有的一种特殊资源，它具有时间域、空间域和频率域 3 个性质。可以从这 3 个方面对其实施有效利用，提高其利用率。无线通信中划分信道的方法有很多种，可按照频率的不同、时隙的不同、码型的不同等来划分信道。无论采用何种划分方法，最终承载信息的都是频率。频率有效利用的最终评价准则是“频率利用率”，为了提高频率利用率，应压缩信道间隔，减小电波辐射空间的大小，使信道经常处于使用状态。

2. 区域覆盖和信道配置

根据对服务区域的覆盖方式可将公用移动通信系统划分为两种体制：一种是小容量的大区制，另一种是大容量的小区制。大区制的主要优点是组网简单、投资少、见效快，但是系统容量小。小区制的主要优点是采用了频率复用技术（同频复用），既解决了频率不够用的问题，又提高了频率的利用率；由于 MS、BS 都采用较小的发射功率，还可以减小干扰。小区制采用正六边形的小区结构，形成蜂窝网状分布，故小区制又称为蜂窝制。信道配置方法有分区分组配置法和等频距配置法。

3. 移动通信系统的网络结构

要实现任意两个移动用户之间或移动用户和市话用户之间的相互通信，必须建立具有交换功能的移动通信网。移动通信网的结构可以划分为单基站（一个基站）小容量移动通信网络结构，移动电话本地网结构，混合式区域联网的移动通信网络结构，叠加式区域联网的大、中容量移动通信网络结构。

4. 多信道共用技术

多信道共用是指多个无线信道为许多 MS 所共用，或者说网内大量用户共享若干无线信道。多信道共用可以大大提高信道的利用率。空闲信道的选取方式有专用呼叫信道方式、循环定位方式、循环不定位方式、循环分散定位方式共 4 种。大容量移动通信系统采用专用呼叫信道方式。

5. 信令

信令含有信号和指令双重意思，它是移动通信系统内部实现自动控制的关键。与通信有关的一系列控制信号称为信令。按信号形式的不同，信令又可分为数字信令和音频信令两类。由于数字信令具有速度快、容量大、可靠性高等一系列明显的优点，它已成为公用通信网中主要采用的形式。不同的移动通信网络，其信令系统各具特色。

6. 移动通信的移动性管理

移动性管理包括小区选择、小区重选、位置登记、越区切换和用户漫游。小区选择是 MS 刚开机时进行的过程，而重新选择小区则是在 MS 已经选择小区后进行的。位置登记是指网络跟踪、保持 MS 所处的位置并存储其位置信息。越区切换是指将当前正在进行的 MS 与基站之间的通信链路从当前基站转移到另一个基站的过程。用户漫游是指 MS 无论是在原归属覆盖区内还是在其他的新覆盖区内，均能保证进行正常通信的功能。

练习题与思考题

1. 频率的有效利用技术有哪些？
2. 为什么说最佳的小区形状是正六边形？
3. 什么是中心激励？什么是顶点激励？采用顶点激励有什么好处？
4. 简述怎样在给定的服务区中寻找同频小区。
5. 移动通信网的基本网络结构包括哪些功能？
6. 简述移动通信网中的交换。
7. 什么是多信道共用？
8. 小区制移动通信网服务区域如何划分？
9. 空闲信道的选取方式有哪些？说明它们的基本工作原理和特点。
10. 什么是信令？信令的功能是什么？
11. 简述数字信令的构成和特点。
12. 移动通信中为什么要进行移动性管理？
13. 什么是越区切换？越区切换包括哪些方面的问题？硬切换和软切换有什么区别？
14. 简述越区切换的控制策略。
15. 什么是位置登记？位置登记包含哪些过程？
16. 什么是呼叫传递？简述呼叫传递的过程。

学习笔记

实践训练任务工单3

专业：________________　　班级：________________

姓名：________________　　学号：________________

实训名称： 分析移动通信基站站址环境。

实训目的： 通过对某一基站周边环境的调查分析，加深对移动网络建设的认识，了解基站站址的选取要求。

任务描述

基站建设地点的选取对网络的性能影响很大，正确的站点选址是无线网络组网规划的关键。不合理的站点选址不仅可能会造成某些地方出现覆盖盲区或局部容量不足的现象，还会增加网络建设的成本，甚至给网络运维带来很大困难。

任务讨论与实施

请对照以下几点进行调查分析。

1. 业务量和业务分布要求，站点分布应对应于业务密度分布，优先考虑热点地区。

2. 应充分注意基站周围是否有建筑物遮挡、反射等因素。高层建筑的遮挡会给基站覆盖带来影响，距基站300～500m的高层建筑是防止频率干扰的有利屏障。

3. 避免在大功率无线发射台（如雷达站、电视台等）附近设站，如要设站，则应核实是否存在相互干扰，并采取措施防止相互干扰。

4. 避免在高山上设站。高山站干扰范围大，影响频率复用。在农村高山设站，往往对处于小盆地的乡镇覆盖不好。

5. 在市区中，对于宏蜂窝基站，宜选高于建筑物平均高度但低于最高建筑物的楼房作为站址；对于微蜂窝区基站，则选低于建筑物平均高度的楼房设站且四周建筑物屏蔽较好。

任务总结

1. 任务讨论总结

2. 任务实施总结

模块 4 GSM数字移动通信系统

本模块介绍全球应用最为广泛的第二代移动通信系统——GSM，主要内容包括 GSM 的特点、组成、网络接口、编号方式、信道及帧结构、呼叫接续过程、移动性管理、安全性管理。通过学习本模块，学习者可以深入理解 GSM 的组成、采用的主要技术和通信过程，为从事 GSM 网络优化和运行维护等工作奠定理论基础，同时为其他移动通信系统的学习建立系统模型。

知识目标

- 了解 GSM 的网络接口、编号方式和作用及跳频技术。
- 掌握 GSM 的组成、特点、传输信道的种类和组合及帧结构。
- 掌握 GSM 的接续、移动性管理和安全性管理。

能力目标

- 能够区分 VLR 和 HLR 两个寄存器所存储的信息。
- 能够分析手机无网络的故障原因。
- 能够分析手机能入网但不能打电话的故障原因。
- 能够分析因切换失败引起掉话的原因。

素质目标

- 培养追求真理、勇攀高峰的科学精神。
- 培养良好的自主学习意识和习惯。

学习任务 4.1　了解 GSM

原邮电部《900MHz TDMA 数字公用陆地蜂窝移动通信网技术体制》1.3 条规定：我国 900MHz TDMA 数字公用陆地蜂窝移动通信网选用 GSM 数字移动通信系统进行组网，GSM 即全球移动通信系统，是泛欧蜂窝移动通信系统标准，它采用了数字无线传输和无线蜂窝之间先进的切换方法。

GSM 简介

蜂窝系统的概念和理论在 20 世纪 60 年代就由美国贝尔实验室等单位提了出来，但其复杂的控制系统，尤其是实现移动台（MS）的控制直到 70 年代随着半导体技术的成熟、大规模集成电路器件和微处理器技术的发展以及表面贴装工艺的广泛应用，才为蜂窝移动通信的实现提供了技术基础。直到 1979 年美国在芝加哥开通了第一个 AMPS（先进移动电话服务）模拟蜂窝系统，而北欧也于 1981 年 9 月在瑞典开通了 NMT（北欧移动电话）系统，接着欧洲先后在英国开通 TACS（全接入通信系统），在德国开通 C-450 系统等，它们都属于第一代模拟蜂窝移动通信系统。

GSM 数字移动通信系统史源于欧洲。早在 1982 年，欧洲已有几大模拟蜂窝移动系统在运营，如北欧多国的 NMT 和英国的 TACS，西欧其他各国也提供移动业务。当时这些系统是国内系统，不可能在国外使用。为了方便全欧洲统一使用移动电话，需要一种公共的系统，1982 年北欧国家向 CEPT（欧洲邮电行政会议）提交了一份建议书，要求制定 900MHz 频段的公共欧洲电信业务规范。在这次大会上成立了一个在欧洲电信标准组织（ETSI）技术委员会下的移动特别小组（Group Special Mobile），简称 GSM，来制定有关的标准和建议书。

1991 年在欧洲开通了第一个系统，同时来自欧洲 15 个国家的电信业务经营者签署了泛欧 900MHz 数字蜂窝移动通信标准的谅解备忘录（MOU），为该系统设计和注册了市场商标，将 GSM 更名为“全球移动通信系统”。从此移动通信跨入了第二代数字移动通信系统。同年，移动特别小组还完成了制定 1800MHz 频段的公共欧洲电信业务的规范，名为 DCS1800 系统。该系统与 GSM900 具有同样的基本功能特性，因而该规范只占 GSM 建议的很小一部分，仅将 GSM900 和 DCS1800 之间的差别加以描述，绝大部分二者是通用的，两个系统可通称为 GSM。

4.1.1　GSM 的特点

1）GSM 具有开放、通用、规范的接口标准。

GSM 采用 7 号信令作为互联标准，并与 PSTN、ISDN 等公众网具有完备的互通能力。

2）GSM 具有较完备的安全和保密功能。

GSM 通过鉴权、加密和 TMSI（临时移动用户识别码）的使用，达到安全和保密的目的。鉴权用来证实用户的入网权利，加密用于空中接口，由 SIM 卡和网络 AUC 的密钥决定，TMSI 是一个由业务网络给用户指定的临时号码，以防止有人跟踪而泄露其信息。

3）GSM 可以为用户提供跨国漫游的功能。

GSM 跨国漫游是在 SIM 卡和 IMSI（国际移动用户识别码）的基础上实现的。用户进行跨国漫游时只需携带 SIM 卡，通过租用漫游国的终端设备，便可实现用户号码不变、计费账号不变的目的。

4）GSM 采用数字技术，抗干扰能力增强，使系统的容量大大增加，其容量为模拟系统的 3～5 倍。

5）GSM 的组网灵活方便。

6）GSM 支持电信业务、承载业务和补充业务。

4.1.2　GSM 的组成

GSM 主要由 MS、无线基站子系统（BSS）、网络交换子系统（NSS）和操作维护子系统（OMS）四大部分组成，如图 4.1 所示。

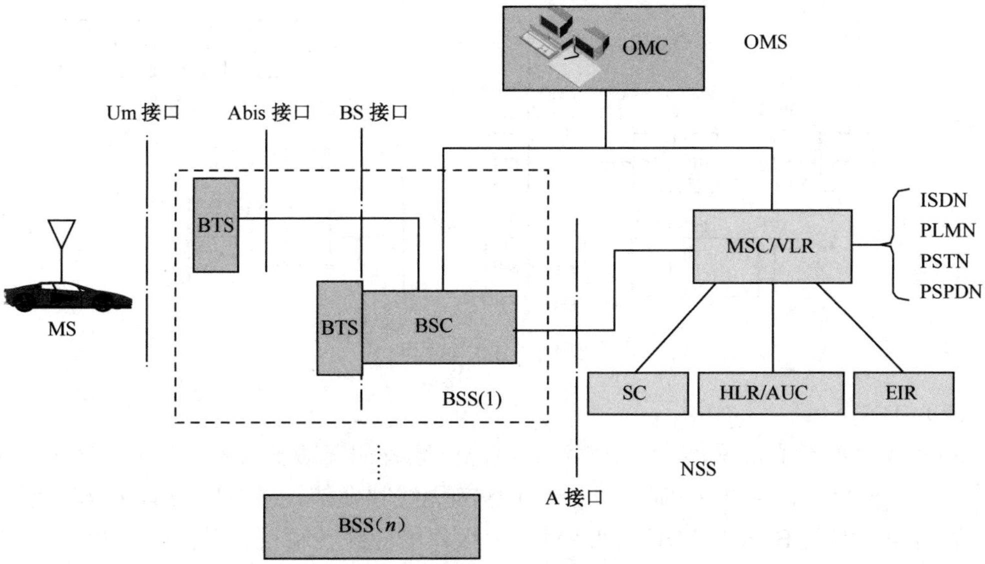

图 4.1　GSM 的组成框图

1. MS

MS 是 GSM 的用户设备，包括车载台、便携台和手持机。

MS 并非固定于一个用户，在系统中的任何一个 MS 上，都可以通过 SIM 卡来识别用户，个人识别号码（PIN）可以防止 SIM 卡未经授权而被使用。

每个 MS 都有自己的识别码，即国际移动设备识别码（IMEI）。IMEI 主要由型号许可代码和与厂家有关的产品号构成。

每个移动用户有自己的 IMSI，存储在 SIM 卡上。

2. BSS

BSS 在 GSM 网络的固定部分和无线部分之间提供中继，一方面 BSS 通过无线接口直接与 MS 实现通信连接，另一方面 BSS 又连接到网络端的移动交换机。

BSS 可分为两部分：通过无线接口与 MS 相连的基站收发信台（BTS）和另一侧与交换机相连的基站控制器（BSC）。BTS 负责无线传输，BSC 负责控制与管理。BSS 是由一个 BSC 与一个或多个 BTS 组成的，一个 BSC 根据话务量需要可以控制数十个 BTS。BTS 可以直接与 BSC 相连，也可通过基站接口设备（BIE）与远端的 BSC 相连。基站子系统还应包括码型变换器（TC）和子复用设备（SM）。

图 4.2 所示为典型的 BSS 结构图。

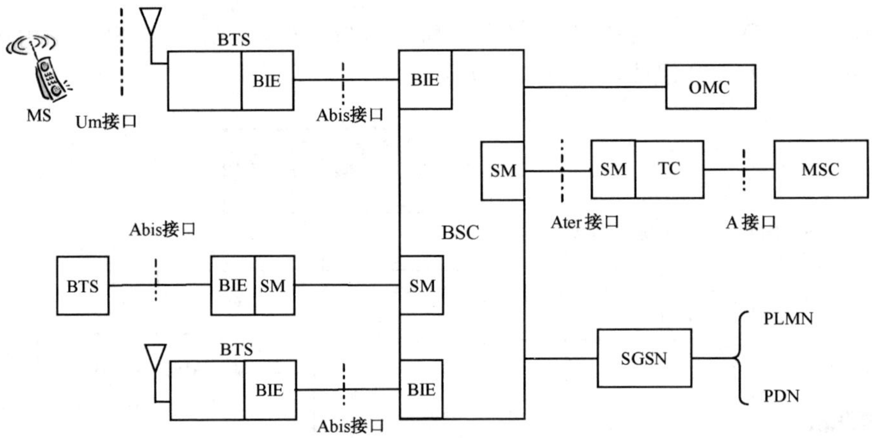

图 4.2　BSS 结构图

（1）BTS

BTS 包括基带子系统、射频子系统、电源子系统和天馈子系统四部分，属于基站子系统的无线部分，由 BSC 控制，服务于小区的无线收发信设备，完成 BSC 与无线信道之间的转换，实现 BTS 与 MS 之间通过空中接口的无线传输及相关的控制功能。

当 BTS 与 BSC 为远端配置方式时，采用 Abis 接口，这时 BTS 与 BSC 两侧都需配置 BIE；而当 BSC 与 BTS 之间的间隔不超过 10m 时，可将 BSC 与 BTS 直接相连，不需要 BIE。

（2）BSC

BSC 是 BSS 的控制部分，在 BSS 中起控制和管理作用。

BSC 一端可与多个 BTS 相连，另一端与 MSC 和操作维护中心（OMC）相连，BSC 面向无线网络，主要负责完成无线网络管理、无线资源管理及无线基站的监视管理，控制 MS 和 BTS 无线连接的建立、接续和拆除等管理，控制完成 MS 的定位、寻呼和切换，提供语音编码、码型变换和速率适配等功能，并能完成对基站子系统的操作维护功能。

BSS 中的 BSC 所控制的 BTS 的数量随业务量的大小而改变。

（3）TC

TC 主要完成 16kb/s RPE-LTP 编码和 64kb/s A 律 PCM 编码之间的变换。在典型的实施方案中，TC 位于 MSC 与 BSC 之间。

当 TC 位于 MSC 侧时，通过 MSC 和 BSC 之间以及 BSC 和 BTS 之间的传输线路子复用器 SM、BIE，可以充分利用在空中接口使用的低语音编码传输速率，降低传输线路的成本。

BSC 与 TC 之间的接口称为 Ater 接口，TC 与 MSC 之间的接口称为 A 接口。

3. NSS

NSS 主要包含 GSM 系统的交换功能和用于用户数据与移动性管理、提供安全性管理所需要的数据库功能，它对 GSM 移动用户之间的通信和 GSM 移动用户与其他通信网用户之间的通信起着管理作用。

NSS 主要包括移动交换中心（MSC）、访问位置寄存器（VLR）、归属位置寄存器（HLR）、鉴权中心（AUC）、设备识别寄存器（EIR）5 个功能单元。

（1）MSC

MSC 是网络的核心。它提供交换功能，把移动用户与固定网用户连接起来，或把移动用户互相连接起来。为此，它提供到固定网（如 PSTN、ISDN 等）的接口，以及与其他 MSC 互联的接口。

MSC 从 3 种数据库（HLR、VLR 和 AUC）中取得处理用户呼叫请求所需的全部数据。反之，MSC 根据其最新数据更新数据库。

MSC 可为用户提供以下一系列服务：

1）电信业务，如电话、传真、紧急呼叫等。

2）承载业务，如数据业务、WAP 服务等。

3）补充业务，如呼叫转移、呼叫限制、会议电话等。

（2）VLR

VLR 存储进入其覆盖区的移动用户的有关信息，这使得 MSC 能够对进入其覆盖区的移动用户建立呼入/呼出呼叫。可以把它看作动态用户数据库。VLR 从移动用户的 HLR 处获取并存储必要的数据，一旦移动用户离开该 VLR 的控制区域，则重新在另一个 VLR 登记，原 VLR 将取消临时记录的该移动用户数据。

（3）HLR

HLR 是 GSM 的中央数据库，存储着该 HLR 控制的所有存在的移动用户的相关数据，一个 HLR 能够控制若干个移动交换区域或整个移动通信网，所有用户的重要的静态数据都存储在 HLR 中，包括 IMSI、访问能力、用户类别和补充业务等数据。HLR 还存储为 MSC 提供 MS 实际漫游所在的 MSC 区域的信息（动态数据），这样就使任何入局呼叫能立即按选择的路径送往被叫用户。

（4）AUC

AUC 属于 HLR 的一个功能单元部分，专用于 GSM 的安全性管理。AUC 存储着鉴权信息与加密密钥，用来进行用户鉴权及对无线接口上的语音、数据、信令信号进行加密，防止无权用户接入并保证移动用户通信安全。

（5）EIR

EIR 存储移动设备的 IMEI，通过核查白色清单、黑色清单、灰色清单这 3 种表格，分别列出准许使用、出现故障需监视、失窃不准使用的移动设备识别号。运营部门可据此确定被盗 MS 的位置并将其阻断，对故障 MS 能采取及时的防范措施。

4. OMS

GSM 的 OMS 由 OMC 组成，用于对通信分系统中每个设备实体进行控制和维护。OMC 通常具有下列功能。

1）蜂窝网络管理：存储和处理交换数据、移动电话系统数据和小区数据。

2）用户签约管理。

3）包括各种测量功能在内的性能管理，如有关路由的业务测量、有关业务类型的业务测量、业务分布测量及无线电网络测量等。

4.1.3 GSM 的网络接口

GSM 是一个复杂的网络系统，在多业务方面它与 ISDN 有很多共同点，同时它还增加了来自蜂窝网独有的功能。随着数据网络开放系统互连模型（OSI）的出现，可以把 GSM 这样一个具体系统接口的功能、接口和协议，在 OSI 模型基础上进行分析。

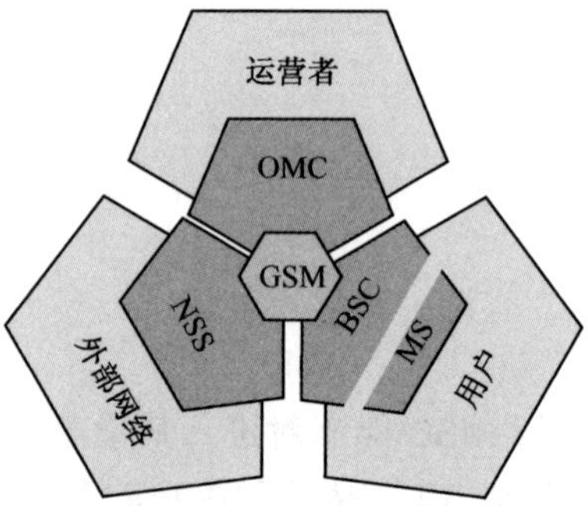

图 4.3 GSM 外部接口图示

由于 GSM 与外界的联系可划分为三大边界，因而也有了三大外部接口，如图 4.3 所示。

首先，在用户侧，MS 和用户之间的界面，可认为是一个人机界面。在 GSM 规范中定义了一个 SIM-ME 接口，这里 SIM 是一张智能卡，包含存储在无线端口的用户侧上所有与用户有关的信息，ME 代表移动设备。其次，GSM 与其他电信网的接口主要是建立起 GSM 用户与其他电信网的呼叫，其中包括与运营者和外部网络的接口，即可以这样认为，GSM 是一种电信交换机，既执行 GSM 功能，又管理 PSTN/ISDN 用户，而一般规范的 GSM 体系结构不考虑这种可能性，只是明确定义了 GSM 与其他电信网的接口。

在 GSM 内各主要功能单元之间、GSM 与其他通信网之间都有大量的接口，如图 4.4 所示。GSM 已对这些接口及其协议做了详细规定，从而为将不同制造商的产品综合到一个 GSM 网络中创造了条件。

1. GSM 内部接口

（1）MSC 与 BSC 之间的接口（A 接口）

A 接口主要用于传递呼叫处理、移动性管理、基站管理和 MS 管理等信息。在 A 接口上语音传输采用 2Mb/s 数字接口方式。Abis 接口为 BTS 与 BSC 之间的内部接口，由各个设备生产厂家自主定义。

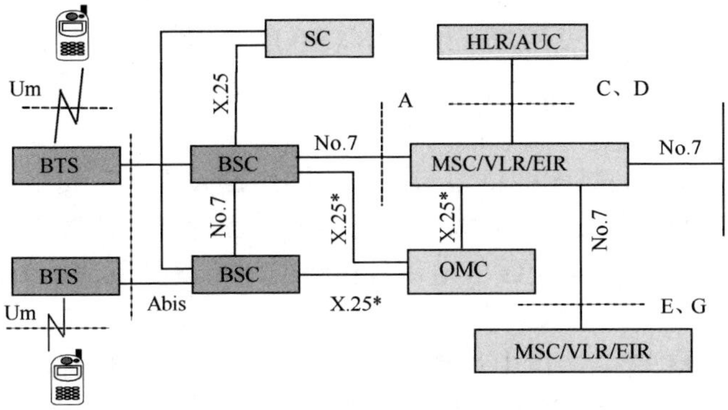

图 4.4　GSM 接口与信令

（2）MSC 与 VLR 之间的接口（B 接口）

当一个 MS 从一个服务区漫游到另一个服务区时，MS 同 MSC 建立新的位置更新关系，MSC 与 HLR 之间通过 B 接口传递某移动用户相关数据或业务信息。

（3）MSC 与 HLR 之间的接口（C 接口）

当建立呼叫时，MSC 通过此接口从 HLR 取得选择路由的信息。呼叫结束后，MSC 向 HLR 发送计费信息。C 接口用于管理和路由选择的信令交换。

（4）HLR 与 VLR 之间的接口（D 接口）

D 接口用于交换有关移动用户的位置数据和管理用户数据，主要为移动用户在服务区内提供收、发话业务。VLR 负责通知 HLR 移动用户的位置，并为 HLR 提供移动用户的漫游号码。当移动用户漫游到另一个 VLR 控制的服务区时，HLR 负责通知原先为此移动用户服务的 VLR，消除所有有关该移动用户的信息。当移动用户使用附加业务，用户想要改变其相关信息时，也使用此接口。

（5）MSC 之间的接口（E 接口）

E 接口主要用于移动用户在 MSC 之间进行越局切换时交换有关信息。当移动用户在通话过程中从一个 MSC 服务区移动到另一个 MSC 服务区越局时，为维持连续通话，MSC 之间需进行信令交换，以确定哪一个小区适合切换。

（6）MSC 与 EIR 之间的接口（F 接口）

F 接口用于 MSC 和 EIR 之间的信令交换，EIR 存储国内和国际移动设备识别号码，MSC 通过 F 接口查询号码，以核对移动设备的识别码。

（7）VLR 之间的接口（G 接口）

当一个移动用户使用 TMSI 在新的 VIR 中登记时，此接口用来在各区 VLR 之间传送有关信息，此接口还用于在分配 TMSI 的 VLR 中检索该用户的 IMSI。当频道切换后，新的 VIR 向前一个 VIR 查询移动用户的 IMSI。

（8）BSS 与 MS 之间的空中接口（Um 接口）

习惯上称 Um 接口为无线接口。在此接口实现基站与 MS 之间的信息交换。

（9）用户与网络之间的接口（Sm 接口）

Sm 接口包括用户对移动终端进行的操作程序，移动终端向用户提供显示信息和信号音等。同时，此接口还包括用户识别模块（SIM）与移动设备（ME）之间的接口。

2. Um 接口

在 PLMN 中，MS 通过无线信道与网络的固定部分相连，使用户可接入网内得到通信服务。为实现 MS 和 BS 的互联，对无线信道上信号的传输必须做出一系列的规定，建立一套标准，这套关于无线信道信号传输的规范就是所谓的无线接口，又称 Um 接口。

Um 接口是 GSM 诸多接口中最重要的一个。首先，完整规范的无线接口建立了不同国家的 MS 与不同网络之间的完全兼容，这是 GSM 实现全球漫游的基本条件之一；其次，无线接口决定了 GSM 的频率利用率，这是衡量一个无线系统的主要经济依据。

Um 接口由下述特性所规定：信道结构和接入能力；MS-BS 通信协议；维护和操作特性；性能特性；业务特性。

（1）工作频带

1）GSM900M 系统。

上行（MS-BS）：890～915MHz。

下行（BS-MS）：935～960MHz。

双工间隔：45MHz。

载频间隔：200kHz。

2）DCS1800M 系统。

上行（MS-BS）：1710～1785MHz。

下行（BS-MS）：1805～1880MHz。

双工间隔：95MHz。

载频间隔：200kHz。

（2）物理层接口与提供的服务

物理层提供下述服务。

1）接入能力：物理层通过一系列有限的逻辑信道提供传输服务，逻辑信道复用在物理信道。

2）误码检测：物理层提供错误保护的传输服务，包括检错和纠错功能。

3）加密。

GSM900M 系统工作带宽为 25MHz，每个载频为 200kHz，因此可以获得 124 个载频频道。考虑到第一个、最后一个作为保护频道不用，因此 GSM900M 系统共有 122 个载频频道可用。

DCS1800M 系统则有 374 个载频频道。

在上述两种系统中，为了便于无线管理，每一载频频道都有明确的编号，根据载频频道的编号可以计算其中心频率，具体计算方法如下。

GSM900M 系统的中心频率：

$$f_u(n)=890+0.2n(\text{MHz})\qquad\text{（移动台发，基站收）}$$

$$f_d(n)=f_u(n)+45(\text{MHz})\qquad\text{（基站发，移动台收）}$$

式中，n 为载频频道的编号，其值为 $1\leqslant n\leqslant 124$。

DCS1800M 系统的中心频率：

$$f_u(n)=1710.2+0.2(n-512)(\text{MHz})\qquad\text{（移动台发，基站收）}$$

$$f_d(n)=f_u(n)+95(\text{MHz})\qquad\text{（基站发，移动台收）}$$

式中，$512\leqslant n\leqslant 885$。

学习任务 4.2　了解 GSM 的编号

GSM 是复杂的系统，它包括交换子系统和基站子系统。交换子系统包括 HLR、MSC、VLR、AUC 和 EIR，与基站子系统、其他网络（如 PSTN 和 ISDN）、数据网、其他 PLMN 等之间的接口。为了将一个呼叫接至某个移动用户，需要调用相应的实体。因此，要正确寻址，编号计划就非常重要。本节对 GSM 中用来识别身份的各种号码的编号计划进行介绍。

1. 移动用户的 ISDN 号（MSISDN）

MSISDN 号码是指主叫用户为呼叫数字公用陆地蜂窝移动通信网中用户所需拨的号码。

MSISDN 号码组成格式如图 4.5 所示。

国家码（CC）	国内目的地码（NDC）	用户号码（SN）

图 4.5　MSISDN 号码组成格式

我国国家号码为 86，国内移动用户 ISDN 号码为一个 11 位数字的等长号码，即国内目的地码（NDC）＋HLR 识别号（$H_0H_1H_2H_3$）＋用户号码（SN）。其中，中国移动分配 NDC 为 134～139、159 等，中国联通分配 NDC 为 130、131、132 等；HLR 识别号表示用户归属的 HLR，也用来区别移动业务本地网；SN 为 4 位用户号码。

数字移动用户的拨号程序有以下 5 种情况。

1）数字移动用户呼叫固定用户：拨国内长途字冠（“0”）＋长途区号（XYZ）＋市局号（POR）＋市话用户号（ABCD），即 0XYZPORABCD。

2）数字移动用户呼叫数字移动用户：13X＋$H_0H_1H_2H_3$ X X X X。

3）固定网用户呼叫本地数字移动用户：13X＋$H_0H_1H_2H_3$ X X X X。

4）固定网用户呼叫外地数字移动用户：013X＋$H_0H_1H_2H_3$ X X X X。

5）数字移动用户呼叫特服业务：0XYZ＋1XX（火警拨 119、急救拨 120、匪警拨 110）。

2. 国际移动用户识别码（IMSI）

IMSI 为总长不超过 15 位的数字号码，结构如图 4.6 所示。

移动国家码（MCC）	移动网号（MNC）	移动用户识别码（MSIN）
460（中国）	00	$H_0H_1H_2H_3$X X X X

图 4.6 IMSI 的结构

其中，移动国家码（MCC）为 3 位数，是唯一用来识别移动用户所属国家的号码，我国为 460；移动网号（MNC）用于识别移动用户所属的移动网，我国 900MHz TDMA 数字公用蜂窝移动通信网为 00；移动用户识别码是唯一用于识别国内 900MHz TDMA 数字公用蜂窝移动通信网中移动用户的号码，为 $H_0H_1H_2H_3$X X X X，其中的 $H_1H_2H_3$ 与移动用户 ISDN 号码中的 $H_1H_2H_3$ 相同。

3. 移动用户漫游号码（MSRN）

当呼叫一个移动用户时，为使网络进行路由选择，VLR 临时分配给漫游移动用户一个号码，这个号码为 13X（X=0～2，4～9）后第 1 位为 0 的 MSISDN 号码，即 13X（X=0～2，4～9）$00M_1M_2M_3$ABC，$M_1M_2M_3$ 为 MSC 号码，M_1、M_2 的分配与 H_1、H_2 的分配相同。

4. 临时移动用户识别码（TMSI）

为了对 IMSI 保密，VLR 可给来访移动用户分配一个临时且唯一的 TMSI 号码作为寻呼该 MS 用。它只在本地使用，为一个 4 字节的 BCD 编码，由各 MSC 自行分配。当移动用户不在该 VLR 区域流动时，此 TMSI 即由此 VLR 收回。

5. 位置区识别码（LAI）与基站小区识别

（1）LAI 的组成

LAI 由三部分组成，即 MCC+MNC+LAC，具体格式如图 4.7 所示。

移动国家码（MCC）	移动网号（MNC）	位置识别码（LAC）
460	00	$X_1X_2X_3X_4$

图 4.7 位置区识别码的组成格式

其中，MCC、MNC 与前面介绍的相同；LAC 为一个 2 字节 BCD 编码，用 $X_1X_2X_3X_4$ 表示（范围为 0000～FFFF）。全部为 0 的编码保留不用。X_1、X_2 统一分配，X_3、X_4 由各省市自行分配。

（2）全球小区识别（GCI）

GCI 是在 LAI 的基础上再加上小区识别码（CI）构成的，其结构为 MCC+MNC+LAC+CI，其中的 MCC、MNC 和 LAC 与前面介绍的相同；CI 为一个 2 字节的 BCD 编码，由各 MSC 自定。

（3）基站识别码（BSIC）

BSIC 用于识别相邻国家的相邻基站，为 6b 编码，其结构为 NCC（3b）+BCC（3b）。其中，网络色码（NCC）用来识别不同国家（国内识别不同的省）及不同的运营者，为 XY_1Y_2。X：运营者（中国电信 X=1）。Y_1Y_2：统一规定，如表 4.1 所示。

表 4.1 Y_1Y_2的分配

Y_1	Y_2	
	0	1
0	吉林、甘肃、西藏、广西、福建、湖北、北京、江苏	黑龙江、辽宁、宁夏、四川、海南、江西、天津、山西、山东
1	新疆、广东、河北、安徽、上海、贵州、陕西	内蒙古、青海、云南、河南、浙江、湖南

基站色码（BCC）：由运营部门设定。

6. 国际移动设备识别码（IMEI）

IMEI 是唯一用于识别一个 MS 设备的号码，是一个 15 位的十进制数字。其结构为

TAC（6 个数字）+FAC（2 个数字）+SNR（6 个数字）+SP（1 个数字）

其中，TAC（型号批准码）由欧洲型号认证中心分配；FAC（工厂装配码，由厂家编码）表示生产厂家及其装配地；SNR（序号码）由厂家分配；SP（备用）。

7. MSC/VLR 号码

在 7 号信令消息中使用的代表 MSC 的号码，是全部用户为 0 的 MSRN 号码，即 13X（X=0～2，4～9）$00M_1M_2M_3000$，M_1、M_2 的分配与 H_1、H_2 的分配相同。

8. HLR 号码

在 7 号信令消息中使用的代表 HLR 的号码，是全部用户为 0 的 MSISDN 号码，即 13X（X=0～2，4～9）$H_0H_1H_2H_30000$。

9. 切换号码（HON）

当进行移动电话局切换时，为选择路由，由目标 MSC（即切换要求到目的地 MSC）分配给移动用户的一个号码。此号码是移动漫游号码 MSRN 的一部分。

10. 短消息中心号码

短消息中心号码是在 7 号信令消息中使用的，代表短消息中心的号码，结构为+$8613X_1X_20Y_1Y_2Y_3500$，其中 X_1、X_2 由各运营商设定，$0Y_1Y_2Y_3$ 与当地的长途区号相同，不足四位的 Y_3 设置为 0，在首次发送短消息前，必须设定短消息中心号码。

学习任务 4.3 掌握 GSM 的传输信道

4.3.1 信道的分类及组合

在 GSM 中，信道分为物理信道和逻辑信道。时隙是基本的物理信道，即一个载频上的 TDMA 帧的一个时隙为一个物理信道，它相当于 FDMA 系统的一个频道。由于 GSM 中每个载频分为 8 个时隙，所以有 8 个物理信道，即信道 0～7，对应时隙 TS_0～TS_7。每个用户占用一个时隙用于传递信息，在一个 TS 中发送的信息称为一个突发脉冲序列。无线子系统的物理信道支撑着逻辑信道。大量的信息传递于 BTS 与 MS 之间，GSM 中根据传递信息的种类定义了不同的逻辑信道。逻辑信道是一种人为的定义，在传输过程中要被映射到某个物理信道上才能实现信息的传输。逻辑信道按其功能分为业务信道（TCH）和控制信道（CCH）。

1. 业务信道

业务信道携带编码后的语音或用户数据，它有全速率业务信道（TCH/F）和半速率业务信道（TCH/H）之分。

全速率业务信道（TCH/F）：总速率为 22.8kb/s。

半速率业务信道（TCH/H）：总速率为 11.4kb/s。

（1）语音业务信道

TCH/FS：全速率语音业务信道。

TCH/HS：半速率语音业务信道。

（2）数据业务信道

TCH/F9.6：9.6kb/s 全速率数据业务信道。

TCH/F4.8：4.8kb/s 全速率数据业务信道。

TCH/H4.8：4.8kb/s 半速率数据业务信道。

TCH/F2.4：≤2.4kb/s 全速率数据业务信道。

TCH/H2.4：≤2.4kb/s 半速率数据业务信道。

2. 控制信道

控制信道用于携载信令或同步数据，包括 3 类控制信道：广播信道（BCH）、公共控制信道（CCCH）和专用控制信道（DCCH）。

（1）广播信道

广播信道只作为下行信道使用，即基站向 MS 单向传输，分为以下 4 种信道。

1）FCCH：频率校准信道，该信道携载用于校正 MS 频率的信息。

2）SCH：同步信道，传送 MS 的帧同步和 BTS 识别码信息。

3）BCCH：广播控制信道，该信道广播 BTS 的一般信息。在每个基站收发信台中总有一个 BTS 含有这个信道，以向 MS 广播系统信息。

4）CBCH：小区广播信道，用于短消息，它只有下行方向，载有小区广播短消息业务信息，使用与 SDCCH（独立专用控制信道）相同的物理信道。

（2）公共控制信道

公共控制信道为网络中 MS 所共用，分为以下 3 种信道。

1）PCH：寻呼信道，用于基站寻呼 MS（下行）。

2）RACH：随机接入信道，用于 MS 随机提出入网申请，即请求分配 SDCCH 信道（上行）。

GSM 信道挤公交

3）AGCH：准予接入信道，用于基站对 MS 的随机接入请求做出应答，即分配一个 SDCCH 或直接分配一个 TCH（下行）。

（3）专用控制信道

使用专用控制信道时，基站将其分配给 MS，实现基站与 MS 之间点对点的传输。专用控制信道分为以下 3 种信道。

1）SDCCH：独立专用控制信道，用于传送信道分配等信息。它可分为以下两种。

① SDCCH/8：独立专用控制信道。

② SDCCH/4：与 CCCH 相组合的独立专用控制信道。

2）SACCH：慢速随路控制信道，与一条业务信道或一条 SDCCH 联合使用，用来传送用户通信期间某些特定信息，如功率和帧调整控制信息、测量数据等。该信道可分为以下 4 种。

① SACCH/TF：与 TCH/F 随路的慢速随路控制信道。

② SACCH/TH：与 TCH/H 随路的慢速随路控制信道。

③ SACCH/C4：与 SDCCH/4 随路的慢速随路控制信道。

④ SACCH/C8：与 SDCCH/8 随路的慢速随路控制信道。

3）FACCH：快速随路控制信道，与一条业务信道联合使用，携带与 SDCCH 相同的信号，但只在没有分配 SDCCH 的情况下才分配 FACCH，通过业务信道借取的帧来实现接续，传送如“越区切换”等指令。FACCH 可分为以下两种。

① FACCH/F：全速率快速随路控制信道。

② FACCH/H：半速率快速随路控制信道。

3. 信道组合

TCH、FACCH 和 SACCH/T 使用 26 帧的复帧。FACCH 是通过占一半与它有关的 TCH 突发脉冲信息比特而进行传输的。

控制信道（除 FACCH 和 SACCH/T 外）使用 51 帧的复帧结构。

以下信道可组成基本的物理信道：

TCH/F＋FACCH/F＋SACCH/TF

TCH/H＋FACCH/H＋SACCH/TH

TCH/H＋FACCH/H＋SACCH/TH＋TCH/H

FCCH＋SCH＋BCCH＋CCCH

FCCH+SCH+BCCH+CCCH+SDCCH/4+SACCH/C4

BCCH+CCCH

SDCCH/8+SACCH/C8

其中，CCCH=PCH+RACH+AGCH。

4.3.2 TDMA 帧结构

时分多址——轮流发言的年代

1. 帧结构

时隙：一个时隙时长约为 577μs，包含 156.25 个码元。

突发脉冲序列：在 GSM 无线路径上传输的单位是一串已调制的比特，称为突发脉冲序列（burst），简称突发序列，或者说一个时隙的物理内容称为一个突发序列。

帧（frame）：表示接连发生的 n 个时隙。在 GSM 中，对全速率业务信道而言，n=8，即一个 TDMA 帧包含 8 个基本的物理信道。帧长为 577μs×8=4.615ms。

图 4.8 所示为 TDMA 帧的完整结构，还包括了时隙和突发脉冲序列。多个 TDMA 帧构成复帧，在 GSM 中存在两类复帧。

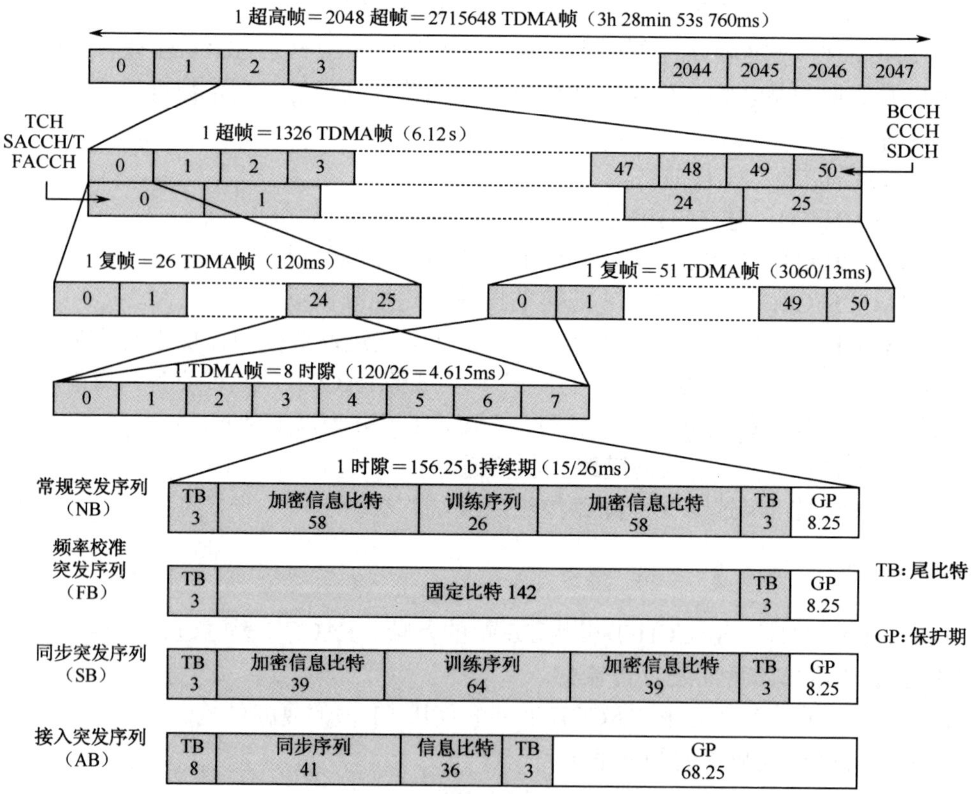

图 4.8 TDMA 帧的完整结构

1）26 业务信道复帧：包含 26 个 TDMA 帧，时间间隔为 120ms，用于 TCH（SACCH/T）和 FACCH。

2）51 控制信道复帧：包含 51 个 TDMA 帧，时间间隔约为 235.365ms，用于 BCCH、CCCH（AGCH、PCH、RACH）、SDCCH（SACCH/C）。

多个复帧构成超帧（super frame），它是一个连贯的 51×26 的 TDMA 帧，超帧的周期为 1326 个 TDMA 帧，即 6.12s。

超高帧由 2048 个超帧构成，周期为 3h 28min 53s 760ms（即 12533.76s），TDMA 帧号 FN 为 0～2715647。

2. 26 业务信道复帧结构

GSM 的任何绝对射频信道都以 TDMA 帧为单位在发射，每个 TDMA 帧都有 8 个时隙，信令占其中的一些时隙，26 业务信道复帧占用剩余任意时隙，可以位于任意载波上。每一个 26 业务信道复帧是 26 个 TDMA 帧中某一个时隙的集合，26 业务信道复帧的帧长度为 120ms。

26 业务信道复帧的格式是 12 个突发序列的业务信息、1 个突发序列的 SACCH 控制信息、12 个突发序列的业务信息和一个空闲帧（IDLE），如图 4.9 所示。

T	T	T	T	T	T	T	T	T	T	T	T	A	T	T	T	T	T	T	T	T	T	T	T	T	I
0												12													25

T—TCH信道；A—SACCH信道；I—IDLE。

图 4.9　26 业务信道复帧

26 业务信道复帧中的 No.12 被 SACCH 固定占用。4 个复帧结构组成一个完整的 SACCH，交织深度为 4，周期为 120ms×4=480ms。SACCH 在 MS 与 BTS 之间传送控制信息。

在 26 业务信道复帧中的每一帧收发转换时，MS 要测量相邻小区的信号强度，No.25 帧是空闲帧不测量，即 26 复帧中，有 25 帧要测量相邻小区信号强度。空闲帧期间用于解相邻小区的 BSIC 码。

3. 51 控制信道复帧结构

51 控制信道复帧结构比 26 业务信道复帧结构复杂得多，形式多种，具体形式取决于控制信道的类型和系统操作员的设置。一个 51 控制信道复帧的时间长度约为 235.365ms。

51 控制信道复帧结构可分为复合复帧和非复合复帧。其中，BCH/CCCH/DCCH 共用一个 51 控制信道复帧，称为复合复帧，BCH/CCCH 和 DCCH 不共用一个 51 控制信道复帧，称为非复合复帧，如图 4.10 所示。

（1）51 控制信道复合复帧

51 控制信道复合复帧用于低容量小区，并且只能使用 BCCH 载波的“时隙 0”，BCCH 载波的其他“时隙”用于业务信道，因此支持的 MS 数量较少。从图 4.10 可见，有 3 个 CCCH 组和 4 个 SDCCH 组，所以用于寻呼和呼叫建立的信道较少。上行信道和下行信道有 15 帧的延迟，其等待时间用于处理信令。

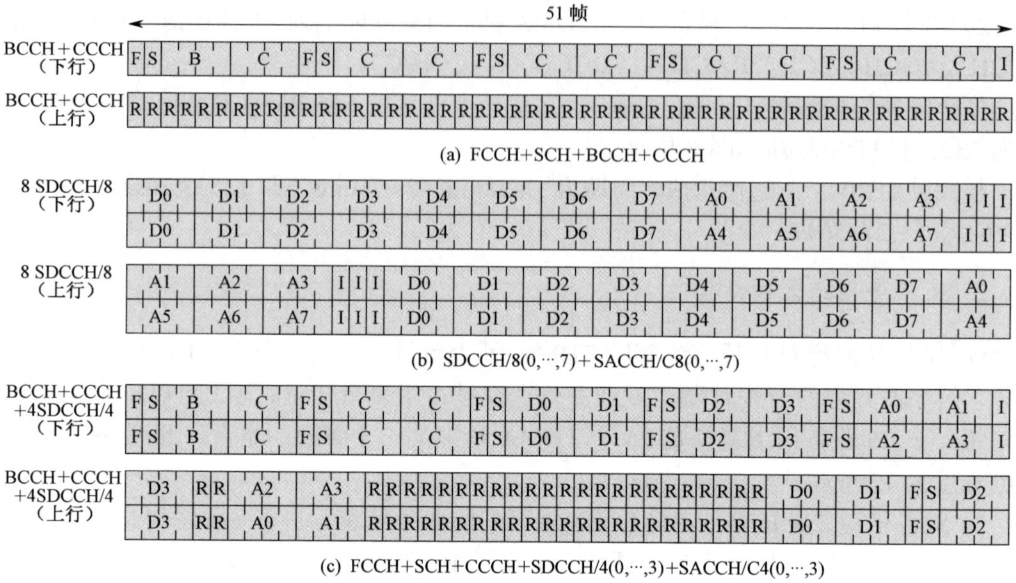

F—FCCH； S—SCH；
B—BCCH； C—CCCH（CCCH=PCH+AGCH+RACH）；
R—RACH； D—SDCCH；
A—SACCH/C； I — IDLE。

图 4.10 51 控制信道复帧

（2）51 控制信道非复合复帧

51 控制信道非复合复帧是指 BCH/CCCH 共用 BCCH 载波上的时隙，DCCH 放在另外的载波上，可以占用任何时隙。

51 控制信道非复合复帧用于高容量小区，BCH 只能占用 BCCH 载波的"时隙 0"，CCCH 根据容量需求可占用 BCCH 载波的"0/2/4/6 时隙"，未占用的 BCCH 载波时隙和其他载波的时隙用于业务信道。

在上行链路 51 非复合复帧（MS 到 BTS 方向）中，所有的"时隙 0"都分配给 RACH。这是因为在上行链路方向工作的 BCH 中，RACH 是唯一的一条控制信道。

在下行链路 51 非复合复帧（BTS 到 MS 方向）中，51 非复合复帧的第一个帧被频率校正信道（FCCH）占据，第二个帧被同步信道（SCH）占据，接下来重复的 4 个帧被 BCH 占据，再接下来重复的 4 个帧分配给 CCCH（既可分配给 PCH，也可分配给 AGCH），以此重复，最后一帧为空闲。

51 非复合复帧的 DCCH 占用非 BCCH 载波的任何时隙，DCCH 复帧的结构如图 4.10 所示，为承载 8 条 SDCCH 的 51 帧结构。

SACCH 与 SDCCH 有关，各 SDCCH 同业务信道一样具有一条 SACCH 控制信道。系统管理员可以根据用户数量和系统需求分配 SDCCH 的数量。

4.3.3 GSM 突发脉冲序列

一个突发脉冲序列就是一串已调制的载频数据流，它代表着时隙的物理内容。突发脉冲序列的持续时间约为 0.577ms，即 156.25b 的持续时间，GSM 规定了 5 种突发脉冲序列。

1. 常规（标准）突发脉冲序列（NB）

常规（标准）突发脉冲序列用于携带 TCH 及除 RACH、SCH 和 FCCH 外的控制信道上的信息，如图 4.11 所示，两个“57 加密比特”是已加密的客户数据或语音，再加两个“1”比特用作借用标志。借用标志是表示此突发脉冲序列是否被 FACCH 信令借用。“26 比特训练序列”是一串已知比特，在接收机均衡器估算 BTS 与 MS 间物理路径的传送特征时使用。

TB（3）	57 加密比特	1	26 比特训练序列	1	57 加密比特	TB（3）	GP（8.25）

156.25b(0.577ms)

图 4.11　标准突发脉冲序列（NB）

“TB”尾比特总是 000，帮助均衡器判断起始位和中止位。“GP”为保护间隔，占 8.25b（相当于大约 30μs），是一个空白空间。由于每载频最多有 8 个客户，因此必须保证各自时隙发射时不相互重叠。尽管使用了时间调整方案，但来自不同 MS 的突发脉冲序列彼此之间仍会有小的滑动，因此 8.25b 的保护间隔可使发射机在 GSM 建议许可范围内上下波动。

2. 频率校正突发脉冲序列（FB）

频率校正突发脉冲序列用于 MS 的频率同步，它相当于一个带频移的未调载波。此突发脉冲序列的重复称 FCCH，如图 4.12 所示。图中“142 固定比特”全部是 0，使调制器发送一个未调载波；“TB”和“GP”与标准突发脉冲序列中的“TB”和“GP”相同。

TB（3）	142 固定比特	TB（3）	GP（8.25）

156.25b(0.577ms)

图 4.12　频率校正突发脉冲序列（FB）

3. 同步突发脉冲序列（SB）

同步突发脉冲序列用于载送 SCH 信息，使 MS 与 BTS 的定时一致。两个“39 加密比特”携带有 TDMA 帧号和 BSIC 信息；“64 比特同步序列”在 MS 的接收机进行均衡，如图 4.13 所示。

TB（3）	39 加密比特	64 比特同步序列	39 加密比特	TB（3）	GP（8.25）

156.25b(0.577ms)

图 4.13　同步突发脉冲序列（SB）

4. 接入突发脉冲序列（AB）

接入突发脉冲序列用于随机接入，它有一个较长的保护间隔（68.25b），这是为了适应 MS 首次接入（或切换到另一个 BTS）后不知道时间提前量而设置的。MS 可能远离 BTS，这意味着初始突发脉冲序列会迟一些到达 BTS，由于第一个突发脉冲序列中没有时间调整，为了不与下一时隙中的突发脉冲序列重叠，此突发脉冲序列必须短一些，保护间隔长一些，如图 4.14 所示。

TB（3）	41 同步序列	36 加密比特	TB（3）	GP（68.25 ）

156.25b(0.577ms)

图 4.14　接入突发脉冲序列（AB）

5. 空闲突发脉冲序列（DB）

空闲突发脉冲序列在 BCCH 载波的未使用时隙上不需要载送信息时作为填充信息使用，不携带任何信息。它的格式与普通突发脉冲序列相同，其中加密比特改为具有一定比特模型的固定比特，如图 4.15 所示。

TB（3）	57 固定比特	1	26 比特训练序列	1	57 固定比特	TB（3）	GP（8.25）

156.25b(0.577ms)

图 4.15　空闲突发脉冲序列（DB）

4.3.4　跳频和间断传输技术

1. 跳频技术

（1）跳频技术的功能

由于移动通信中电波传播的多径效应引起的多径衰落与传输的发射频率有关，衰落谷点将因频率的不同而发生在不同的地点。如果在通话期间载频在几个频点上变化，则可认为在一个频率上只有一个衰落谷点，那么，仅会损失信息的一小部分。采用跳频技术就可以改善由多径效应造成的信号衰落。

采用跳频技术是为了确保通信的秘密性和抗干扰性，它首先被用于军事通信，后来在 GSM 标准中也被采纳。

跳频技术的主要功能如下：

1）改善衰落的影响。

2）处于多径环境中的慢速移动的 MS 通过采用跳频技术大大改善了 MS 的通信质量。

3）跳频相当于频率分集。

（2）跳频技术的分类

1）跳频技术根据跳频的节奏分为慢跳频和快跳频。

① 慢跳频：跳频速率低于信息比特率，即连续几个信息比特跳频一次。GSM 系统属于慢跳频，跳频间隔通常为毫秒（ms）级，GSM 系统的跳频速率最高为 217 次/s。

② 快跳频：跳频速率高于或等于信息比特率，即每个信息比特需要一次及以上跳频来传输。快跳频的跳频间隔通常为微秒（μs）级。

2）跳频技术根据跳频方式分为基带跳频和射频跳频两种。

① 基带跳频的原理是将语音信号随着时间的变换使用不同频率发射机发射，其原理图如图 4.16 所示，实施框图如图 4.17 所示。

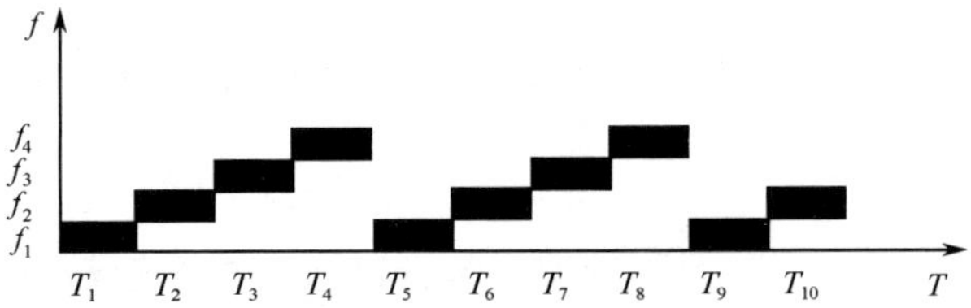

图 4.16　基带跳频原理图

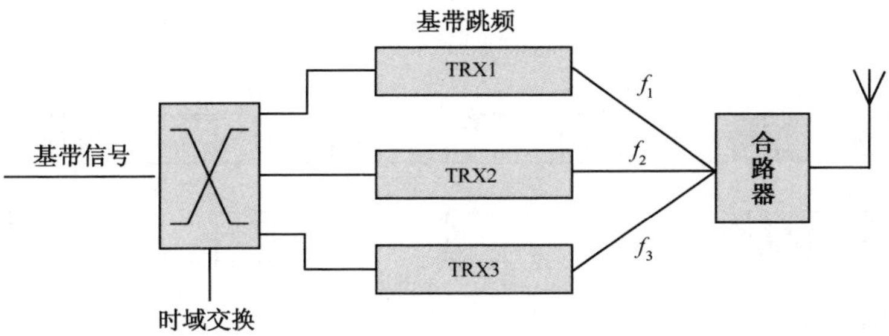

图 4.17　基带跳频实施框图

② 射频跳频是将语音信号用固定的发射机，由跳频序列控制，采用不同频率发射，原理图如图 4.18 所示，实施框图如图 4.19 所示。需要说明的是，射频跳频必须有两个发射机，一个固定发射载频 f_0，因它带有控制信道 BCCH；另一个发射载波频率，可随着跳频序列的序列值的改变而改变。

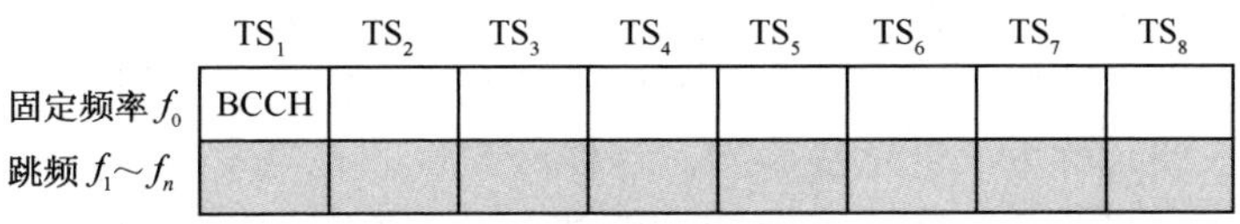

图 4.18　射频跳频原理图

射频跳频比基带跳频具有更高的性能改善和抗同频干扰能力，但其缺点如下：

1）射频跳频只有当每小区拥有 4 个频率以上时效果才比较明显。

2）射频跳频损耗较大，对基站覆盖范围有一定影响。

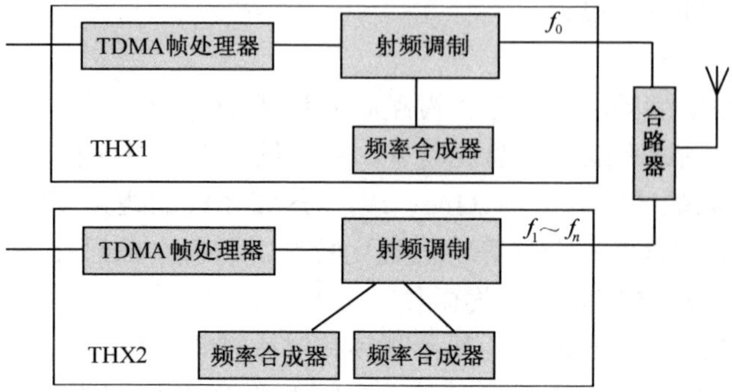

图 4.19 射频跳频实施框图

3）合成器要求网络中各基站必须同步。

综上原因，大多数厂家的 BTS 采用基带跳频技术，而不采用射频跳频技术。

2. 语音的间断传输技术

语音传输有两种方式：一种是不管用户是否讲话，语音连续编码在 13kb/s 上（每帧 20ms）；另一种是间断传输（DTX）方式，在语音激活期进行 13kb/s 编码，在语音非激活期进行 500b/s 编码，每 480ms 传输一帧（每帧 20ms），仅传送舒适噪声，如图 4.20 所示。

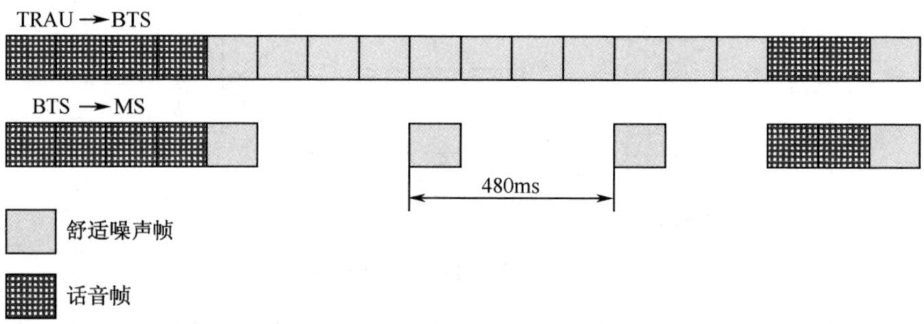

图 4.20 DTX 方式语音帧的传输

采用 DTX 方式有两个目的：一是降低空中总的干扰电平，二是节约发射机的功耗。DTX 方式与普通方式是可选的，因为 DTX 方式会使传输质量稍有下降。

GSM 采用 DTX 方式，并不是在语音间隙简单地关闭发射机，而是要求在发射机关闭之前，必须把发送端背景噪声的参数传送给接收端，接收端利用这些参数合成与发送端相似的噪声（通常称为“舒适噪声”）。这样做的目的是当发信机打开时，背景噪声连同语音一同转发给接收端；在语音脉冲结束时，由于关闭了发射机，故噪声降低到很低的电平，使听者感到极不舒服。为了改善这种情况，采用插入人工噪声的方法，在发送端关闭发射机前，把静寂描述帧 SID 发给接收端，接收端在无语音时，MS 自动产生舒适的背景噪声。为了完成语音信号的间断传输，应使发射机关机时接收侧产生类似噪声。DTX 基本原理如图 4.21 所示。

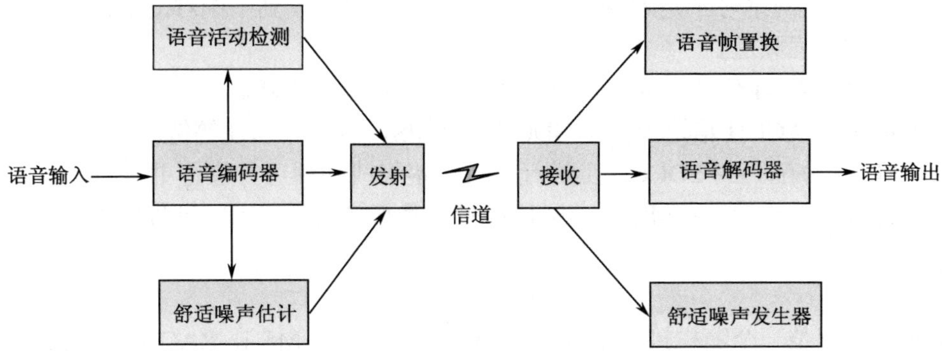

图 4.21　DTX 基本原理

发送端的语音活动检测由语音活动检测器完成，其功能是检测分段后的 20ms 段是有声段还是无声段，即是否有语音或仅仅是噪声。舒适噪声估计用于产生静寂描述帧 SID，发送给接收端以产生舒适的背景噪声。

接收端的语音帧置换的作用是当语音编码数据的某些重要码位受到干扰而解码器又无法纠正时，用前面未受到干扰影响的语音帧取代受干扰的语音帧，从而保证通话质量。舒适噪声发生器用于在接收端根据收到的 SID 产生与发送端一致的背景噪声。

学习任务 4.4　熟悉 GSM 的接续和移动性管理

4.4.1　概述

移动用户的呼叫建立过程虽然与普通固定用户类似，但有两点主要区别：一是移动用户发起呼叫时必须先输入号码，确认不需修改后才发出；二是在号码发出和呼叫接通之前，MS 与网络之间有些附加信息需要传送。这些操作是机器自动完成的，无须用户介入，但有一段时延存在。

1. MS 开机入网流程

MS 开启电源后，便进入以下入网流程（以 GSM900M 系统为例）。

1）MS 首先扫描 124 个频道。

2）MS 由强到弱排列扫描到的频道。

3）在最强频道上收听 FCCH 信道信息。

4）若没有收听到 FCCH 信道信息，则换到次强频道。

5）收听 FCCH 信道信息，进行频率校准。

6）收听 SCH 信道信息，包含定时信息、帧号、BSIC 码，进行帧同步和时间同步。

7）收听 BCCH 信道信息，包含随机数、位置区、网络号、切换信息、功率控制等管理信息。

8）若收到的网络号不是本网号（如中国联通的用户收到中国移动的网络号）放弃该频道并换到次强频道。

9）MS 在 RACH 信道上向 BTS 上传报告，请求位置更新。

10）BTS 在 AGCH 信道上分配 SDCCH 给 MS，若不成功便等待。

11）MS 在分配到的 SDCCH 上进行鉴权，鉴权成功后进行位置更新。

12）位置更新成功后，MS 显示屏显示服务商网络名称，入网过程结束。

2. 初始化

初始化过程是一个随机接入过程。这个过程始于 MS，MS 在 RACH 上发送一条“信道请求”消息，BTS 收到此消息后通知 BSC，并附上 BTS 对该 MS 到 BTS 传输时延（TA）的估算及本次接入原因，BSC 根据接入原因及当前资料情况，选择一条空闲的专用信道 SDCCH 通知 BTS 激活它。接入原因主要包括：要执行位置更新、要应答一次寻呼、用户的业务申请（如一次呼叫）、发送一条短消息或一项附加业务管理申请。BTS 完成指定信道的激活后，BSC 通过 BTS 在 AGCH 上发送“立即分配”消息，其中包含 BSC 分配给 MS 的 SDCCH 信道描述、TA、初始化最大传输功率及接入随机参考值。当 MS 正确地接收到自己的初始分配后，根据信道的描述，把自己调整到该信道上，建立一条传输信令的链路，发送第一个专用信道上的初始消息，其中含有用户的识别码（IMSI 等）、本次接入的原因、登记和鉴权等内容。当 BSC 没有空闲信道可分配时，BSC 要向 MS 发送“立即分配拒绝”消息。

3. 用户状态

MS 一般是处于空闲、关机和忙 3 种状态之一，因此网络需要对这 3 种状态做相应处理。

（1）MS 开机，网络对其做“附着”标记

若 MS 是第一次开机，在其 SIM 卡中找不到原来的位置区识别码（LAI），它就立即要求接入网络，向 MSC 发送“位置更新请求”消息，通知 GSM 系统这是一个此位置区内的新用户，MSC 根据该用户发送的 IMSI 中的 $H_0H_1H_2H_3$ 消息，向该用户的 HLR 发送“位置更新请求”，HLR 记录发送请求的 MSC 号码（$M_1M_2M_3$），并向 MSC 回送“位置更新证实”消息，至此 MSC 认为此 MS 已被激活，在 VLR 中对该用户的 IMSI 做“附着”标记，再向 MS 发送“位置更新接受”消息，MS 的 SIM 卡记录此 LAI。若 MS 不是第一次开机，而是关机后又开机的，MS 接收到的 LAI（来自 BCCH 上的广播消息）与 SIM 卡中的 LAI 不一致，那么它也是立即向 MSC 发送“位置更新请求”，MSC 首先判断原有的 LAI 是否是自己服务区的位置，如判断为肯定，MSC 只需修改 VLR 中该用户的 LAI，对其 IMSI 做“附着”标记，并在“位置更新接受”消息中发送 LAI 给 MS，MS 修改 SIM 卡中的 LAI；如判断为否定，MSC 需根据该用户 IMSI 中的 $H_0H_1H_2H_3$，向相应的 HLR 发送“位置更新请求”，HLR 记录发请求的 MSC 号码，再回送“位置更新证实”，MSC 在 VLR 中对用户的 IMSI 做“附着”标记，记录 LAI，并向 MS 回送“位置更新接受”，MS 修改 SIM 卡中的 LAI。但若 MS 关机再开机，所接收到的 LAI 与 SIM

卡中的 LAI 相一致，那么 MSC 只需对该用户做“附着”标记。

（2）MS 关机，从网络中“分离”

当 MS 切断电源关机时，MS 即向网络发送最后一条消息，其中包括分离处理请求，MSC 接收到该请求后，即通知 VLR 对该 MS 对应的 IMSI 上做“分离”标记，而 HLR 并没有得到该用户已经脱离网络的通知。当该用户被寻呼，HLR 向 MSC/VLR 要 MSRN 时，MSC/VLR 通知 HLR 该用户已分离网络，不再需要发送寻找该用户的寻呼消息。

（3）MS 忙

此时，网络分配给 MS 一个业务信道传送语音或数据，并标注该用户“忙”。若此时该 MS 有被呼业务，那么网络会通知主叫方该用户忙，拒绝接续。

4. 周期性登记

若 MS 向网络发送“IMSI 分离”消息，由于此时无线链路质量很差，衰落很大，那么 GSM 有可能不能正确译码，这就意味着系统仍认为 MS 处于附着状态。若 MS 开着机，可移动到覆盖区以外的地方，即盲区，GSM 仍认为 MS 处于附着状态。此时该用户被寻呼，系统就会不断发出寻呼消息，无效占用无线资源。为了解决上述问题，GSM 采取了强制登记措施，例如，要求 MS 每 30min 登记一次（时间长短由运营者决定），这就是周期性登记。这样，若 GSM 没有接收到某 MS 的周期性登记信息，它所处的 VLR 就以“隐分离”状态在该 MS 上做记录，只有当再次接收到正确的周期性登记信息后，再将它改写成附着状态。网络通过 BCCH 向 MS 广播周期性登记的时间。

4.4.2　位置更新

位置更新一般分为两种情况：一种是不同 MSC/VLR 业务区间的位置更新，另一种是同一 MSC/VLR 业务区中不同位置区的位置更新。

移动通信中的位置更新

不同 MSC/VLR 的位置更新基本流程如图 4.22 所示。

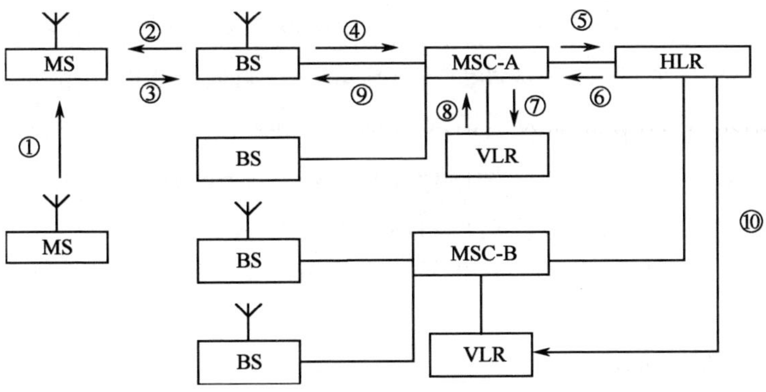

图 4.22　不同 MSC/VLR 的位置更新基本流程

图 4.22 中的基本流程说明如下：

①——MS 从一个位置区（属于 MSC-B 的覆盖区内）移动到另一个位置区（属于 MSC-A 的覆盖区内）。

②——通过检测由 BS 持久发送的广播信息，MS 发现新收到的 LAI 与目前所使用的 LAI 不同。

③、④——MS 通过该 BS 向 MSC-A 发送具有“我在这里”的信息更新请求。

⑤——MSC-A 把含有 MSC-A 标识和 MS 的 LAI 的位置更新消息发送给 HLR（鉴权或加密计算过程可从此时开始，在图中没做描述）。

⑥——HLR 发回响应消息，其中包含全部相关的用户数据。

⑦、⑧——在被访问的 VLR 中进行用户数据登记。

⑨——把有关位置更新响应消息通过 BS 送给 MS（如果重新分配 TMSI，此时一起送给 MS）。

⑩——通知原来的 VLR，删除与此移动用户有关的用户数据。

4.4.3 呼叫流程

1. 移动用户至固定用户出局呼叫流程

移动用户至固定用户出局呼叫流程图如图 4.23 所示。

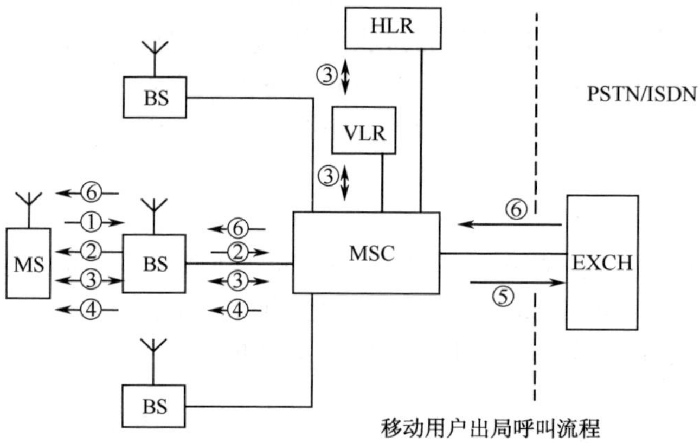

图 4.23 移动用户至固定用户出局呼叫流程图

图 4.23 中的流程说明如下：

①——在服务小区内，一旦移动用户拨号，MS 向 BS 请求随机接入信道。

②——在 MS 与 MSC 之间建立信令连接的过程。

③——对 MS 的 LAI 进行鉴权的过程，如果需加密，则设置加密模式等，进入呼叫建立起始阶段。

④——分配业务信道。

⑤——采用 7 号信令用户部分，通过与固定网（ISDN/PSTN）建立至被叫用户的通路，并向被叫用户振铃，向 MS 回送呼叫接通证实信号。

⑥——被叫用户取机应答，向 MS 发送应答（连接）消息，最后进入通话阶段。

2. 固定用户至移动用户入局呼叫的基本流程

典型的固定用户至移动用户入局呼叫的基本流程图如图 4.24 所示。

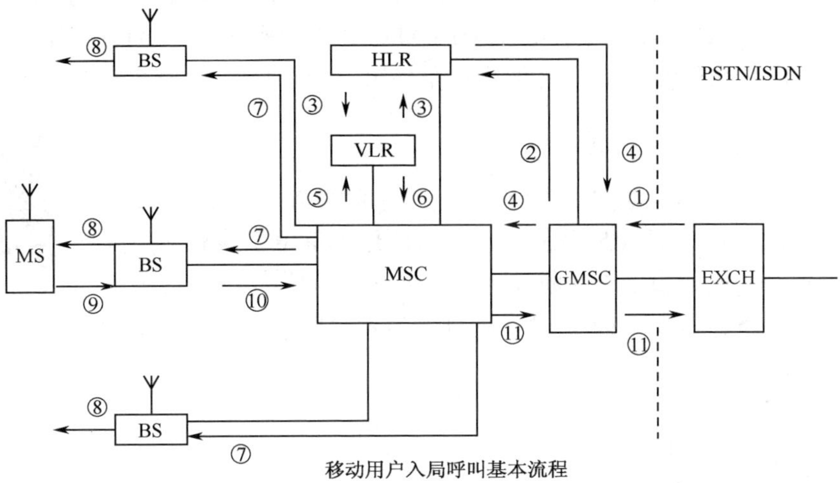

图 4.24　典型的固定用户至移动用户入局呼叫的基本流程图

图 4.24 中的流程说明如下：

①——通过 7 号信令用户部分，入口 MSC（GMSC）接收来自固定网（ISDN/PSTN）的呼叫。

②——GMSC 向 HLR 询问有关被叫移动用户正在访问的 MSC 地址（即 MSRN）。

③——HLR 请求被访问 VLR 分配 MSRN，MSRN 是在每次呼叫的基础上由被访问的 VLR 分配并通知 HLR 的。

④——GMSC 从 HLR 获得 MSRN 后，就可重新寻找路由建立至被访 MSC 的通路。

⑤、⑥——被访 MSC 从 VLR 获取有关用户数据。

⑦、⑧——MSC 通过位置区内的所有 BS 向 MS 发送寻呼消息。

⑨、⑩——被叫移动用户的 MS 发回寻呼响应消息，然后执行与前述的出局呼叫流程中的①、②、③、④相同的过程，直到 MS 振铃，向主叫用户回送呼叫接通证实信号（图中省略）。

⑪——移动用户取机应答，向固定网发送应答（连接）消息，最后进入通话阶段。

3. 呼叫释放

通信可在任意时刻由两个用户之一停止，一个用户可以通过按 end 键终止通话。这样一个动作由 MS 翻译成“断连”报文。结果是呼叫被解除连接，而另一方则被通知通话完全终止，然后结束端到端连接。然而此时呼叫尚未完全释放，MSC 与 MS 之间的本地内容仍保持着，以便完成诸如收费指示等附带任务。当 MSC 决定不再需要呼叫存在时，它发送一个“释放”报文给 MS，而 MS 也以一个“释放完成”报文应答。只有这时，链路连接才被释放，MS 回到空闲状态。

4. 寻呼

呼叫 MS 的路由到达该 MS 服务的 MSC 后，MSC 即向 MS 发送寻呼消息，这个消息在整个位置区内广播，这就是说 LAI 内的所有 BTS（可以是由一个 BSC 控制的基站，也可以是由几个 BSC 控制的基站）都要向 MS 发送寻呼消息。LAI 内正在接收 CCCH 信息的被叫 MS 便会接收此寻呼消息并立即响应。

4.4.4 越区切换

一锤定音——硬切换

越区切换是指在通话期间，当 MS 从一个小区进入另一个小区时，网络能进行实时控制，把 MS 从原来的小区所用的信道切换到新小区的某一个信道，并保证通话不间断（用户无感觉）。如果小区采用扇区定向天线，当 MS 在小区内从一个扇区进入另一个扇区时，也要进行类似的切换。

切换的特点如下：

1）发生在呼叫进行中。

2）位置发生了改变。

3）呼叫保持。

4）切换过程对用户是透明的。

切换过程一般分为以下 3 个阶段：

1）链路监视和测量。

2）目标小区的确定和切换触发。

3）切换的执行。

GSM 采用的越区切换方法称为 MS 辅助切换法。其主要指导思想是把越区切换的检测和处理等功能部分地分散到各个 MS，即由 MS 来测量基站和周围基站的信号强度，把测量的结果送给 BSC 进行分析和处理，从而做出有关越区切换的决策。

时分多址（TDMA）技术给 MS 辅助切换法提供了条件。GSM 在一帧的 8 个时隙中，MS 的发射和接收各占用一个时隙，MS 最多占用两个时隙分别进行发射和接收，在其余的时隙内，可以对周围基站的广播控制信道（BCCH）的信号强度进行测量。当 MS 发现接收信号变弱，达不到或已接近于信干比的最低门限值而又发现周围某个基站的信号很强时，它就可以发出越区切换的请求，由此来启动越区切换过程。切换能否实现还应由 BSC 根据网中很多测量报告做出决定。如果不能进行切换，BTS 会向 MS 发出拒绝切换的信令。

切换是由网络决定的，一般在下述两种情况下要进行切换：一种是正在通话的用户从一个小区移向另一个小区；另一种是 MS 在两个小区覆盖重叠区进行通话，可占用的 TCH 的这个小区业务特别忙，这时 BSC 通知 MS 测试它邻近小区的信号强度、信道质量，决定将它切换到另一个小区，这就是业务平衡所需要的切换。

越区切换主要有 3 种情况，下面分别予以介绍。

1）同一个 BSC 控制区内不同小区之间的切换，也包括不同扇区之间的切换，如图 4.25 所示。这种切换是最简单的情况。首先由 MS 信道向 BSC 报告原基站和周围基站的信号强度。由 BSC 发出切换命令，MS 切换到新的 TCH 信道后告知 BSC，由 BSC 通知 MSC/VLR，某 MS 已完成此次切换。若 MS 所在的位置区也变了，那么在呼叫完成后还需要进行位置更新。

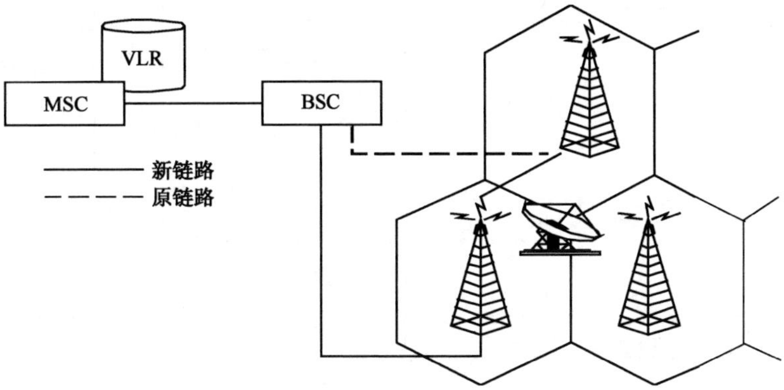

图 4.25　同一个 BSC 控制区内不同小区之间的切换

2）同一个 MSC/VLR 业务区，不同 BSC 之间的切换，如图 4.26 所示。首先由 MS 向 BSC1（原基站控制器）报告测试数据，BSC1 向 MSC 发送切换请求，再由 MSC 向 BSC2（新基站控制器）发出切换指令，BSC2 向 MSC 发送切换证实消息。然后 MSC 向 BSC1、MS 发送切换命令，待切换完成后，MSC 向 BSC1 发出清除命令，释放原占用的信道。

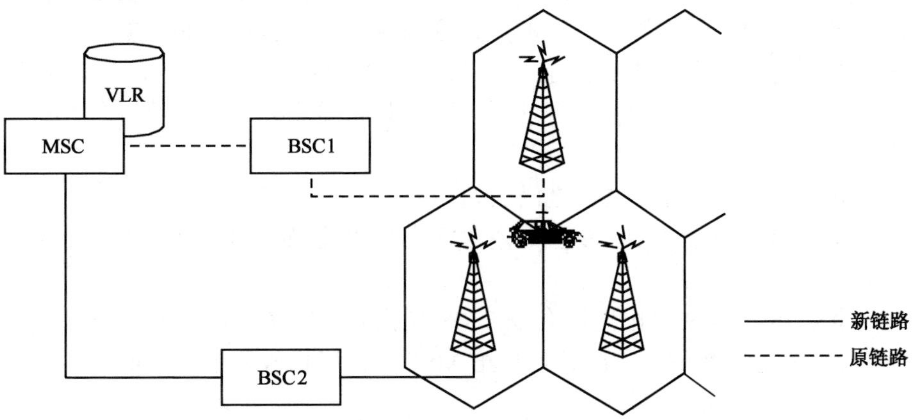

图 4.26　同一个 MSC/VLR 业务区，不同 BSC 之间的切换

3）不同的 MSC/VLR 的区间切换基本流程图如图 4.27 所示。这是一种最复杂的情况，切换前需进行大量的信息传递。这种切换由于涉及两个 MSC，因此称切换前 MS 所处的 MSC 为服务交换机（MSC-A），切换后 MS 所处的 MSC 为目标交换机（MSC-B）。MS 原来所处的 BSC 根据 MS 发送来的测量信息决定需要切换就向 MSC-A 发送切换请求，MSC-A 再向 MSC-B 发送切换请求，MSC-B 负责建立与新 BSC 和 BTS 的链路连接，MSC-B 向 MSC-A 回送无线信道确认。根据越区切换号码（HON），两交换机之间建立通信链路，由 MSC-A 向 MS 发送切换命令，MS 切换到新的 TCH 频率上，由新的 BSC 向 MSC-B、MSC-B 向 MSC-A 发送切换完成消息。MSC-A 控制原 BSC 和 BTS 释放原 TCH。

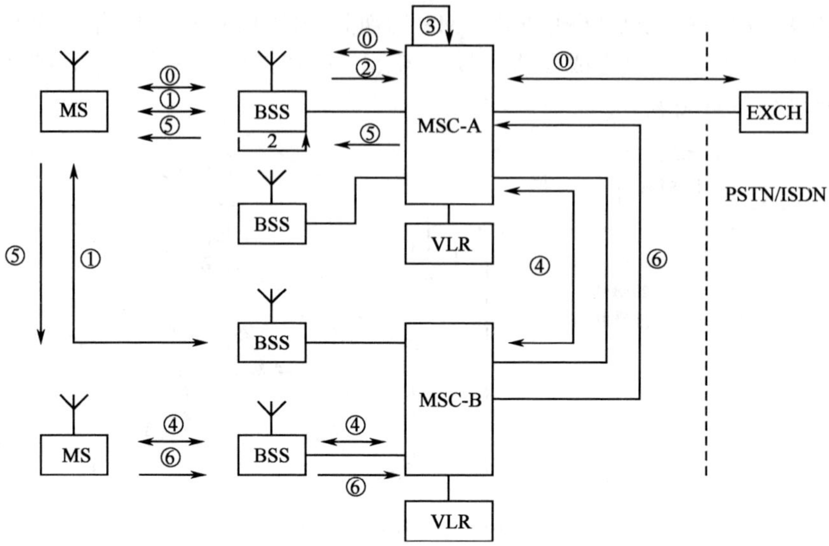

图 4.27　不同的 MSC/VLR 的区间切换基本流程图

图 4.27 中的流程说明如下：

⓪——稳定的呼叫连接状态。

①——MS 对邻近 BS 发出的信号进行无线测量，包括测量功率和语音质量，这两个指标决定切换的门限。无线测量结果通过信令信道报告给 BSS 中的 BTS。

②——无线测量结果经过 BTS 预处理后传送给 BSC，BSC 综合功率、距离和语音质量进行计算，并与切换门限值进行比较，决定是否要进行切换，然后向 MSC-A 发出切换请求。

③——MSC-A 决定进行 MSC 之间的切换。

④——MSC-A 请求在 MSC-B 区域内建立无线通道，然后在 MSC-A 与 MSC-B 之间建立连接。

⑤——MSC-A 向 MS 发出切换命令，MS 切换到已准备好连接通路的 BS。

⑥——MS 发出切换成功的确认消息给 MSC-A，以释放原来的信道。

学习任务 4.5　了解 GSM 的安全性管理

4.5.1　SIM 卡

无线传输比固定传输更易被窃听，如果不提供特别的保护措施，则很容易被窃听或被假冒一个注册用户。20 世纪 80 年代的模拟系统深受其害，使用户利益受损，因此 GSM 首先引入了 SIM 卡技术，从而使 GSM 在安全方面得到了极大改进。它通过鉴权来防止未授权的接入，这样保护了网络运营者和用户不被假冒；通过对传输加密可以防止信息在无线信道上被窃听，从而保护了用户的隐私；另外，它以一个临时代号替代用户标识，使第三方无法在无线信道上跟踪 GSM 用户，而且这些保密机制全由运营者进行控制，用户不必加入，更显安全。

在 GSM 通信中引入了 SIM 卡的技术，使无线电通信从不保密的禁区解放出来，只要客户手持一卡，可以实现走遍世界的愿望。SIM 卡具有以下特点：

1）客户与设备分离（人机分开）。

2）通信安全可靠。

3）成本低。它比电话磁卡的成本低，并且质地结实耐用，易于推广。

下面介绍 SIM 卡的结构和类型、SIM 卡中的保密算法及密钥、SIM 卡的寿命、PIN 等相关内容。

1. SIM 卡的结构和类型

SIM 卡是带有微处理器的智能芯片卡，它由以下 5 个模块构成：

1）CPU。

2）程序存储器（ROM）。

3）工作存储器（RAM）。

4）数据存储器（EPROM 或 E^2PROM）。

5）串行通信单元。

这 5 个模块必须集成在一块集成电路中，否则其安全性会受到威胁。因为芯片间的连线可能成为非法存取和盗用 SIM 卡的重要线索。SIM 卡最少有 5 个触点，即电源、时钟、数据、复位和接地端。图 4.28 所示为 SIM 卡各触点的功能。

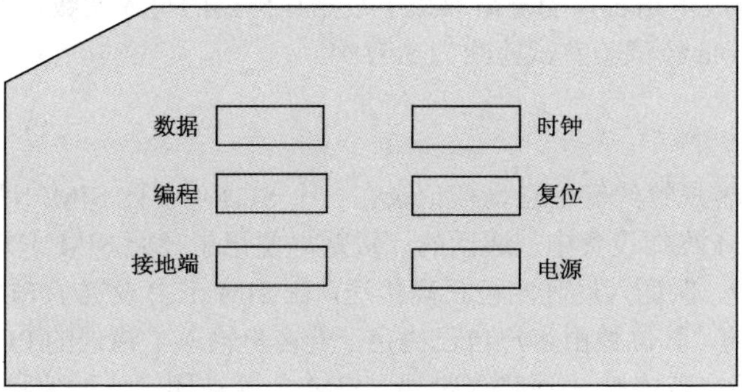

图 4.28　SIM 卡各触点的功能

在实际使用中有两种功能相同而形式不同的 SIM 卡：

1）卡片式（俗称大卡）SIM 卡，这种形式的 SIM 卡符合有关 IC 卡的标准，类似 IC 卡，现在已不使用了。

2）嵌入式（俗称小卡）SIM 卡，其大小只有 25mm×15mm，是半永久性地装入移动设备中的卡。

两种卡外装都有防水、耐磨、抗静电、接触可靠和精度高的特点。

2. SIM 卡中的保密算法及密钥

SIM 卡中最敏感的数据是鉴权算法 A3、加密算法 A8、用户鉴权键 Ki、个人识别号码（PIN）、个人解锁码（PUK）和密钥（Kc）。A3、A8 算法是在生产 SIM 卡的同时写入的，一般人无法读 A3、A8 算法；PIN 码可由客户在手机上自己设定；PUK 由运营者持有；Kc 是在加密过程中由 Ki 导出的；Ki 需要根据客户的 IMSI 和写卡时用的母钥（Kki），由运营部门提供的一种高级算法 DES，即 Ki=DES（IMSI，Kki），经写卡机产生并写入 SIM 卡中，同时要将 IMSI、Ki 这一对数据送入 GSM 网络单元鉴权中心（AUC）。

如何保证 Ki 在传送过程中安全保密是一件非常重要的事情。Ki 在写卡时生成，同时加密，然后进入 HLR/AUC 后再解密，这样即使是写卡人员或 HLR/AUC 的操作人员也不知道 Ki 的真实数据。

一般流行的做法是用一高级算法 DES 对 Ki 进行加密，DES 算法需要一把密钥 Kdes，加密和解密都用同一把密钥。由运营部门提供 DES 方程给 HLR/AUC 设备供应商，运营部门制定严格的保密制度，管理好密钥 Kdes 就能保证 Ki 传递的安全性，SIM 卡中存有数据 MS、ISDN、Ki、PIN、PUK、TMSI、LAI 和 ICCID（SIM 卡号码）。其中，MS、ISDN、Ki、PIN、PUK 上面已提到；TMSI 和 LAI 是随着用户移动，网络随时写入的；ICCID 号码是 SIM 卡号。

3. SIM 卡的寿命

SIM 卡的使用是有一定年限的。一般来说，它的物理寿命取决于客户的插拔次数，约为 1 万次；而集成电路芯片的寿命取决于数据存储器的写入次数，不同厂家其指标有所不同，如 Motorola 经试验室试验约为 5 万次。

4. PIN

在 GSM 中，客户签约等信息均被记录在一个 SIM 中，此 SIM 卡称为客户卡。SIM 卡被插到某个 GSM 终端设备中，通话的计费账单便记录在此 SIM 卡户名下。为防止账单上产生错误计费，保证入局呼叫被正确传送，在 SIM 卡上设置了 PIN 操作。PIN 是由 4～8 位数字组成的，其位数由客户自己决定。若客户输入了错误的 PIN，则会给客户一个重新输入的提示；若连续 3 次输入错误，SIM 卡就被闭锁，即使将 SIM 卡拔出或关掉手机电源也无济于事。SIM 卡被闭锁后，还可用 PUK 进行解锁，PUK 是由 8 位数字组成的，若连续 10 次输入错误的 PUK 码，SIM 卡将被烧毁，永久性损坏。

4.5.2 鉴权与加密

由于空中接口极易受到侵犯，GSM 为了保证通信安全，采取了特别的鉴权与加密措施。鉴权是为了确认 MS 的合法性，加密是为了防止第三者窃听。

鉴权中心（AUC）为鉴权与加密提供 RAND（随机数）、SRES（符号响应）和 Kc（密钥）三参数组，在用户入网签约时，用户鉴权键 Ki 连同 IMSI 一起分配给用户，这样每一个用户均有唯一的 Ki 和 IMSI，它们存储于 AUC 数据库和 SIM 卡中。根据 HLR

的请求，AUC 按下列步骤产生一个三参数组，如图 4.29 所示。

首先，产生一个 RAND；然后，通过加密算法（A8）、鉴权算法（A3）和用户鉴权键 Ki 分别计算出 Kc 和 SRES；最后，RAND、SRES 和 Kc 作为一个三参数一起送给 HLR。

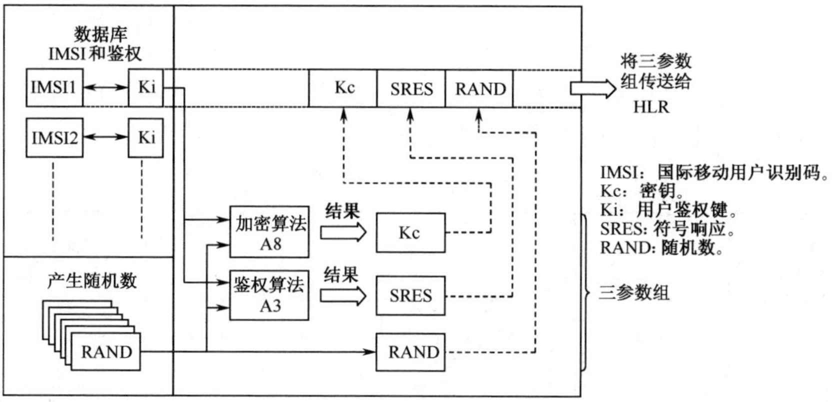

图 4.29　AUC 产生三参数组

1. 鉴权

无论是 MS 主呼还是被呼，鉴权程序均如图 4.30 所示。

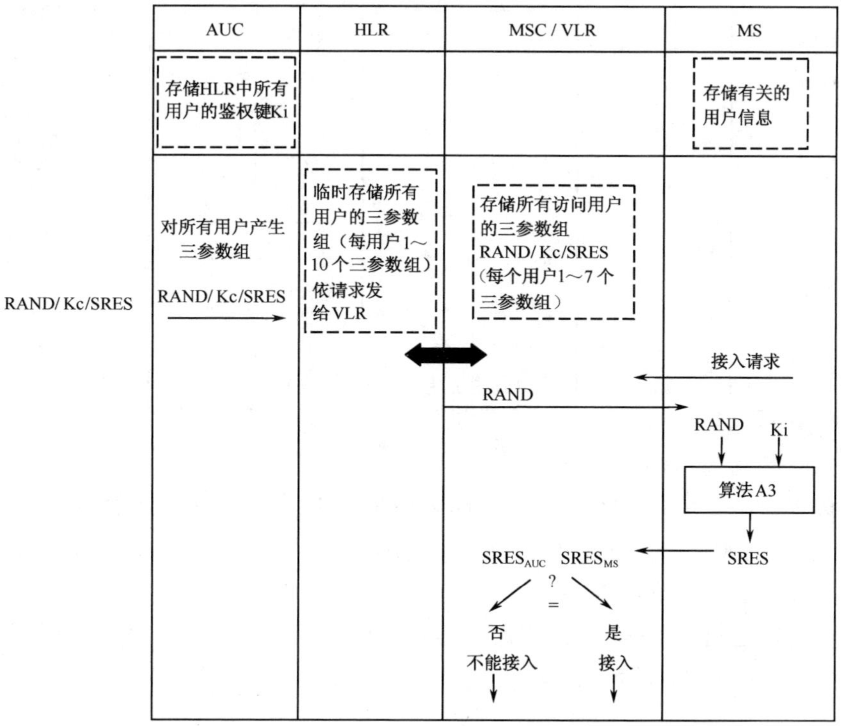

图 4.30　鉴权程序

鉴权过程主要涉及 AUC、HLR、MSC/VLR 和 MS，它们各自存储着用户有关的信息或参数。

当 MS 发出入网请求时，MSC/VLR 就向 MS 发送 RAND，MS 使用该 RAND 以及与 AUC 中相同的用户鉴权键 Ki 和鉴权算法 A3，计算出 SRES，然后把 SRES 回送给 MSC/VLR，验证其合法性。

2. 加密

GSM 为确保用户信息（语音或非语音业务）以及与用户信令信息的私密性，在 BTS 与 MS 之间交换信息时专门采用了一个加密程序，如图 4.31 所示。

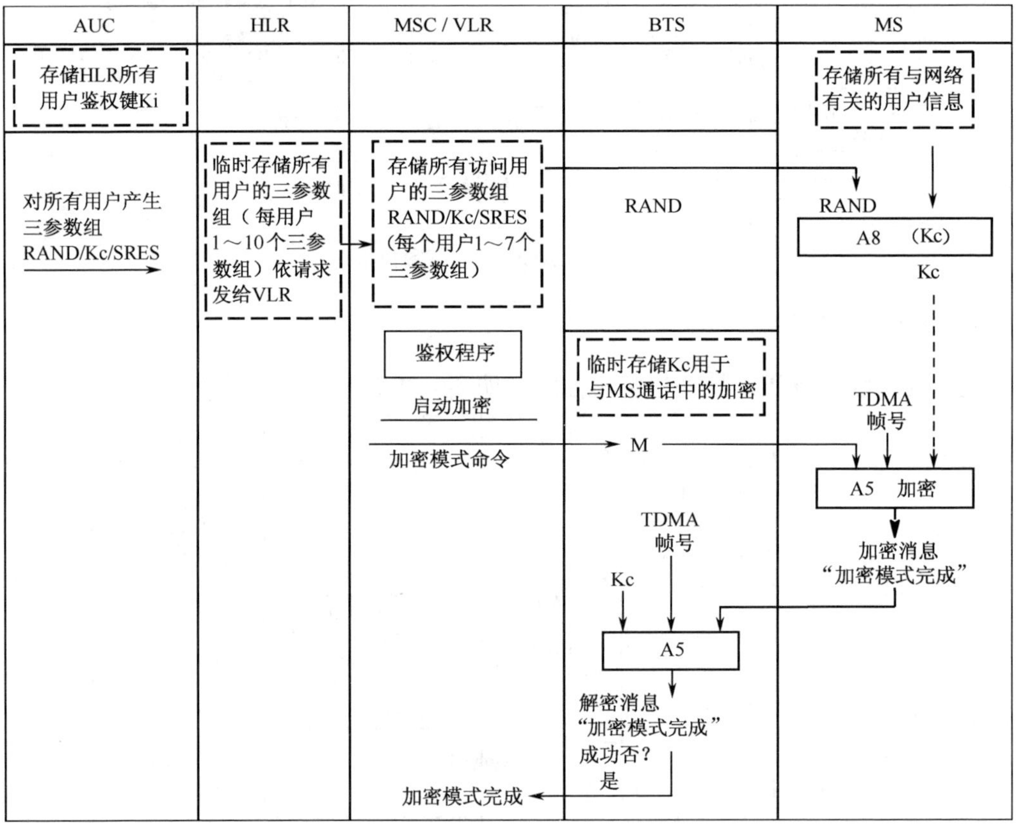

图 4.31 加密程序

在鉴权程序中，当计算 SRES 时，同时用另一个算法（A8）计算出 Kc，并在 BTC 和 MSC 中均暂存 Kc。当 MSC/VLR 把加密模式命令（M）通过 BTS 发往 MS 后，MS 根据 M、Kc 及 TDMA 帧号通过加密算法 A5 产生一个加密消息，表明 MS 已完成加密，并将加密消息回送给 BTS。BTS 采用相应的算法解密，恢复消息 M，如果无误则告知 MSC/VLR，表明加密模式完成。

4.5.3 设备识别

每个 MS 设备都有一个唯一的 IMEI。在 EIR 中存储了所有 MS 的设备识别码，每个 MS 只存储本身的 IMEI。设备识别的目的是确保系统中使用的设备不是盗用的或非法的设备。为此，EIR 中使用 3 种设备清单。

1）白名单：合法的移动设备识别号。

2）黑名单：禁止使用的移动设备识别号。

3）灰名单：由运营者决定是否允许使用，如有故障的或未经型号认证的移动设备识别号。

设备识别在呼叫建立尝试阶段进行。例如，当 MS 发起呼叫，MSC/VLR 要求 MS 发送其 IMEI，MSC/VLR 收到后，与 EIR 中存储的名单进行检查核对，决定是继续还是停止呼叫建立程序。

4.5.4 国际移动用户识别码保密

为了防止非法监听而盗用 IMSI，在无线链路上需要传送 IMSI 时，均用临时移动用户识别码（TMSI）代替 IMSI，仅在位置更新失败或 MS 得不到 TMSI 时才使用 IMSI。

由上述分析可知，IMSI 是唯一不变的，但 TMSI 是不断更新的。在无线信道上传送的一般是 TMSI，因而确保了 IMSI 的安全性。

移动通信小百科之通信人物

中国移动通信集团有限公司原总工程师李默芳

无数致力于通信事业发展的精英们，凭借他们对技术的精益求精，对行业的敏锐触觉，对事业的执着追求，打造了中国通信的辉煌。有一个名字始终与移动通信联系在一起，她就是中国移动通信集团有限公司原总工程师李默芳。她 1976 年就开始从事无线电通信及移动网络技术标准、规范等方面的研究工作，参与、负责了移动通信领域多个国标、部标、行标的制定工作，主持了中国主要移动光通信工程的规划和建设。

2001 年春，在法国戛纳召开的第六届全球 GSM 大会上，这位为中国移动通信事业做出诸多贡献、端庄而自信的东方女性，以学识和敬业折服了世界通信界，荣获 GSM 联盟突出贡献奖，是八位获奖者中唯一的一位亚洲人，更是唯一的一位女性。她长期以来对 GSM 数字移动通信的发展做出的巨大贡献被载入世界通信的史册。可以说，李默芳见证了中国移动通信的成长历程，拥有无上的荣誉，但她依然从容如初，她自豪地说："我能得这个奖，最主要的是中国拥有全球第一大 GSM 网，世界 GSM 移动通信网络的成功离不开中国 GSM 网络的成功，我想它是为了奖励中国。"

小结

1. 概述

GSM 即全球移动通信系统，是泛欧蜂窝移动通信系统标准，属于第二代移动通信系统。它与第一代移动通信系统相比，具有开放、通用、标准的接口、安全保密性更高、支持跨国漫游、抗干扰能力增强、容量更大、组网灵活、支持多种业务等特点。GSM由MS、BSS、NSS和OMS四大部分组成。MS包括移动设备（ME）和用户识别模块（SIM）；BSS包括基站控制器（BSC）和基站收发信台（BTS）；NSS包括移动交换中心（MSC）、访问位置寄存器（VLR）、归属位置寄存器（HLR）、鉴权中心（AUC）、移动设备识别寄存器（EIR）；OMS由操作维护中心（OMC）组成。每个组成部分都有其特定的功能。在GSM内各主要功能单元之间、GSM与其他通信网之间都有大量的接口，GSM 已对这些接口及其协议做了详细的规定，从而为将不同制造商的产品综合到一个GSM网络中创造了条件。

2. GSM的编号

为了将一个呼叫接至某个移动用户，需要调用相应的实体。因此，要正确寻址，就必须有合理的编号计划。GSM 包含很多类型的编号，其中，MSISDN 是用户的拨叫号码；IMSI用于区分移动用户；TMSI用于对IMSI保密；MSRN用于路由的选择；IMEI用于区分移动设备；HON用于越区切换时的路由选择。

3. GSM的传输信道

在GSM中，信道分为物理信道和逻辑信道。时隙是基本的物理信道，即一个载频上的TDMA帧的一个时隙为一个物理信道。在GSM中，根据传递信息的种类定义了不同的逻辑信道。逻辑信道是一种人为的定义，在传输过程中要被映射到某个物理信道上才能实现信息的传输。逻辑信道按其功能分为业务信道（TCH）和控制信道（CCH），它们又可分为很多类型。GSM帧结构由时隙、帧、复帧、超帧、超高帧组成。在GSM中存在两类复帧：26 业务信道复帧和 51 控制信道复帧。控制信道复帧结构可分为复合复帧和非复合复帧。一个时隙的物理内容称为一个突发序列，共有5种，不同的信道使用不同的突发序列，构成一定的复帧结构在无线接口中传输。为了确保通信的秘密性和抗干扰性，GSM采用了跳频技术，跳频技术根据跳频方式分为基带跳频和射频跳频两种。为了降低干扰和节省发射机的功耗，GSM采用语音间断传输技术，即DTX方式。

4. GSM的接续和移动性管理

接续包括MS主叫、MS被叫、呼叫释放和寻呼。移动性管理主要包括位置更新和越区切换。位置更新一般分为两种情况：一种是不同MSC/VLR业务区间的位置更新；另一种是同一MSC/VLR业务区中不同位置区的位置更新。越区切换主要有3种情况：同一个 BSC 控制区内不同小区之间的切换，也包括不同扇区之间的切换；同一个MSC/VLR业务区，不同BSC之间的切换；不同的MSC/VLR的区间切换。

5. GSM的安全性管理

GSM的安全性管理主要由用户识别模块（SIM）卡、鉴权与加密、设备识别、IMSI保密等措施来完成。

练习题与思考题

1. 试阐述 GSM 的特点。
2. 网络交换子系统由哪些功能实体组成？简述各功能实体的作用。
3. 网络交换子系统中包含了哪几个数据库？各数据库中存储了哪些信息？
4. 简述 A 接口、Abis 接口和 Um 接口的作用。
5. 简述 MSISDN 的构成及含义。
6. 简述 IMSI、TMSI 的作用及特点。
7. 什么是物理信道？什么是逻辑信道？它们有什么联系？
8. 在 GSM 中，逻辑信道可以分为哪几类？各类信道中传输的是什么信息？
9. 解释时隙、突发脉冲序列、帧的概念，并简述它们之间的关系。
10. 简述 26 业务信道复帧和 51 控制信道复帧的结构。
11. GSM 中包含哪些突发脉冲序列？这些突发脉冲序列分别在哪些信道中使用？
12. 什么是跳频？跳频有什么优点和功能？GSM 的跳频速率最高是多少？
13. 什么是 DTX？简述在 GSM 中 DTX 方式的工作原理。
14. 在 GSM900 系统中，MS 开启电源后，它的入网过程是怎样的？
15. MS 有哪些状态？网络对这些状态做什么样的处理？
16. 什么是周期性登记？它解决了什么问题？
17. 画出不同 MSC/VLR 的位置更新基本流程图，并说明位置更新过程。
18. GSM 是怎样对用户进行寻呼的？
19. GSM 采用的越区切换方法是什么？简述它的基本工作原理。
20. 在 GSM 中，越区切换主要有哪几种情况？简述不同的 MSC/VLR 的区间切换流程。
21. GSM 从哪些方面提供安全保证？
22. 什么是 SIM 卡？它有什么特点？
23. SIM 卡中存储了哪些信息？这些信息的作用是什么？
24. 三参数组包含哪三个参数？它们是怎样产生的？它们有什么作用？
25. 简述在 GSM 中鉴权的过程及鉴权的重要性。
26. 简述在 GSM 中怎样保证 IMSI 的安全。
27. GSM 主要提供哪些业务？
28. 短消息业务可以分为哪几类？各类短消息业务是怎样实现的？
29. 讨论我们在日常生活中所用到的 GSM 提供的业务。

学习笔记

实践训练任务工单 4

专业：________________　　班级：______________

姓名：________________　　学号：______________

实训名称： GSM 网络小区频率规划。

实训目的： 熟悉 GSM 基站系统的设备构成及组网，熟悉 GSM 频率使用及分配情况，掌握 GSM 频率规划的原则，理解同频干扰及邻频干扰的含义，掌握频率复用技术。

任务描述

在 GSM900 网络中，已知基站系统组网及基站小区配置如图 4.32 所示，可用频点为 20～50 号，请完成各小区的频率规划。

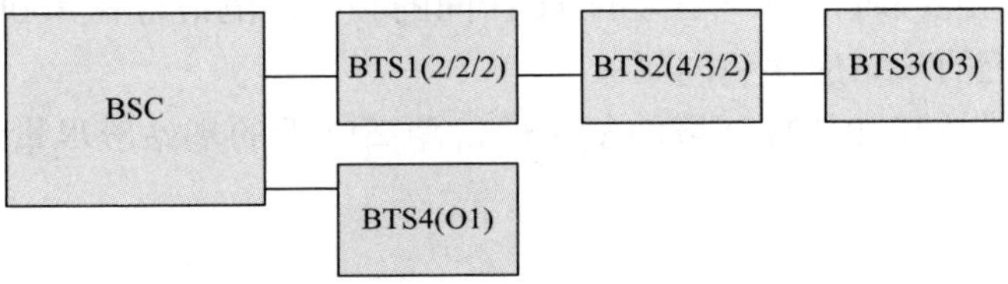

图 4.32　基站系统组网及基站小区配置

任务讨论与实施

1. 在 GSM 中，良好的频率规划可以在维持良好语音质量的基础上实现网络容量的提升。要提高网络容量，就必须对有限的频率资源进行重复使用，频率复用越紧密，带来的网络干扰也越大。如何取得网络容量和语音质量的平衡是频率规划必须解决的问题。

2. 在 GSM 中，频率的重复使用会造成相互之间的干扰，这种干扰称为同频干扰。不少人认为同频复用基站之间的距离越近，同频干扰越大。

3. GSM 频率规划的原则：

1）同基站内不允许存在同频、邻频频点。

2）同一小区内 BCCH 和 TCH 的频率间隔最好在 400kHz 以上。

3）没有采用跳频时，同一小区的 TCH 间的频率间隔最好在 400kHz 以上。

4）直接邻近的基站应避免同频。

5）考虑天线挂高和传播环境的复杂性，距离较近的基站应尽量避免同频、邻频相对。

任务总结

1. 任务讨论总结

2. 任务实施总结

模块5 CDMA移动通信系统

本模块介绍以码分多址（CDMA）技术为核心的CDMA移动通信系统，主要内容包括CDMA系统的基本原理、系统特点、网络结构、移动性管理、呼叫处理和功率控制。通过学习本模块，学习者可以深入理解CDMA技术在CDMA系统中的实现，熟悉信道结构、移动性管理过程、呼叫处理流程和功率控制方式，为从事CDMA移动通信系统网络优化和运行维护等工作奠定基础。

知识目标

- 了解CDMA移动通信系统的特点和网络结构。
- 正确理解CDMA的基本原理及CDMA在CDMA网络中的实现。
- 正确理解CDMA-95信道结构。
- 正确理解CDMA移动通信系统的移动性管理。
- 正确理解CDMA移动通信系统的呼叫处理和功率控制。

能力目标

- 能够比较CDMA系统与GSM的技术特点。
- 能够解释硬切换和软切换的优缺点。
- 能够分析CDMA系统是怎样解调信号的。
- 能够分析CDMA系统在通信过程中具体采用的是哪种功率控制方式。

素质目标

- 培养科学的思维方法。
- 培养团队协作与沟通协调能力。

学习任务 5.1　理解 CDMA 移动通信系统的基本原理

CDMA 移动通信系统问世以来，一方面受到许多人的支持和赞扬，另一方面也受到许多人的怀疑。目前，CDMA 移动通信系统的发展非常迅速，其优势明显已成为人们的共识，并成为第三代蜂窝系统的首选技术。我国通信运营商——中国联通公司几年前就建立了 CDMA 移动通信系统，通信质量得到了用户的肯定和好评。

在 CDMA 移动通信系统中，不同用户传输信息所用的信号不是靠频率不同或时隙不同来区分的，而是采用相同的频率用各自不同的编码序列来区分的，或者说，是取信号的不同波形来区分的。如果从频域或时域来观察，多个 CDMA 信号是互相重叠的。接收机用相关器可以在多个 CDMA 信号中选出使用预定码型的信号。其他使用不同码型的信号因为和接收机本地产生的码型不同而不能被解调，它们的存在类似于在信道中引入了噪声或干扰，因此 CDMA 移动通信系统也是自干扰系统。

在 CDMA 蜂窝通信系统中，用户之间的信息传输也是由基站（BS）进行转发和控制的。无论是正向传输还是反向传输，除传输业务信息外，还必须传送相应的控制信息。为了传送不同的信息，需要设置相应的信道。但是，CDMA 移动通信系统既不分频道也不分时隙，无论传送何种信息的信道都靠采用不同的码型来区分。

CDMA 蜂窝移动通信系统与 FDMA 模拟蜂窝通信系统或 TDMA 数字蜂窝移动通信系统相比，具有更大的系统容量、更高的语音质量、更强的抗干扰能力和更好的保密性等优点。

本节主要介绍 CDMA 的工作原理；CDMA 系统中使用哪些码；CDMA 在 CDMA 网络中是怎样实现的；由于在 CDMA 系统中每个用户可以使用相同的频道，移动台（MS）是如何区分基站的；基站又是如何区分 MS 的；IS-95 CDMA 信道的分类和结构；从而深入理解 CDMA 系统的工作原理。

5.1.1　CDMA 的基本原理

CDMA 技术之扩频通信

1. 扩频通信的原理

（1）定义

扩频通信，即扩展频谱通信（spread spectrum communication），是一种把信息的频谱展宽之后再进行传输的技术，是利用扩频码发生器产生扩频序列去调制数字信号以展宽信号的频谱的技术。频谱的展宽是通过将待传送的信息数据被比数据传输速率高许多倍的高速伪随机码序列（也称扩频序列）调制来实现的，与所传信息数据无关。在接收端则采用相同的扩频码进行相关同步接收、解扩，将宽带信号恢复成原来的窄带信号，从而获得原有数据信息。扩频通信与 CDMA 的关系是，CDMA 只能由扩频技术来实现，而扩频通信技术并不意味着 CDMA。

这一定义包含以下 3 个方面的含义。

1）信号的频谱被展宽了。如我们所知，传输任何信息都需要有一定的带宽，而为了适应无线信道的特性，还必须对原始信息进行调制。但一般来讲，所有的调制信号都比原始信号的带宽要大，因而，为节约有限的频谱资源，在保证信号有效、可靠传输的前提条件下，要选择适当的调制方式，尽量减小带宽的占用，这是人们在 FDMA 系统应用中一直以来使用的思想。例如，调幅信号的带宽只是原始信号带宽的两倍；一般的调制信号或脉冲编码调制信号，其带宽也只是原始信号的几倍到几十倍。

扩频通信却使单一信号所占频谱大幅增加，这是因为 CDMA 系统是依据码序列来区分用户的，而不是依据频段，不同的用户可以共用同一频段，所以没必要再限制传输信号所占的带宽。扩频调制信号的带宽相当于原始信号带宽的几百倍甚至几千倍。

2）采用扩频序列调制的方式来展宽信号频谱。如我们所知，在时间上有限的信号，其频谱是无限的。扩频码序列中的每位编码只需很短的持续时间，因而扩频码可以有很宽的频谱。如果用扩频码脉冲序列去调制待传信号，那么就可以产生频带很宽的信号了。扩频码序列与所传信息数据是无关的，也就是说它与一般的正弦载波信号一样，丝毫不影响信息传输的透明性。扩频码序列仅仅起扩展信号频谱的作用。

3）在接收端用相关解调来解扩。与一般的窄带通信系统相似，扩频调制信号在接收端也要进行解调，以恢复原始信息。在扩频通信中，接收端采用与发送端相同的扩频码序列同收到的扩频调制信号进行相关解调，恢复所传的信息。换句话说，这种相关解调起到了解扩的作用，即把扩展后的宽带信号又恢复成原来所传的窄带信号。

（2）实现条件

由上述定义可知，扩频技术必须满足两个基本要求：

1）所传信号的带宽必须远大于原有信息的最小带宽。

2）所产生的射频信号的带宽与原有信息无关。

（3）工作原理

扩频通信的工作原理如图 5.1 所示，在发送端输入的信息先经过信息调制形成数字信号；然后由扩频码发生器产生的扩频码序列去调制数字信号以展宽信号的频谱；展宽后的信号再进行射频调制，调制到较高频率上再发送。

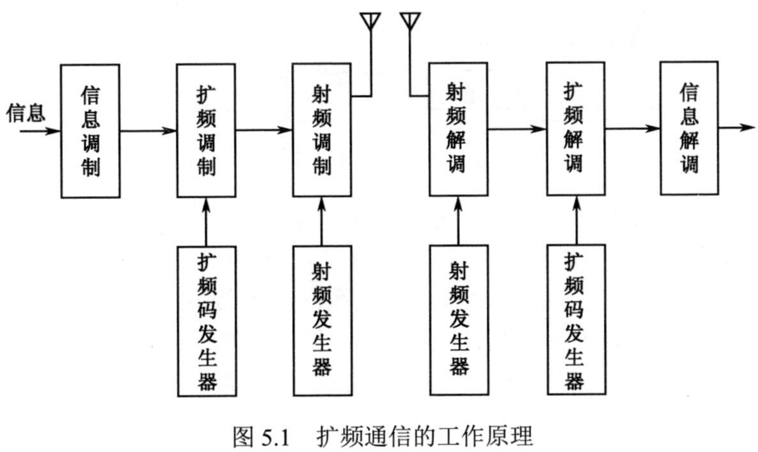

图 5.1　扩频通信的工作原理

在接收端收到的宽带射频信号经过射频解调，恢复到中频；然后由本地产生的与发送端相同的扩频码序列做相关解扩；再经信息解调，即恢复出原始信息。

由此可见，一般的扩频通信系统都要进行三次调制和相应的解调。一次调制为信息调制，二次调制为扩频调制，三次调制为射频调制，以及相应的信息解调、解扩和射频解调。与一般通信系统相比，扩频通信多了扩频调制和解扩两部分。

（4）特点

由于扩频通信扩展了信号的频谱，因此它具有一系列不同于窄带通信的性能。

1）隐蔽性好，对各种窄带通信系统的干扰很小。由于扩频信号在相对较窄的频带上被扩展了，单位频带内的功率很小，信号被淹没在噪声里，一般不容易被发现，而想进一步检测信号的参数就更加困难，因此隐蔽性好。另外，由于扩频信号具有很低的功率谱密度，它对目前使用的各种窄带通信系统的干扰很小，因此，在美、日及欧洲的许多国家中，只要功率谱密度满足限定的条件，就可以不经批准使用该频段。

2）频率利用率高，易于重复使用频率。由于窄带通信主要靠划分频道来防止信道间的干扰，而无线频谱十分有限，因此，虽然从长波到微波都得到了开发利用，但仍然满足不了社会的需求。

扩频通信发送功率极低，又采用了相关接收技术，而且可以工作在信道噪声和热噪声背景中，易于在同一地区重复使用同一频率，也可以与现今各种窄带通信共享同一频率资源。因此，扩频通信是解决目前无线频谱资源有限问题的一把金钥匙。

3）抗干扰性强，误码率低。扩频技术最初的应用是在军队的通信系统中。扩频通信传输的信号带宽相对较窄，在接收端又采用相关检测的办法来解扩，使有用宽带信号恢复成窄带信号。各种干扰信号与扩频码的非相关性使解扩后窄带信号中的干扰信号只有很微弱的成分，再通过窄带滤波器把不需要的宽带信号滤除。这样，最终获得信号的信噪比很高，因此抗干扰性强。一般来讲，抗干扰能力与其频带扩展的倍数成正比，频谱扩展得越宽，其抗干扰能力就越强。图 5.2 所示为信号在接收端解扩前后的信噪比情况示意图，其中水平方向表示带宽，垂直方向表示功率。

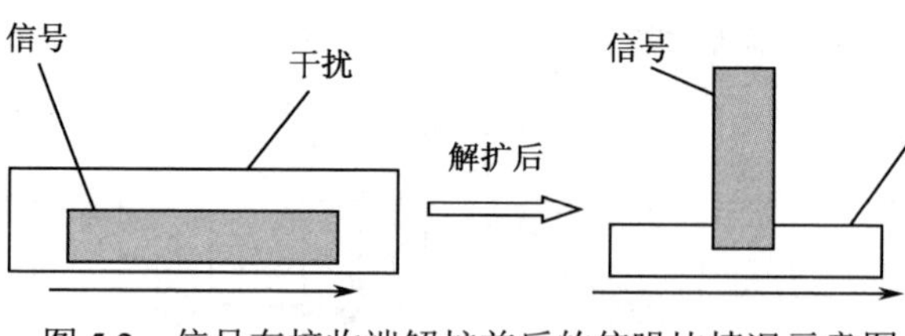

图 5.2　信号在接收端解扩前后的信噪比情况示意图

在目前商用的通信系统中，扩频通信是唯一能够工作在负信噪比条件下的通信方式。由于扩频系统具有这一优良性能，它的误码率很低，正常条件下可以低到 10^{-10}，最差条件下也能达到 10^{-6}，完全能满足国内相关系统信道传输质量的要求。

另外，在无线通信系统中，多径干扰是一个很难解决的问题。扩频通信系统依靠所采用的扩频码的相关性，具有很强的抗多径干扰能力，甚至可利用多径能量来提高系统的性能。

4）可以实现 CDMA。扩频通信用多个伪随机序列分别作为不同用户的地址码，可以共用一个频段来实现 CDMA 通信。可以说，扩频通信本身就是一种多址通信方式，称为扩频多址（SSMA），实际上是 CDMA 的一种。扩频通信实现的 CDMA 能够获得比其他多址方式更高的通信容量。

5）易于数字化，能够开展多种通信业务。扩频通信一般用数字通信、CDMA 技术。这种技术适用于计算机网络，适合于各种数据和图像的传输，因而能够开展丰富多彩的通信业务。

另外，扩频通信系统能精确地定时和测距。扩频通信设备安装简便，系统维护简单，易于推广应用。

2. 扩频通信的理论基础

任何信息的有效传输都需要一定的频率宽度，如语音的频率范围为 1.7～3.1kHz。频率资源是有限的，因此，长期以来，人们一直希望信号所占频谱尽量窄，即采用所谓的“窄带通信”，以充分利用宝贵的频率资源。

扩频通信属于“宽带通信”，其基本特点是，传输信号所占用的频带宽度远大于原始信息本身实际所需的最小（有效）带宽。那么为什么要采用这种通信方式呢？简单地说，是为了提高移动通信系统的安全性和可靠性。其理论基础有两个：

1）信息论中关于信息容量的香农公式为

$$C = W\log_2\left(1+\frac{S}{N}\right) \tag{5.1}$$

式中，C 为信道容量；W 为信道带宽；S 为信号平均功率；N 为噪声功率。

式（5.1）说明，在给定的信道容量 C 不变的情况下，信道带宽 W 和信噪比（S/N）是可以互换的。也就是说，可以通过增加频带宽度的方法，在较低的信噪比（S/N）情况下以相同的信息速率来可靠地传输信息，甚至是在信号被噪声淹没的情况下，只要相应地增加信号带宽，仍然能够保证可靠的通信。

扩展频谱以换取对信噪比要求的降低，正是扩频通信的主要特点，并由此为扩频通信的应用奠定了理论基础。

2）关于信息传输差错概率的柯捷尔尼可夫公式为

$$P_{\mathrm{owj}} \approx f\left(\frac{E}{N_0}\right) \tag{5.2}$$

式中，P_{owj} 为差错概率；E 为信号能量；N_0 为噪声功率谱密度。

又因为信号功率

$$P=\frac{E}{T}\ \text{（}T\text{ 为信息持续时间）}$$

噪声功率

$$N=WN_0$$

信息带宽

$$\Delta F=\frac{1}{T}$$

则式（5.2）可转化为

$$P_{\mathrm{owj}} \approx f\left(TP\frac{W}{N}\right)=f\left(\frac{P}{N}\frac{W}{\Delta F}\right) \tag{5.3}$$

由于式（5.3）是一个关于变量的递减函数，因此这个公式说明，在信噪比（P/N）一定的情况下，信息的传输带宽比实际信息带宽越宽，信息传输差错概率就越低。所以，可以通过扩展信息传输带宽来提高通信的抗干扰能力，保证强干扰条件下通信的安全、可靠。

总之，用信息带宽的 100 倍，甚至 1000 倍以上的带宽来传输信息，可以提高通信的抗干扰能力，即在强干扰条件下保证可靠、安全的通信。这就是扩频通信的基本思想和理论依据。

5.1.2 CDMA 移动通信系统的编码理论基础

探秘移动通信中的码资源

1. 编码设计原则

在 CDMA 数字蜂窝移动通信系统中，扩频码和地址码的选择至关重要。它关系到系统的抗多径干扰、抗多址干扰的能力，关系到信息数据的保密和隐蔽，关系到捕获和同步系统的实现。经研究表明，理想的地址码和扩频码应具有如下特性：

1）有足够多的地址码码组。

2）有尖锐的自相关特性。

3）有处处为零的互相关特性。

4）不同码元数平衡相等。

5）尽可能大的复杂度。

2. CDMA 编码理论模型

（1）半加器（模二加法器）和乘法器

在二进制中，负逻辑条件下（0 代表+1，1 代表−1），半加器与乘法器的运算结果相同，如图 5.3 所示。

半加器 ⊕

⊕	0	1
0	0	1
1	1	0

(a)

乘法器 ⊗

⊕	+	−
+	+	−
−	−	+

(b)

图 5.3　半加器与乘法器

半加器在数字电路中容易实现，因此在以后的运算中用半加器来代替乘法器，但运算符还是用乘法算符。

（2）伪随机序列（PN 码）

随着通信理论的发展，早在 20 世纪 40 年代，香农就曾指出，在某些情况下，为了实现最有效和高可靠的保密通信，应采用具有随机噪声的统计特性的信号，然而采用随机噪声的最大困难是它难以重复和处理。直到 20 世纪 60 年代伪随机噪声的出现才使这一困难得以解决。伪随机噪声具有类似于随机噪声的一些统计特性，同时又便于重复和处理。由于它具有随机噪声的优点，又避免了随机噪声的缺点，因此获得了日益广泛的实际应用。

目前，广泛应用的伪随机噪声都是由数字电路产生的周期序列经滤波等处理后得到的，这种周期序列称为伪随机序列（PN 码）。这是因为伪随机序列是按照确定的规律产生的，但是，伪随机序列又具有和随机序列相类似的随机性。通常产生伪随机序列的电路为反馈移存器。它由位移寄存器、线性反馈抽头和模二加法器（半加器）组成。图 5.4 是 3 个位移寄存器产生伪随机序列的示意图。

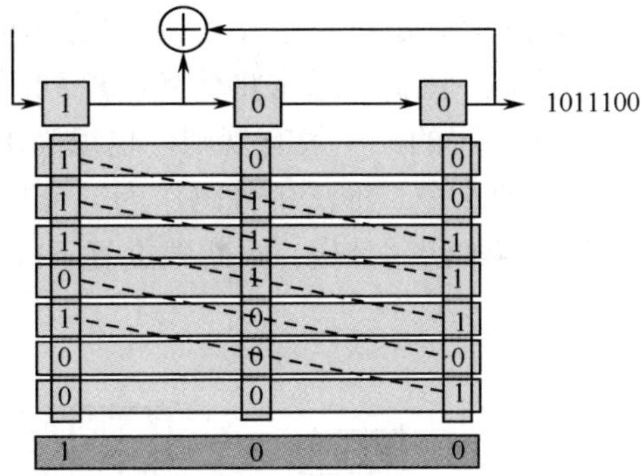

图 5.4　3 个位移寄存器产生伪随机序列的示意图

从图 5.4 中可以看出，码长为 7 位，即反馈移存器可以产生 2^n-1 个（$n=3$）不同的序列，并且始终“1”比“0”多一个。

这里讨论一下同一伪随机序列的自相关性，如图 5.5 所示。

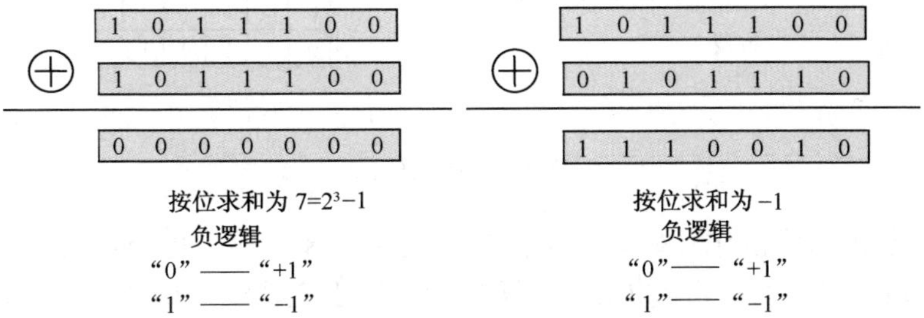

图 5.5　伪随机序列的自相关性

当同一个伪随机序列的两个码组的时间偏移相同时，它们模二加的每位都是“0”，按位累加的结果为 $2^n-1=7$（$n=3$）。

当同一个伪随机序列的两个码组的时间偏移不相同时，它们模二加的结果是“1”的个数比“0”的个数多一个，采用了负逻辑转换，按位累加的结果为−1。

把同一个伪随机序列的自相关性做成函数曲线，如图 5.6 所示。

归一化的同一个伪随机序列的自相关性函数曲线如图 5.7 所示。

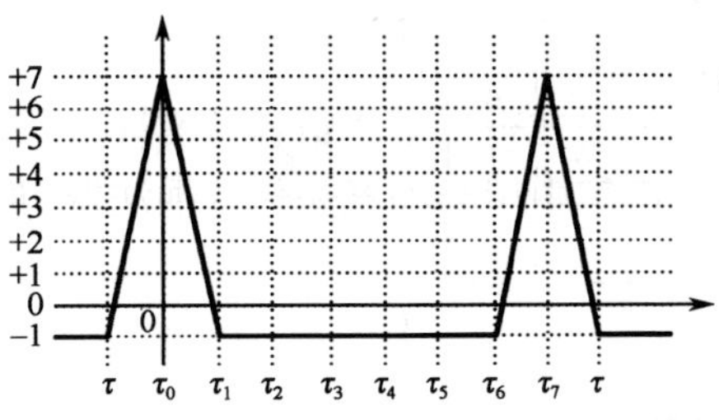

图 5.6　伪随机序列自相关性函数曲线

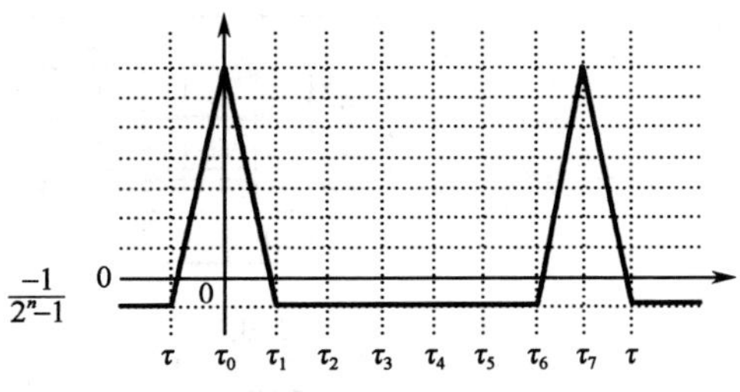

图 5.7　归一化的伪随机序列自相关性函数曲线

由自相关性函数曲线可以看出$-1/(2^n-1)$不可能等于零，正是由于$-1/(2^n-1)$的存在，不相关的信道会给通信带来干扰，所以 CDMA 系统也称自干扰系统。但当 n 很大时，$-1/(2^n-1)$近似为零，干扰就会很小。这将在 5.1.3 节介绍信号的解调时进行分析，这里暂不做介绍。

（3）沃尔什码（Walsh code）

如前所述，尽管伪随机序列具有良好的自相关特性，但其互相关特性不是很理想（互相关值不是处处为零），如果把伪随机序列同时用作扩频码和地址码，系统性能将受到一定影响。因此，通常将伪随机序列用作扩频码，而就地址码而言，则采用沃尔什码。

沃尔什码的产生很有规则，也很简单。以 0 为起始，向右、向下复制，向右下角取反；然后把这个二维沃尔什码作为一个整体，再进行向右、向下复制，向右下角取反的操作，得到四维沃尔什码；不断地重复下去，可以得到更高维数的沃尔什码，如图 5.8 所示。

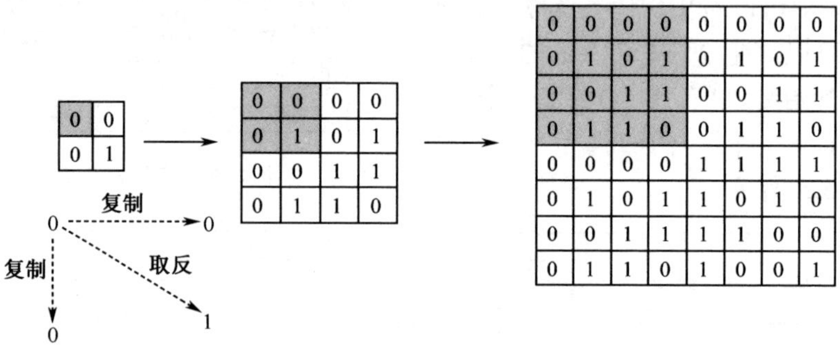

图 5.8　沃尔什码

图 5.8 所示为八维沃尔什码。八维沃尔什码共有 8 个码，每个码长为 8。

下面通过计算证明在同步的条件下沃尔什码的正交特性，如图 5.9 所示。

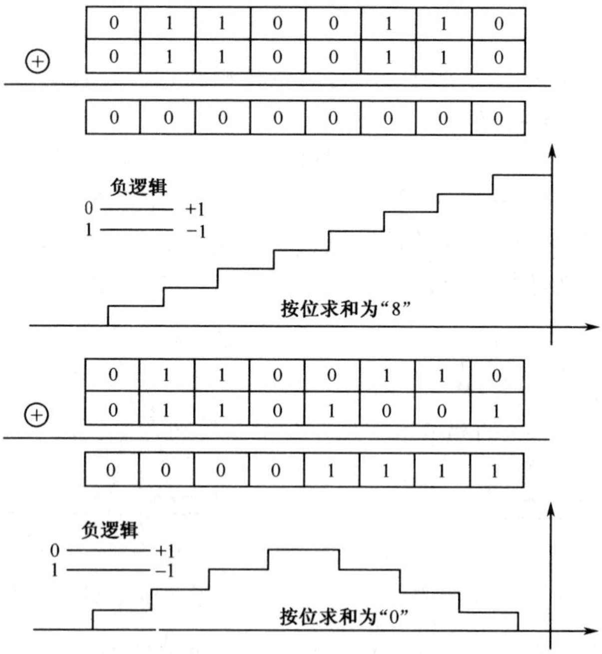

图 5.9　沃尔什码的正交特性

两个同维数的相同的沃尔什码进行模二加的每位都是“0”，按位累加的和为 n（n 为沃尔什码的维数），归一化后为 1。

两个同维数的不同的沃尔什码进行模二加并按位累加的和为 0，则称这两个沃尔什码是正交的。

上述两个结果为沃尔什码的正交特性。

特别指出，沃尔什码只有在完全同步的状态下才满足这种正交特性，不同系统之间的沃尔什码没有正交关系。

由于同一伪随机序列的不同码组进行模二加并按位累加的和不为 0，归一化后为 $-1/(2^n-1)$，所以伪随机序列只具有准正交特性。

3. CDMA 码速率的选择

CDMA 蜂窝系统的码速率规定为 1.2288MHz，这个规定考虑了频率资源的限制、系统容量、多径分离的需要和基带数据速率等多个因素。

在美国，FCC 规定划分给蜂窝通信的频谱带宽为单向 25MHz，并分配给两家公司，每家分得的单向频谱带宽总计为 12.5MHz，其中最窄的一段带宽为 1.5MHz，为获得最大适应性，信号带宽应小于 1.5MHz。选择 1.2288MHz 的码速率，滤波后可获得 1.25MHz 的带宽。在 12.5MHz 宽频带内可以划分出 10 条信道。

决定 CDMA 数字蜂窝系统容量的主要因素是系统的处理增益、信号比特能量与噪声功率谱密度比、语音占空比、频率复用效率、每小区的扇区数目。为了取得高的系统处理增益，从而获得高的系统容量，扩频码速率应尽可能高。

通常陆地移动通信环境的多径延迟为 1～100μs，为了充分发挥扩频 CDMA 技术，实现多径分离的作用，要求扩频码序列的持续时间应小于 1μs，也就是扩频码速率应大于 1MHz。

选择 1.2288MHz 的另一个原因是，这个速率可以被基带数据速率 9.6kb/s 整除，且除数为 2 的幂指数（$128=2^7$）。

5.1.3　CDMA 在 CDMA 网络中的实现

在 CDMA 网络中用到了 3 种码：短码（short PN code）、长码（long PN code）和沃尔什码。短码用于区分不同的小区，长码用于区分不同的反向信道，沃尔什码用于区分不同的前向信道。

（1）短码

短码是由一个 15 位长的移位寄存器产生的伪随机序列，用于区分不同的小区。码组长度为 $2^{15}=32768$ 个码片，其中 32767 个码片由 15 位移位寄存器产生，1 个码片由人为设计插入。短码的码片速率为 1.2288Mc/s，可以计算出一个短码周期为 32768/（1.2288Mc/s）=26.67ms，每个码片时长为 26.67ms/32768=813.802ns。但由于空中传播的时延及多径效应，CDMA 系统并不是使用全部的 32768 个不同时延，而是每 64 个码片为一时延段，称为短码偏置（short PN offset），即共有 32768/64=512 个短码偏置。用 PN（*i*）表示，*i* 从 0 到 511，因而有 512 个值可被不同基站使用。不同的短码偏置即代表不同的基站。在现实的组网中，每隔 3 个短码偏置，基站就可以复用一次，这相当于频率复用。CDMA 系统是一个全网同步的系统，它们使用同一个时钟源，来自卫星的

GPS（全球定位系统）时钟。所有基站每隔 2s 进行一次校准，2s 恰好是 75 个短码周期（2000ms/26.67ms＝75）。

（2）长码

长码是由一个 42 位长的移位寄存器产生的伪随机序列，用于区分不同的反向信道。码组长度为 2^{42} 个码片，其中 $2^{42}-1$ 个码片由 42 位移位寄存器产生，1 个码片由人为设计插入。短码的码片速率是 1.2288Mc/s，可以计算出一个长码周期时间为 2^{42}/（1.2288Mc/s）=41.4 天。长码也称长码掩码，在全网中具有唯一性。CDMA 系统中的长码都由相同的发生器产生，不论长码如何组成，只能产生相同的长码序列，但产生不同的时间位移，使 MS 使用的长码偏置各不相同，并达到独自地、快速地与网络同步的目的。

（3）64 维沃尔什码

在 IS-95 CDMA 系统中，使用 64 维的沃尔什码，用来区分同一小区下的不同前向信道。沃尔什码被标识为W_i^{64}，其中 64 表示 64 维，i 表示第 i 个沃尔什码，即有 64 个沃尔什码，每个沃尔什码长 64 维。在同一小区内，沃尔什码是唯一的。

下面分析 CDMA 系统是怎样解调信号的。

1. MS 如何解调出基站发给自己的信号

假设：小区 M 管理下的 i 用户的语音为 $d_{M,i}(t)$，$M(0,1,2,\cdots,32767)$，$i(0,1,2,\cdots,63)$；

PN_M、PN_N、PN_K 分别是小区 M、N、K 的短码；

W_i^{64}、W_j^{64} 分别是 i 用户和 j 用户使用的 64 维沃尔什码；

空中的信号 $S(t)$ 是一个叠加函数：

$$
\begin{aligned}
S(t)=&\,d_{M,i}(t)W_i^{64}\mathrm{PN}_M+d_{M,j}(t)W_j^{64}\mathrm{PN}_M+\cdots\\
&+d_{N,i}(t)W_i^{64}\mathrm{PN}_N+d_{N,j}(t)W_j^{64}\mathrm{PN}_N+\cdots\\
&+d_{K,i}(t)W_i^{64}\mathrm{PN}_K+d_{K,j}(t)W_j^{64}\mathrm{PN}_K+\cdots
\end{aligned}
$$

先要解调出“小区 M”下的所有信号，乘以“小区 M”的短码 PN_M：

$$
\begin{aligned}
S(t)\otimes\mathrm{PN}_M=&\,[d_{M,i}(t)W_i^{64}\mathrm{PN}_M+d_{M,j}(t)W_j^{64}\mathrm{PN}_M+\cdots]\otimes\mathrm{PN}_M\\
&+[d_{N,i}(t)W_i^{64}\mathrm{PN}_N+d_{N,j}(t)W_j^{64}\mathrm{PN}_N+\cdots]\otimes\mathrm{PN}_M\\
&+[d_{K,i}(t)W_i^{64}\mathrm{PN}_K+d_{K,j}(t)W_j^{64}\mathrm{PN}_K+\cdots]\otimes\mathrm{PN}_M\\
&+[\cdots]\otimes\mathrm{PN}_M
\end{aligned}
$$

根据短码的自相关特性有

$$
\begin{aligned}
&\mathrm{PN}_M\otimes\mathrm{PN}_M=1\\
&\mathrm{PN}_M\otimes\mathrm{PN}_N=-1/(2^{15}-1)\\
&\mathrm{PN}_M\otimes\mathrm{PN}_K=-1/(2^{15}-1)
\end{aligned}
$$

则有

$$
\begin{aligned}
S(t)\otimes\mathrm{PN}_M=&\,[d_{M,i}(t)W_i^{64}+d_{M,j}(t)W_j^{64}+\cdots]\\
&-[d_{N,i}(t)W_i^{64}+d_{N,j}(t)W_j^{64}+\cdots]/(2^{15}-1)\\
&-[d_{K,i}(t)W_i^{64}+d_{K,j}(t)W_j^{64}+\cdots]/(2^{15}-1)\\
&-[\cdots]/(2^{15}-1)
\end{aligned}
$$

再解调出“小区 M”下的 $d_{M,i}(t)$ 信号，乘以 $d_{M,i}(t)$ 的沃尔什码 W_i^{64}：

$$\begin{aligned}S(t)\otimes \mathrm{PN}_M \otimes W_i^{64} = &[d_{M,i}(t)W_i^{64} + d_{M,j}(t)W_j^{64} + \cdots]\otimes W_i^{64}\\ &-[d_{N,i}(t)W_i^{64} + d_{N,j}(t)W_j^{64} + \cdots]\otimes W_i^{64}/(2^{15}-1)\\ &-[d_{K,i}(t)W_i^{64} + d_{K,j}(t)W_j^{64} + \cdots]\otimes W_i^{64}/(2^{15}-1)\\ &-[\cdots]\otimes W_i^{64}/(2^{15}-1)\end{aligned}$$

根据沃尔什码的自相关特性，在相同小区下有

$$W_i^{64}\otimes W_i^{64} = 1$$

$$W_i^{64}\otimes W_j^{64} = 0$$

在不同小区下，即使它们是相同的沃尔什码，也会因不同步而无法解调，这是因为沃尔什码的正交特性必须在完成同步的前提下才成立，所以在不同小区下 $W_i^{64}\otimes W_i^{64}$ 和 $W_i^{64}\otimes W_j^{64}$ 的值均无结果。因此有

$$\begin{aligned}S(t)\otimes \mathrm{PN}_M \otimes W_i^{64} = d_{M,i}(t) &-[d_{N,i}(t)W_i^{64} + d_{N,j}(t)W_j^{64} + \cdots]\otimes W_i^{64}/(2^{15}-1)\\ &-[d_{K,i}(t)W_i^{64} + d_{K,j}(t)W_j^{64} + \cdots]\otimes W_i^{64}/(2^{15}-1)\\ &-[\cdots]\otimes W_i^{64}/(2^{15}-1)\end{aligned}$$

这样 MS 就成功地把 $d_{M,i}(t)$ 信号解调出来了，但其他小区下的用户信号由于除以 $2^{15}-1$，因此它们只是一个很小的干扰。这也是 CDMA 系统是一个自干扰系统的原因。

2. 基站如何解调出 MS 发送的 $d_i(t)$ 信号

假设 $d_i(t)$ 是接入 CDMA 网络中的第 i 个用户发送的信号；

LPN_i、LPN_j、LPN_k 是反向信道中第 i、j、k 个用户使用的长码；

$$i\neq j\neq k，\ i、j、k\ (0,1,2,3,\cdots,2^{42}-1)$$

反向信道的空中信号 $S'(t)$ 是一个叠加函数。

$$S'(t) = d_i(t)\mathrm{LPN}_i + d_j(t)\mathrm{LPN}_j + d_k(t)\mathrm{LPN}_k + \cdots$$

要解调出 MS 发送的 $d_i(t)$ 信号，需乘以 $d_i(t)$ 的长码 LPN_i：

$$S'(t)\otimes \mathrm{LPN}_i = [d_i(t)\mathrm{LPN}_i + d_j(t)\mathrm{LPN}_j + d_k(t)\mathrm{LPN}_k + \cdots]\otimes \mathrm{LPN}_i$$

由于 CDMA 系统使用同一个长码序列，根据长码的自相关特性有

$$\mathrm{LPN}_i\otimes \mathrm{LPN}_i = 1$$

$$\mathrm{LPN}_i\otimes \mathrm{LPN}_j = -1/(2^{42}-1)$$

$$\mathrm{LPN}_i\otimes \mathrm{LPN}_k = -1/(2^{42}-1)$$

所以有

$$S'(t)\otimes \mathrm{LPN}_i = d_i(t) - [d_j(t) + d_k(t) + \cdots]/(2^{42}-1)$$

$d_i(t)$ 被解调出来，其他用户的信号都除以 $2^{42}-1$，所以 $-[d_j(t)+d_k(t)+\cdots]/(2^{42}-1)$ 对于 $d_i(t)$ 来说只是一个很小的干扰。

以上就是 CDMA 在 CDMA 网络中的实现过程。从解调信号的过程中可以看出，不论是解调前向信道还是反向信道，在解调出有用信号的同时都会附带其他信号。虽然能量很小，但始终存在，这对通信来讲就是一种干扰，因此也称 CDMA 系统是一个自干扰系统。

5.1.4 IS-95 CDMA 系统信道

在 IS-95 CDMA 系统中，信道分为前向信道和反向信道。前向是指从 BS 到 MS 方向，GSM 中称为下行信道；反向是指从 MS 到 BS 方向，GSM 中称为上行信道。IS-95 CDMA 系统采用频分双工（FDD）来实现双工通信，双工间隔 45MHz，频道带宽为 1.23MHz，使用的无线电波频段为：前向信道 870～890MHz，反向信道 825～845MHz。

1. 前向信道

前向信道有导频信道（PILOT）、同步信道（SYNCH）、寻呼信道（PCH）和前向业务信道（F-TCH）。同一小区前向信道使用同一个短码，它们之间通过 64 维沃尔什码（W_i^{64}）的不同来彼此区分。64 个沃尔什码分配如下：W_0^{64} 用于导频信道，$W_{1\sim7}^{64}$ 用于寻呼信道，W_{32}^{64} 用于同步信道，其余的用于前向业务信道。

（1）导频信道

1）导频信道的功能。在 MS 接入系统时，导频信道为所有的 MS 提供基准，来区分 CDMA 载频与其他无线信号，与系统初同步；MS 用导频信号来比较不同基站之间的信号强度，从而确定哪个小区为服务小区；导频信道为 MS 进行相干解调提供相位基准。在 MS 接入系统后，MS 用导频信号来比较不同基站之间的信号强度，从而确定何时进行切换。

2）导频信道的结构。导频信道不传送任何信息，内容为全零码信息，导频信道被划分成 26.67ms 的帧，使用 W_0^{64} 来区分其他信道。所有基站的导频信道电平一般要比业务信道电平高 4～6dB，并且导频信道不做功率控制，以恒定功率持续发射，其结构如图 5.10 所示。

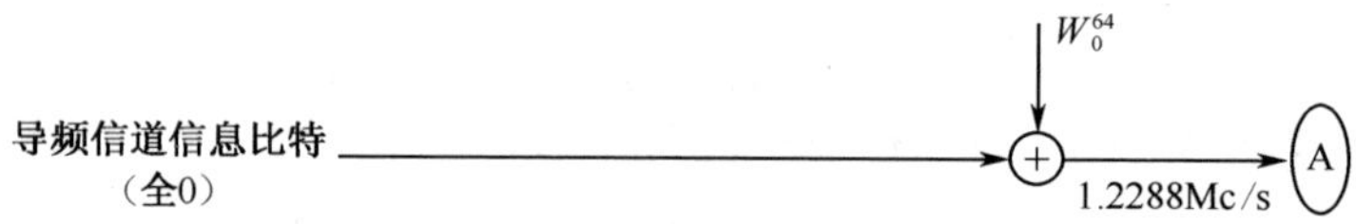

图 5.10 导频信道的结构

（2）同步信道

1）同步信道的功能。同步信道用于 MS 与系统之间的同步。同步信道的内容包括：系统识别号（SID）/网络识别号（NID），用于区分不同的网络；导频短码偏移量（短码偏置），用于区分不同的基站/扇区；长码状态，用于告诉用户现在的长码状态以便于同步；系统时间，用于校准 MS 的时间，以便 CDMA 系统全网的 MS 时间相同；寻呼信道数据速率（4.8kb/s 或 9.6kb/s），用于通知 MS 寻呼信道的数据速率为多少。

2）同步信道的结构。同步信道的消息速率为 1.2kb/s，“帧”时长为 26.67ms，3 个帧构成一个 80ms 的超帧，同步信道消息通过 N 个同步信道超帧传输，不足的用“0”填充，其结构如图 5.11 所示。

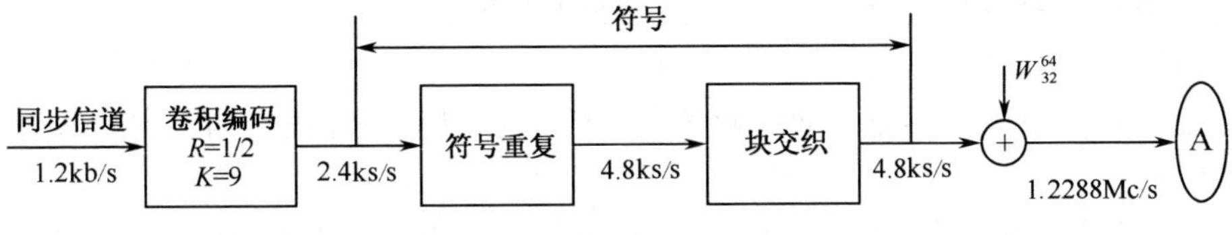

图 5.11　同步信道的结构

卷积编码：一进二出，标识为 $R=1/2$；由 8 位移位寄存器实现前后 9 个码片相关，标识为 $K=9$；经过卷积编码后，传输内容的名称从“比特 bit”变为“符号 symbol”；传输单位从“比特每秒 b/s”变为“符号每秒 s/s”，传输速率从 1.2kb/s 变为 2.4ks/s。

符号重复：传输速率从 2.4ks/s 变为 4.8ks/s。

块交织：交织跨度是一帧，交织并不改变传输速率，只是改变符号排序，传输速率保持 4.8ks/s 不变。与卷积码配合，用于纠正连续性的错误。

加 W_{32}^{64}：固定使用 W_{32}^{64}，W_{32}^{64} 的速率是 1.2288Mc/s，传输内容的名称从“符号 symbol”变为“码片 chip”；传输单位从“符号每秒 s/s”变为“码片每秒 c/s”，传输速率为 1.2288Mc/s。

（3）寻呼信道

1）寻呼信道的功能。寻呼信道用于广播系统参数、系统寻呼 MS 和信道指配。最多可有 7 个寻呼信道，寻呼信道的内容包括：系统参数消息（如基站标识符）、接入参数消息、邻区列表消息、CDMA 信道列表消息、寻呼消息、标准的指令消息、信道分配消息、鉴权查询消息、SSD 更新消息、特性通知消息等。

IS-95 CDMA 系统允许两种模式的寻呼：时隙模式和非时隙模式。在时隙模式下，MS 只在某个特定的时间接听寻呼，16/32/64 个时隙听一次寻呼。这种特性可以使 MS 在大部分时间内关掉它的接收机，保存电池的能量，延长电池的使用时间，但寻呼响应时间可能延长。在非时隙模式下，MS 需要监控所有的寻呼时间段，相对费电。

2）寻呼信道的结构。寻呼信道速率为 4.8kb/s 或 9.6kb/s，“帧”时长为 20ms，“时隙”时长为 80ms，寻呼信道报文以 N 个寻呼信道时隙传输，不足的用“0”填充符占位，最多占用 2048 个寻呼时隙，其结构如图 5.12 所示。

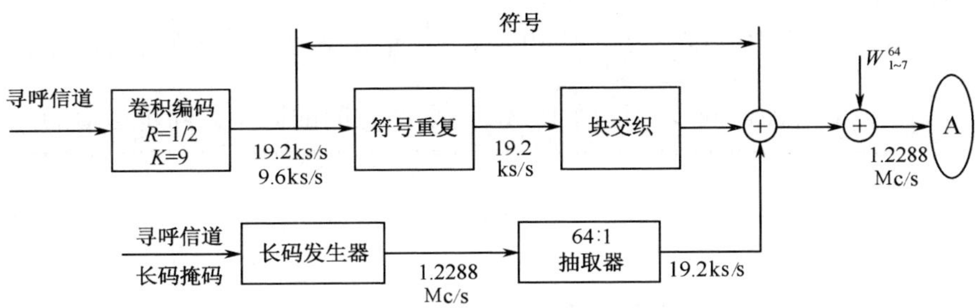

图 5.12　寻呼信道的结构

长码发生器：产生寻呼信道长码掩码，起扰码的作用。

64：1 抽取器：将 1.2288Mc/s 转换成 19.2ks/s，为寻呼信道产生一个与本机相关的扰码，为通信保密。

卷积编码、符号重复、块交织与前面介绍的相同。

（4）前向业务信道

1）前向业务信道的功能。前向业务信道用于 BTS 到 MS 语音和数据的传输，伴有必要的信令。

2）前向业务信道的结构。前向业务信道被划分成 20ms 的帧，使用其他的沃尔什码 (W_i^{64})，其结构如图 5.13 所示。

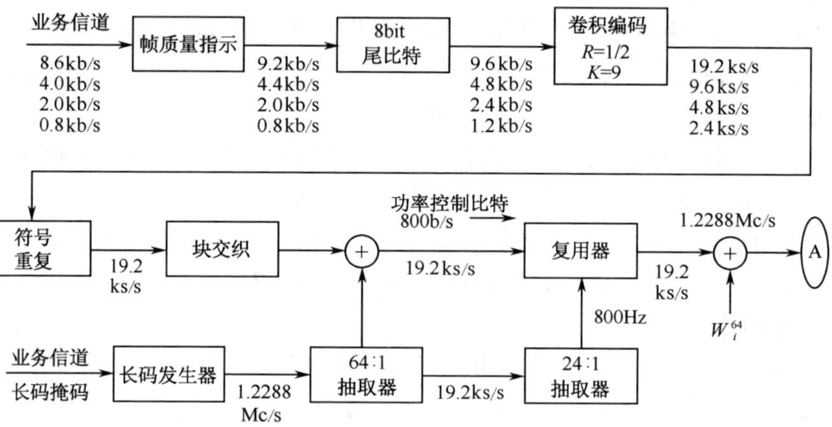

图 5.13　前向业务信道的结构

业务信道原始信息：根据不同的速率被分为 172b、80b、40b 和 16b 的 20ms 帧，对应的信息速率分别为 8.6kb/s、4.0kb/s、2.0kb/s、0.8kb/s。

帧质量指示：帧质量指示仅用于 8.6kb/s、4.0kb/s；分别加上 12b 和 8b 的帧质量指示位，用于前向查错；加上帧质量指示位后的信息速率变为 9.2kb/s、4.4kb/s。

8b 尾比特：用于消除本帧对下一帧的影响，8b 为预先设置码，加上 8b 尾比特后的速率为 9.6kb/s、4.8kb/s、2.4kb/s、1.2kb/s。

64∶1 抽取器：将 1.2288Mc/s 转换成 19.2ks/s，为业务信道产生一个与本机相关的扰码，为通信保密。

24∶1 抽取器：将 19.2ks/s 转换成 800s/s，为业务信道产生一个 800Hz 的频率，用于控制加入功率控制比特的时钟。

功率控制比特 800b/s：用于插入功率控制比特的节奏，最快功率控制速率可达 800Hz，也可比 800Hz 低。

加 W_i^{64}：用来区分其他前向信道，i 为除 0、32 和寻呼信道占用的沃尔什码，i 在一个小区必须唯一。

卷积编码、符号重复、块交织与前面介绍的相同。

前向调制输出如图 5.14 所示。

调制方式为 QPSK，短码序列实际上是一对短码序列，分别为 I、Q 两项提供短码偏置，基带滤波用于过滤带外分量。

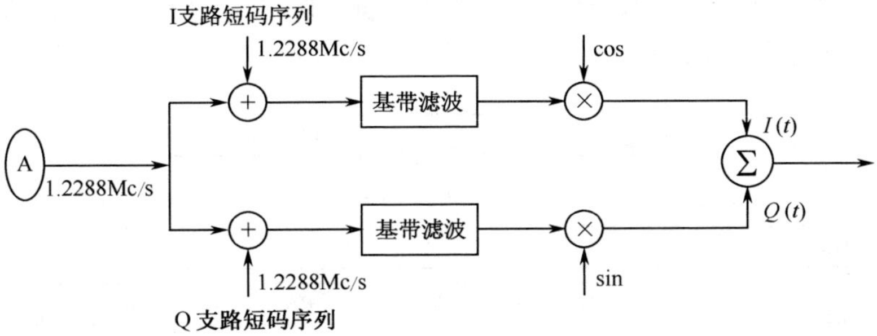

图 5.14　前向调制输出

2. 反向信道

反向信道有反向接入信道（R-ACH）和反向业务信道（R-TCH）。反向信道使用长码来区分，为什么不使用 64 维沃尔什码（W_i^{64}）来区分呢？因为沃尔什码必须完全同步，由于 MS 与 BTS 之间的距离不同，并且没有反向导频信道，所以不可能达到完全同步，沃尔什码的正交特性无法实现。

（1）反向接入信道

1）反向接入信道的功能。反向接入信道用来接入系统。MS 通过反向接入信道接入 CDMA 系统。

2）反向接入信道的结构。反向接入信息的速率为 4.8kb/s（4.4kb/s），被划分成 20ms 的帧，接入信息以 1 个接入时隙传输，不足的用“0”填充符占位。接入时隙的长度可根据数据库参数计算出占用的帧的个数，相关参数来自寻呼信息，其结构如图 5.15 所示。

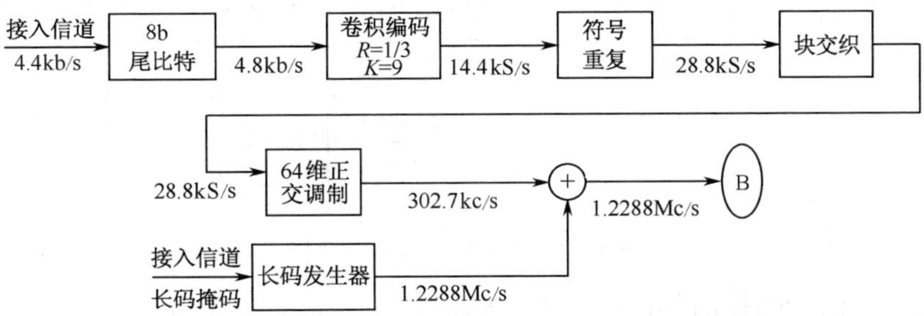

图 5.15　反向接入信道的结构

卷积编码：一进三出，标识为 $R=1/3$，经过卷积编码后，传输速率从 4.8kb/s 变为 14.4ks/s。由于反向信道未使用沃尔什码，用 $R=1/3$ 来增加冗余，提高抗干扰能力。

64 维正交调制：由于反向不是相干解调，而且没有使用沃尔什码，因此使用 64 维正交调制，利用其码距长的特点，来加强反向的抗干扰特性。64 维正交调制就是把块交织后的码片，6 位分为一段，并且由这 6 位二进制对应的十进制的 W_i^{64} 来代替，即 6b 变成 64b，产生大量的冗余信息。例如，6 位二进制为 101011，其转换过程为 $(101011)_2=(1\times32+1\times8+1\times2+1)_{10}=(43)_{10}$，即用 W_{43}^{64} 代替 101011。

接入信道长码掩码的结构如图 5.16 所示。其中，Pilot-PN 来自同步信道消息，

BASE-ID 来自寻呼信道，ACN、PCN 是 MS 根据寻呼信道的消息计算出来的值，所以接入信道长码掩码是 MS 计算出来的，不是随意产生的。

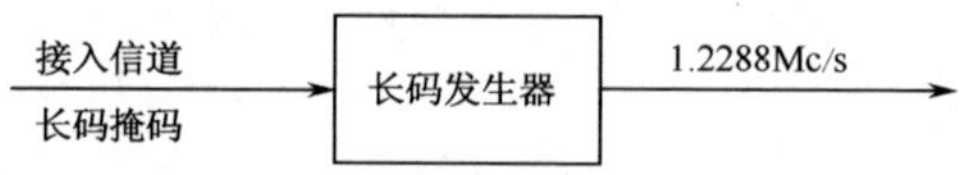

41～33	32～28	27～25	24～9	8～0
110001111	ACN	PCN	BASE-ID	Pilot-PN

图 5.16　接入信道长码掩码的结构

8b 尾比特、符号重复、块交织与前面介绍的相同。

（2）反向业务信道

1）反向业务信道的功能。反向业务信道用于 MS 到 BTS 的语音和数据传输，并伴有必要的信令。

2）反向业务信道的结构。反向业务信道被划分成 20ms 的帧，利用长码来区分不同的信道，其结构如图 5.17 所示。

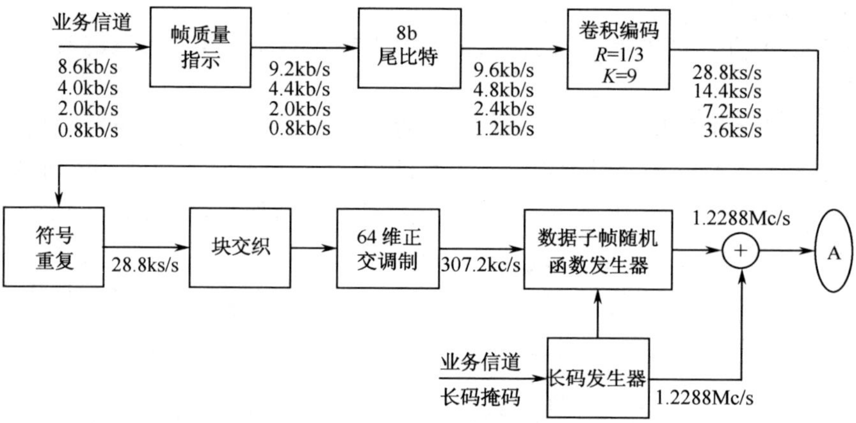

图 5.17　反向业务信道的结构

随机突发：由数据子帧随机发生器来完成，它把前面符号重复的数据进行随机掩蔽，保证随机发送不重复的符号信息，与帧数据速率有关。

反向业务信道长码的结构如图 5.18 所示。它与接入信道长码掩码的结构不同，使用了电子序号（ESN），对于机卡分离系统，MS 中的 UIM 卡中的 ESN 取代了移动设备中的 ESN。

41～32	31～0
1100011000	ESN

图 5.18　反向业务信道长码的结构

8b 尾比特、符号重复、块交织、卷积编码、帧质量指示、64 维正交调制与前面介绍的相同。

反向调制输出如图 5.19 所示。

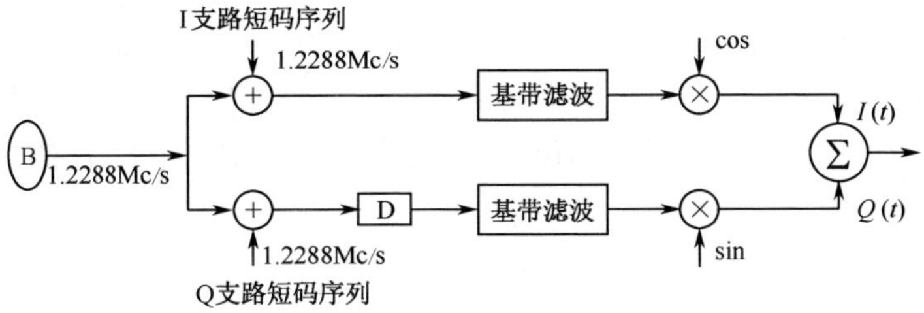

图 5.19　反向调制输出

调制方式为 OQPSK，反向信道加入的短码序列实际上是一对短码序列，分为 I、Q 两项。反向信道短码偏置都使用偏置 0，它的作用是扩谱。基带滤波过滤带外分量。

学习任务 5.2　了解 CDMA 移动通信系统的特点与网络结构

5.2.1　CDMA 移动通信系统的特点

CDMA 移动通信系统采用扩频通信的信号处理技术及 CDMA 的技术，为系统带来了许多独特的优点。

1. 大容量

根据理论计算及现场试验，CDMA 系统的信道容量是模拟系统的 10～20 倍，是 TDMA 系统的 4 倍。CDMA 系统的高容量很大一部分原因是它的频率复用系数远远超过其他制式的蜂窝系统，另外一个主要原因是它使用了语音激活和扇区化等技术，使抗干扰能力大为增强。

2. 软容量

在 FDMA、TDMA 系统中，当小区服务的用户数达到最大信道数，已满载的系统绝对无法再增添一个信道，此时若有新的呼叫，该用户只能听到忙音。在 CDMA 系统中，用户数目和服务质量之间可以相互折中，灵活确定。例如，系统经营者可以在话务量高峰期将误帧率稍微提高，从而增加可用信道数。同时，当相邻小区的负荷较轻时，本小区受到的干扰减少，容量就可适当增加。

体现软容量的另一种形式是小区呼吸功能。小区呼吸功能是指各个小区的覆盖大小是动态的，当相邻两个小区负荷一轻一重时，负荷重的小区通过减小导频发射功率，使本小区的边缘用户由于导频强度不够，切换到相邻小区，使本小区的负荷被相邻小区分担，即相当于增加了容量。

这项功能对切换也特别有用，可避免信道紧缺而导致呼叫中断。在模拟系统和数字TDMA 系统中，如果一条信道不可用，那么呼叫必须重新被分配到另一条信道，或者在切换时中断。但是在 CDMA 系统中，在一个呼叫结束前，可以接纳另一个呼叫。

另外，CDMA 系统还可提供多级服务。如果用户支付较高费用，则可获得更高档次的服务。让高档次的用户得到更多的可用功率（容量）。高档次用户的切换可排在其他用户前面。

3. 软切换

软切换是指当 MS 需要切换时，先与新的基站连通再与原基站切断联系，而不是先切断与原基站的联系再与新的基站连通。软切换只能在同一频率不同码型的信道间进行，因此，模拟系统、TDMA 系统不具有这种功能。软切换可以有效地提高切换的可靠性，大大减少切换造成的掉话。因为据统计，模拟系统、TDMA 系统无线信道上的掉话90%发生在切换中。同时，软切换可以提供分集，从而保证通信的质量。但是软切换也相应带来了一些缺点，如导致硬件设备增加、降低了前向容量等。

4. 高语音质量和低发射功率

由于 CDMA 系统采用有效的功率控制、强纠错能力的信道编码，以及多种形式的分集技术，可以使 BS 和 MS 以非常低的功率发射信号，减少相互间的干扰，延长手机电池使用时间，同时获得优良的语音质量。

5. 语音激活

在典型的全双工双向通话中，每次通话的占空比小于 35%，在 FDMA 和 TDMA 系统中，由于通话停顿时重新分配信道存在一定时延，所以难以利用语音激活技术。目前CDMA 系统普遍采用可变速率声码器，声码器使用的是码激励线性预测（CELP）编码，其基本速率是 8kb/s，但是可随输入语音信息的特征而动态地分为 4 种，即 8kb/s、4kb/s、2kb/s 和 1kb/s，可以以 9.6kb/s、4.8kb/s 和 2.4kb/s 和 1.2kb/s 的信道速率分别传输。CDMA系统因为使用了可变速率声码器，在不讲话时传输速率降低，减小了对其他用户的干扰，这即是 CDMA 系统的语音激活技术。

6. 保密性好

CDMA 系统采用了扩频技术，使其所发射的信号频谱被扩展得很宽，从而使发射的信号被完全隐蔽在噪声、干扰之中，不易被发现和窃取，因此也就实现了保密通信。CDMA 系统的信号扰码方式提供了高度的保密性，使这种数字蜂窝系统在防止串话、盗用等方面具有其他系统不可比拟的优点。CDMA 的数字语音信道还可将数据加密标准或其他标准的加密技术直接引入，使保密更加可靠。

5.2.2　CDMA 移动通信系统网络结构

CDMA 移动通信系统与 GSM 网络结构相似。IS-95 标准定义的 CDMA 移动通信系统由 4 部分组成：移动台（MS）、基站系统（BSS）、网络交换子系统（NSS）和操作维护子系统（OMS），如图 5.20 所示。

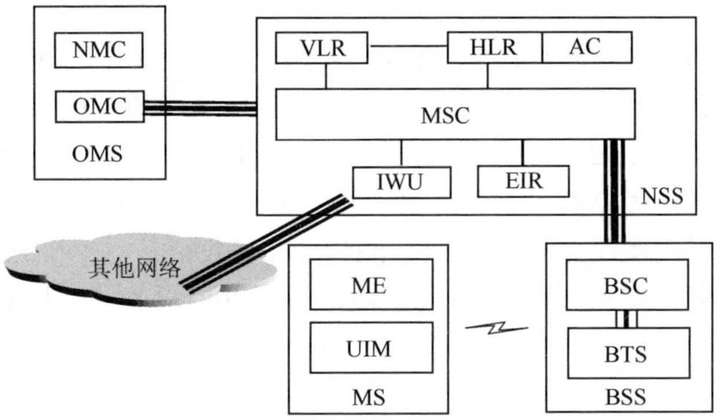

图 5.20　CDMA 移动通信系统网络结构

1. MS

早期 CDMA 的 MS 是机卡一体化的，但这种 MS 在进行网络管理时，存在一些不便，如用户更换 MS。中国联通在实现时把两部分功能分开，一部分是移动设备（ME），另一部分是用户识别模块（UIM）。

1）移动设备：用于完成语音或数据信号在空中的接收和发送。电子序号（ESN）用于识别移动设备的号码，ESN 在全球是唯一的。

2）用户识别模块：用于识别唯一的 MS 使用者。国际移动用户识别码（IMSI）用于识别 CDMA 网中的用户，简称用户识别码。UIM 卡中存有用于用户身份认证所需的信息，并能执行一些与安全保密有关的信息，以防止非法用户入网，UIM 卡还存储与网络和用户有关的管理数据。移动设备只有插入 UIM 卡后，才能入网。

使用 UIM 卡注意事项：请勿将卡弯曲，卡上的金属芯片更应小心保护；保持金属芯片的清洁，避免沾染尘埃及化学物品，若触点存在污垢，则可用酒精棉球轻擦；为保护金属芯片，请避免经常将 UIM 卡从手机中抽出；请勿将 UIM 卡置于超过 85℃或低于－35℃的环境中；在取出或放入 UIM 卡前，请先关闭手机电源；在手机出现低电量告警时，请先关闭手机，再更换电池。

2. BSS

BSS 由基站控制器（BSC）和基站收发信台（BTS）组成。基站系统用于与移动用户进行无线电波的传送，并连接到移动交换中心（MSC）。

1）BSC：由配置在同一位置的一个或多个基站控制设备组成。BSC 负责提供对 BSS 的控制。BSC 是对一个或多个 BTS 进行控制和管理的系统。BSC 具有一个数字交换矩阵，BSC 利用此数字交换矩阵将空中接口无线信道与来自移动交换中心的陆地链路相连。数字交换矩阵也使 BSC 在其所控制的各个 BTS 的无线信道间进行切换，而不必通过移动交换中心。

2）BTS：由配置在同一位置的一个或多个收发信设备组成，与 MS 进行无线链路的连接。BTS 可以和 BSC 放置在一起，也可以单独放置。

3. NSS

NSS 由 MSC、归属位置寄存器（HLR）、访问位置寄存器（VLR）、移动设备识别寄存器（EIR）、鉴权中心（AC）和互联单元（IWU）等功能设备组成。

网络交换子系统的主要功能有信道的管理和分配，呼叫的处理和控制，越区切换和漫游的控制，用户位置信息的登记与管理，用户号码与移动设备号码的登记和管理，服务类型的控制，对用户实施鉴权，互联功能和计费功能。

1）MSC：用于呼叫交换和计费，它的用途与其他电话交换机相同。但是，由于 CDMA 系统在控制和保密方面的工作更为复杂，并且提供给用户的设备范围更广，因而需要执行更多的附加功能。

2）HLR：用于存储本地用户信息的数据库。存放的信息有：用户 ID，包括 IMSI 和移动电话簿号码（MDN）；当前用户访问位置寄存器，即用户当前位置；预定的附加业务；附加的业务信息（如当前转移号码）；MS 状态（已登记或已取消登记）；鉴权键和鉴权中心功能；移动用户临时本地电话号码（TLDN）。

3）VLR：用于存储来访用户信息的数据库。存放的信息有：MS 状态（已登记或已取消登记）、登记区识别码（REG ZONE）、临时移动用户识别码（TMSI）和移动用户临时本地电话号码。

4）EIR：用于存储 MS 设备参数的数据库。存放的信息有：

- 白名单，保存那些已知分配给有效设备的电子序号（ESN）。
- 黑名单，保存已挂失或由于某种原因而被拒绝提供服务的 MS 的电子序号。
- 灰名单，保存出现问题（如软件故障）的 MS 的电子序号，但这些问题还没有严重到使这些 ESN 进入黑名单。

5）AC：可靠地识别用户的身份，只允许有权用户接入网络并获得服务。

6）IWU：提供使 CDMA 系统与当前可用的各种形式的公用和专用数据网络的连接功能，完成数据传输过程的速率匹配、协议匹配。

4. OMS

OMS 由网络管理中心（NMC）和操作维护中心（OMC）组成。

1）NMC：总揽整个 CDMA 网络，它从整体上管理网络。NMC 处于体系结构的最高层，它提供全局性网络管理。

2）OMC：它既为长期性网络工程与规划提供数据库，也为 CDMA 网络提供日常管理。一个 OMC 管理 CDMA 网络的一个特定区域，从而提供区域性网络管理。

操作维护中心支持如下功能：事件/告警管理、故障管理、性能管理、配置管理、安全管理。

学习任务 5.3　理解 CDMA 系统的移动性管理

CDMA 系统的移动性管理与 GSM 相似，但也有其特殊之处。CDMA 系统的移动性管理主要包括 CDMA 网络主要使用的识别号码、位置更新、越区切换和鉴权与加密。下面分别进行介绍。

5.3.1　CDMA 网络主要使用的识别号码

1. 系统识别码

系统识别码（SID）是 CDMA 数字蜂窝移动通信系统中唯一地识别一个 CDMA 蜂窝系统（即一个移动业务本地网）的号码。MS 中必须存储该号码，用于识别 MS 归属的 CDMA 移动业务本地网。系统识别码总长为 15b，由 3 部分组成：SID＝国家识别码＋国内业务区组识别码＋组内业务区识别码。具体格式如图 5.21 所示。

国家识别码	国内业务区组识别码	组内业务区识别码
6/7b	5/4b	4b

图 5.21　系统识别码格式

中国的国家识别码为 011011 和 0110101。

2. 网络识别码

网络识别码（NID）是 CDMA 数字蜂窝移动通信系统中唯一地识别一个网络的号码。网络识别码总长为 16b，其中 0 与 65535（即全 0 和全 1）保留。在中国，网络识别码由各省邮电管理局自行分配，如 NID 可用于识别一个移动业务本地网内不同的移动交换中心区。

3. 登记区识别码

登记区识别码（REG-ZONE）是在一个网络范围内唯一地识别一个登记区域的号码。登记区识别码总长为 12b。在中国，登记区识别码由各省邮电管理局自行分配。

4. 电子序号

电子序号（ESN）用于唯一识别一个移动设备，每个 MS 分配一个唯一的电子序号。网络识别码总长为 32b，由 4 部分组成：ESN＝设备序号＋保留比特＋设备编号＋厂商编号。具体格式如图 5.22 所示。

设备序号	保留比特	设备编号	厂商编号
16b	4b	6b	6b

图 5.22　电子序号格式

其中，设备序号、设备编号由各厂商自行分配。

在中国由于采用了机卡分离，移动设备没有使用电子序号，而是使用 UIM 卡来识别。

5. 国际移动用户识别码

国际移动用户识别码（IMSI）用于识别 CDMA 网中的用户，全网具有唯一性。其总长度为 15 位十进制数字，共 60b，由 3 部分组成：IMSI＝移动国家码＋移动网号＋移动用户识别码。具体格式如图 5.23 所示。

移动国家码（MCC）	移动网号（MNC）	移动用户识别码（MSIN）
3位数字	2位数字	10位数字

图 5.23　国际移动用户识别码格式

移动国家码：3 位数字，如中国的 MCC 为 460。
移动网号：2 位数字，用于识别归属的移动通信网。
移动用户识别码：10 位数字，用于识别移动通信网中的移动用户。

6. 临时移动用户识别码

临时移动用户识别码（TMSI）的总长度为 32b，由访问位置寄存器（VLR）临时分配，在一个访问位置寄存器控制区域内，用于替代 IMSI。

为了安全起见，在空中传送用户识别码时用 TMSI 来代替 IMSI，因为 TMSI 只在本地有效，其组成结构由管理部门选择，但总长度不超过 4 个字节（32b）。VLR 控制新的 TMSI 的分配，并将它们报告给归属位置寄存器（MDN）。TMSI 频繁更新，使得跟踪呼叫变得非常困难，从而增加用户的高保密性。TMSI 可在下列情况下更新：呼叫建立时、进入新的区域、进入新的访问位置寄存器。

7. 移动电话簿号码

移动电话簿号码（MDN）就是手机号，总长不超过 15 位数字，中国采用的是 14 位。MDN 由 3 个部分组成：MDN＝国家码＋国内地区码＋用户号码。具体格式如图 5.24 所示。

国家码（MCC）	国内地区码（NDC）	用户号码（SN）
3位数字	3位数字	8/9位数字

图 5.24　移动电话簿号码格式

国家码：中国为 086。
国内地区码：中国为 133。
用户号码：前 3 位为移动交换局端局号码，即 HLR 地址。
例如，086-133-045-67890。

8. 移动用户临时本地电话号码

移动用户临时本地电话号码（TLDN）的构成与 MDN 相同，在移动用户漫游到其他服务区时使用。该号码为预留的、不能被用户使用的电话号码。

当移动用户漫游到其他服务区时，由移动用户目前所在的移动交换中心和访问位置寄存器为寻址该用户临时分配给移动用户的号码，用于路由选择。当 MS 离开该区域后，VLR 和 HLR 都要删除该漫游号码，以便再分配给其他 MS 使用。该号码的数量通常按移动用户号码数量的 1%来考虑。

9. 基站识别码

基站识别码（ID）是在一个 CDMA 网络范围内唯一地识别一个基站的号码。其总长为 16b，在中国由各省电信运营商自行分配。

5.3.2 位置更新

当 MS 在 CDMA 系统中移动时，位置是不断变化的。系统要不断地更新 MS 的位置，登记注册就是实现位置更新的手段。

登记注册是 MS 向基站报告其位置、状态、身份标志和其他特征的过程。通过注册，基站可以知道 MS 的位置、等级和通信能力，确定 MS 在寻呼信道的哪个时隙中监听，并能有效地向 MS 发起呼叫等。显然，登记注册是 CDMA 蜂窝移动通信系统中不可少的功能。

CDMA 系统的登记注册主要有以下几种类型：加电注册、关机注册、周期性注册、基于距离注册、基于区域注册、参数变化注册、指令注册、隐含注册和业务信道注册。

1. 加电注册

当 MS 打开电源时要注册，双模 MS（可以工作于两个系统）从其他服务系统切换到 CDMA 系统时也要注册。为了防止电源连续多次地接通和断开而多次注册，通常 MS 要在打开电源后延迟 20s 才予以注册。

2. 关机注册

MS 断开电源时要注册，但只有它在当前服务的系统中已经注册过才进行断电注册，通知系统它不再处于激活状态。

3. 周期性注册

MS 在有规律的间隔内进行登记注册。为了使 MS 按一定的时间间隔进行周期性注册，MS 要设置一种计数器。计数器的最大值受基站控制。当计数值达到最大（或称计满，或称终止）时，MS 即进行一次注册。

周期性注册的好处是不仅能保证系统及时掌握 MS 的状态，而且当 MS 的关机注册没有成功时，系统还会自动删除该 MS 的注册。

周期性注册的时间间隔不宜太长，也不宜太短。如果时间间隔太长，系统不能准确地知道 MS 的位置，这必然要在较多的小区或扇区中对 MS 进行寻呼，从而增大寻呼信道的负荷。相反，如果时间间隔太短，即注册次数过于频繁，虽然系统能较准确地知道 MS 的位置，从而减少寻呼次数，但是因此要增加接入信道的负荷。所以注册周期具有一折中值，能使寻呼信道和接入信道的负荷比较平衡。

4. 基于距离注册

MS 如果与当前的基站和上次注册的基站之间的距离超过了门限值，就要进行注册。MS 根据两个基站的纬度和经度之差来计算自己已经移动的距离，并存储最后进行注册的基站的纬度和经度，从而确定自己最终移动的距离。如果该距离超过了门限值，那么 MS 就进行登记注册。

5. 基于区域注册

当 MS 进入一个新的区域时将会进行登记注册。这些区域是已知系统和网络内的基站群组，可以通过系统参数消息中的 REG-ZONE 字段对基站区域分配进行识别。基于区域的登记注册使得 MS 无论什么时候进入一个新的、在内部存储的被访问过登记区域列表内所没有的区域时，都能够进行登记。当发生登记时，该区域会增加到列表中，在定时器终止之后再在列表中删除该区域。系统接入之后，在每一个区域启动定时器，只有当前服务的区域除外。

为了便于对通信进行控制和管理，把 CDMA 蜂窝通信系统划分为“系统”“网络”“区域”3 个层次。“网络”是“系统”的子集，“区域”是“系统”和“网络”的组成部分（由一组基站组成），系统用“系统”标志（SID）区分，网络用“网络”标志（NID）区分，区域用“区域号”区分。属于一个系统的网络由“系统/网络”标志（SID/NID）区分，属于一个系统中某个网络的区域用“区域号”加上 SID/NID 区分。为了说明问题，图 5.25 绘出一个系统与网络的简例：系统 i 包含 3 个网络，其标志号分别为 t、u、v。在这个系统中的基站可以分别处于 3 个网络（SID＝i，NID＝t）、（SID＝i，NID＝u）和（SID＝i，NID＝v）之中，也可以不处于这 3 个网络之中，以（SID＝i，NID＝o）表示。

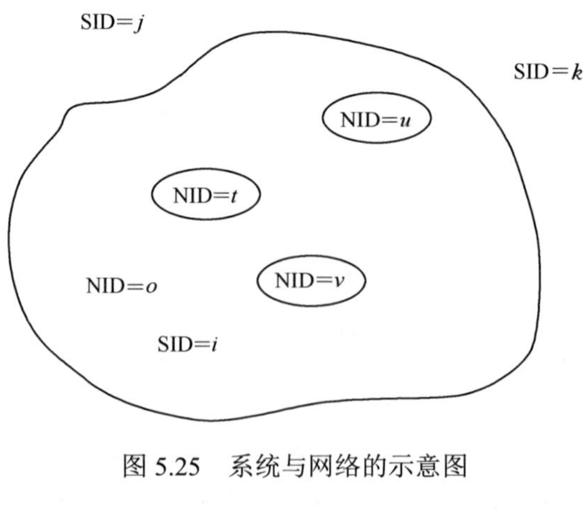

图 5.25 系统与网络的示意图

基站和 MS 都保存一张供 MS 注册用的“区域表格”。

当 MS 进入一个新区，区域表格中没有对它的登记注册时，则 MS 进行以区域为基础的注册。注册的内容包括区域号与 SID/NID。

每次注册成功，基站和 MS 都要更新其存储的区域表格。MS 为区域表格的每一次注册都提供一个计时器，根据计时器的值可以比较表格中各次注册的寿命，一旦发现区域表格中注册的数目超过了允许保存的数目，可根据计时器的值把最早的（即寿命最长的）注册删掉，保证剩下的注册数目不超过允许的数目。允许 MS 注册的最大数目由基站控制，MS 在其区域表格中至少能进行 7 次注册。

为了实现在系统之间和网络之间漫游，MS 要专门建立一种“系统/网络表格”。MS 可在这种表格中存储 4 次注册。每次注册都包括 SID/NID。这种注册有两种类型：一是原籍注册；二是访问注册。如果要存储的 SID/NID 与原籍的 SID/NID 不符，则说明 MS 是漫游者。漫游有两种形式：其一是要注册的 SID/NID 和原籍 SID/NID 的 SID 相同，则 MS 是网络之间的漫游者（或称外来 NID 漫游者）；其二是要注册的 SID/NID 和原籍 SID/NID 中的 SID 不同，则 MS 是系统之间的漫游者（或称外来 SID 漫游者）。

6. 参数变化注册

当 MS 修改其存储的某些参数如首选的时隙周期指数、呼叫终止激活指示符等时，要进行注册。

7. 指令注册

当基站要求 MS 进行登记注册时，基站发送请求指令，MS 就会进行登记注册。

8. 隐含注册

当 MS 成功地发送出一则启动信息或寻呼应答信息时，基站能借此判断出 MS 的位置，不涉及二者之间的任何注册信息的交换，这称为隐含注册（也称为默认注册）。

9. 业务信道注册

只要基站给 MS 分配了业务信道，就有了 MS 的登记消息，基站就会通知 MS 已被注册。

5.3.3　越区切换

在 CDMA 移动通信系统中，切换发生的次数很多，切换的种类也很多。

1. 切换方式

基站和 MS 支持硬切换、软切换和更软切换 3 种切换方式。

（1）硬切换

硬切换采用的是连接之前先断开的方式，即先断开原有的连接，再建立新的连接。这一过程可能存在断开了原有连接，但新的连接没有建立成功的情况，这样 MS 就会失去与网络的连接，通常被称为掉话。GSM 就是采用的这种硬切换的方式。经统计表明，GSM 中 90%的掉话是由越区切换引起的。CDMA 系统也存在硬切换，常见的硬切换有不同 CDMA 系统之间的切换和不同载频之间的切换。

（2）软切换

软切换是指 MS 可以与多个基站同时保持通信，开始与新的基站通信时不立即中断它与原来基站通信的一种切换方式。软切换只能在同一频率的 CDMA 信道中进行。软切换是 CDMA 蜂窝系统独有的切换功能，可有效地提高切换的可靠性，这样大大地减少了出现掉话的概率，而且当 MS 处于小区的边缘上，软切换能提供正向业务信道和反向业务信道的分集，从而保证通信的质量。当 MS 的有多路连接时，对于多路的功率控制信息，以降功率的信令优先，有利于降低 MS 的发射功率，减少干扰，从而提高 CDMA 系统的容量。

藕断丝连——软切换

软切换又分同一 BSC 内的软切换和不同 BSC 内的软切换。对于同一 BSC 内的软切换，反向的两路信号由 BSC 进行帧选择，前向信号由 BSC 进行帧复制；对于不同 BSC 内的软切换，反向的两路信号由始呼 BSC 进行帧选择，前向信号由始呼 BSC 进行帧复制，要求两个 BSC 之间要有连接。

（3）更软切换

更软切换是指在同一 BTS 下，不同小区（扇区）之间的软切换。更软切换进行时，基站处理占一路用户的处理能力；基站发射时占两路用户资源，即占用两路沃尔什码；基站接收时，多路信号运算成一路信号后，传给 BSC。

2. 切换方法

切换的前提是及时了解各基站发射的信号到达 MS 接收地点的强度，因此，MS 必须对基站发出的导频信号不断地进行测量，并把测量结果通知基站。

基站发出的导频信号在使用相同频率时，只由引导 PN 序列的不同偏置来区分，每个可用导频要和与它同一 CDMA 信道中的正向业务信道相配合才有效。当 MS 检测到一个足够强的导频，而该导频未与任何一个正向业务信道相配合时，MS 就向基站发送一则导频测量报告，基站接收到该则导频测量报告后就给 MS 指定一个与该导频相对应的正向业务信道，这样的导频称为激活导频或称为有效导频。

同一 CDMA 信道的导频分为如下 4 类。

1）激活组。激活组是指与分配给 MS 的正向业务信道相结合的导频。

2）候选组。候选组是指未列入激活组，但具有足够强度的导频，它与正向业务信道结合能成功地被解调。

3）邻近组。邻近组是指未列入激活组和候选组，但可作为切换的备用导频。

4）剩余组。剩余组是指未列入上述 3 组的导频。

当 MS 驶向一个基站，然后又离开该基站时，MS 收到该基站的导频强度先由弱变强，再由强变弱，因而该导频信号可能由邻近组和候选组进入激活组，然后又返回邻近组，如图 5.26 所示。

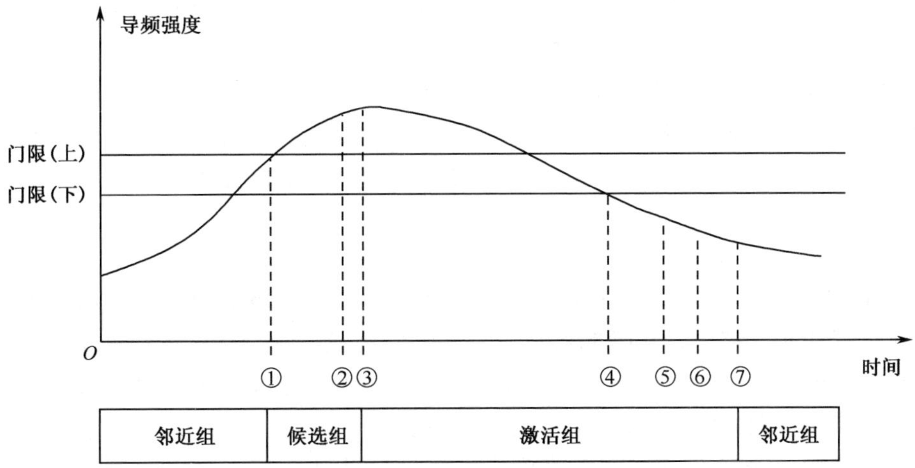

图 5.26　切换门限举例

在此期间，MS 和基站之间的信息交换如下。

1）导频强度超过门限（上），MS 向基站发送一个导频强度测量消息，并把导频转换到候选组。

2）基站向 MS 发送一个切换引导消息。

3）MS 把导频转换到激活组，并向基站发送一个切换完成消息。

4）导频强度降低到门限（下）之下，MS 启动切换下降计时器。

5）切换下降计时器终止，MS 向基站发送一个导频测量消息。

6）基站向 MS 发送一个切换消息。

7）MS 把导频从激活组转移到邻近组，并向基站发送一个切换完成消息。

MS 对其周围基站的导频测量是不断进行的，能及时发现邻近小区中是否出现比导频信号更强的基站。如果邻近基站的导频信号变得比原来呼叫的基站更强，表明 MS 已经进入新的小区，从而可以向这个新的小区切换。

切换受系统控制器的控制。切换不改变 MS 的 PN 码编址。控制器在新的基站中指定一个新的调制解调器（modem），并告诉它使用什么 PN 码编址。该 modem 寻找 MS 的信号并开始向 MS 发送信号。当 MS 发现新基站的信号时，接着向基站报告切换已经成功，然后，系统控制器即把通信转移到新小区的基站，并允许原来基站的 modem 进入空闲状态，以用于新的分配。

5.3.4　鉴权与加密

IS-95 系统中的信息安全主要包含鉴权（认证）与加密两个方面的问题，而且主要是针对数据用户，以确保用户数据的完整性和保密性。鉴权（认证）技术的目的是通过交换 MS 和基站及网络端的信息，以确认 MS 的合法身份；通过鉴权保证用户数据的完整性，防止错误数据的插入和防止正确数据被篡改。加密技术的目的是防止非法用户从信道中窃取合法用户正在传送的信息，它包括：信令加密，由每个呼叫单独控制的；语音加密，通过采用专用长码进行伪码扩频来实现的；数据加密，采用一个 m 序列（一般

取 $m=2^{42}-1$），线性移位寄存序列通过一个非线性组合滤波后产生密钥流作为密码来实现加密。

在 IS-95 系统中，鉴权是 MS 与网络双方处理并认证一组完全相同的共享加密数据 SSD。SSD 存储在 MS 和网络端 HLR/AC 之中，共计 128b 数据，并分为两半：一半 SSD-A，为 64b，用于支持鉴权；另一半 SSD-B，也是 64b，用于支持加密。

1. 鉴权

在 IS-95 标准中，定义了下列两个鉴权过程：全局查询鉴权和唯一查询鉴权。全局查询鉴权包括注册鉴权、发起呼叫鉴权、寻呼响应鉴权。唯一查询鉴权在上、下行业务信道或寻呼信道上启动，基站在下列情况下启动该过程：注册鉴权失败、发起呼叫鉴权失败、寻呼响应鉴权失败或信道指配后的任何时候。

鉴权基本原理是要在通信双方都产生一组鉴权认证参数，这组数据必须满足下列特性：

1）通信双方、MS 与网络端均能独立产生这组鉴权认证数据。

2）必须具有被认证的 MS 用户的特征信息。

3）具有很强的保密性能，不易被窃取，不易被复制。

4）具有更新的功能。

5）产生方法应具有通用性和可操作性，以保证认证双方和不同认证场合产生规律的一致性。

满足上述 5 点特性的具体产生过程如图 5.27 所示。

IS-95 系统的鉴权认证过程涉及以下几项关键技术：共享保密数据 SSD 的产生、鉴权认证算法、共享保密数据 SSD 的更新。

（1）SSD 的产生

SSD 是存储在移动台 UIM 卡中 128b 的共享保密数据，其产生框图如图 5.28 所示。SSD 的输入参数组有 3 部分，共计 152b，其中包括：共享保密的随机数据 RANDSSD，56b；MS 电子序号 ESN，32b；鉴权密钥（A 钥），64b。连同填充 40b，共计 192b，可分为 3×64b，以便于 SSD 的生成。它的生成采用了 DES 标准，进行 16 次迭代运算。SSD 输出两组数据：SSD-A-New，是供鉴权用的共享加密数据；SSD-B-New，是供加密用的共享加密数据。

（2）鉴权认证算法

鉴权认证算法实现原理如图 5.29 所示。这一部分是鉴权认证的核心，鉴权认证输入参数组合有 5 组参数：随机查询数据 RAND-BS，32b；MS 电子序号 ESN，32b；MS 识别号第一部分，24b；更新后的共享保密数据 SSD-A-New，64b；填充，24b 或 40b。鉴权核心算法包括以下两步：

1）通过上述 5 组参数，利用单向函数，产生鉴权所需的候选数据组。

2）从鉴权认证的候选数据组中摘要抽取的 18b 正式鉴权认证数据 AUTHBS，供鉴权认证比较用。如果 MS 侧和基站侧计算出的 AUTHBS 相同，则表明鉴权成功。IS-95 系统中的各类鉴权具体实现上的差异主要在于算法输入参数上的不同。

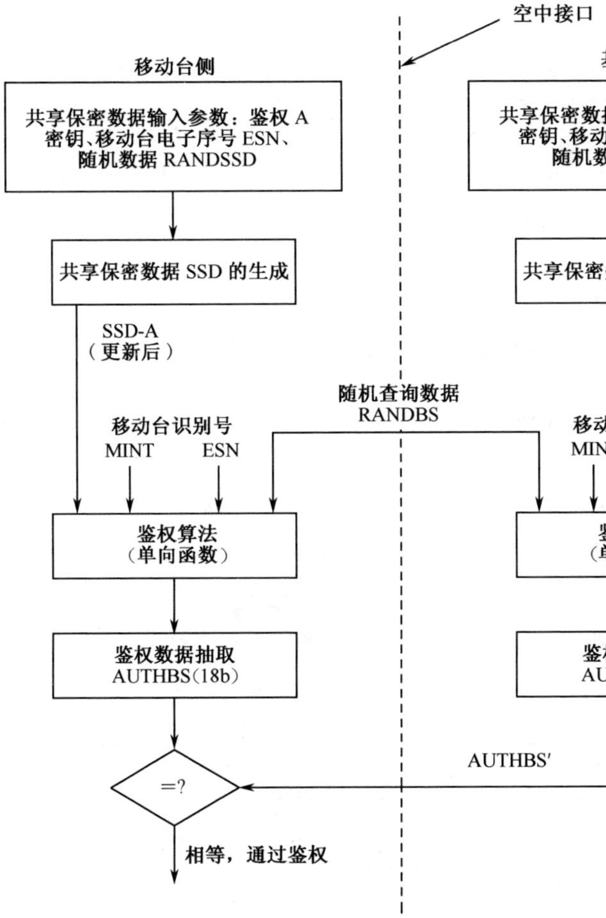

图 5.27　鉴权认证技术原理图

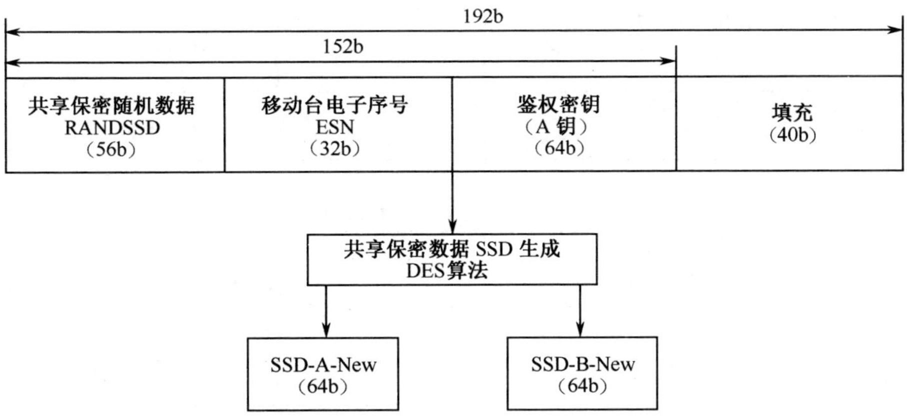

图 5.28　共享保密数据 SSD 的产生原理图

（3）SSD 的更新

为了使鉴权认证数据 AUTHBS 具有不断随用户变化的特性，要求共享保密数据具有不断更新的功能。SSD 的更新原理如图 5.30 所示。

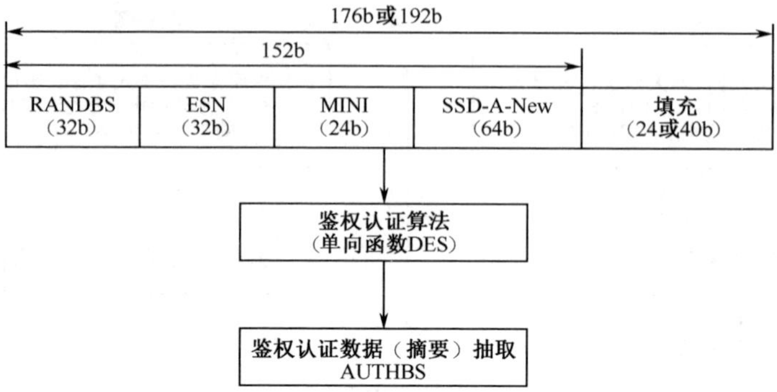

图 5.29　鉴权认证算法实现原理

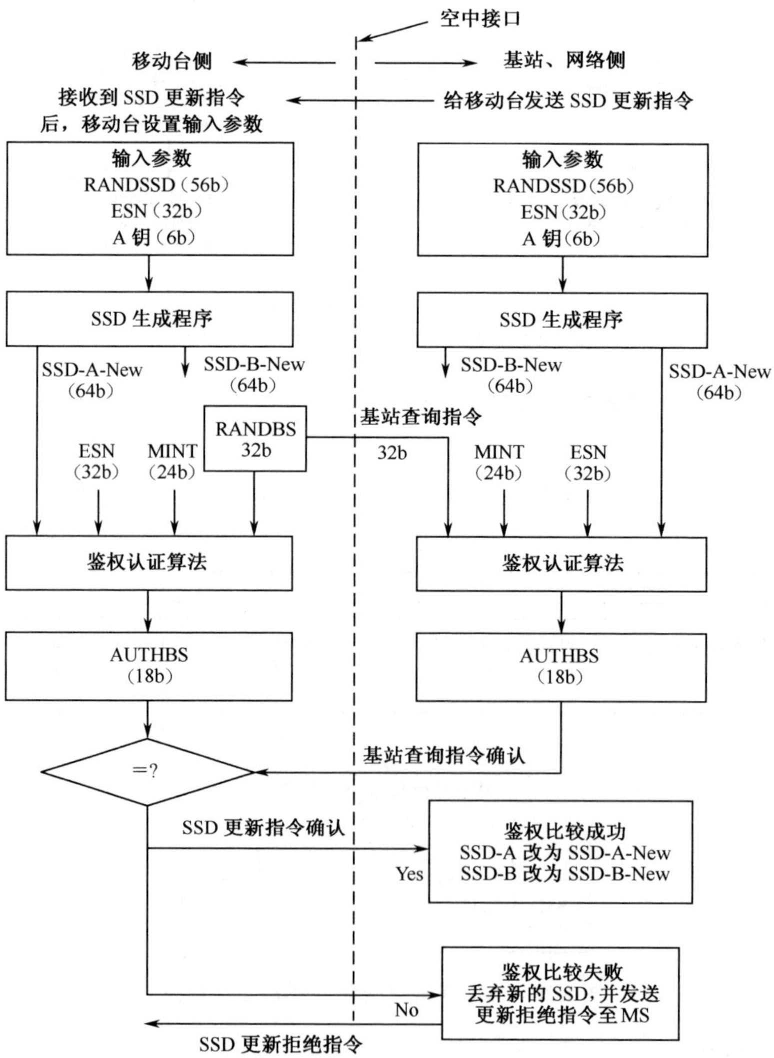

图 5.30　SSD 的更新原理

SSD 的更新指令由基站侧发出，MS 收到 SSD 的更新指令后，基站和 MS 同时根据 RANDSSD、ESN 和 A 钥参数生成新的 SSD（SSD-A-New，SSD-B-New）。MS 再根据 SSD-A-New、ESN、MINT 和 RANDBS 计算出 AUTHBS，基站收到 MS 发来的 RANDBS 后，也进行相同的计算，得到 AUTHBS。这时基站查询 MS 的 AUTHBS，如果 AUTHBS 相同，则表明 SSD 的更新成功，SSD-A 改为 SSD-A-New，SSD-B 改为 SSD-B-New。如果 AUTHBS 不同，则丢弃新的 SSD，并给 MS 发送更新拒绝指令，再给 MS 重新发送 SSD 的更新指令，直到 SSD 的更新成功。

2. 加密

(1) 按业务类型分类

IS-95 系统可以对下列不同业务类型进行加密。

1）信令消息加密：为了加强鉴权过程和保护用户的敏感信息，一种有效的方法是对所选业务信道中信令消息的某些字段进行加密。信令消息加密是由每个呼叫在信道指配时通过加密消息中信令加密字段的值来设定呼叫的初始加密模式。一般来讲，00 为不加密消息，01 为加密消息。IS-95 既没有讨论也没有列出要加密的消息和字段，其原因是加密算法的使用完全受控于美国国际武器贸易条例（ITAR）的出口管理规则。

2）语音消息加密：在 IS-95 系统中，语音保密是通过 $m=2^{42}-1$ 的伪码序列进行掩码来实现的。

3）数据消息加密：它是指对信源消息的加密，不同于语音信息对信道传送扩频信号的加密。实现数据消息加密主要采用两种方式：外部加密方式和内部加密方式。

(2) 按加密模式分类

IS-95 系统就业务而言，可以分为信令、语音与数据加密，但是就加密模式而言，则可分为两大类型：信源消息加密和信道输入信号加密。

1）信源消息加密：无论信源给出的是信令、语音还是数据消息，若加密对象是未调制与扩频基带信号，则称为信源消息加密。对这类信源消息加密主要采用两种方式。

外部加密方式：先加密，后信道编码方案，如图 5.31 所示。

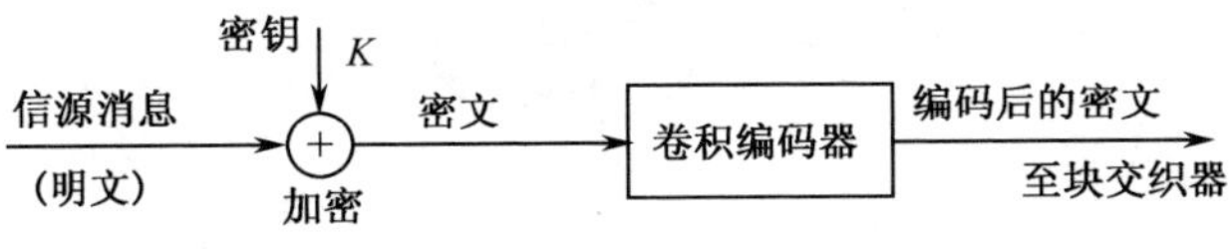

图 5.31　外部加密方式框图

内部加密方式：先信道编码，后加密方案，如图 5.32 所示。

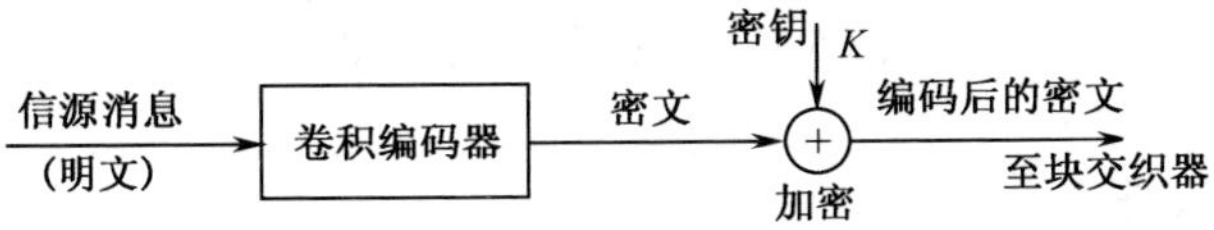

图 5.32　内部加密方式框图

上述两种加密方式均属于序列（流）加密方式，可以用伪码序列的非线性组合（滤波）方式来产生密钥序列。

2）信道输入信号加密：这类加密方式是对输入信道的信号进行扩频掩盖加密，以达到保密传送信息数据的目的。在 IS-95 系统中，语音加密采用这类方式。具体实现时，先对信道编码交织后的语音/数据消息进行以掩盖为目的的扰码，然后进行沃尔什码扩频。由于采用了伪随机信号扩频，若不知长码掩码和扩频码的有关参数，那么即使窃取信号也无法解扩、解调，故能达到加密的目的。

学习任务 5.4　理解 CDMA 系统的呼叫处理

5.4.1　MS 呼叫处理

MS 呼叫处理状态如图 5.33 所示。

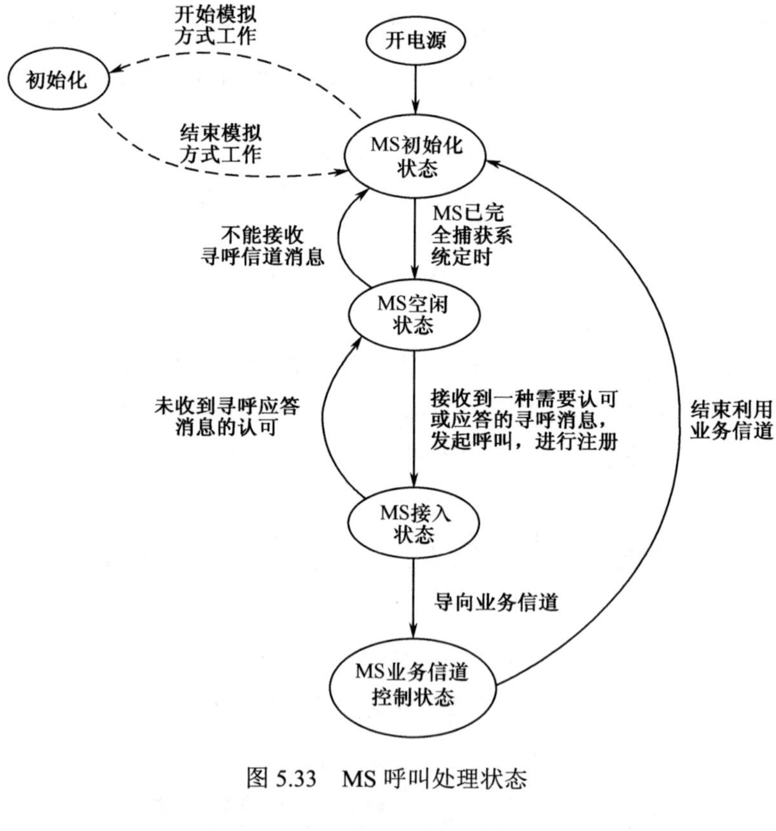

图 5.33　MS 呼叫处理状态

1. MS 初始化状态

MS 接通电源后就进入“初始化状态”。在此状态中，MS 首先判定它是要在模拟系统中工作还是要在 CDMA 系统中工作。如果是后者，那么它就不断地检测周围各基站发来的导频信号和同步信道。各基站使用相同的引导 PN 序列，但其偏置各不相同。MS 只要改变其本地 PN 序列的偏置，就很容易测出周围有哪些基站在发送导频信号。MS 比较这些导频信号的强度即可判断出自己处于哪个小区，因为一般情况下，最强的信号是距离最近的基站发送的。MS 在选择基站后，在同步信道上检测出所需的同步信息，在获得系统的同步信息后，把自己响应的时间参数进行调整，与该基站同步。

2. MS 空闲状态

MS 在完成同步和定时后，即由初始化状态进入“空闲状态”。在此状态中，MS 可接收外来的呼叫，可发起呼叫和登记注册的处理，还能制定所需的码信道和数据率。

MS 的工作模式有两种：一种是时隙工作模式，另一种是非时隙工作模式。如果是后者，那么 MS 要一直监听寻呼信道；如果是前者，那么 MS 只需在其指配的时隙中监听寻呼信道，其他时间可以关掉接收机（有利于节电）。

3. MS 接入状态

如果 MS 要发起呼叫，或者要进行注册登记，或者收到一种需要认可或应答的寻呼信息，那么 MS 即进入“系统接入状态”，并在接入信道上向基站发送有关的信息。这些信息可分为两类：一类属于应答信息（被动发送），另一类属于请求信息（主动发送）。

MS 在接入状态开始向基站发送信息时，应该使用多大的功率电平呢？为了防止 MS 一开始就使用过大的功率，增大不必要的干扰，这里采用一种“接入尝试”程序，它实质上是一个功率逐步增大的过程。一次接入尝试是指传送一个信息直到收到该信息并认可的整个过程，一次接入尝试包括多次“接入探测”。一次接入尝试的多次接入探测都传送同一信息。把一次接入尝试中的多个接入探测分成一个或多个“接入探测序列”，同一个接入探测序列所含多个接入探测都在同一接入信道发送（此接入信道是在与当前所用寻呼信道对应的全部接入信道中随机选择的）。各接入探测序列的第一个接入探测根据额定开环功率所规定的电平进行发送，其后每个接入探测所用的功率均比前一接入探测提高一个规定量。

接入探测和接入探测序列都是分时隙发送的，每次传输接入探测序列之前，MS 都要产生一个随机数 R，并把接入探测序列的传输时间延迟 R 个时隙。如果接入尝试属于接入信道请求，还要增加一附加时延（PD 个时隙），供 MS 测试接入信道的时隙。只有测试通过了，探测序列的第一个接入探测才在那个时隙开始传输，否则要延迟到下一个时隙进行测试后再定。

在传输一个接入探测之后，MS 要从时隙末端开始等候规定的时间 TA，以接收基站发来的认可信息。如果接收到认可信息，则尝试结束；如果接收不到认可信息，则下一个接入探测在延迟一定时间 RT 后被发送。图 5.34 是这种接入尝试的示意图。图中，IP 为初始开环功率；PD 为测试接入信道附加时延（逐个时隙进行延时，直到坚持性测试完成）；PI 为功率增量（0～7dB）；RS 为序列补偿时延（0～16 个时隙），RT 为探测补偿时延（0～16 个时隙）；TA 为等待认可时延（160～1360ms）。

在发送每个接入探测之前，MS 要关掉其发射机。

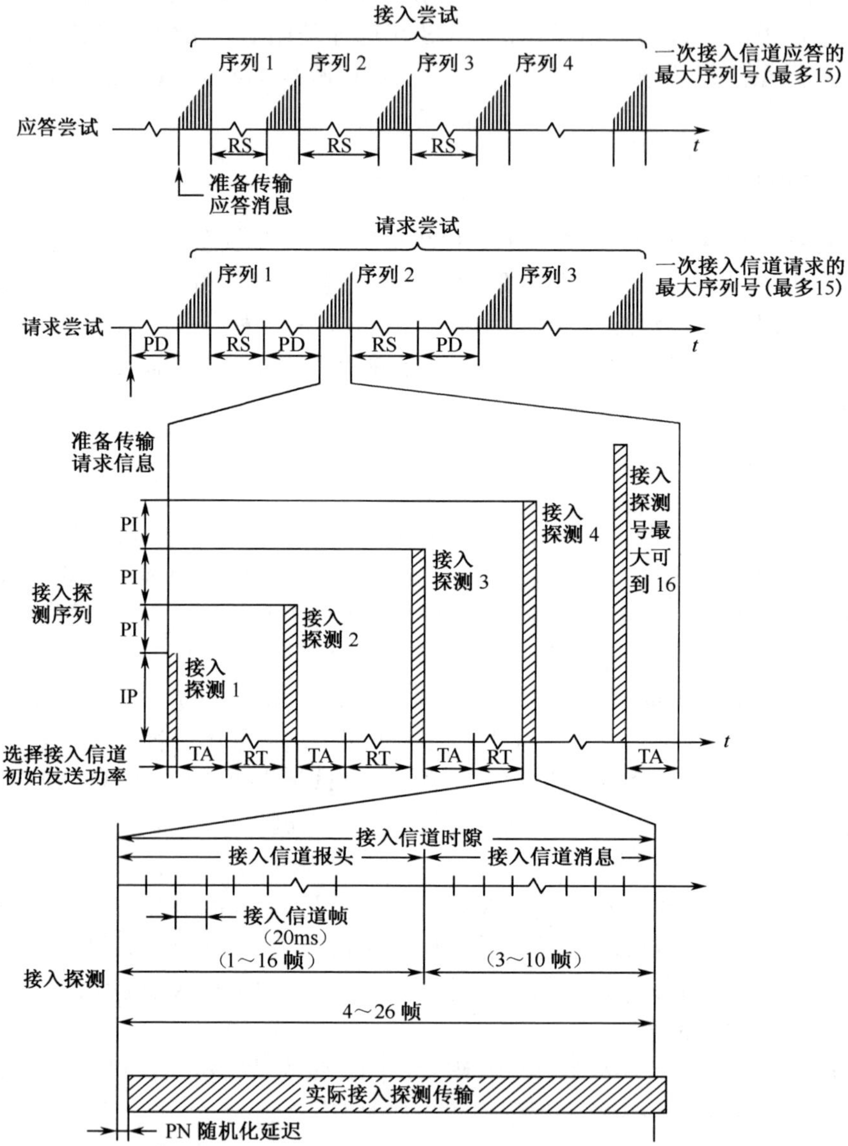

图 5.34　接入尝试示意图

4. MS 业务信道控制状态

在此状态中，MS 和基站利用反向业务信道和正向业务信道进行信息交换。比较特殊的是：

1）为了支持正向业务信道进行功率控制，MS 要向基站报告帧错误率的统计数字。如果基站授权它做周期性报告，则 MS 在规定的时间间隔，定期向基站报告统计数字；

如果基站授权它做门限报告，则 MS 只在帧错误率达到规定的门限时，才向基站报告其统计数字。周期性报告和门限报告也可以同时授权或同时废权。

为此，MS 要连续地对它收到的帧总数和错误帧数进行统计。

2）无论 MS 还是基站都可以申请“服务选择”。基站在发送寻呼信息或在业务信道工作时，能申请服务选择。MS 在发起呼叫、向寻呼信息应答或在业务信道工作时，都能申请服务选择。如果 MS（BS）的服务选择申请是 BS（MS）可以接受的，则它们开始使用新的服务选择。如果 MS（BS）的服务选择申请是 BS（MS）不能接受的，则 BS（MS）拒绝这次服务选择申请，或提出另外的服务选择申请。MS（BS）对 BS（MS）所提另外的服务选择申请也可以接受、拒绝或再提出另外的服务选择申请。

这种反复的过程称为“服务选择协商”。当 MS 和基站找到双方可接受的服务选择或找不到双方可接受的服务选择时，这种协商过程就结束了。

MS 和基站使用“服务选择申请指令”来申请服务选择或建立另一种服务选择，而用“服务选择应答指令”去接受或拒绝服务选择申请。

5.4.2　基站呼叫处理

基站呼叫处理比较简单，包含以下 4 个过程：

1）导频和同步信道处理。在此期间，基站发送导频信号和同步信号，使 MS 捕获和同步到 CDMA 信道。同时 MS 处于初始化状态。

2）寻呼信道处理。在此期间，基站发送寻呼信号，同时 MS 处于空闲状态或系统接入状态。

3）接入信道处理。在此期间，基站监听接入信道，以接收 MS 发来的信息。同时 MS 处于系统接入状态。

4）业务信道处理。在此期间，基站用正向业务信道和反向业务信道与 MS 交换信息。同时 MS 处于业务信道控制状态。

5.4.3　呼叫流程图

呼叫流程分多种情况，下面分别给出几种不同情况下的呼叫流程图。

1. 由 MS 发起的呼叫

由 MS 发起的呼叫的简化流程图如图 5.35 所示。

2. 以 MS 为终点的呼叫

以 MS 为终点的呼叫的简化流程图如图 5.36 所示。

3. 软切换期间的呼叫处理

图 5.37 所示为软切换期间，由基站 A 向基站 B 进行软切换的例子。

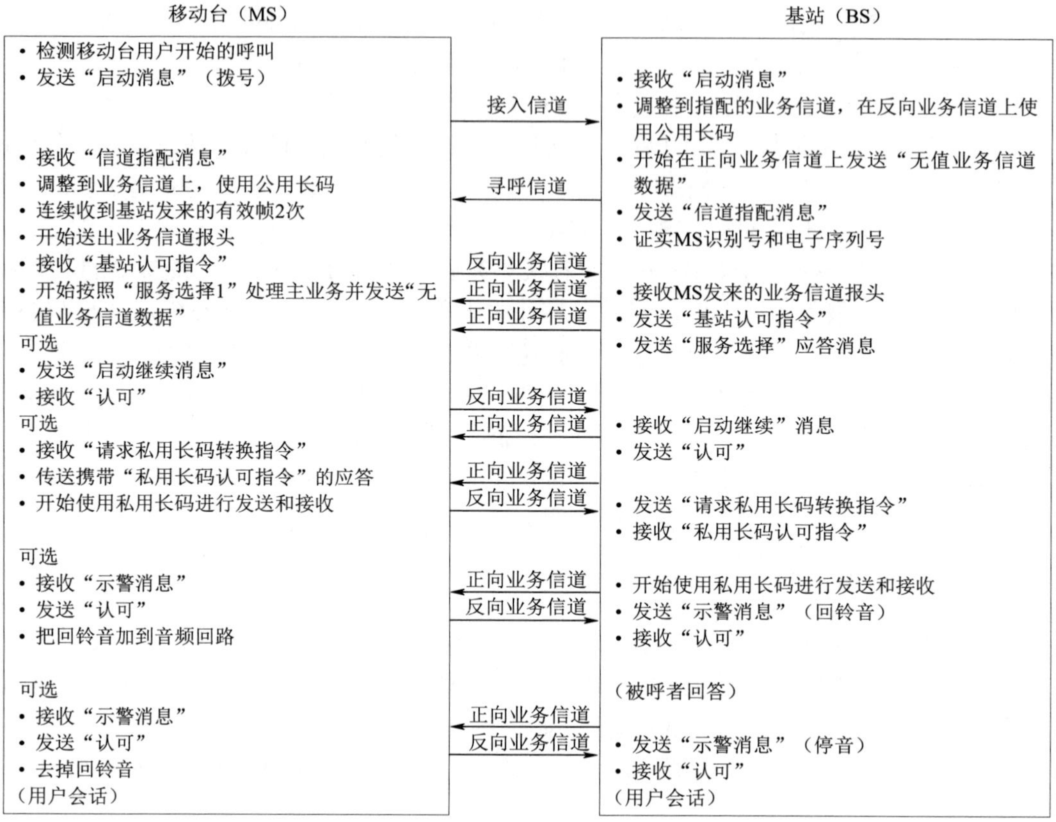

图 5.35 由 MS 发起的呼叫的简化流程图（使用服务选择 1）

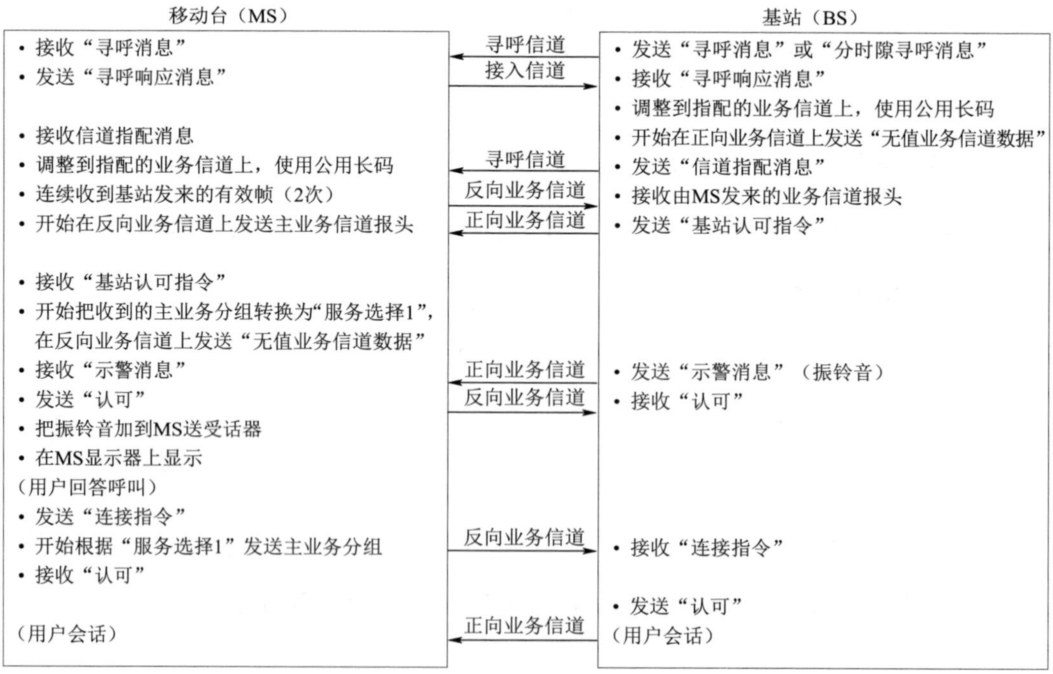

图 5.36 以 MS 为终点的呼叫的简化流程图（使用服务选择 1）

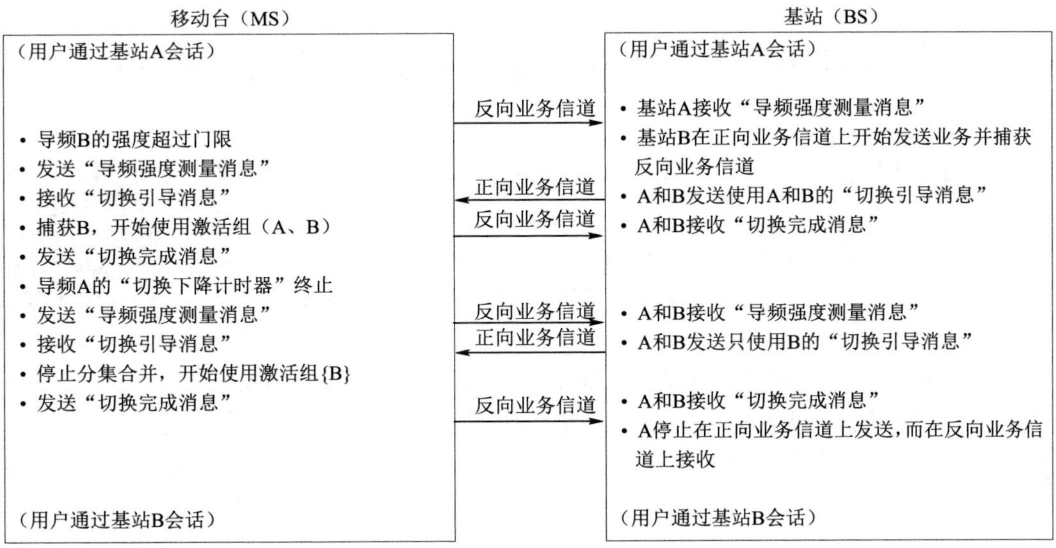

图 5.37　软切换期间的呼叫处理

4. 连续软切换期间的呼叫处理

连续软切换期间的呼叫处理如图 5.38 所示。MS 由一对基站 A 和 B，通过另一对基站 B 和 C，向基站 C 进行软切换。

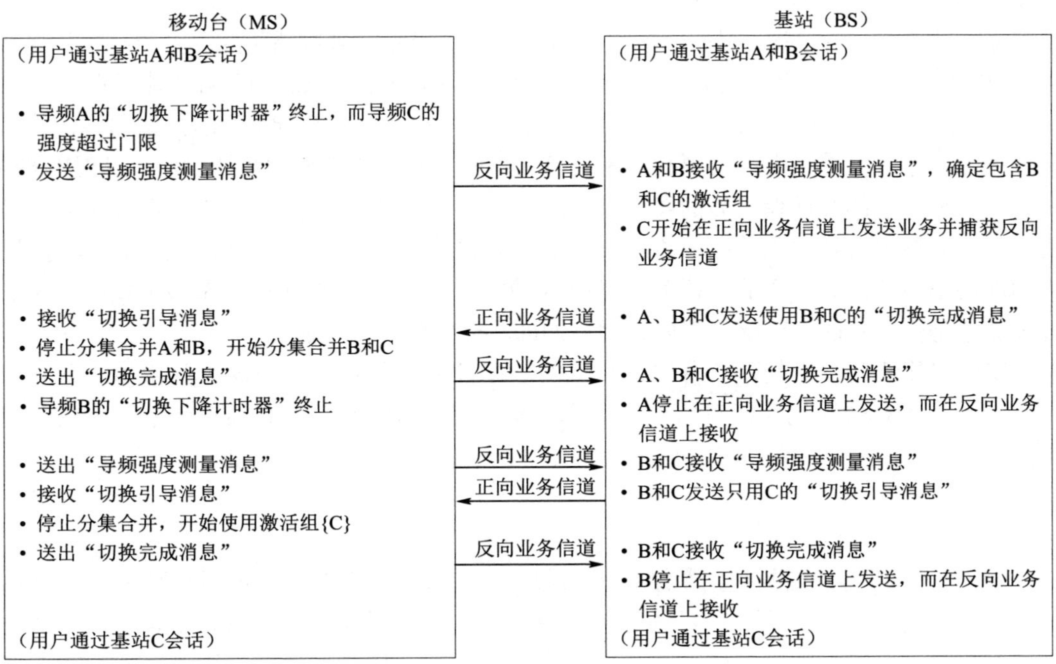

图 5.38　连续软切换期间的呼叫处理

学习任务 5.5　掌握 CDMA 系统的功率控制

CDMA 系统是一种自干扰系统，由于所有的 MS 在相同的频段传送信号，系统内产生的内在干扰在决定系统容量和语音质量方面起到了关键作用，因此必须对来自每个 MS 的发射功率进行控制，从而限制干扰。然而，发射功率电平值必须足够，使语音质量达到比较满意的程度。

降低干扰的灵丹妙药
——功率控制

CDMA 系统功率控制的最基本原则是，在满足系统规定的信噪比的前提下，尽可能降低发射功率，以降低相互之间的干扰，从而提高系统容量。

为了减少对外干扰，MS 先以小功率发射，再逐渐增大。无论是前向信道还是反向信道都要进行功率控制，功率控制分为开环功率控制和反向闭环功率控制。

5.5.1　开环功率控制

1. MS 的开环功率控制

MS 的开环功率控制是指 MS 根据接收的基站信号强度来调节 MS 发射功率的过程。其目的是使所有 MS 到达基站的信号功率相等，以免因“远近效应”影响扩频 CDMA 系统对码分信号的接收。

系统内的每一个 MS，根据所接收的前向链路信号强度来判断传播路径损耗，并调节 MS 的发射功率。接收的信号越强，MS 的发射功率应越小。MS 的开环功率控制机理如图 5.39 所示。图 5.39（a）所示为 MS 接收来自基站的信号强度与距离的关系曲线，其信号强度是考虑了对数正态的阴影和瑞利衰落的影响，并给出了平均路径损耗。图 5.39（b）所示为 MS 理想的开环调节后的发射功率；图 5.39（c）所示为基站接收来自 MS 的信号功率。必须指出的是，当前向链路和反向链路的载波频率之差大于无线信道相关带宽时，因为前向信道和反向信道的不相关性，这种依据前向信道信号电平来调节 MS 发射功率的开环调节是不完善的。对此，需要采用后面即将介绍的闭环控制。

MS 的开环功率控制是一种快速响应的功率控制，其响应时间仅为几微秒。开环功率控制是为了补偿平均路径衰落的变化和阴影、拐弯等效应，它必须有一个很大的动态范围。IS-95 系统空中接口规定开环功率控制动态范围是－32～＋32dB。

2. 基站的开环功率控制

基站的开环功率控制是指基站根据接收的每个 MS 传送的信号质量信息来调节基站业务信道发射功率的过程。其目的是使所有 MS 在保证通信质量的条件下，基站台的发射功率为最小。因为前向链路功率控制将影响众多移动用户的通信，所以每次的功率调节量很小，仅为 0.5dB；调节的动态范围也有限，为标称功率的±6dB；调节速率也较低，为每次 15～20ms。

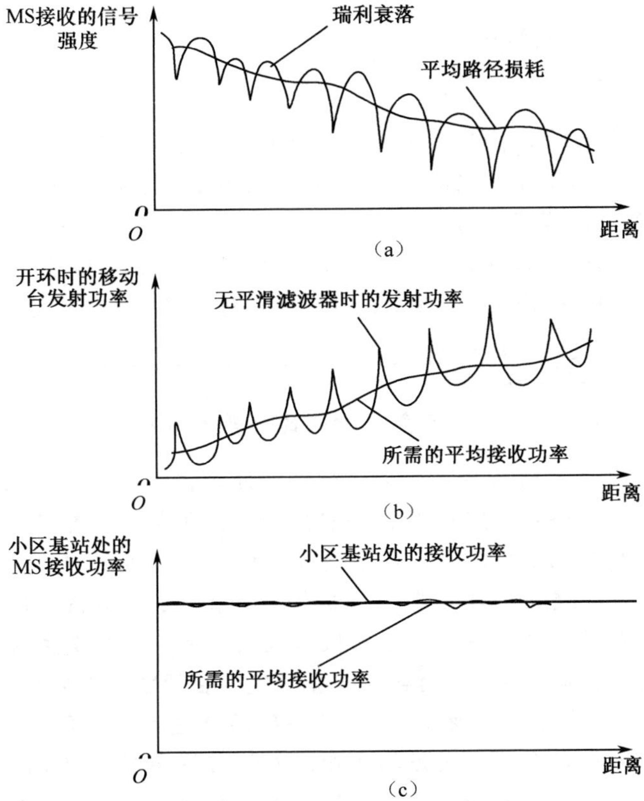

图 5.39　MS 的开环功率控制机理

5.5.2　反向闭环功率控制

1. 反向闭环功率控制的目的

在开环功率控制中，MS 发射功率的调节是基于前向信道的信号强度，信号强时发射功率调小，信号弱时发射功率增大。但是，当前向和反向信道的衰落特性不相关时，基于前向信道的信号测量是不能反映反向信道传播特性的。因此，开环功率控制仅是一种对 MS 平均发射功率的调节。为了能估算出瑞利衰落信道下对 MS 发射功率的调节量，则需要采用闭环功率控制的方法。反向闭环功率控制的目的是使基站对 MS 的开环功率估计迅速做出纠正，以使 MS 保持最理想的发射功率。

2. 功率控制的闭环调节

反向闭环功率控制是指 MS 根据基站台发送的功率控制指令（功率控制比特携带的信息）来调节 MS 的发射功率的过程。基站测量所接收到的每一个 MS 的信噪比，都与一个门限相比较，决定发给 MS 的功率控制指令是增大还是减小它的发射功率。MS 将接收到的功率控制指令与 MS 的开环估算相结合，来确定 MS 闭环控制应发射的功率值。在功率控制的闭环调节中，基站起主导作用。

3. 反向闭环功率控制的指标

（1）功率控制比特

基站的功率控制指令是由功率控制比特传送的。当功率控制比特为“0”时，表示要增加发射功率；当功率控制比特为“1”时，表示要减小发射功率。

（2）闭环功率控制调节能力

MS 功率控制的闭环校正能力为每一功率控制比特的功率校正为 0.3dB，并应在 500μs 内完成。MS 闭环功率控制调节范围为开环估计输出功率电平的±24dB。

移动通信小百科之科学思维

后香农时代的科学思维观

CDMA 移动通信系统采用扩频通信的信号处理技术，其理论基础就是信息论中关于信息容量的香农公式。1948 年，香农博士提出了著名的香农定理，此后，香农定理成为现代信息论的基础理论，在通信和数据存储领域得到了广泛应用，并为之后通信的发展打下了坚实的理论基础。香农定理给出了信道信息传送速率的上限和信道信噪比及带宽的关系。信道的香农极限指的是在会随机发生误码的信道上进行无差错传输的最大传输速率，它的存在是香农定理在带宽有限的信道上的一个结论。

基于香农定理，信息产业才有了 50 多年的高速发展，并发明了一代又一代的通信产品。未来，人类社会将进入万物感知、万物互联和万物智能的智能社会，并由此催生新的工作、生产和生活模式，这些都与香农时代发生了根本性的变化。与此同时，随着社会进入 5G 时代，几乎达到了香农定理的极限，这些新场景、新问题和新挑战，标志着通信技术进入了后香农时代。

在 2016 年 5 月 30 日召开的全国科技创新大会上，华为科技有限公司总裁任正非在发言中说道，华为正在本行业逐步攻入无人区，处在无人领航、无既定规则、无人跟随的困境。华为跟着人跑的“机会主义”高速度会逐步慢下来，创立引导理论的责任已经到来。

后香农时代的科学思维观一定要注重科学创新，重大创新是无人区的生存法则。没有理论突破、没有技术突破、没有大量的技术积累，就不可能产生爆发性创新。科学是脑，技术是手。因此，理论突破和基础技术的发明，一定要依靠数学、物理学、化学等学科的基础研究，如果科学不能取得突破，那么技术就成为无源之水、无根之木。

小　结

1. CDMA 的基本原理

扩频通信是一种把信息的频谱展宽之后再进行传输的技术，是利用扩频码发生器产生扩频序列去调制数字信号以展宽信号的频谱的技术。扩频通信与 CDMA 的关系是，CDMA 只能由扩频技术来实现，而扩频通信技术并不意味着 CDMA。由于扩频通信扩展了信号的频谱，因此它具有一系列优于窄带通信的性能。扩频通信可以提高通信的抗干扰能力，即在强干扰条件下保证可靠、安全的通信。

在 CDMA 数字蜂窝移动通信系统中，扩频码和地址码的选择至关重要。它关系到系统的抗多径干扰、抗多址干扰的能力，关系到信息数据的保密和隐蔽，关系到捕获和同步系统的实现。通常将伪随机序列（PN 码）用作扩频码，而就地址码而言，则采用沃尔什码。伪随机序列（PN 码）具有类似于随机噪声的一些统计特性，同时又便于重复和处理，具有准正交特性。沃尔什码的产生很有规则，也很简单，在完全同步的条件下具有正交特性。CDMA 蜂窝系统码的速率规定为 1.2288MHz。

在 CDMA 网络中用到了 3 种码：短码用于区分不同的小区；长码用于区分不同的反向信道；沃尔什码用于区分不同的前向信道。从解调信号的过程中，可以看出无论是解调前向信道还是反向信道，在解调出有用信号的同时，都会附带其他信号。虽然能量很小，但始终存在，这对通信来讲就是一种干扰。因此也称 CDMA 系统是一种自干扰系统。

前向信道有导频信道、同步信道、寻呼信道和业务信道。W_0^{64} 用于导频信道，$W_{1\sim7}^{64}$ 用于寻呼信道，W_{32}^{64} 用于同步信道，其余的用于前向业务信道。反向信道有反向接入信道和反向业务信道。反向信道使用长码来区分。

2. CDMA 移动通信系统的特点与结构

CDMA 移动通信系统采用扩频通信的信号处理技术及 CDMA 的技术，为系统带来了许多独特的优点，主要包括大容量、软容量、软切换、高语音质量和低发射功率、语音激活、保密性好。IS-95 标准定义的 CDMA 移动通信系统由 4 部分组成：移动台（MS）、基站系统（BSS）、网络交换子系统（NSS）和操作维护子系统（OMS）。

3. CDMA 系统的移动性管理

CDMA 系统的移动性管理主要包括 CDMA 网络使用的识别号码、位置更新、切换和鉴权与加密。识别号码有系统识别码（SID）、网络识别码（NID）、登记区识别码（REG-ZONE）、电子序号（ESN）、国际移动用户识别码（IMSI）、临时移动用户识别码（TMSI）、移动电话簿号码（MDN）、移动用户临时本地电话号码（TLDN）、基站识别码（ID）等。CDMA 系统的登记注册主要有以下几种类型：加电注册、关机注册、周期性注册、基于距离注册、基于区域注册、参数变化注册、指令注册、隐含注册和业务信道注册。切换分成 3 类：硬切换、软切换和更软切换。在 IS-95 系统中，鉴权是 MS 与网络双方处理并认证一组完全相同的共享加密数据 SSD。SSD 存储在 MS 和网络端 HLR/AC 之中，共计 128b 数据，并分为两半：一半 SSD-A，为 64b，用于支持鉴权；另一半 SSD-B，也是 64b，用于支持加密。IS-95 系统的鉴权认证过程涉及几项关键技术：共享保密数据 SSD 的产生；鉴权认证算法；共享保密数据 SSD 的更新。加密可以分为信令、语音与数据加密，但是就加密模式而言，加密可分为两大类型：信源消息加密和信道输入信号加密。

4. CDMA 系统的呼叫处理

MS 呼叫处理状态包括 MS 初始化状态、MS 空闲状态、系统接入状态、MS 业务信道控制状态。基站呼叫处理包括导频和同步信道处理、寻呼信道处理、接入信道处理、业务信道处理。

5. CDMA 系统的功率控制

CDMA 系统的功率控制的最基本原则是，在满足系统规定的信噪比的前提下，尽可能降低发射功率，以降低相互之间的干扰，从而提高系统容量。为了减少对外干扰，MS 先以小功率发射，再逐渐增大。无论是前向信道还是反向信道都要进行功率控制，功率控制分开环功率控制和反向闭环功率控制。

练习题与思考题

1. 什么是 CDMA 移动通信系统？它有什么特点？
2. 为什么说 CDMA 蜂窝移动通信系统与 FDMA 模拟蜂窝通信系统或 TDMA 数字蜂窝移动通信系统相比具有更大的系统容量？
3. CDMA 蜂窝移动通信系统的软容量体现在哪些方面？
4. 什么是语音激活技术？
5. IS-95 标准定义的 CDMA 移动通信系统由哪些功能实体组成?各功能实体的功能是什么？
6. 简述扩频通信的原理。
7. 扩频通信的理论基础是什么？
8. 理想的地址码和扩频码应具有什么特性？
9. 沃尔什码是如何产生的？
10. 简述把 CDMA 蜂窝系统码的速率规定为 1.2288MHz 的原因。
11. 简述 CDMA 是怎样在 CDMA 网络中实现的。
12. IS-95 CDMA 系统定义的信道有哪些？说明各个信道的功能和结构。
13. CDMA 网络主要使用的识别码有哪些？
14. 什么是登记注册？在 CDMA 移动通信系统中，MS 怎样进行登记注册？
15. 解释 CDMA 移动通信系统中的 MS 基于区域的注册。
16. CDMA 移动通信系统提供了哪些切换方式？切换是怎样实现的？
17. 在 IS-95 CDMA 系统中，定义了哪两个鉴权过程？鉴权认证过程涉及哪几项关键技术？
18. IS-95 CDMA 系统可以对哪些不同业务类型进行加密？就加密模式而言，可以分为哪两大类型？
19. 解释 MS 呼叫处理状态及各状态之间的关系。
20. 简述基站呼叫处理的 4 个过程。
21. 简述由 MS 发起呼叫的呼叫流程。
22. CDMA 系统中含有哪些功率控制技术？各功率控制技术的功控范围是多少？分别适用于什么情况？

实践训练任务工单 5

专业：________________　　班级：________________

姓名：________________　　学号：________________

实训名称： CDMA 系统自干扰特性分析。

实训目的： 能够画出由数字电路产生的伪随机序列示意图，能够分析伪随机序列的自相关特性并画出函数曲线，能够说出 CDMA 系统是一种自干扰系统的原因，帮助学生树立善于发现问题、分析问题的科学思维观。

任务描述

在 CDMA 数字蜂窝移动通信系统中，短码由一个 15 位长的移位寄存器产生的伪随机序列构成，用于区分不同的小区，但为什么说是由于这种伪随机序列的自相关特性，导致了 CDMA 系统是一个自干扰系统呢？实训要求设计出由 4 个位移寄存器产生码长为 15 位的伪随机序列的示意图，讨论同一伪随机序列的自相关性，并画出归一化伪随机序列自相关性函数曲线。

任务实施

1. 根据 CDMA 编码理论模型知识，画出由 4 个位移寄存器产生码长为 15 位的伪随机序列的示意图，并讨论同一伪随机序列的自相关性。

2. 画出归一化伪随机序列自相关性函数曲线，分析为什么说 CDMA 系统也称为自干扰系统？随着码序列变长，这种干扰值为何变小?

任务总结

1. 任务讨论总结

2. 任务实施总结

模块 6

第三代移动通信系统（3G）

本模块介绍同时支持语音和各种多媒体业务的第三代移动通信系统（3G），主要内容包括 3G 的特点和网络结构，CDMA2000、TD-SCDMA 和 WCDMA 3 个主流标准的物理信道、码资源、物理层处理过程和关键技术。通过学习本模块，学习者可以熟悉 3G 的 3 个主流标准的网络结构和关键技术，理解其工作原理，为从事 3G 移动通信系统的网络优化和运行维护等工作奠定基础。

知识目标

- 掌握第三代移动通信的特点和系统组成结构。
- 了解第三代移动通信的网络演进策略。
- 理解 CDMA2000 系统的基本原理，熟悉其关键技术。
- 理解 TD-SCDMA 系统的基本原理，熟悉其关键技术。
- 理解 WCDMA 系统的基本原理，熟悉其关键技术。

能力目标

- 能够根据 OVSF 码树正确选择最优资源码。
- 能够解释硬切换、软切换和接力切换的优缺点。
- 能够比较 3 个主流标准的技术特点。
- 能够表述 3 个主流标准的关键技术。

素质目标

- 增强职业责任感，激发民族自豪感。
- 树立改革创新的自觉意识。

学习任务 6.1 了解第三代移动通信的结构特点

移动通信经历了第一代与第二代的发展，特别在GSM和窄带CDMA第二代移动通信时期，可以实现全球漫游，用户急剧上升，不过也出现了一些有待解决的问题，主要有以下几点：系统容量依然比较小、频谱利用率不高、抗干扰能力不强、不适合传输高速数据及多媒体业务等。随着信息社会的发展，移动IP、宽带数据和多媒体业务也在迅速增加，第二代移动通信系统的缺点和局限也开始暴露出来。人们在信息时代的召唤下开始探索与研究新的通信系统，也就是第三代移动通信系统（3G）。

3G是什么　3G在中国

3G最早于1985年由国际电信联盟（ITU）提出，当时称为未来公众陆地移动通信系统（FPLMTS），1996年更名为IMT-2000（国际移动电信-2000），意即该系统工作在2000MHz频段，最高业务速率可达2000kb/s，在2000年左右得到商用。

与前两代系统相比，3G的主要特征是可提供丰富多彩的移动多媒体业务，其传输速率在高速移动环境中支持144kb/s，在步行慢速移动环境中支持384kb/s，静止状态下支持2Mb/s。其设计目标是提供比第二代系统更大的系统容量、更好的通信质量，而且要能在全球范围内更好地实现无缝漫游及为用户提供包括语音、数据及多媒体等在内的多种业务，同时也要考虑与已有第二代系统的良好兼容性。

ITU对FPLMTS的基本要求是在室内、手持机及移动3种环境下，支持语音和各种多媒体数据业务（速率达 2Mb/s），实现高质量、高频谱利用率、低成本的无线传输技术及全球兼容的核心网络。

ITU在2000年5月确定WCDMA（UMTS）、CDMA2000和TD-SCDMA三大主流无线接口标准，写入3G技术指导性文件《2000年国际移动通信计划》（简称IMT-2000）。

WCDMA：英文名称是wideband CDMA，中文译名为“宽带码分多址存取”，它可支持384kb/s～2Mb/s不等的数据传输速率，支持者主要是以GSM为主的欧洲厂商。

CDMA2000：也称CDMA multi-carrier，由美国高通北美公司作为主导者提出，摩托罗拉、Lucent和后来加入的韩国三星都有参与。

TD-SCDMA：时分同步码分多址接入。该标准是由中国独自制定的3G标准，由于中国庞大的市场，该标准受到各大主要电信设备厂商的重视，全球一半以上的设备厂商都宣布可以支持TD-SCDMA标准。

6.1.1 第三代移动通信系统的特点

第三代移动通信系统区别于第一代和第二代移动通信系统的主要特点概括如下：

1）全球普及和全球无缝漫游的系统：第二代移动通信系统一般为区域或国家标准，而第三代移动通信系统将是一个在全球范围内覆盖和使用的系统。它将使用共同的频段，全球统一标准。

2）具有支持多媒体业务的能力，特别是支持 Internet 业务：前两代移动通信系统主要以提供语音业务为主，随着发展一般也仅能提供 100～200kb/s 的数据业务，GSM 演进到最高阶段的速率为 384kb/s。第三代移动通信的业务能力比第二代有明显的改进。它能支持从语音到分组数据到多媒体业务，能根据需要提供带宽。在 ITU 规定的第三代移动通信无线传输技术的最低要求中，必须满足在以下 3 个环境中的 3 种要求，即快速移动环境，最高速率达 144kb/s；室外到室内或步行环境，最高速率达 384kb/s；室内环境，最高速率达 2Mb/s。

3）便于过渡、演进：由于第三代移动通信引入时，第二代网络已具有相当规模，所以第三代网络能在第二代网络的基础上逐渐灵活演进，并能与固定网兼容。

4）高频谱效率。

5）高服务质量。

6）低成本。

7）高保密性。

6.1.2　第三代移动通信系统的结构

3G 系统网络结构

1. IMT-2000 系统的组成

IMT-2000 系统的组成如图 6.1 所示，它主要由 4 个功能子系统组成，即由核心网（CN）、无线接入网（RAN）、移动终端（MT）和用户识别模块（UIM）组成，分别对应于 GSM 的网络交换子系统（NSS）、基站子系统（BSS）、移动台（MS）和 SIM 卡。

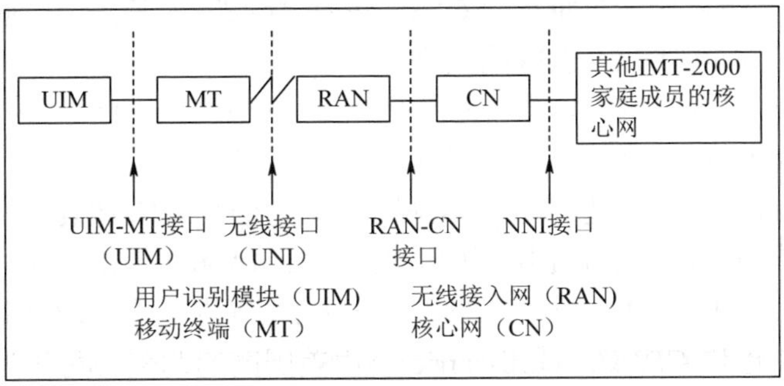

图 6.1　IMT-2000 系统的组成

2. 系统标准接口

ITU 定义了 4 个标准接口。

1）网络与网络接口（NNI）：由于 ITU 在网络部分采用了“家族概念”，因而此接口是指不同家族成员之间的标准接口，是保证互通和漫游的关键接口。

2）无线接入网与核心网之间的接口（RAN-CN），对应于 GSM 的 A 接口。

3）无线接口（UNI）。

4）用户识别模块和移动终端之间的接口（UIM-MT）。

3. 第三代移动通信系统的分层结构

3G 的结构分为物理层、链路层和高层。各层的主要功能描述如下。

物理层：它由一系列下行物理信道和上行物理信道组成。

链路层：它由媒体接入控制（MAC）子层和链路接入控制（LAC）子层组成；MAC 子层根据 LAC 子层不同业务实体的要求对物理层资源进行管理与控制，并负责提供 LAC 子层业务实体所需的 QoS（服务质量）级别。LAC 子层采用与物理层相对独立的链路管理与控制，并负责提供 MAC 子层所不能提供的更高级别的 QoS 控制，这种控制可以通过 ARQ 等方式来实现，以满足来自更高层业务实体的传输可靠性。

高层：它集 OSI 模型中的网络层、传输层、会话层、表达层和应用层为一体。高层实体主要负责各种业务的呼叫信令处理，语音业务（包括电路类型和分组类型）和数据业务（包括 IP 业务、电路和分组数据、短消息等）的控制与处理等。

6.1.3 3G 网络的演进策略

1. GSM 向 WCDMA/TD-SCDMA 网络演进策略

对于无线侧网络的演进，目前普遍认同的方案是在原 GSM 设备的基础上进行 3G 网络的叠加。

对于核心网侧的演进，根据核心网侧电路域和分组域的演进方式不同，主要有 3 种解决方案。

1）核心网全升级过渡。在原有的 GSM/GPRS 核心网的基础上，通过硬件的更新和软件的升级来实现向 WCDMA 系统的演进。

2）叠加、升级组合建网。将原有 GSM/GPRS 核心网的电路域进行叠加、分组域进行升级的一种组网方式。

3）完全叠加建网。对于电路域，本地网采用完全叠加的方案。因为长途网一般仅起到话务转接的作用，与 GSM 作用相同，而 WCDMA 和 GSM 可以共享长途网资源。

对于分组域，WCDMA 网络 PS 域骨干网与现有的 GPRS 骨干网共享，WCDMA/TD-SCDMA 网络 PS 域省网新建 SGSN 和 GGSN，并且由于 WCDMA/TD-SCDMA 的 PS 域与 GPRS 在流程及核心网的协议方面都非常相似，省网的 CG、DNS 和路由器等设备与 GPRS 现网共用。

对于大多数现网的情况，GPRS 网络无法只通过软件升级过渡到 3G 的 PS 域，因此可以采用完全叠加网的方案。该方案可以避免对 2G 业务的影响，易于网络规划和实施，可以充分保障现有网络的稳定性，容量不受原有网络的限制，且通过核心网的叠加来引入宽带接入、补充新的频谱和核心网资源，可以分流语音和数据业务，从而刺激业务增长，促进 3G 系统的发展。采用叠加方式建设 WCDMA/TD-SCDMA 网络，不仅有利于 3G 网络建设的逐步推进，而且可以为网络向全 IP 方向演进扫除障碍。

中国移动选择了 GSM→GPRS→TD-SCDMA 的演进方案，中国联通选择了 GSM→GPRS→WCDMA 的演进方案。

2. IS-95 向 CDMA2000 的网络演进策略

与 GSM 相比，窄带 CDMA 系统无线部分和网络部分向 3G 过渡都采用演进的方式。

其中，基于无线部分尽量和原有部分兼容，通过 IS-95A（速率为 9.6/14.4kb/s）→IS-95B（速率为 115.2kb/s）→CDMA2000 1x（144kb/s）的方式演进。

CDMA2000 1x（CDMA2000 的单载波方式）是 CDMA2000 的第一阶段，通过不同的无线配置（RC）来区分，它可以与 IS-95A 和 IS-95B 共存于同一载波中。

CDMA2000 1x 增强型 CDMA2000 1x EV 可以提供更高的性能，CDMA2000 1x EV 的演进方向包括两个方面，仅支持数据业务的 CDMA2000 1x EV-DO（data only）和同时支持数据和语音业务的分支 CDMA20001x EV-DV（data & voice）。

网络部分则引入分组交换方式，以支持移动 IP 业务。在 CDMA2000 1x 商用初期，网络部分在窄带 CDMA 网络基础上保持电路交换、引入分组交换方式，分别支持语音和数据业务；CDMA2000 网络也向全 IP 方向发展；CDMA2000 1x 再往后发展，则是沿着 CDMA2000 3x（CDMA2000 三载波系统）及更多载波方式发展。

中国电信采用的是 IS-95 CDMA→CDMA2000 1x→CDMA2000 3x 的演进策略。

学习任务 6.2　熟知 CDMA2000 移动通信系统

CDMA2000 是由窄带 CDMA（CDMA IS95）技术发展而来的宽带 CDMA 技术，由美国主推，该标准提出了 CDMA IS95→CDMA2000 1x→CDMA2000 3x 的演进策略。CDMA2000 3x 与 CDMA2000 1x 的主要区别在于应用了多路载波技术，通过采用三载波使带宽提高。

CDMA2000 也采用 FDD（频分双工）模式，FDD 模式是将上行（发送）和下行（接收）的传输使用分离的两个对称频带的双工模式，需要成对的频率，通过频率来区分上、下行，对于对称业务（如语音）能充分利用上、下行的频谱，但对于非对称的分组交换数据业务（如互联网），由于上行负载低，频谱利用率则大大降低。

CMDA2000 信号带宽为 1.25MHz，码片速率为 1.2288Mc/s；采用单载波直接序列扩频 CDMA 方式；帧长为 20ms；调制方式为 QPSK（下行）和 BPSK（上行）；CDMA2000 的容量是 IS-95A 系统的两倍，可支持 2Mb/s 以上速率的数据传输；兼容 IS-95A/B。

CDMA2000 引入了分组交换方式。在上、下行信道，通过发送辅助信道指配消息，可以建立辅助码分信道，使数据在消息指定的时间段内，通过辅助码分信道发送给移动台（MS）或基站（BS）。如果反向链路需要的分组数据传输量很多，MS 通过发送辅助信道请求消息与基站建立相应的反向辅助码分信道，使数据在消息指定的时间段内通过反向辅助码分信道发送给基站，使 CDMA2000 能更灵活地支持分组业务。

在切换的过程中，需要两个基站间的协调操作。WCDMA 无须基站间的同步，通过两个基站间的定时差别报告来完成软切换。CDMA2000 与 TD-SCDMA 都需要基站间的严格同步，因而必须借助 GPS（全球定位系统）等设备来确定手机的位置并计算出到达两个基站的距离。

6.2.1 CDMA2000 1x 系统的物理信道

由于 CDMA2000 1x 的信道复杂化，引入了 RC 的概念，它根据前向和反向业务信道不同的物理层传输特性进行分类，前向信道无线配置使用 RC1～RC5，反向信道无线配置使用 RC1～RC4。下面介绍 CDMA2000 1x 系统的前向信道（forward channels）和反向信道（reverse channels）。

1. 前向信道

1）F-PICH（Walsh code0）：前向导频信道，功能等同于 IS-95A 中的前向导频信道，用于使 MS 进行同步相干解调，基站在此信道发送导频信号供 MS 识别基站并引导 MS 入网。

2）F-SYNCH（Walsh code32）：前向同步信道，功能等同于 IS-95A 中的前向同步信道，用于为 MS 提供系统时间和帧同步信息，基站在此信道发送同步信息以提供 MS 建立与系统的定时和同步。

3）F-PCH（Walsh code1～Walsh code7）：前向寻呼信道，功能与 IS-95A 中的前向寻呼信道相同，基站在此信道向 MS 发送有关寻呼、指令及业务信道指配信息。

4）F-BCH：前向广播控制信道，只能工作在 RC3 以上，用于给 MS 传递 overhead 消息。

5）F-QPCH：前向快速寻呼信道，只能工作在 RC3 以上，用来快速指示 MS 在哪一个时隙上接收 F-PCH 或 F-CCCH 上的控制消息，由于 MS 可以不用长时间监听 F-PCH 或 F-CCCH 时隙，可以较大幅度地节省 MS 电量。

6）F-CPCCH：前向公共功率控制信道。当 MS 在 R-CCCH 上发送数据时，向 MS 传递反向功率控制比特。

7）F-CACH：前向公共指配信道，只能工作在 RC3 以上，与 F-CPCH、R-EACH、R-CCCH 配合使用，当基站解调出一个 R-EACH Header 后，通过 F-CACH 指示 MS 在哪一个 R-CCCH 信道上发送接入消息，接收哪个 F-CPCH 子信道的功率控制比特。

8）F-CCCH：前向公共控制信道，用于当 MS 还没有建立业务信道时，基站和 MS 之间传递一些控制消息和突发的短数据。

9）F-FCH：前向基本信道，属于业务信道的一种，用于当 MS 进入业务信道状态后，承载信令、语音、低速的分组数据业务、电路数据业务或辅助业务。

10）F-DCCH：前向专用控制信道，属于业务信道的一种，只能工作在 RC3 以上，当 MS 处于业务信道状态时，用于传递一些消息或低速的分组数据业务、电路数据业务。

11）F-SCH：前向补充信道，属于业务信道的一种，只能工作在 RC3 以上，用于当 MS 进入到业务信道状态后，承载高速的分组数据业务（9.6kb/s 及以上）。

2. 反向信道

1）R-PICH：反向导频信道，只能工作在 RC3 以上，用于辅助基站检测 MS 所发射的数据。

2）R-ACH：反向接入信道，功能与 IS-95A 中的反向接入信道相同。

3）R-EACH：反向增强接入信道，只能工作在 RC3 以上，当 MS 还未建立业务信道时，可以通过该信道发送控制消息到基站，提高 MS 的接入能力。

4）R-CCCH：反向公共控制信道，用于当 MS 还没有建立业务信道时，基站和 MS 之间传递一些控制消息和突发的短数据。

5）R-FCH：反向基本信道，属于业务信道的一种，用于当 MS 进入业务信道状态后，承载信令、语音、低速的分组数据业务、电路数据业务或辅助业务。

6）R-DCCH：反向专用控制信道，属于业务信道的一种，只能工作在 RC3 以上，当 MS 处于业务信道状态时，用于传递一些消息或低速的分组数据业务、电路数据业务。

7）R-SCH：反向补充信道，属于业务信道的一种，只能工作在 RC3 以上，用于当 MS 进入业务信道状态后，承载高速的分组数据业务（9.6kb/s 及以上）。

6.2.2　CDMA2000 1x 系统的码资源

CDMA2000 1x 与 IS-95 CDMA 一样，在网络中也用到了 3 种码，但功能上略有区别。短码用于区分不同的小区；长码用于区分不同的 MS；沃尔什码用于区分不同的前向信道和反向信道。

1. 短码

短码是由一个 15 位长的移位寄存器产生的伪随机序列，用于区分不同的小区。码组长度为 2^{15}=32768 个码片，其中 32767 个码片由 15 位移位寄存器产生，1 个码片为人为设计插入。短码的码片速率为 1.2288Mc/s，短码周期为 26.67ms，每个码片时长为 813.802ns。每 64 个码片为一时延段，称为短码偏置，即共有 32768/64=512 个短码偏置，用 PN（i）表示，i 为 0～511，因而有 512 个值可被不同的基站使用。不同的短码偏置即代表不同的基站。在现实的组网中，每隔 3 个短码偏置，基站就可以复用一次，这相当于频率复用。

2. 长码

长码是由一个 42 位长的移位寄存器产生的伪随机序列，用于区分不同的 MS。码组长度为 2^{42} 个码片，因为反向 MS 的数量很大，所以用于区分 MS 的长码码长也必须很长。长码的码片速率是 1.2288Mc/s，可以计算出一个长码周期约为 41.4 天。在 CDMA 系统中使用长码掩码来实现长码对齐，长码在全网中具有唯一性。CDMA 系统中的长码都由相同的发生器产生，无论长码掩码如何组成，只能产生相同的长码序列，但产生不同的偏置，这使得 MS 使用的长码偏置各不相同，并达到独自地、快速地与网络同步的目的。

在 IS-95 CDMA 系统中，同一 MS 下的反向信道是串行的，因此用长码区分不同的 MS，也就区分开了不同的反向信道，没有使用到沃尔什码。在 CDMA2000 1x 系统中，同一 MS 下的反向信道是并行的，因此还引入了沃尔什码来区分同一 MS 下的不同反向信道。

3. 变长沃尔什码

在 IS-95 CDMA 系统中，使用固定的 64 维沃尔什码区分同一小区下的不同前向信道。但在 CDMA2000 1x 系统中，沃尔什码的长度是可变的，用于区分不同的前向信道和反向信道。沃尔什码维数变化范围从 2 维到 128 维，当占用低维数的沃尔什码时，由其衍变而来的高维数沃尔什码就不可用了，也就是说，当使用的沃尔什码的维数越低，系统支持的用户越少，但支持的速率越高。沃尔什码的长度与支持的速率关系如下。

当符号速率为 19.2ks/s 时，码片速率为 1.2288Mc/s，它们之间的比为 1.2288M∶19.2k=64∶1，而这时所能用的沃尔什码为 64 维，当用 QPSK 调制时能使用的沃尔什码为 128 维。

当符号速率为 38.4ks/s 时，码片速率为 1.2288Mc/s，它们之间的比为 1.2288M∶38.4k=32∶1，而这时所能用的沃尔什码为 32 维，当用 QPSK 调制时能使用的沃尔什码为 64 维。

当符号速率为 76.8ks/s 时，码片速率为 1.2288Mc/s，它们之间的比为 1.2288M∶76.8k=16∶1，而这时所能用的沃尔什码为 16 维，当用 QPSK 调制时能使用的沃尔什码为 32 维。

当符号速率为 153.6ks/s 时，码片速率为 1.2288Mc/s，它们之间的比为 1.2288M∶153.6k=8∶1，而这时所能用的沃尔什码为 8 维，当用 QPSK 调制时能使用的沃尔什码为 16 维。

当符号速率为 614.4ks/s 时，码片速率为 1.2288Mc/s，它们之间的比为 1.2288M∶614.4k=2∶1，而这时所能用的沃尔什码为 2 维，当用 QPSK 调制时能使用的沃尔什码为 4 维。

6.2.3 CDMA2000 1x 系统的关键技术

1. 初始同步与 RAKE 多径分集接收技术

CDMA 通信系统接收机的初始同步包括 PN 码同步、符号同步、帧同步和扰码同步等。CDMA2000 系统采用与 IS-95 系统相类似的初始同步技术，即通过对导频信道的捕获建立 PN 码同步和符号同步，通过同步信道的接收建立帧同步和扰码同步。WCDMA 系统的初始同步则需要通过“三步捕获法”进行：首先，通过对基本同步信道的捕获建立 PN 码同步和符号同步；其次，通过对辅助同步信道的不同扩频码的非相干接收，确定扰码组号等；最后，通过对可能的扰码进行穷举搜索，建立扰码同步。

由于移动通信是在复杂的电波环境下进行的，如何克服电波传播所造成的多径衰落现象是移动通信的另一基本问题。在 CDMA 移动通信系统中，由于信号带宽较宽，因而在时间上可以分辨出比较细微的多径信号。对分辨出的多径信号分别进行加权调整，使合成之后的信号得以增强，从而可在较大程度上降低多径衰落信道所造成的负面影响。这种技术称为 RAKE 多径分集接收技术。

为实现相干形式的 RAKE 接收，需发送未经调制的导频信号，以使接收端能在确知已发数据的条件下估计出多径信号的相位，并在此基础上实现相干方式的最大信噪比合并。WCDMA 系统采用用户专用的导频信号，而 CDMA2000 下行链路采用公用导频信号，用户专用的导频信号仅作为备选方案用于使用智能天线的系统，上行信道则采用用户专用的导频信道。

RAKE 多径分集技术的另外一种极为重要的体现形式是宏分集及越区软切换技术。当 MS 处于越区切换状态时，参与越区切换的基站向该 MS 发送相同的信息，MS 把来自不同基站的多径信号进行分集合并，从而改善 MS 处于越区切换时的接收信号质量，并保持越区切换时的数据不丢失，这种技术称为宏分集和越区软切换。

2. 功率控制技术

在 CDMA 系统中，由于用户共用相同的频带，且各用户的扩频码之间存在非理想的相关特性，用户发射功率的大小将直接影响系统的总容量，从而使功率控制技术成为 CDMA 系统中最为重要的核心技术之一。

常见的 CDMA 功率控制技术可分为开环功率控制、闭环功率控制和外环功率控制 3 种类型。开环功率控制的基本原理是根据用户接收功率与发射功率之积为常数的原则，先行测量接收功率的大小，并由此确定发射功率的大小。开环功率控制用于确定用户的初始发射功率，或用户接收功率发生突变时的发射功率调节。开环功率控制未考虑到上、下行信道电波功率的不对称性，因而其精确性难以得到保证。闭环功率控制可以较好地解决此问题，通过对接收功率的测量值及与信干比门限值的对比，确定功率控制比特信息，然后通过信道把功率控制比特信息传送到发射端，并据此调节发射功率的大小。外环功率控制技术则是通过对接收误帧率的计算，确定闭环功率控制所需的信干比门限。外环功率控制通常需要采用变步长方法，以加快上述信干比门限的调节速度。在 CDMA2000 系统中，上行信道采用了开环、闭环和外环功率控制技术，下行信道则采用了闭环和外环功率技术。CDMA2000 系统的功率控制速率为 800 次/s 或 50 次/s。

3. 高效信道编译码技术

CDMA2000 1x 系统除采用与 IS-95 CDMA 系统相类似的卷积编码技术和交织技术外，还采用 Turbo 编码技术。

Turbo 编码器采用两个并行相连的系统递归卷积编码器，并辅之以一个交织器。两个卷积编码器的输出经并串转换及凿孔（puncture）操作后输出。相应地，Turbo 解码器由首尾相接、中间由交织器和解交织器隔离的两个以迭代方式工作的软判输出卷积解码器构成。

6.2.4 CDMA2000 1x 系统提供的服务

CDMA2000 1x 系统支持多种业务，包括语音业务、数据业务和增值业务。

1. 语音业务

CDMA2000 1x 系统能够提供大容量的语音业务，还提供与语音业务相关的补充业务，包括主叫号码显示、呼叫转移、呼叫等待、呼叫保持、主叫号码识别、三方呼叫、会议电话等。语音业务是通过电路交换来实现的，因此计费方式采用计时计费方式。

2. 数据业务

数据业务在支持电路交换的基础上，支持分组交换。高速率数据业务是通过分组交换来实现的，因此计费方式采用计量计费方式。数据业务主要包括短信业务、多媒体业务和 WAP 业务。

（1）短信业务

短信业务是 CDMA2000 1x 系统支持的一种低速的数据业务。短信业务分点对点短信业务和小区广播短信业务。

点对点短信业务的发送或接收可采用寻呼信道传送，也可采用业务信道传送，这决定于 MS 所处的状态和长度，但短消息不可超过 160b。点对点短信业务的传送是通过短信中心来完成存储和前转功能的。

小区广播短信业务是指在 CDMA 某特殊区域内广播短信。此种短信在控制信道上发送，MS 在空闲状态时才可接收，其最大长度为 82 字节。

（2）多媒体业务

多媒体业务是 CDMA2000 1x 系统支持的一种高速数据业务。利用高速分组交换数据传输功能，实现 MS 和 MS 之间或 MS 与互联网邮箱之间传送大数据量的多媒体邮件，如文字、图片、音频、视频等。

（3）WAP 业务

WAP（无线应用协议）业务是与分组数据业务相关的一项技术，它是一个用于无线协议与 Internet 协议转换的网关。由于无线网络端使用的应用协议比 Internet 端使用的应用协议要简单一些，而且传输层次实现的形式不同，所以两端的通信必须经过 WAP 服务器的转换，才能达到互通。

WAP 业务是实现对支持 WAP 功能的 MS 透明访问互联网信息的一项数据业务。

3. 增值业务

增值业务包括定位服务、KJava 的应用、电话银行、电话付费、移动 QQ、移动交友等。

学习任务 6.3　熟知 TD-SCDMA 移动通信系统

我国提出的 TD-SCDMA 无线传输技术被国际电信联盟接纳为第三代移动通信标准之一，与欧洲支持的 WCDMA 和美国的 CDMA2000 是全球第三代移动通信标准的 3 个最主要的标准。

TD-SCDMA 的含义为时分同步码分多址接入，是由我国大唐电信公司提出的 3G 标准，该标准提出不经过 2.5 代的中间环节，直接向 3G 过渡，非常适用于 GSM 向 3G 升级。其具有高达 2Mb/s 的数据速率，非常适合宽带应用，同时其所采用的技术能使无线频率资源达到最优利用率。它是一个 TDD（时分数字双工）标准，起步相对比较晚，随着 TD-SCDMA 开发工作的深入，以及人们对 3G 认识程度的加深，TDD 方式的优势逐步显露，人们看到 TDD 方式在频谱利用率方面的优势、在支持被认为是未来 3G 服务支柱的移动互联网服务方面的优势、在制造成本方面的优势、在从 GSM 平滑演进到 3G 方面的优势等。TD-SCDMA 技术有其优越的特点：

1）频谱利用率高。由于 TD-SCDMA 采用了 CDMA 和 TDMA 的多址技术，所以 TD-SCDMA 在传输中很容易设置一个上行链路和下行链路的转换点，来针对不同类型的业务。对于像互联网这样的“不对称”传输业务，系统可转换为“不对称”传输，而对于像语音这样的“对称”传输业务，可以使其转换为“对称”传输，这样就使总的频谱效率更高。

2）支持多种通信接口。由于 TD-SCDMA 同时满足多种接口的要求，所以 TD-SCDMA 的基站子系统既可作为 2G 和 2.5G GSM 基站的扩容，又可作为 3G 网中的基站子系统，能同时兼顾现在的需求和长远未来的发展。

3）频谱灵活性强。由于 TD-SCDMA 第三代移动通信系统频谱灵活性强，仅需单一 1.6MHz 的频带就可提供速率达 2Mb/s 的 3G 业务需求，而且非常适合非对称业务的传输。

4）系统性能稳定。由于 TD-SCDMA 收发在同一频段上，使上行链路和下行链路的无线环境一致性很好，更适合使用新兴的“智能天线”技术；由于利用了 CDMA 和 TDMA 结合的多址方式，更利于联合检测技术的采用，这些技术都能减少干扰的影响，提高系统的性能稳定性。

5）能与传统系统进行兼容。TD-SCDMA 能够实现从现存的通信系统到下一代移动通信系统的平滑过渡，支持现存的覆盖结构，信令协议可以后向兼容，网络不再需要引入新的呼叫模式。

6）支持高速移动通信。在 TD-SCDMA 系统中，基带数字信号处理技术基于智能天线和联合检测，其限制在设备基带数字信号处理能力和算法复杂性之间的矛盾。该技术可以确保 TD-SCDMA 系统在移动速度为 250km/h 的移动环境下正常工作。

7）系统设备成本低。由于 TD-SCDMA 上、下行工作于同一频率，对称的电波传播特性使之便于利用智能天线等新技术，也可达到降低成本的目的。在无线基站方面，

TD-SCDMA 的设备成本至少比 UTRA TDD 低 30%。

8）支持与传统系统间的切换功能。TD-SCDMA 技术支持多载波直接扩频系统，可以再利用现有的框架设备、小区规划、操作系统、账单系统等。在所有环境下支持对称或不对称的数据速率。

6.3.1 TD-SCDMA 系统的物理层结构与信道映射

TDMA 时分多址在 TD-SCDMA 系统中的应用

1. TD-SCDMA 的多址技术

从图 6.2 可以看出，TD-SCDMA 系统的多址方式很灵活，可以看作 FDMA、TDMA 和 CDMA 的有机结合。

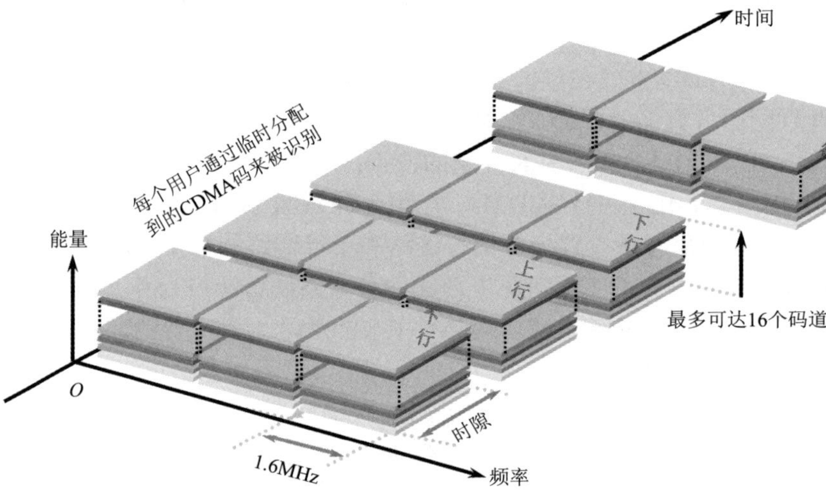

图 6.2 TD-SCDMA 的多址技术

2. TD-SCDMA 物理信道帧结构

TD-SCDMA 物理信道结构如图 6.3 所示。3GPP 定义的一个 TDMA 帧长度为 10ms。TD-SCDMA 系统为了实现快速功率控制和定时提前校准，以及对一些新技术的支持（如智能天线、上行同步等），将一个 10ms 的帧分成两个结构完全相同的子帧，每个子帧的时长为 5ms。每个子帧又分成长度为 675μs 的 7 个常规时隙（TS0～TS6）和 3 个特殊时隙：DwPTS（下行导频时隙）、GP（保护间隔）和 UpPTS（上行导频时隙）。常规时隙用作传送用户数据或控制信息。在这 7 个常规时隙中，TS0 总是固定地用作下行时隙来发送系统广播信息，而 TS1 总是固定地用作上行时隙，其他的常规时隙可以根据需要灵活地配置成上行时隙或下行时隙以实现不对称业务的传输，如分组数据。用作上行链路的时隙和用作下行链路的时隙之间由一个转换点（switch point）分开。每个 5ms 的子帧有两个转换点（UL 到 DL 和 DL 到 UL），第一个转换点固定在 TS0 结束处，第二个转换点取决于小区上、下行时隙的配置。

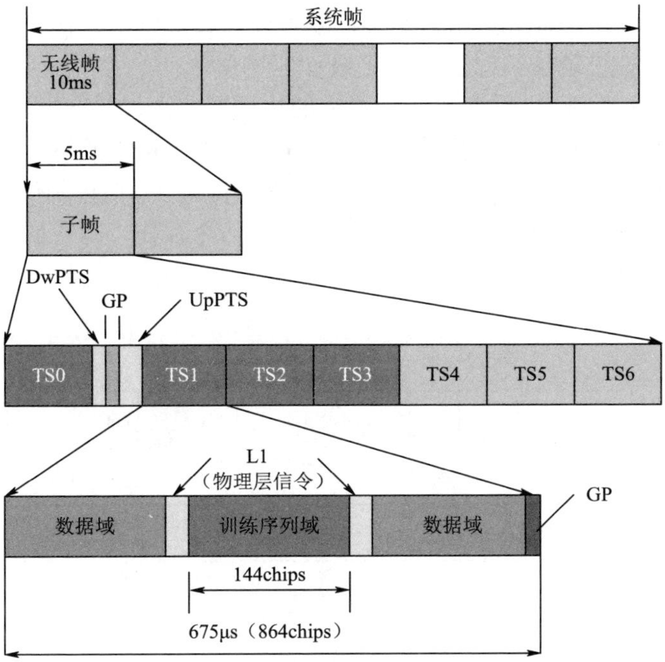

图 6.3　TD-SCDMA 物理信道结构

（1）常规时隙

TS0～TS6 共 7 个常规时隙被用作用户数据或控制信息的传输，它们具有完全相同的时隙结构，如图 6.4 所示。每个时隙被分成 4 个域：2 个数据域、1 个训练序列域（midamble）和 1 个用作时隙保护的空域（GP）。midamble 码长 144chips，传输时不进行基带处理和扩频，直接与经基带处理和扩频的数据一起发送，在信道解码时被用于进行信道估计。数据域用于承载来自传输信道的用户数据或高层控制信息，除此之外，在专用信道和部分公共信道上，数据域的部分数据符号还被用来承载物理层信令。

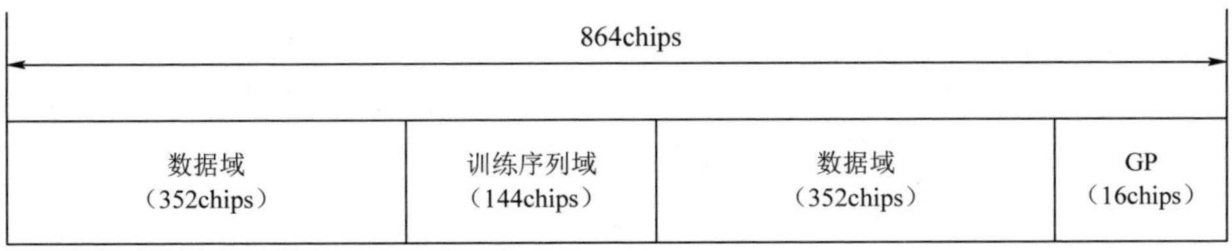

图 6.4　常规时隙

midamble 用作扩频突发的训练序列，在同一小区、同一时隙上的不同用户所采用的 midamble 码由同一个基本的 midamble 码经循环移位后产生。整个系统有 128 个长度为 128chips 的基本 midamble 码，分成 32 个码组，每组 4 个。一个小区采用哪组基本 midamble 码由小区的 SYNC_DL 决定，当建立起下行同步之后，MS 就知道所使用的 midamble 码组。Node B 决定本小区将采用这 4 个基本 midamble 中的哪一个。一个载波上的所有业务时隙必须采用相同的基本 midamble 码。原则上，midamble 的发射功率与同一个突发中的数据符号的发射功率相同。训练序列的作用体现在上下行信道估计、功率测量、上行同步保持。传输时 midamble 码不进行基带处理和扩频，直接与经基带处理和扩频的数据一起发送，在信道解码时它被用于进行信道估计。

在 TD-SCDMA 系统中，存在着 3 种类型的物理层信令：TFCI（传输格式组合指令）、TPC（传输功率控制）和 SS（同步偏移）。TFCI 用于指示传输的格式；TPC 用于功率控制；SS 是 TD-SCDMA 系统中所特有的，用于实现上行同步，该控制信号每个子帧（5ms）发射一次。在一个常规时隙的突发中，如果物理层信令存在，则它们的位置被安排在紧靠 midamble 序列的位置，如图 6.5 所示。

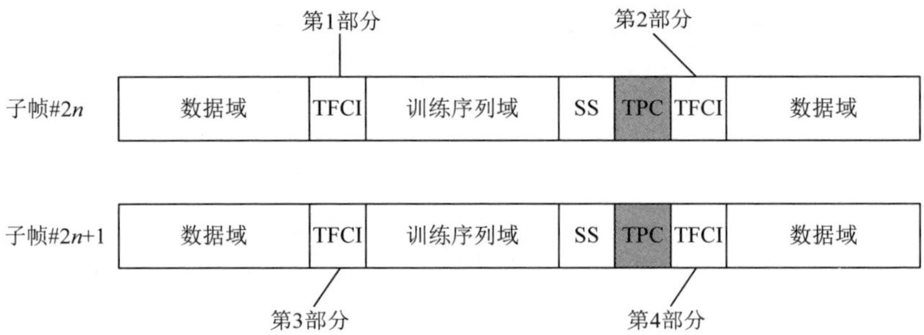

图 6.5　常规时隙物理层信令

对于每个用户，TFCI 信息将在每 10ms 无线帧里发送一次。对于每一条编码组合传输信道（CCTrCH），高层信令将指示所使用的 TFCI 格式。每一个所分配的时隙是否承载 TFCI 信息也由高层分别告知。如果一个时隙包含 TFCI 信息，它总是按高层分配信息的顺序采用该时隙的第一个信道码进行扩频。TFCI 是在各自相应物理信道的数据部分发送，这就是说 TFCI 和数据比特具有相同的扩频过程。如果没有 TPC 和 SS 信息传送，TFCI 就直接与 midamble 码域相邻。

（2）下行导频时隙

每个子帧中的 DwPTS 是为建立下行导频和同步而设计的。下行导频时隙的结构如图 6.6 所示，通常是由长为 64chips 的 SYNC_DL 和长为 32chips 的 GP 组成的。SYNC_DL 是一组 PN 码，用于区分相邻小区，系统中定义了 32 个码组，每组对应一个 SYNC_DL 序列，SYNC_DL 码集在蜂窝网络中可以复用。

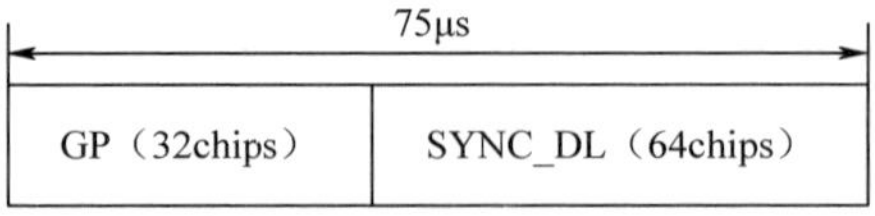

图 6.6　下行导频时隙的结构

（3）上行导频时隙

每个子帧中的 UpPTS 是为上行同步而设计的，当 UE 处于空中登记和随机接入状态时，它将首先发射 UpPTS；当得到网络的应答后，发送 RACH。上行导频时隙的结构如图 6.7 所示，通常由长为 128chips 的 SYNC_UL 和长为 32chips 的 GP 组成。

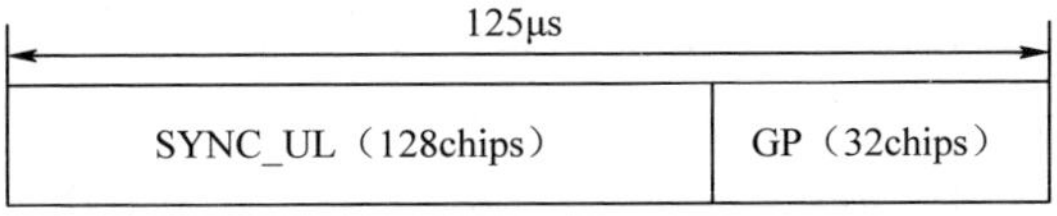

图 6.7　上行导频时隙的结构

3. 物理信道及其分类

TD-SCDMA 系统有逻辑信道、传输信道和物理信道 3 种信道模式。逻辑信道描述的是传送什么类型的信息，MAC 子层向 RLC 子层提供的服务；传输信道描述的是信息如何在空中接口上传输，物理层向高层提供的服务；物理信道承载传输信道的信息。物理信道根据其承载的信息不同被分成不同的类别，有的物理信道用于承载传输信道的数据，而有些物理信道仅用于承载物理层自身的信息。

（1）专用物理信道

专用物理信道（DPCH）用于承载来自专用信道（DCH）的数据。物理层将根据需要把来自一条或多条 DCH 的层 2 数据组合在一条或多条 CCTrCH 内，然后根据所配置物理信道的容量将 CCTrCH 数据映射到物理信道的数据域。DPCH 可以位于频带内的任意时隙和任意允许的信道码，信道的存在时间取决于承载业务类别和交织周期。一个 UE 可以在同一时刻被配置多条 DPCH，若 UE 允许多时隙能力，这些物理信道还可以位于不同的时隙。物理层信令主要用于 DPCH。

（2）公共物理信道

根据所承载传输信道的类型，公共物理信道可划分为一系列的控制信道和业务信道。在 3GPP 的定义中，所有的公共物理信道都是单向的（上行或下行）。

1）主公共控制物理信道（P-CCPCH）：仅用于承载来自传输信道 BCH 的数据，提供全小区覆盖模式下的系统信息广播，信道中没有物理层信令 TFCI、TPC 或 SS。

2）辅公共控制物理信道（S-CCPCH）：用于承载来自传输信道 FACH 和 PCH 的数据，不使用物理层信令 SS 和 TPC，但可以使用 TFCI，S-CCPCH 所使用的码和时隙在小区中广播，信道的编码及交织周期为 20ms。

3）快速物理接入信道（FPACH）：不承载传输信道信息，因而与传输信道不存在映射关系。Node B 使用 FPACH 来响应在 UpPTS 时隙收到的 UE 接入请求，调整 UE 的发送功率和同步偏移。数据域内不包含 SS 和 TPC 控制符号。因为 FPACH 不承载来自传输信道的数据，所以也就不需要使用 TFCI。

4）物理随机接入信道（PRACH）：用于承载来自传输信道 RACH 的数据。传输信道 RACH 的数据不与来自其他传输信道的数据编码组合，因而 PRACH 信道上没有 TFCI，也不使用 SS 和 TPC 控制符号。

5）物理上行共享信道（PUSCH）：用于承载来自传输信道 USCH 的数据。共享指的是同一物理信道可由多个用户分时使用，或者说信道具有较短的持续时间。由于一个 UE 可以并行存在多条 USCH，这些并行的 USCH 数据可以在物理层进行编码组合，因而 PUSCH 信道上可以存在 TFCI。但信道的多用户分时共享性使得闭环功率控制过程无法进行，因而信道上不使用 SS 和 TPC（在上行方向，SS 本来就无意义，为了上、下行突发结构保持一致，SS 符号位置保留，以备将来使用）。

6）物理下行共享信道（PDSCH）：用于承载来自传输信道 DSCH 的数据。在下行方向，传输信道 DSCH 不能独立存在，只能与 FACH 或 DCH 相伴而存在，因此作为传输信道载体的 PDSCH 也不能独立存在。DSCH 数据可以在物理层进行编码组合，因此 PDSCH 上可以存在 TFCI，但一般不使用 SS 和 TPC，对 UE 的功率控制和定时提前量调整等信息都放在与之相伴的 PDCH 信道上。

7）寻呼指示信道（PICH）：不承载传输信道的数据，但与传输信道 PCH 配对使用，用于指示特定的 UE 是否需要解读其后跟随的 PCH 信道（映射在 S-CCPCH 上）。

4. 传输信道及其分类

传输信道的数据通过物理信道来承载，除 FACH 和 PCH 两者都映射到物理信道 S-CCPCH 外，其他传输信道到物理信道都有一一对应的映射关系。

（1）专用传输信道

专用传输信道仅存在一种，即专用信道（DCH），是上行或下行传输信道。

（2）公共传输信道

1）广播信道（BCH）：下行传输信道，用于广播系统和小区的特定消息。

2）寻呼信道（PCH）：下行传输信道，PCH 总是在整个小区内进行寻呼信息的发射，与物理层产生的寻呼指示的发射是相随的，以支持有效的睡眠模式，延长终端电池的使用时间。

3）前向接入信道（FACH）：下行传输信道，用于在随机接入过程中，UTRAN 收到了 UE 的接入请求，可以确定 UE 所在小区的前提下，向 UE 发送控制消息。有时也可以使用 FACH 发送短的业务数据包。

4）随机接入信道（RACH）：上行传输信道，用于向 UTRAN 发送控制消息，有时也可以使用 RACH 发送短的业务数据包。

5）上行共享信道（USCH）：上行信道，被一些 UE 共享，用于承载 UE 的控制和业务数据。

6）下行共享信道（DSCH）：下行信道，被一些 UE 共享，用于承载 UE 的控制和业务数据。

5. 传输信道到物理信道的映射

表 6.1 给出了 TD-SCDMA 系统中传输信道和物理信道的映射关系，表中部分物理信道与传输信道并没有映射关系。按 3GPP 规定，只有映射到同一物理信道的传输信道才能够进行编码组合。由于 PCH 和 FACH 都映射到 S-CCPCH，因此来自 PCH 和 FACH 的数据可以在物理层进行编码组合，生成 CCTrCH。其他的传输信道数据都只能自身组合，而不能相互组合。另外，BCH 和 RACH 由于自身性质的特殊性，也不可能进行组合。

表 6.1　TD-SCDMA 系统中传输信道和物理信道的映射关系

传输信道	物理信道
DCH	DPCH
BCH	P-CCPCH
PCH	S-CCPCH
FACH	
RACH	PRACH
USCH	PUSCH
DSCH	PDSCH
	DwPCH
	UpPCH
	PICH
	FPACH

6.3.2　TD-SCDMA 系统的码资源

1. SYNC_DL

整个系统有 32 组长度为 64 的 SYNC_DL，唯一标识一个小区和一个码组。一个码组包含 8 个 SYNC_UL 和 4 个特定的扰码，每个扰码对应一个特定的基本 midamble 码。SYNC_DL 用来区分相邻小区，以便进行小区测量，在下行导频时隙（DwPTS）发射。与 SYNC_DL 有关的过程是下行同步、码识别和 P-CCPCH 交织时间的确定。每一子帧中的 DwPTS 的设计目的既是为了下行导频，同时也是为了下行同步，基站将在小区的全方向或在固定波束方向以满功率发送。DwPTS 是一个 QPSK 调制信号，所有 DwPTS 的相位用来指示复帧中 P-CCPCH 上的 BCH 的 MIB（主指示块）位置。

2. SYNC_UL

整个系统有 256 个长度为 128 的基本 SYNC_UL，分成 32 组，每组 8 个。SYNC_DL 码组是由小区的 SYNC_DL 确定的，因此，8 个 SYNC_UL 对基站和已下行同步的 UE 来说都是已知的。与 SYNC_UL 有关的是上行同步和随机接入过程，当 UE 要建立上行同步时，将从 8 个已知的 SYNC_UL 中随机选择 1 个，并根据估计的定时和功率值在 UpPTS 中发射。

3. midamble 码

整个系统有 128 个长度为 128chips 的基本 midamble 码，分成 32 个码组，每组 4 个。一个小区采用哪个 midamble 码组由该小区的 SYNC_DL 决定，当建立起下行同步之后，MS 就知道所使用的 midamble 码组。训练序列是用来区分相同小区、相同时隙内的不同用户的。在同一小区的同一时隙内的用户具有相同的基本 midamble 码序列，不同用户的 midamble 序列只是基本训练序列的时间移位不同。

4. 扰码

整个系统有 128 个长度为 16 的扰码，分成 32 组，每组 4 个。扰码码组由小区使用的 SYNC_DL 序列确定。CDMA 系统中的扰码具有良好的自相关性，可以用于区分来自不同源的信号；对于 TD-SCDMA 系统的上行链路，由于系统采用上行同步，接收机将来自不同 UE 的信号作为同源信号处理，故 TD-SCDMA 系统只分配“小区扰码”，而不再在上行链路针对 UE 分配不同的扰码。

5. OVSF 码

TD-SCDMA 系统使用正交可变扩频因子（OVSF）码作为扩频码，使用 OVSF 技术可以改变扩频因子，并保证不同长度的不同扩频码之间的正交性。使用 OVSF 作为扩频码，上行方向的扩频因子为 1、2、4、8、16，下行方向的扩频因子为 1、16。

OVSF 码可以用码树的方法来定义，如图 6.8 所示。码树的每一级都定义了一个扩频因子为 Q_k 的码。并不是码树上所有的码都可以同时用在一个时隙中，当一个码已经在一个时隙中采用，则其父系上的码和下级码树路径上的码就不能在同一时隙中被使用，这意味着一个时隙可使用的码的数目是不固定的，而是与每个物理信道的数据速率和扩频因子有关。

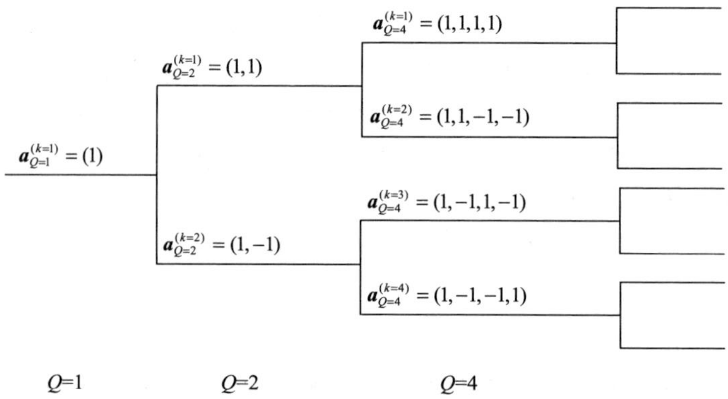

图 6.8 OVSF 码树

OVSF 码是 CDMA 系统中比较宝贵的资源。下行只有一个码树给很多用户使用（所有用户用一个扰码）。码分配的目标是以尽可能低的复杂度支持尽可能多的用户。然而，在码资源有限的情况下，如何才能提高码资源利用效率呢？按照“密切相关码或最相宜的码”原则进行分配，码分配原则考虑两个因素，即利用率和复杂度。

利用率方面，尽量减少因码分配而阻塞掉的低值码的数量，使其达到码资源最少化。例如，一个单码 C4,1 的承载能力与双码（C8,1，C8,3）的承载能力是相等的，则用一个单码 C4,1 更好。在码的分配与管理中，尽量遵循紧挨原则，以免利用率不高。复杂度方面，由于多码传输增加复杂度，因此要尽量避免多码传输。

SYNC_DL、SYNC_UL、扰码和 midamble 训练序列码之间的关系如表 6.2 所示。

表 6.2　SYNC_DL、SYNC_UL、扰码和 midamble 训练序列码之间的关系

<table>
<tr><th rowspan="2">code group</th><th colspan="4">associated codes</th></tr>
<tr><th>SYNC_DL ID</th><th>SYNC_UL ID（coding criteria）</th><th>scrambling code ID (coding criteria)</th><th>basic midamble code ID (coding criteria)</th></tr>
<tr><td rowspan="4">group 1</td><td rowspan="4">0</td><td rowspan="4">0～7
(000～111)</td><td>0 (00)</td><td>0 (00)</td></tr>
<tr><td>1 (01)</td><td>1 (01)</td></tr>
<tr><td>2 (10)</td><td>2 (10)</td></tr>
<tr><td>3 (11)</td><td>3 (11)</td></tr>
<tr><td rowspan="4">group 2</td><td rowspan="4">1</td><td rowspan="4">8～15
(000～111)</td><td>4 (00)</td><td>4 (00)</td></tr>
<tr><td>5 (01)</td><td>5 (01)</td></tr>
<tr><td>6 (10)</td><td>6 (10)</td></tr>
<tr><td>7 (11)</td><td>7 (11)</td></tr>
<tr><td colspan="5">⋮</td></tr>
<tr><td rowspan="4">group 32</td><td rowspan="4">31</td><td rowspan="4">248～255
(000～111)</td><td>124 (00)</td><td>124 (00)</td></tr>
<tr><td>125 (01)</td><td>125 (01)</td></tr>
<tr><td>126 (10)</td><td>126 (10)</td></tr>
<tr><td>127 (11)</td><td>127 (11)</td></tr>
</table>

6.3.3　TD-SCDMA 系统的物理层过程

1. 小区搜索过程

在初始小区搜索中，UE 搜索到一个小区，建立 DwPTS 同步，获得扰码和基本 midamble 码，控制复帧同步，然后读取 BCH 信息。初始小区搜索利用 DwPTS 和 BCH 进行。

初始小区搜索按以下步骤进行。

（1）搜索 DwPTS

UE 利用 DwPTS 中的 SYNC_DL 得到与某一小区的 DwPTS 同步，这一步通常是通过一个或多个匹配滤波器（或类似的装置）与接收到的从 PN 序列中选出来的 SYNC_DL 进行匹配实现的。在这一步中，UE 必须要识别出在该小区可能要使用的 32 个 SYNC_DL 中的哪一个 SYNC_DL 被使用。

（2）扰码和基本训练序列码识别

UE 接收到 P-CCPCH 上的 midamble 码，DwPTS 紧随在 P-CCPCH 之后。每个 DwPTS 对应一组 4 个不同的基本 midamble 码，因此共有 128 个互不相同的基本 midamble 码。基本 midamble 码的序号除以 4 就是 SYNC_DL 码的序号。因此，32 个 SYNC_DL 和 P-CCPCH 的 32 个 midamble 码组一一对应，这时 UE 可以采用试探法和错误排除法确定

P-CCPCH 到底采用了哪个 midamble 码。在一帧中使用相同的基本 midamble 码。由于每个基本 midamble 码与扰码是相对应的，知道了 midamble 码，也就知道了扰码。根据确认的结果，UE 可以进行下一步或返回到第一步。

（3）实现复帧同步

UE 搜索在 P-CCPCH 里的 BCH 的复帧 MIB，它由经过 QPSK 调制的 DwPTS 的相位序列（相对于在 P-CCPCH 上的 midamble 码）来标识。控制复帧由调制在 DwPTS 上的 QPSK 符号序列来定位。*n* 个连续的 DwPTS 可以检测出目前 MIB 在控制复帧中的位置。

（4）读 BCH

UE 利用前几步已经识别出的扰码、基本训练序列码、复帧头读取被搜索到小区的 BCH 上的广播信息，根据读取的结果，UE 可以得到小区的配置等公用信息。

2. 上行同步过程

对于 TD-SCDMA 系统来说，UE 支持上行同步是必需的。

当 UE 加电后，它首先必须建立起与小区之间的下行同步。只有当 UE 建立了下行同步，它才能开始上行同步过程。建立了下行同步之后，虽然 UE 可以接收到来自 Node B 的下行信号，但是它与 Node B 之间的距离却是未知的。这将导致上行发射的非同步。为了使同一小区中的每一个 UE 发送的同一帧信号到达 Node B 的时间基本相同，避免大的小区中的连续时隙间的干扰，Node B 可以采用时间提前量调整 UE 发射定时。因此，上行方向的第一次发送将在一个特殊的时隙 UpPTS 上进行，以减小对业务时隙的干扰。

UpPCH 所采用的定时是根据对接收到的 DwPCH 和/或 P-CCPCH 的功率来估计的。在搜索窗内通过对 SYNC_UL 序列的检测，Node B 可估算出接收功率和定时，然后向 UE 发送反馈信息，调整下次发射的发射功率和发射时间，以便建立上行同步。这将在接下来的 4 个子帧中由 FPACH 来完成。UE 在发送 PRACH 后，上行同步便被建立。上行同步同样也将适用于上行失步时的上行同步再建立过程中。

具体的步骤如下：

1）下行同步的建立，即上述小区搜索过程。

2）上行同步的建立。UE 上行信道的首次发送在 UpPTS 这个特殊时隙进行，SYNC_UL 突发的发射时刻可通过对接收到的 DwPTS 和/或 P-CCPCH 的功率估计来确定。在搜索窗内通过对 SYNC_UL 序列的检测，Node B 可估计出接收功率和时间，然后向 UE 发送反馈信息，调整下次发射的发射功率和发射时间，以便建立上行同步。在以后的 4 个子帧中，Node B 将向 UE 发射调整信息（用 F-PACH 里的一个单一子帧消息）。

3）上行同步的保持。Node B 在每一上行时隙检测 midamble，估计 UE 的发射功率和发射时间偏移，然后在下一个下行时隙发送 SS 命令和 TPC 命令进行闭环控制。

3. 基站间同步

TD-SCDMA 系统中的同步技术主要由两部分组成：一部分是基站间的同步（synchronization of Node Bs）；另一部分是 MS 间的上行同步技术（uplink synchronization）。

在大多数情况下，为了增加系统容量，优化切换过程中小区搜索的性能，需要对基站进行同步。一个典型的例子就是存在小区交叠情况时所需的联合控制。实现基站同步的标准主要有：可靠性和稳定性，低实现成本，尽可能小的影响空中接口的业务容量。

比较典型的有如下 4 种方案：

1）基站同步通过空中接口中的特定突发时隙，即网络同步突发（network synchronization burst）来实现。该时隙按照规定的周期在事先设定的时隙上发送，在接收该时隙的同时，此小区将停止发送任何信息，基站通过接收该时隙相应地调整其帧同步。

2）基站通过接收其他小区的 DwPTS 来实现同步。

3）RNC 通过 Iub 接口向基站发布同步信息。

4）借助于卫星同步系统（如 GPS）来实现基站同步。

Node B 之间的同步只能在同一个运营商的系统内部。在基于主从结构的系统中，当在某一本地网中只有一个 RNC 时，可由 RNC 向各个 Node B 发射网络同步突发，或者是在一个较大的网络中，网络同步突发先由 MSC 发给各个 RNC，然后再由 RNC 发给每个 Node B。在多 MSC 系统中，系统间的同步可以通过运营商提供的公共时钟来实现。

4. 随机接入过程

随机接入过程分为以下 3 个部分。

（1）随机接入准备

当 UE 处于空闲模式下，它将维持下行同步并读取小区广播信息。根据该小区所用的 DwPTS，UE 可以得到为随机接入而分配给 UpPTS 物理信道的 8 个 SYNC_UL 码（特征信号）的码集，一共有 256 个不同的 SYNC_UL 码序列，其序号除以 8 就是 DwPTS 中的 SYNC_DL 的序号。从小区广播信息中，UE 可以知道 PRACH 信道的详细情况（采用的码、扩频因子、midamble 码和时隙）、FPACH 信道的详细信息（采用的码、扩频因子、midamble 码和时隙），以及其他与随机接入有关的信息。

（2）随机接入过程

在 UpPTS 中紧随保护时隙之后的 SYNC_UL 序列仅用于上行同步，UE 从它要接入的小区所采用的 8 个可能的 SYNC_UL 码中随机选择一个，并在 UpPTS 物理信道上将它发送到基站。然后 UE 确定 UpPTS 的发射时间和功率（开环过程），以便在 UpPTS 物理信道上发射选定的特征码。

一旦 Node B 检测到来自 UE 的 UpPTS 信息，那么它到达的时间和接收功率也就知道了。Node B 确定发射功率更新和定时调整的指令，并在以后的 4 个子帧内通过 FPACH

（在一个突发/子帧消息）将它发送给 UE。

一旦当 UE 从选定的 FPACH（与所选特征码对应的 FPACH）中收到上述控制信息时，表明 Node B 已经收到了 UpPTS 序列。然后，UE 将调整发射时间和功率，并确保在接下来的两帧后，在对应于 FPACH 的 PPACH 信道上发送 RACH。在这一步，UE 发送到 Node B 的 RACH 将具有较高的同步精度。

之后，UE 将会在对应于 FACH 的 CCPCH 的信道上接收到来自网络的响应，指示 UE 发出的随机接入是否被接收，如果被接收，将在网络分配的 UL 及 DL 专用信道上通过 FACH 建立起上、下行链路。

在利用分配的资源发送信息之前，UE 可以发送第二个 UpPTS 并等待来自 FPAC 的响应，从而可得到下一步的发射功率和 SS 的更新指令。

接下来，基站在 FACH 信道上传送带有信道分配信息的消息，基站和 UE 间进行信令及业务信息的交互。

（3）随机接入冲突处理

在有可能发生碰撞的情况下，或在较差的传播环境中，Node B 不发射 FPACH，也不能接收 SYNC_UL，也就是说，在这种情况下，UE 就得不到 Node B 的任何响应。因此，UE 必须通过新的测量来调整发射时间和发射功率，并在经过一个随机时延后重新发射 SYNC_UL。注意：每次发射（包括重新发射），UE 都将重新随机地选择 SYNC_UL 突发。

这种两步方案使得碰撞最可能在 UpPTS 上发生，即 RACH 资源单元几乎不会发生碰撞，这也保证了在同一个 UL 时隙中可同时对 RACHs 和常规业务进行处理。

6.3.4 TD-SCDMA 系统的关键技术

1. TDD 技术

对于数字移动通信而言，双向通信可以以频率或时间分开，前者称为 FDD（频分双工），后者称为 TDD（时分双工）。对于 FDD，上、下行用不同的频带，一般上、下行的带宽是一致的；而对于 TDD，上、下行用相同的频带，在一个频带内上、下行占用的时间可根据需要进行调节，并且一般将上、下行占用的时间按固定的间隔分为若干个时间段，称为时隙。TD-SCDMA 系统采用的双工方式是 TDD。TDD 技术相对于 FDD 方式来说，有如下优点：

TD-SCDMA 系统的绝招之时分双工

1）易于使用非对称频段，无须具有特定双工间隔的成对频段。

TDD 技术不需要成对的频谱，可以利用 FDD 无法利用的不对称频谱，结合 TD-SCDMA 低码片速率的特点，在频谱利用上可以做到“见缝插针”。只要有一个载波的频段就可以使用，从而能够灵活地利用现有的频率资源。目前，移动通信系统面临的一个重大问题就是频谱资源的极度紧张，在这种条件下，要找到符合要求的对称频段非常困难，因此 TDD 模式在频率资源紧张的今天受到特别的重视。

2）适应用户业务需求，灵活配置时隙，优化频谱效率。

TDD 技术调整上、下行切换点来自适应调整系统资源，从而增加系统下行容量，使系统更适用于开展不对称业务。

3）上行和下行使用同一个载频，故无线传播是对称的，有利于智能天线技术的实现。

TDD 技术是指上、下行在相同的频带内传输，也就是说具有上、下行信道的互易性，即上、下行信道的传播特性一致。因此，可以利用通过上行信道估计的信道参数，使智能天线技术、联合检测技术更容易实现。通过上行信道估计参数用于下行波束赋形，有利于智能天线技术的实现。通过信道估计得出系统矩阵 $\boldsymbol{A}_n$，用于联合检测区分不同用户的干扰。

4）无须笨重的射频双工器，小巧的基站，降低成本。

由于 TDD 技术上、下行的频带相同，无须进行收发隔离，可以使用单片 IC 实现收发信机，降低了系统成本。

2. 智能天线技术

智能天线技术（1）　智能天线技术（2）

智能天线是利用用户空间位置的不同来区分不同用户的。不同于传统的频分多址（FDMA）、时分多址（TDMA）或码分多址（CDMA），智能天线引入第 4 种多址方式——空分多址（SDMA），即在相同时隙、相同频率或相同地址码的情况下，仍然可以根据信号不同的中间传播路径而区分。SDMA 是一种信道增容方式，与其他多址方式完全兼容，从而可实现组合的多址方式，如空分-码分多址（SD-CDMA）。

TD-SCDMA 智能天线的高效率是基于上行链路和下行链路的无线路径的对称性（无线环境和传输条件相同）而获得的。此外，智能天线可减少小区间干扰（inter-cell interference），也可减少小区内干扰（intra-cell interference）。智能天线的这些特性可显著提高移动通信系统的频谱效率。具体而言，TD-SCDMA 系统的智能天线是由 8 个天线单元的同心阵列组成的，直径为 25cm。与全方向天线相比，它可获得 8dB 的增益。其原理是使一组天线和对应的收发信机按照一定的方式排列和激励，利用波的干涉原理可以产生强方向性的辐射方向图，使用 DSP 方法使主瓣自适应地指向 MS 方向，就可达到提高信号的载干比，降低发射功率等目的。智能天线的上述性能允许更为密集的频率复用，使频谱效率得以显著地提高。

每个用户在小区内的位置都是不同的，这一方面要求天线具有多向性，另一方面要求在每一独立的方向上，系统都可以跟踪个别的用户。通过 DSP 控制用户的方向测量使上述要求可以实现。每个用户的跟踪通过到达角进行测量，在 TD-SCDMA 系统中，由于无线子帧的长度是 5ms，则至少每秒可测量 200 次，每个用户的上、下行传输发生在相同的方向，通过智能天线的方向性和跟踪性，可获得其最佳的性能。

TDD 模式的 TD-SCDMA 的进一步优势是用户信号的发送和接收都发生在完全相同的频率上。因此，在上行和下行两个方向中的传输条件是相同的或者说是对称的，使得智能天线能将小区间干扰降至最低，从而获得最佳的系统性能。

通过智能天线获得的较高的频谱利用率，使高业务密度城市和城区所要求的基站数量相应地变得较低。此外，在业务量稀少的乡村，智能天线的方向性可使无线覆盖范围增加一倍。无线覆盖范围的增长使得在主要业务覆盖的宽广地区所需基站数量降至通常情况的 1/4。采用智能天线具有以下优势。

（1）提高了基站接收机的灵敏度

基站所接收到的信号为来自各天线单元和收信机所接收到的信号之和。如果采用最大功率合成算法，在不计多径传播条件下，则总的接收信号将增加 $10\lg N$（dB），其中，N 为天线单元的数量。存在多径时，此接收灵敏度的改善将随多径传播条件及上行波束赋形算法而变，其结果也在 $10\lg N$（dB）上下。

（2）提高了基站发射机的等效发射功率

同样，发射天线阵在进行波束赋形后，该用户终端所接收到的等效发射功率可能增加 $20\lg N$（dB）。其中，$10\lg N$（dB）是 N 个发射机的效果，与波束成形算法无关，另外部分将和接收灵敏度的改善类似，随传播条件和下行波束赋形算法而变。

（3）降低了系统的干扰

基站的接收方向图形是有方向性的，对接收方向以外的干扰有强的抑制。如果使用最大功率合成算法，则可能将干扰降低 $10\lg N$（dB）。

（4）增加了 CDMA 系统的容量

CDMA 系统是一种自干扰系统，其容量的限制主要来自本系统的干扰。降低干扰对 CDMA 系统极为重要，它可大大增加系统的容量。在 CDMA 系统中使用智能天线后，就提供了将所有扩频码所提供的资源全部利用的可能性。

（5）改进了小区的覆盖

对使用普通天线的无线基站，其小区的覆盖完全由天线的辐射方向图形确定。当然，天线的辐射方向图形是可能根据需要设计的，但在现场安装后除非更换天线，其辐射方向图形是不可能改变和很难调整的。智能天线的辐射图形完全可以用软件控制，在网络覆盖需要调整或由于新的建筑物等原因使原覆盖改变等情况下，均可能非常简单地通过软件来优化。

（6）降低了无线基站的成本

在所有无线基站设备的成本中，最昂贵的部分是高功率放大器（HPA）。特别是在 CDMA 系统中要求使用高线性的 HPA，更是其主要部分的成本。智能天线使等效发射功率增加，在同等覆盖要求下，每只功率放大器的输出可能降低 $20\lg N$（dB）。这样，在智能天线系统中，使用 N 只低功率的放大器来代替单只高功率 HPA，可大大降低成本。此外，还带来降低对电源的要求和增加可靠性等好处。

3. 联合检测技术

联合检测技术是多用户检测（multi-user detection）技术的一种。CDMA 系统中多个用户的信号在时域和频域上是混叠的，接收时需要在数字域上用一定的信号分离方法把各个用户的信号分离开来。信号分离方法大致可以分为单用户检测技术和多用户检测技术两种。

CDMA 系统中的主要干扰是同频干扰，它可以分为两部分：一种是小区内干扰，指的是同小区内部其他用户信号造成的干扰，又称多址干扰（MAI）；另一种是小区间干扰，指的是其他同频小区信号造成的干扰，这部分干扰可以通过合理的小区配置来减小其影响。

传统的 CDMA 系统信号分离方法是把多址干扰（MAI）看作热噪声一样的干扰，当用户数量上升时，其他用户的干扰也会随着加重，导致检测到的信号刚刚大于 MAI，使信噪比恶化，系统容量也随之下降。这种将单个用户的信号分离看作各自独立的过程的信号分离技术称为单用户检测（single-user detection）。

为了进一步提高 CDMA 系统容量，人们探索将其他用户的信息联合加以利用，也就是多个用户同时检测的技术，即多用户检测。多用户检测是利用 MAI 中包含的许多先验信息（如确知的用户信道码、各用户的信道估计等）将所有用户信号统一分离的方法。

联合检测的作用包括降低干扰[MAI 和 ISI（符号间干扰）]、提高系统容量、降低功控要求。

4. 动态信道分配技术

在无线通信系统中，为了将给定的无线频谱分割成一组彼此分开或互不干扰的无线信道，使用诸如频分、时分、码分、空分等技术。对于无线通信系统来说，系统的资源包括频率、时隙、码道和空间方向 4 个方面，一条物理信道由频率、时隙、码道的组合来标志。无线信道数量有限，是极为珍贵的资源，要提高系统的容量，就要对信道资源进行合理分配，由此产生了信道分配技术。如何有效地利用有限的信道资源，为尽可能多的用户提供满意的服务是信道分配技术的目的。信道分配技术通过寻找最优的信道资源配置来提高资源利用率，从而提高系统容量。

在 TD-SCDMA 系统中，动态信道分配（DCA）的方法有如下几种。

（1）时域动态信道分配

因为 TD-SCDMA 系统采用 TDMA 技术，在一个 TD-SCDMA 载频上，使用 7 个常规时隙，减少了每个时隙中同时处于激活状态的用户数量。每载频多时隙，可以将受干扰最小的时隙动态分配给处于激活状态的用户。

（2）频域动态信道分配

频域 DCA 中每一小区使用多个无线信道（频道）。在给定频谱范围内，与 5MHz 的带宽相比，TD-SCDMA 的 1.6MHz 带宽使其具有 3 倍以上的无线信道数（频道数）。可以把激活用户分配在不同的载波上，从而减小小区内用户之间的干扰。

（3）空域动态信道分配

TD-SCDMA 系统采用智能天线的技术，可以通过用户定位、波束赋形来减小小区内用户之间的干扰，增加系统容量。

（4）码域动态信道分配

在同一个时隙中，通过改变分配的码道来避免偶然出现的码道质量恶化。

DCA 分慢速 DCA 和快速 DCA。

慢速 DCA 主要解决两个问题：一是由于每个小区的业务量情况不同，所以不同的小区对上、下行链路资源的需求不同；二是为了满足不对称数据业务的需求，不同的小区上、下行时隙的划分是不一样的，相邻小区间由于上、下行时隙划分不一致会带来交叉时隙干扰。因此，慢速 DCA 主要有两个方面的作用：一是将资源分配到小区，根据每个小区的业务量情况，分配和调整上、下行链路的资源；二是测量网络端和用户端的干扰，并根据本地干扰情况为信道分配优先级，解决相邻小区间由于上、下行时隙划分不一致所带来的交叉时隙干扰。具体的方法是在小区边界根据用户实测的上、下行干扰情况，决定该用户在该时隙进行哪个方向上的通信比较合适。

快速 DCA 主要解决以下问题：不同的业务对传输质量和上、下行资源的要求不同，如何选择最优的时隙、码道资源分配给不同的业务，从而达到系统性能要求，并且尽可能地进行快速处理。快速 DCA 包括信道分配和信道调整两个过程。信道分配是根据其需要资源单元的多少为承载业务分配一条或多条物理信道。信道调整（信道重分配）可以通过 RNC 对小区负荷情况、终端移动情况和信道质量的监测结果，动态地对资源单元（主要是时隙和码道）进行调配和切换。

5. 接力切换技术

接力切换是一种应用于同步码分多址（SCDMA）通信系统中的切换方法。该接力切换方式不仅具有上述“软切换”功能，而且可以在使用不同载波频率的 SCDMA 基站之间，甚至在 SCDMA 系统与其他移动通信系统（如 GSM 或 IS-95 CDMA 系统）的基站之间实现不丢失信息、不中断通信的理想越区切换。接力切换适用于同步 CDMA 移动通信系统，是 TD-SCDMA 移动通信系统的核心技术之一。

设计思想：当用户终端从一个小区或扇区移动到另一个小区或扇区时，利用智能天线和上行同步等技术对 UE 的距离和方位进行定位，根据 UE 方位和距离信息作为切换的辅助信息，如果 UE 进入切换区，则 RNC 通知另一基站做好切换的准备，从而达到快速、可靠和高效切换的目的。这个过程就像是田径比赛中的接力赛跑传递接力棒一样，因而形象地称为接力切换。优点是将软切换的高成功率和硬切换的高信道利用率综合到接力切换中，使用该方法可以在使用不同载频的 SCDMA 基站之间，甚至在 SCDMA 系统与其他移动通信系统（如 GSM、IS-95）的基站之间实现不中断通信、不丢失信息的越区切换。

与通常的硬切换相比，接力切换除要进行硬切换所进行的测量外，还要对符合切换条件的相邻小区的同步时间参数进行测量、计算和保持。接力切换使用上行预同步技术，在切换过程中，UE 从源小区接收下行数据，向目标小区发送上行数据，即上、下行通信链路先后转移到目标小区。上行预同步的技术在 MS 与原小区通信保持不变的情况下与目标小区建立开环同步关系，提前获取切换后的上行信道发送时间，从而达到减少切换时间，提高切换的成功率、降低切换掉话率的目的。接力切换是介于硬切换和软切换之间的一种新的切换方法。

与软切换相比，接力切换和软切换都具有较高的切换成功率、较低的掉话率及较小的上行干扰等优点。不同之处在于，接力切换不需要同时有多个基站为一个 MS 提供服务，因而克服了软切换需要占用的信道资源多、信令复杂、增加下行链路干扰等缺点。

与硬切换相比，接力切换和硬切换都具有较高的资源利用率、简单的算法及较轻的信令负荷等优点。不同之处在于，接力切换断开原基站和与目标基站建立通信链路几乎是同时进行的，因而克服了传统硬切换掉话率高、切换成功率低的缺点。

传统的软切换、硬切换都是在不知道 UE 的准确位置的情况下进行的，因而需要对所有相邻小区进行测量，而接力切换只对 UE 移动方向的少数小区进行测量。

学习任务 6.4　熟知 WCDMA 移动通信系统

UMTS（通用移动通信系统）是采用 WCDMA 空中接口的第三代移动通信系统。通常也把 UMTS 系统称为 WCDMA 通信系统。UMTS 系统应用了与第二代移动通信系统一样的结构，它包括一些逻辑网络单元。不同的网络单元可以从功能上，也可以从其所属的不同的子网（subnetwork）上进行分组。

从功能上，网络单元可以分为无线接入网络（RAN）和核心网（CN）。其中，无线接入网络用于处理所有与无线有关的功能，而 CN 处理 UMTS 系统内所有的语音呼叫和数据连接与外部网络的交换和路由。上述两个单元与用户设备（UE）一起构成了整个 UMTS 系统。UMTS 的系统结构如图 6.9 所示。

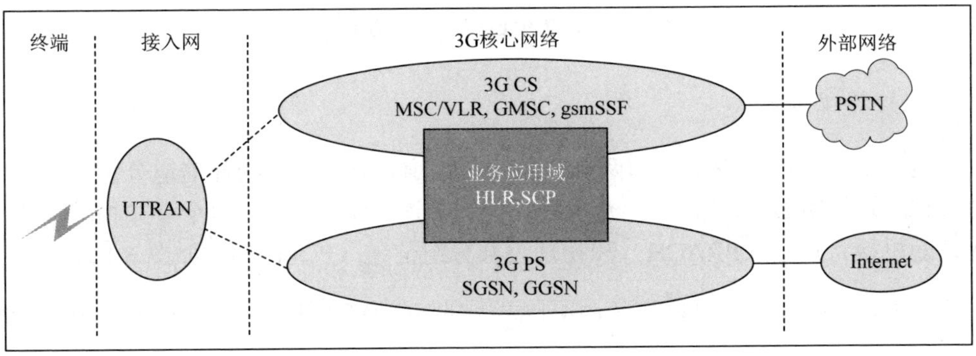

图 6.9　UMTS 的系统结构

6.4.1　WCDMA 系统的物理信道

UTRAN 的信道分为逻辑信道、传输信道和物理信道。

在 UTRAN 空中接口的协议模型中，MAC 层完成逻辑信道到传输信道的映射，PHY 层完成传输信道到物理信道的映射，因此逻辑信道和传输信道的位置如图 6.10 所示。

物理信道是各种信息在无线接口传输时的最终体现形式，每一种使用特定的载波频率、码（扩频码和扰码）及载波相对相位的信道都可以理解为一类特定的信道。物理信道按传输方向可分为上行物理信道与下行物理信道。

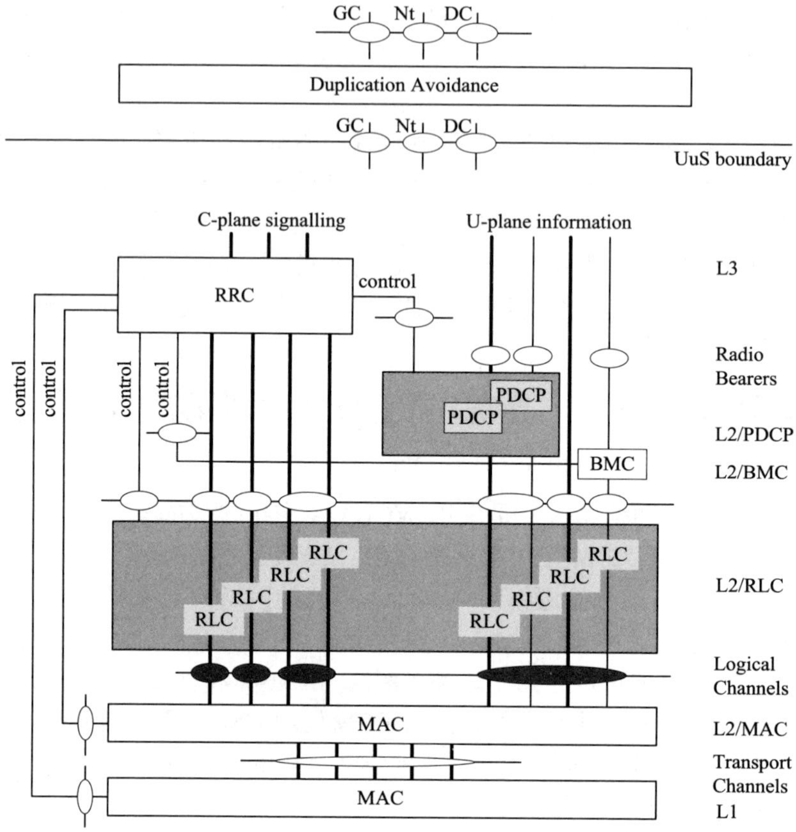

图 6.10 逻辑信道和传输信道的位置

1. 上行物理信道

有两个上行专用物理信道和两个公共物理信道，上行专用物理信道分别为上行专用物理数据信道（DPDCH）和上行专用物理控制信道（DPCCH），两个公共物理信道分别为物理随机接入信道（PRACH）和物理公共分组信道（PCPCH），如图 6.11 所示。

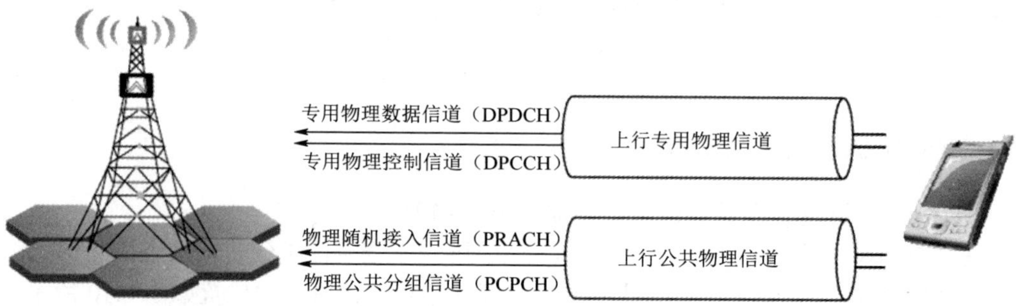

图 6.11 上行物理信道

（1）上行专用物理信道

上行 DPDCH 和上行 DPCCH 在每个无线帧内是 I/Q 码复用。上行 DPDCH 用于传输专用信道（DCH）。在每个无线链路中可以有 0 个、1 个或几个上行 DPDCH。上行 DPDCH 用于传输 L1 产生的控制信息。L1 的控制信息包括信道估计以进行相干检测的已知导频比特、TPC、反馈信息（FBI）及一个可选的 TFCI。TFCI 将复用在上行 DPDCH 上的不同传输信道的瞬时参数通知给接收机，并与同一帧中要发射的数据相对应。在每个 L1 连接中有且仅有一个上行 DPCCH。

（2）公共上行物理信道

1）PRACH。PRACH 的传输基于带有快速捕获指示的时隙 ALOHA 方式。UE 可以在一个预先定义的时间偏置开始传输，表示为接入时隙。每两帧有 15 个接入时隙，间隔为 5120 码片。当前小区中哪个接入时隙的信息可用，是由高层信息给出的。PRACH 分为前缀部分和消息部分。随机接入发射的结构如图 6.12 所示。随机接入发射包括一个或多个长为 4096 码片的前缀和一个长为 10ms 或 20ms 的消息部分。

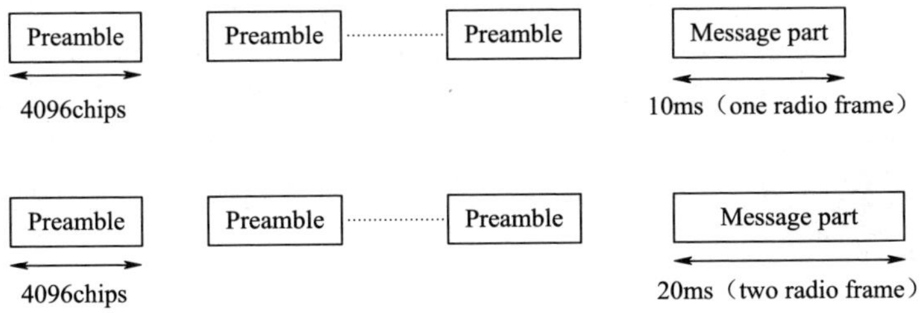

图 6.12　随机接入发射的结构

随机接入的前缀部分长度为 4096chips，是对长度为 16chips 的一个特征码的 256 次重复。总共有 16 个不同的特征码。

PRACH 中长为 10ms 的消息部分被分作 15 个时隙，每个时隙的长度为 T_{slot}=2560chips。每个时隙包括两部分：一部分是数据部分，RACH 传输信道映射到这部分；另一部分是控制部分，用来传输 L1 的控制信息。数据部分和控制部分是并行发射传输的。

一个长为 10ms 的消息部分由一个无线帧组成，而一个长为 20ms 的消息部分由两个连续的 10ms 无线帧组成。消息部分的长度可以由使用的特征码和/或接入时隙决定，这是由高层配置的。数据部分包括 10×2^kb，其中 k=0、1、2、3。对于消息数据部分来说，分别对应的扩频因子为 256、128、64 和 32。控制部分包括 8 个已知的导频比特（用来支持用于相干检测的信道估计），以及 2 个 TFCI 比特，对消息控制部分来说对应的扩频因子为 256。

在随机接入消息中，TFCI 比特的总数为 15×2=30b。TFCI 值对应于当前随机接入消息的一个特定的传输格式。在 PRACH 消息部分长度为 20ms 的情况下，TFCI 将在第二个无线帧中重复。

2）PCPCH。PCPCH 的传输基于带有快速捕获指示的 DSMA-CD（数字感知多址冲突检测）方法。UE 可在一些预先定义的与当前小区接收到的 BCH 的帧边界相对的时间偏置处开始传输。接入时隙的定时和结构与 RACH 相同。

2. 下行物理信道

下行物理信道有 1 个下行专用物理信道、1 个共享物理信道和 5 个公共控制物理信道：

1）下行专用物理信道（DPCH）。

2）基本和辅助公共导频信道（CPICH）。

3）基本和辅助公共控制物理信道（CCPCH）。

4）同步信道（SCH）。

5）物理下行共享信道（PDSCH）。

6）捕获指示信道（AICH）。

7）寻呼指示信道（PICH）。

下行物理信道如图 6.13 所示。

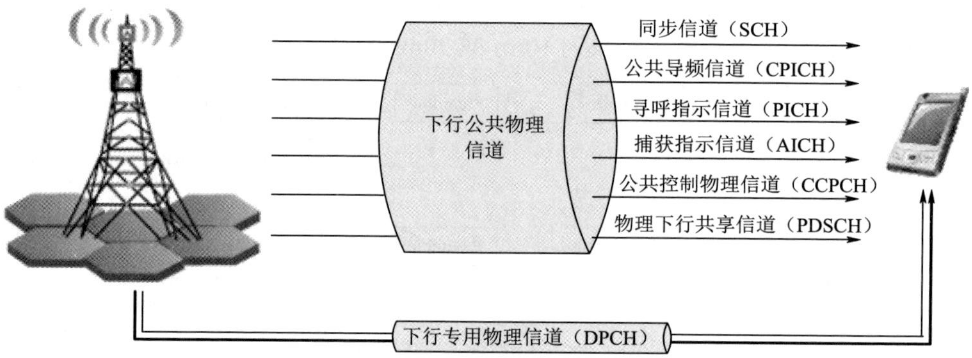

图 6.13　下行物理信道

（1）下行专用物理信道

下行专用物理信道只有一种类型，即下行 DPCH。在一个 DPCH 内，专用数据在 L2 及更高层产生，即专用传输信道（DCH），是与 L1 产生的控制信息（包括已知的导频比特、TPC 和一个可选的 TFCI）以时间分段复用的方式进行传输发射的。因此，下行 DPCH 可看作一个下行 DPDCH 和下行 DPCCH 的时间复用。图 6.14 显示下行 DPCH 的帧结构。每个长 10ms 的帧被分成 15 个时隙，每个时隙长为 T_{slot}=2560chips，对应于一个功率控制周期。

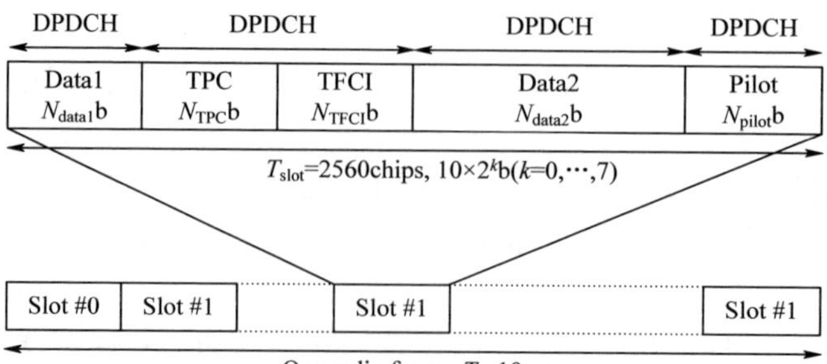

图 6.14　下行 DPCH 的帧结构

图 6.14 中的参数 k 确定了每个下行 DPCH 时隙的总比特数。它与物理信道的扩频因子有关，即 SF=512/2^k。因此，扩频因子的变化范围为 512 到 4。

（2）公共下行物理信道

公共导频信道（CPICH）为固定速率（30kb/s，SF=256）的下行物理信道，用于传送预定义的比特/符号序列。公共导频信道有两种类型：基本公共导频信道（P-CPICH）和辅助公共导频信道（S-CPICH）。它们的用途不同，区别仅限于物理特性。公共控制物理信道分为基本公共控制物理信道（P-CCPCH）和辅助公共控制物理信道（S-CCPCH）。

1）P-CPICH。P-CPICH 总是使用同一个信道化码，用基本扰码进行扰码，每个小区有且仅有一个 CPICH，在整个小区内进行广播。

2）S-CPICH。S-CPICH 可使用 SF=256 的信道化码中的任一个，可用基本或辅助扰码进行扰码，每个小区可有 0、1 或多个 S-CPICH，可以在全小区或小区的一部分进行发射，S-CPICH 可以是 S-CCPCH 和下行 DPCH 的基准。

3）P-CCPCH。P-CCPCH 为一个固定速率（30kb/s，SF=256）的下行物理信道，用于传输 BCH。与下行 DPCH 的帧结构的不同之处在于没有 TPC、TFCI 和导频比特。在每个时隙的第一个 256chips 内，P-CCPCH 不进行发射，在此段时间内，将发射基本 SCH 和辅助 SCH。

4）S-CCPCH。S-CCPCH 用于传送 FACH 和 PCH。S-CCPCH 有两种类型，包括 TFCI 的和不包括 TFCI 的。是否传输 TFCI 是由 UTRAN 来确定的。因此，对所有的 UEs 来说，支持 TFCI 的使用是必需的。可能的速率集与下行 DPCH 相同。

S-CCPCH 和 DPCH 的主要区别在于，CCPCH 不是内环功率控制的。P-CCPCH 和 S-CCPCH 的主要区别在于，P-CCPCH 是一个预先定义的固定速率，而 S-CCPCH 可以通过包含 TFCI 来支持可变速率。更进一步讲，P-CCPCH 是在整个小区内连续发射的，而 S-CCPCH 可以采用与专用物理信道相同的方式，以一个窄瓣波束的形式来发射。

5）SCH。SCH 是一个用于小区搜索的下行链路信号。SCH 包括两个子信道，即基本 SCH 和辅助 SCH。基本 SCH 和辅助 SCH 的 10ms 无线帧分成 15 个时隙，每个长为 2560 码片。基本 SCH 包括一个长为 256 码片的调制码和一个基本同步码（PSC），每个时隙发射一次，系统中每个小区的 PSC 是相同的。辅助 SCH 重复发射一个有 15 个序列的调制码，每个调制码长为 256chips，辅助同步码（SSC）与基本 SCH 并行进行传输。

6）PDSCH。PDSCH 用于传送 DSCH，一个 PDSCH 对应于一个 PDSCH 根信道码或下面的一个信道码。PDSCH 的分配是在一个无线帧内，基于一个单独的 UE。在一个无线帧内，UTRAN 可以在相同的 PDSCH 根信道码下，基于码复用，给不同的 UEs 分配不同的 PDSCHs。

7）AICH。AICH 是一个用于传输捕获指示（AI）的物理信道。捕获指示 AIs 对应于 PRACH 上的特征码。

8）PICH。PICH 是一个固定速率（SF=256）的物理信道，用于传输寻呼指示（PI），PICH 总是与一个 S-CCPCH 随路，S-CCPCH 为一个 PCH 传输信道的映射。

6.4.2 WCDMA 系统的码资源

WCDMA 系统采用直接序列扩频通信技术。在发送端，有用信号经扩频处理后，频谱被展宽；在接收端，利用伪码的相关性做解扩处理后，有用信号频谱被恢复成窄带谱。

另外，在采用扩频码对信号进行扩频的同时，一般出于性能及安全等方面的考虑，还需要对信号进行加扰。加扰的作用是把终端或基站相互区分开，扰码是在扩频之后使用的，因此不会改变信号的带宽，而只是把来自不同信源的信号区分开。经过加扰，解决了多个发射机使用相同的码字扩频的问题，因为经过信道化码扩频之后，已经达到了码片速率，所以扰码不影响符号速率。

1）扩频码。UTRAN 的扩频/信道化码区分来自同一信源的传输，即一个扇区的下行链路连接，以及上行中同一个终端的不同物理信道。UTRAN 的扩频/信道化码基于正交可变扩频因子（OVSF）技术，目前，WCDMA 使用的扩频码为沃尔什码。

2）扰码。WCDMA 系统使用的扰码为 Gold 序列的 PN 码，码序列具有伪随机性。上行物理信道可用的扰码分为长扰码和短扰码，共有 2^{24} 个上行长扰码和 2^{24} 个上行短扰码，上行扰码由高层分配。长扰码 $C_{long,,1,n}$ 和 $C_{long,,2,\ n}$ 是由两个二进制 m 序列的 38400 个码片的模 2 加产生的。二进制 m 序列是由 25 阶生成多项式产生的。令 x 和 y 代表两个 m 序列，x 序列是由生成多项式 $X^{25}+X^3+1$ 产生的，y 序列是由生成多项式 $X^{25}+X^3+X^2+X+1$ 产生的，两个序列共同构成 Gold 序列。

下行物理信道共有 $2^{18}-1=262143$ 个扰码，编号为 0,1,…, 262142，但并不是所有的扰码都可以用，所有的扰码分成两组，一组是 512 个主扰码，另一组是 15×512 个从扰码。主扰码包括 $n=16\times i$ 个扰码，$i=0, 1, \cdots, 511$，第 i 阶从扰码包括 $16\times i+k$ 个扰码，$k=1,2,\cdots,15$，主扰码和 15 个从扰码有一一对应的关系，第 i 个主扰码对应于第 i 个从扰码，因此，根据以上所述，$k=0, 1, \cdots, 8191$ 的扰码可以用。

通过将两个实数序列合并成一个复数序列构成一个扰码序列。通过两个 18 阶的生成多项式，产生两个二进制的 m 序列，m 序列的 38400 个码片模 2 加构成两个实数序列。两个实数序列构成一个 Gold 序列，扰码每 10ms 重复一次。

信道化码和扰码的功能和特点如表 6.3 所示。

表 6.3 信道化码和扰码的功能和特点

内容	信道化码	扰码
用途	上行链路：区分同一终端的物理数据（DPDCH）和控制信道（DPCCH） 下行链路：区分同一小区中不同用户的下行链路	上行链路：区分终端 下行链路：区分小区
长度	4～256个码片（1.0～66.7μs） 下行链路还包括512个码片	上行链路：10ms＝38400个码片或66.7μs=256个码片 下行链路：10ms＝38400个码片
码字数目	一个扰码下的码字数目＝扩频因子	上行链路：几百万个 下行链路：512

续表

内容	信道化码	扰码
码族	正交可变扩频因子	长10ms码：Gold码 短码：扩展的S（2）码族
扩频	是，增加了传输带宽	否，没有影响传输带宽

6.4.3　WCDMA 系统的物理层过程

1. 同步过程

物理层同步过程包括小区搜索、公共物理信道同步、专用物理信道同步等。

（1）小区搜索过程

在小区搜索过程中，UE 将搜索小区并确定该小区的下行链路扰码和该小区的帧同步。小区搜索一般分为以下 3 步：

1）时隙同步。基于 SCH 信道，UE 使用 SCH 的基本同步码（PSC）去获得该小区的时隙同步。典型方法是使用匹配滤波器来匹配 PSC（为所有小区公共）。小区的时隙定时可由检测匹配滤波器输出的峰值得到。

2）帧同步和码组识别。UE 使用 SCH 的辅助同步码（SSC）去找到帧同步，并对 1）中找到的小区的码组进行识别。这是通过对收到的信号与所有可能的从同步码序列进行相关得到的，并标识出最大相关值。由于序列的周期移位是唯一的，因此码组与帧同步一样，可以被确定下来。

3）扰码识别。UE 确定找到的小区所使用的主扰码。主扰码是通过在 CPICH 上对识别的码组内的所有码按符号相关而得到的。在主扰码被识别后，即可检测到主 CCPCH。系统和小区特定的 BCH 信息也就可以读取出来了。

（2）公共物理信道同步

所有公共物理信道的无线帧定时都可以在小区搜索完成之后确定。在小区搜索过程中可以得到 P-CCPCH 的无线帧定时，该定时将被作为所有物理信道的定时基准，直接用于下行链路。通过其他公共物理信道与 P-CCPCH 的相对定时关系可以确定公共物理信道同步。

（3）专用物理信道同步

对于专用物理信道，采用同步原语指示上、下行无线链路的同步状态，一般采用基于接收到的 DPCCH 质量或 CRC 校验确定。下行同步原语是 UE 的 L1，将测量下行专用信道的每一个物理帧的同步状态，并向高层报告。上行同步原语是 Node B 的 L1，将测量所有无线链路集合的每一个物理帧的同步状态，并向 RL 失败/恢复触发函数报告，因此在每一个链路集中只有一个同步状态指示。

2. 功率控制

功率控制分为开环功率控制和闭环功率控制。开环功率控制主要是在 RACH 的接入过程和 CPCH 的接入过程的初始化阶段前缀部分的发射过程采用的功率控制方法。闭环功率控制又分为快速和慢速闭环功率控制，系统中主要采用快速闭环功率控制。

对于 UE 侧，下行闭环功率控制调整网络的发射功率，使接收到的下行链路的 SIR 保持在一个给定的目标值 SIRtarget 附近，而每一个连接的 SIRtarget 则由高层外环功率控制分别调整；UE 同时估计下行 DPCCH/DPDCH 的接收功率和干扰功率，得到信噪比估计值 SIRest，然后根据以下规则产生 TPC 命令：如果 SIRest＞SIRtarget，则 TPC 命令为“0”，要求增加发射功率；如果 SIRest＜SIRtarget，则 TPC 命令为“1”，要求降低发射功率。

3. 随机接入

随机接入过程分为 RACH 接入和 CPCH 接入。

（1）RACH 随机接入

随机接入初始化前，L1 将从 RRC 层接收信息；随机接入初始化阶段，L1 将从 MAC 层接收信息，包括用于 PRACH 消息部分的传送格式、PRACH 传输的 ASC 和发射的数据（传送数据块的集合）。

（2）CPCH 随机接入

CPCH 接入初始化前获得系统消息配置参数，包括接入前缀（AP）的扰码、特征码集合和时隙子信道组等参数。

物理层从 MAC 层接收信息，包括消息部分的传输格式和每个 TTI 传输的数据。

4. 发射分集

发射分集分为开环发射分集模式和闭环发射分集模式。一个物理信道上同时只能使用一种模式；如果在任何一个下行物理信道上使用了发射分集，则在 P-CCPCH 和 SCH 也将使用发射分集；CPICH 发射分集时两路正交；PDSCH 帧的发射分集模式与其随路的 DPCH 上使用的发射分集模式相同。

5. 物理层测量

网络系统要执行的一些关键功能（如切换、功控、网络优化等）都需要物理层提供精确测量，在系统中 UE 和 UTRAN 物理层分别执行不同测量。

（1）UE 侧的测量

GSM 小区的观测时间差：如果 UE 支持到 GSM 服务的切换，则为特定 UTRA 和 GSM 小区定时之间的时间差。

CPICH Ec/N0：CPICH 上接收到的每个码片能量与频带功率密度的比值。

CPICH SIR：此测量为 CPICH 接收信号码功率（RSCP）与干扰信号码功率（ISCP）的比值。

CPICH RSCP：接收信号码功率是 CPICH 信道解扩后收到的功率。

CPICH ISCP：干扰信号码功率是解扩后在接收信号上的干扰，因此仅包括干扰的非正交部分。

UTRA 载波的 RSSI：接收信号强度指示，即在整个信道频带内的宽带接收功率。

GSM 载波的 RSSI：如果 UE 支持到 GSM 服务的切换，则此测量必须执行，接收信号强度指示，即在相应信道频带内的宽带接收功率。

传输信道 BLER：传输信道误块率（BLER）的估计。

UE 的传输功率：UE 在天线连接器上测得的总发射功率。

（2）UTRAN 侧的测量

接收信号强度指示：在 UTRAN 接入点测得的其上行信道带宽内的宽带接收功率。

发射载波功率：来自一个 UTRAN 接入点的下行载波总发射功率与此时其所能达到的最大功率之比。

发射码功率：一个载波、一个扰码和一个信道码的发射功率。

传输信道的 BLER：传输信道 BLER 的估计。

物理信道的 BER：无线链路组合后在控制部分上的测量。

传输信道的 BER：无线链路组合后在数据部分上的测量。

6.4.4　WCDMA 系统的关键技术

作为第三代移动通信系统的 WCDMA 系统的设计目标是不仅能够提供比第二代移动通信系统更大的系统容量和更好的通信质量，而且要能在全球范围内更好地实现无缝漫游和为用户提供语音、数据和移动多媒体业务。与第二代移动通信系统相比，WCDMA 系统应用了许多关键技术，如功率控制、RAKE 接收、多用户检测、分集技术等。

1. 功率控制

功率控制是 WCDMA 系统的一个重要方面。假设一个小区的用户都以相同的功率发射，则靠近基站的 MS 到达基站的信号强，远离基站的 MS 到达基站的信号弱，这样就会导致强信号掩盖弱信号，这就是所谓的“远近效应”。由于 WCDMA 是一种自干扰系统，所有用户使用同一个频率，远近效应更加严重。同时，对于 WCDMA 系统来说，基站的下行是属于功率受限的。为了在发射功率小的情况下确保有满足要求的通话质量，这就要求基站和 MS 都能够根据通信距离的不同、链路质量的好坏，实时地调整发射机所需的功率，这就是“功率控制”。

从不同的角度考虑有不同的功率控制方法。例如，若从通信的上行、下行链路角度来考虑，功率控制一般可以分为上行链路功率控制和下行链路功率控制。下行链路功率控制的目的是节约基站的功率资源，而上行链路功率控制的目的是克服远近效应。上行链路功率控制算法最具代表性。

从功率控制环路的类型来划分，功率控制可分为开环功率控制、闭环功率控制（外环功率控制和内环功率控制）、功率平衡。

（1）开环功率控制

当 MS 发起呼叫时，需要进行开环功率控制，从广播信道得到导频信道的发射功率，再测量自己收到的功率，相减后得到下行链路损值。根据互易原理，由下行链路损值近似估计上行链路损值，计算 MS 的发射功率。计算发射功率时，需要考虑业务的信噪比要求（业务质量要求）、扩频增益和上行链路损值。由于上、下行频率相差 190MHz，比相关带宽（200kHz 左右）大得多，因此，开环估计是近似的。

（2）闭环功率控制

开环功率控制仅仅在起呼的时候需要，在建立链路后，则需要在专用信道进行精确的闭环功率控制，尤其在上行链路（多对一模式）中，使相同业务到达基站的接收功率完全相同，无论 MS 离基站的距离远近。这就是克服远近效应的过程。

闭环功率控制又分为内环功率控制和外环功率控制。

1）内环功率控制。内环功率控制是快速闭环功率控制，最快速度可达 1500 次/s，在基站与 MS 之间的物理层进行，当物理层测量接收的信噪比低于目标值时，就发出增加功率的命令；当物理层测量接收的信噪比高于目标值时，就发出降低功率的命令；当信噪比与目标值相差不多时，就发出不调整功率的命令。一个时隙（0.67ms）给出一次功率控制命令，功率控制命令分 3 个状态：增加功率、降低功率和保持功率。一次增减功率的步长一般为 1dB。

2）外环功率控制。外环功率控制是慢速闭环功率控制，一般在一个 TTI（10ms、20ms、40ms、80ms）的量级。外环功率控制是在物理层之上的功率控制，通过 CRC 检验是否出错，统计接收的数据误块率 BLER（对应误码率 BER），改变内环功率控制的信噪比目标值，使接收信号质量满足业务质量的要求。

3）内、外环功率控制的关系。外环功率控制是慢变化的粗调节（RNC 到 Node B）；内环功率控制是快变化的细调节（Node B 到 UE）。

为什么需要分内环功率控制和外环功率控制呢？原因是在信噪比测量中，很难精确测量信噪比的绝对值，且信噪比与误码率（误块率）的关系随环境的变化而变化，是非线性的。例如，在一种多径传播环境时，要求百分之一的误块率，信噪比是 5dB；在另外一种多径环境下，同样要求百分之一的误块率，可能需要 5.5dB 的信噪比。业务质量主要是由误块率确定的，与误块率是直接的关系，与信噪比是间接的关系。

（3）功率平衡

在软切换或宏分集的情况下，一个 UE 可以和激活集中的所有小区进行通信。在进行下行内环功率控制时，UE 给激活集中的小区发送同样的 TPC 命令，但由于每条无线链路的传播路径不同，可能导致 TPC 命令传送中出现误码，使有的小区收到错误的 TPC 命令，这样就导致有的小区增加下行发射功率，而有的小区减少下行发射功率，从而出现了功率漂移。

下行功率平衡的实现方法：通过专用测量报告得到各条链路上的专用 TCP 值，根据上报值计算得到所需要的 DL reference power。然后通过信令“DL power control request”将消息发送给 Node B。Node B 利用这个值，通过内环功率控制算法实现链路平衡。

2. RAKE 接收

在 CDMA 系统中，信道带宽远大于信道的平坦衰落宽度。采用传统的调制技术需要用均衡器来消除符号间的干扰，而在采用 CDMA 技术的系统中，在无线信道传输中出现的时延扩展，可以被认为是信号的再次传输，如果这些多径信号相互间的时延超过了一个码片的宽度，那么，它们将被 CDMA 接收机看作非相关的噪声，而不再需要均衡了。

扩频信号非常适应多径信道传输。在多径信道中，传输信号被障碍物（如建筑物和山等）反射，接收机就会接收到多个不同时延的码片信号。如果码片信号之间的时延超过一个码片，接收机就可以分别对它们进行解调。实际上，从每一个多径信号的角度看，其他多径信号都是干扰，并被处理增益抑制，但是，对于 RAKE 接收机则可以分别对多个信号进行处理、合成而获得。因此，CDMA 信号很容易实现多路分集。从频率范围看，传输信号的带宽大于信号相关带宽，并且信号频率是可以选择的，例如，仅仅信号的一部分受到衰落的影响。

由于多径信号中含有可以利用的信息，所以 CDMA 接收机可以通过合并多径信号来改善接收信号的信噪比。RAKE 接收机就是通过多个相关检测器接收多径信号中各路信号，并把它们合并在一起的。

RAKE 接收机包含多个相关器，每个相关器接收一个多路信号，信号在相关器进行扩展，然后进行合成。

在扩频和调制后，信号被发送，每个信道具有不同的时延和衰落因子，对应不同的传播环境。经过多径信道传输，RAKE 接收机利用相关器检测出多径信号中最强的 M 个支路信号，然后对每个 RAKE 支路的输出进行加权合并，以提供优于单路信号的接收信噪比，然后在此基础上进行判决。在接收端，将 M 条相互独立的支路进行合并后，可以得到分集增益。合并技术通常有 3 类，即选择性合并、最大比合并和等增益合并。

3. 多用户检测

多用户检测（MUD）技术是通过去除小区内干扰来改进系统性能、增加系统容量的。多用户检测技术还能有效缓解直扩 CDMA 系统中的远近效应。

信道的非正交性和不同用户的扩频码字的非正交性，导致用户间存在相互干扰，多用户检测的作用就是去除多用户间的相互干扰。一般而言，对于上行的多用户检测，只能去除小区内各用户之间的干扰，而小区间的干扰由于缺乏必要的信息（如相邻小区的用户情况），是难以消除的。对于下行的多用户检测，只能去除公共信道（如导频、广播信道等）的干扰。

以两用户的情况为例，在信道和扩频码字完全正交的情况下，两个 BPSK 用户 S1 和 S2 的星座图如图 6.15（a）所示。经过非正交信道和非正交扩频码字后的星座图如图 6.15（b）所示。此时多用户检测的作用就是去除两个用户信号间的相互干扰，它们分别向坐标线 S1 和 S2 投影，得到去除第二个用户干扰后的信号向量。此时，通过多用户检测算法，判决的分界线也被重新定义了。在这种新的分界线上，显然可以达到更好的判决效果。

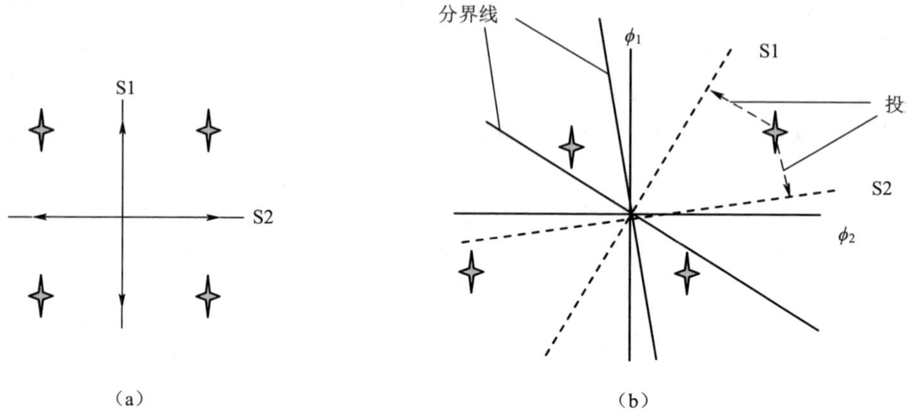

图 6.15　多用户检测的效果

按照上面的解释，多用户检测的系统模型可以用图 6.16 来表示：每个用户发射数据比特 $b_1,b_2\cdots,b_N$，通过扩频码字进行频率扩展，在空中经过非正交的衰落信道，并加入噪声 $n(t)$，接收端接收的用户信号与同步的扩频码字相关，相关器由乘法器和积分清洗器组成，解扩后的结果通过多用户检测的算法去除用户之间的干扰，得到用户的信号估计值 $\hat{b}_1,\hat{b}_2,\cdots,\hat{b}_N$。

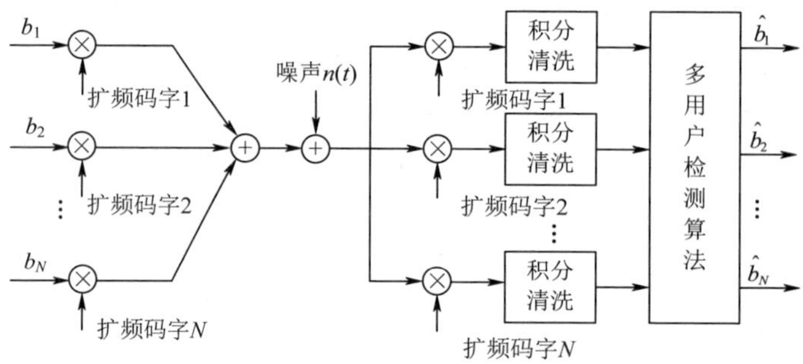

图 6.16　多用户检测的系统模型

从图 6.16 所示的多用户检测的系统模型可以看出，多用户检测的性能取决于相关器的同步扩频码字跟踪、各个用户信号的检测性能、相对能量的大小、信道估计的准确性等传统接收机的性能。

从上行多用户检测来看，由于只能去除小区内干扰，假定小区间干扰的能量是小区内干扰能量的 f 倍，那么去除小区内用户干扰，容量的增加是（$1+f$)/f。按照传播功率随距离的 4 次幂线性衰减，小区间干扰是小区内干扰的 55%。因此在理想情况下，多用户检测可提高减少干扰 2.8 倍因子。但是在实际情况下，多用户检测的有效性还达不到 100%，多用户检测的有效性取决于检测方法和一些传统接收机的估计精度，同时还受到小区内用户业务模型的影响。

多用户检测可以提高系统的容量、克服远近效应的影响。但关于多用户检测，需要考虑以下 4 个问题：

1）多用户检测算法运算复杂，实现比较困难。

2）多用户检测仅可用于改善上行链路的性能，只适合在基站使用。

3）多用户检测无法克服小区外干扰。

4）适用于 WCDMA 的多用户检测算法较少。

就 WCDMA 上行多用户检测而言，目前最有可能实用化的技术就是并行干扰的消除，因为它需要的资源相对较少，仅仅是传统接收机的 3～5 倍，而数据通路的延迟也相对较小。

WCDMA 下行的多用户检测技术则主要集中在消除下行公共导频、共享信道和广播信道的干扰，以及消除同频相邻基站的公共信道的干扰方面。

4. 分集技术

无线信道是随机时变信道，其中的衰落特性会降低通信系统的性能。为了对抗衰落，可以采用多种措施，如信道编解码技术、抗衰落接收技术或扩频技术。分集接收技术被认为是明显有效而且经济的抗衰落技术。

无线信道中接收的信号是到达接收机的多径分量的合成。如果在接收端同时获得几个不同路径的信号，将这些信号适当合并成总的接收信号，就能够大大减小衰落的影响，这就是分集的基本思路。分集的字面含义就是分散得到几个合成信号并集中（合并）这些信号。只要几个信号之间是统计独立的，那么经适当合并后就能使系统性能大为改善。

互相独立或者基本独立的一些接收信号，一般可以利用不同路径或者不同频率、不同角度、不同极化等接收手段来获取。

1）空间分集。在接收端或发射端架设几副天线，各天线的位置间要求有足够的间距（一般在 10 个信号波长以上），以保证各天线上发射或接收的信号基本相互独立。如图 6.17 所示就是一个双天线发射分集的提高接收信号质量的例子，通过双天线发射分集，增加了接收机获得的独立接收路径，取得了合并增益。

2）频率分集。用多个不同的载频传送同样的信息，如果各载频的频差间隔比较远，其频差超过信道相关带宽，则各载频传输的信号也相互不相关。

3）角度分集。利用天线波束指向不同，使信号不相关构成的一种分集方法。例如，在微波面天线上设置若干个照射器，产生相关性很小的几个波束。

4）极化分集。分别接收水平极化和垂直极化波形成的分集方法。

图 6.17 所示为正交发射分集的原理，图中两个天线的发射数据是不同的，天线 1 发射的是偶数位置上的数据，天线 2 发射的是奇数位置上的数据，利用两个天线上发射数据的不相关性，通过不同天线路径到达接收机天线的数据具备了相应的分集作用，降低了数据传输的功率。同时，由于发射天线上单天线发射数据的比特率降低，数据传输的可靠性增加。因此发射天线分集可以提高系统的数据传输速率。

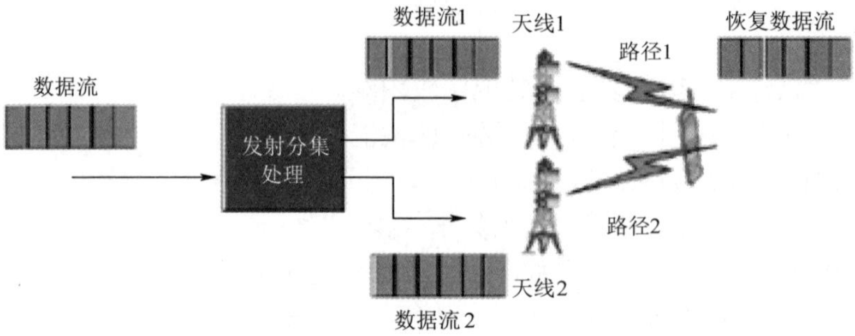

图 6.17　正交发射分集的原理

其他的分集方法还有时间分集，是利用不同时间上传播的信号的不相关性进行合并的。分集方法相互之间不排斥，在实际中可以组合使用。

发射分集技术是在接收分集技术基础上发展起来的。它使用多个独立的天线或相关天线阵列，通过非相关衰减信道发射相同的信息以实现空间分集增益，这种增益主要通过在位置或极化方向上分离天线而获得。在 WCDMA 系统中，利用双极化天线可以实现发射极化分集。

6.4.5　3 种主流标准的性能比较

1. CDMA 技术的利用程度

TD-CDMA 在充分利用 CDMA 技术方面较差。原因是：一方面，TD-CDMA 要和 GSM 兼容；另一方面，由于不能充分利用多径，降低了系统的效率，而且软切换和软容量能力实现起来相对较困难，但联合检测容易。

2. 同步方式、功率控制和支持高速能力

目前的 IS-95 采用 64 位的沃尔什正交扩频码序列，反向链路采用非相关接收方式，成为限制容量的主要问题，所以在 3G 系统中反向链路普遍采用相关接收方式。WCDMA 采用内插导频符号辅助相关接收技术，两者的性能还难以比较。CDMA2000 需要 GPS 精确定时同步；而 WCDMA 和 TD-CDMA 则不需要小区之间的同步。此外，TD-CDMA 继承了 GSM900/DCS1800 正反向信道同步的特点，从而克服了反向信道的容量瓶颈效应。同步意味着正反向信道均可使用正交码，从而克服了远近效应，降低了对功率控制的要求。TD-CDMA 采用消除对数正态衰落的功率控制，抗衰落的能力较强，能支持较快移动的通信，这在现代通信中是至关重要的。

在多速率复用传输时，WCDMA 实现较为容易，而 TD-SCDMA 采用的是每个时隙内的多路传输和时分复用。为达到 2Mb/s 的峰值速率须采用十六进制的 QAM 调制方式，当动态的传输速率要求较高时，需要较高的发射功率，又因为和 GSM 兼容，所以无法充分利用资源。

3. 频谱利用率

TD-SCDMA 具有明显的优势，被认为是目前频谱利用率最高的技术。其原因：一方面是 TDD 方式能够更好地利用频率资源；另一方面 TD-SCDMA 的设计目标是要做到设计的所有信道都能同时工作，在这方面，目前 WCDMA 系统 256 个扩频信道中只有 60 个可以同时工作。此外，不对称的移动因特网将是 IMT-2000 的主要业务。TD-SCDMA 因为能很好地支持不对称业务而成为最适合移动因特网业务的技术，也被认为是 TD-SCDMA 的一个重要优势，而 FDD 系统在支持不对称业务时，频谱利用率会降低，并且目前尚未找到更为理想的解决方案。

4. 在应用技术方面

TD-SCDMA 技术在许多方面非常符合移动通信未来的发展方向。智能天线技术、软件无线电技术、下行高速包交换数据传输技术等将是未来移动通信系统中普遍采用的技术。显然，这些技术都已经不同程度地在 TD-SCDMA 系统中得到应用，而且 TD-SCDMA 也是目前唯一明确将智能天线和高速数字调制技术设计在标准中的 3G 系统。

WCDMA、CDMA2000 和 TD-SCDMA 这 3 种 3G 主流标准的比较如表 6.4 所示。

表 6.4　3 种 3G 主流标准的比较

内容	制式		
	WCDMA	CDMA2000	TD-SCDMA
信道带宽/MHz	5	1.25	1.6
码片速率/（Mc/s）	3.84	1.2288	1.28
多址方式	单载波 DS-CDMA	单载波 DS-CDMA	单载波 DS-CDMA＋TD-SCDMA
双工方式	FDD/TDD	FDD	TDD
帧长/ms	10	20	10
调制	数据调制：QPSK/BPSK 扩频调制：QPSK	数据调制：QPSK/BPSK 扩频调制：QPSK/OQPSK	接入信道：DQPSK 接入信道：DQPSK/16QAM
相干解调	前向：专用导频信道（TDM） 反向：TDM	前向：共用导频信道 反向：TDM	前向：TDM 反向：TDM
语音编码	AMR	CELP	EFR
最大数据传输速率/(Mb/s)	2.048	2.5	2.048
功率控制	FDD：开环＋快速闭环（1.6kHz） TDD：开环＋慢速闭环	开环＋快速闭环（800Hz）	开环＋快速闭环（200Hz）
基站同步	异步（不需 GPS）	同步（需 GPS）	主从同步（需 GPS）

移动通信小百科之通信历史

TD-SCDMA——中国移动通信的里程碑

1999 年 10 月底，在芬兰赫尔辛基举行的国际电联会议上，由当时的信息产业部电信科学技术研究院（CATT）代表中国提出的 TD-SCDMA 标准提案被国际电联采纳为世界第三代移动通信系统（3G）无线接口技术规范建议之一。2000 年 5 月，国际电联无线大会上又正式将 TD-SCDMA 列入世界 3G 无线传输标准之一。TD-SCDMA 的成功是中国通信发展史中重要的里程碑，结束了中国在电信标准领域的空白历史，为扭转中国移动通信制造业长期以来的被动局面提供了机遇。2008 年，随着北京奥运火炬在世界范围的传递，中国的 3G 大幕终于由 TD-SCDMA 这个经历了长达十年技术成熟过程的国产 3G 标准正式拉开。

小　结

1. 第三代移动通信系统（3G）

由国际电信联盟（ITU）在 1985 年提出，当时称为未来公众陆地移动通信系统；1996 年更名为 IMT-2000，意即该系统工作在 2000MHz 频段，最高业务速率可达 2000kb/s；在 2000 年左右得到商用。它能够处理图像、音乐、视频流等多种媒体形式，提供包括网页浏览、电话会议、电子商务等多种信息服务。

2. 第三代移动通信的优点

全球普及和全球无缝漫游的系统；具有支持多媒体业务的能力；特别是支持 Internet 业务；便于过渡、演进；高频谱效率，高保密性；低成本；高服务质量。

3. CDMA2000 移动通信系统

由窄带 CDMA（CDMA IS-95）技术发展而来的宽带 CDMA 技术，由美国主推，该标准提出了 CDMA IS-95→CDMA2000 1x→CDMA2000 3x 的演进策略。CDMA2000 采用 FDD 模式，信号带宽为 1.25MHz，码片速率为 1.2288Mc/s；采用单载波直接序列扩频 CDMA 多址接入方式；帧长为 20ms；调制方式为 QPSK（下行）和 BPSK（上行）；CDMA2000 的容量是 IS-95A 系统的两倍，可支持 2Mb/s 以上速率的数据传输；兼容 IS-95A/B。CDMA2000 1x 网络中使用了 3 种码，短码用于区分不同的小区；长码用于区分不同的 MS；沃尔什码用于区分不同的前向信道和反向信道。关键技术包括初始同步与 RAKE 多径分集接收、功率控制和高效信道编译码技术等。CDMA2000 1x 系统支持多种业务，包括语音业务、数据业务和增值业务。

4. TD-SCDMA 移动通信系统

TD-SCDMA 含义为时分同步码分多址接入，是由我国大唐电信公司提出的 3G 标准，该标准提出不经过 2.5 代的中间环节，直接向 3G 过渡，非常适用于 GSM 向 3G 升级。其具有高达 2Mb/s 的数据速率，非常适合宽带应用，同时其所采用的技术能使无线频率资源达到最优利用率。它是一个 TDD（时分数字双工）标准，作为中国提出的第三代移动通信标准，被国际电信联盟接纳为第三代移动通信标准之一。TD-SCDMA 系统的多址方式很灵活，可以看作 FDMA、TDMA、CDMA 的有机结合。TDMA 帧长度为 10ms，子帧的时长为 5ms。每个子帧又分成长度为 675μs 的 7 个常规时隙（TS0～TS6）和 3 个特殊时隙。TD-SCDMA 系统有逻辑信道、传输信道、物理信道 3 种信道模式。码资源有 SYNC_DL、SYNC_UL、扰码、midamble 码和 OVSF 码。物理层过程包括小区搜索、上行同步、基站间同步和随机接入过程。关键技术包括 TDD 技术、智能天线、联合检测、动态信道分配和接力切换等。

5. WCDMA 移动通信系统

WCDMA 全称为 Wideband CDMA，这是基于 GSM 网发展出来的 3G 技术规范，是欧洲提出的宽带 CDMA 技术，该标准提出了 GSM（2G）→GPRS→EDGE→WCDMA（3G）的演进策略，WCDMA 采用 FDD 模式。信道分为逻辑信道、传输信道和物理信道。物理层过程涉及小区搜索、公共信道同步、专用信道同步、功率控制、随机接入过程等。与第二代移动通信系统相比，WCDMA 系统应用了许多关键技术，如功率控制、RAKE 接收、多用户检测、分集技术等。

练习题与思考题

1. 简述第一代与第二代移动通信的缺点，描述 3G 的优点。
2. 请说明 3G、ITU、IMT-2000 等名称的实际含义。
3. 3G 网络演进策略有哪些？
4. 什么是第三代移动通信系统？有什么特点？
5. CDMA2000 1x 系统使用了哪些码资源？分别有什么作用？
6. 简述 CDMA2000 1x 系统的关键技术。
7. CDMA2000 1x 系统使用了哪些信道？
8. TD-SCDMA 技术有哪些优越的特点？
9. TD-SCDMA 采用什么模式？与 FDD 模式有何区别？
10. 简述各种 TD 码资源的作用。
11. 简述 TD 码资源的对应关系。
12. 在 TD-SCDMA 系统小区搜索过程中，用到了哪些码型？这些码型的作用是什么？小区搜索的信息在哪些时隙中传递？
13. 智能天线有什么功能？

14. WCDMA 系统的信道是如何划分的？有何作用？
15. 简述 WCDMA 系统的同步过程。
16. 叙述 WCDMA 系统的随机接入过程。
17. WCDMA 系统运用了哪些关键技术？

学习笔记

实践训练任务工单 6

专业：＿＿＿＿＿＿＿＿ 班级：＿＿＿＿＿＿＿＿

姓名：＿＿＿＿＿＿＿＿ 学号：＿＿＿＿＿＿＿＿

实训名称： 无线传播链路损耗分析

实训目的： 能通过观察基站对某一区域的信号覆盖，结合地形、地貌环境特征，分析无线传播中造成链路损耗的因素。能面对多变复杂、环境恶劣的工作场景，具有爱岗敬业、吃苦耐劳的职业素养和勇于奉献的时代精神。

任务描述

基站天线所发射的信号要受天线增益、路径损耗、建筑物穿透损耗、人体损耗等影响，因此，在基站发射相同功率的情况下，由于地形、地貌、建筑物密集程度的不同，手机接收信号的功率也不一样。观察实际基站对某一区域的信号覆盖，并以具有中国知识产权的第三代无线通信国际标准 TD-SCDMA 系统为例，分析在无线传播中造成链路损耗的因素有哪些。

任务讨论与实施

1. 观察实际基站对某一区域的信号覆盖，根据如图 6.18 所示的地形、地貌环境，对城市密集区域、一般城区、郊区、农村及偏远地区进行特征分析，并列表描述。

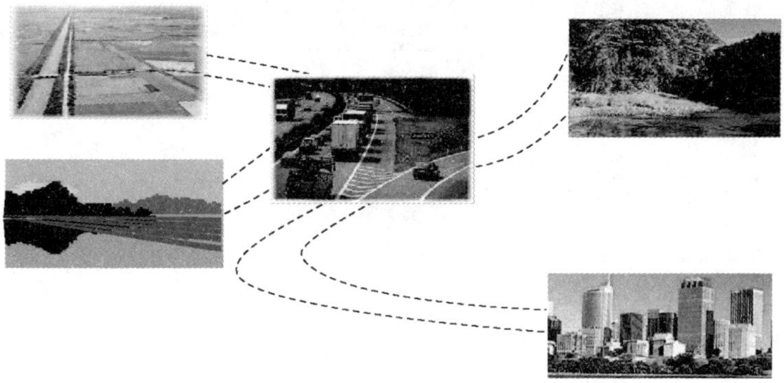

图 6.18 无线通信网络覆盖环境分类

2. 根据如图 6.19 所示的链路损耗预算示意图，分析在无线传播中造成 TD-SCDMA 系统链路损耗的因素有哪些。

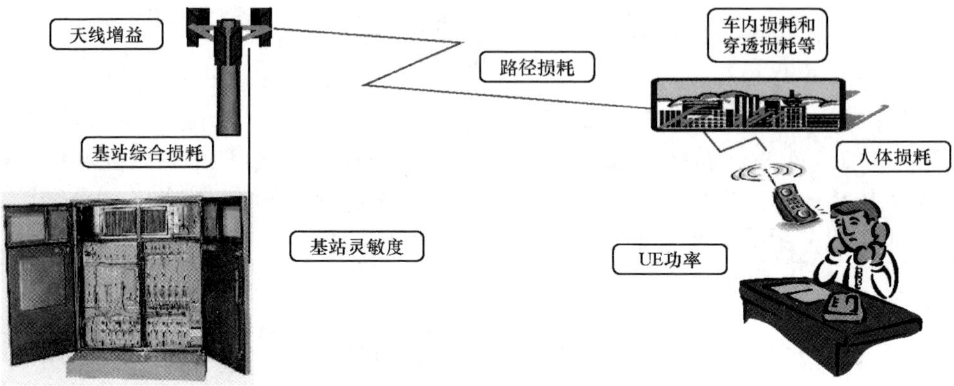

图 6.19 链路损耗预算示意图

任务总结

1. 任务讨论总结

2. 任务实施总结

模块 7

第四代LTE移动通信系统（4G）

本模块介绍以 OFDMA 技术为核心的第四代 LTE 移动通信系统（4G），主要内容包括 LTE 系统的网络架构、OFDM 技术、MIMO 技术、自适应技术、调度技术、混合自动重传、干扰抑制等关键技术，以及帧结构、信道和随机接入过程。通过学习本模块，学习者可以深入理解 LTE 移动通信系统的网络架构、基本原理和关键技术，为从事 LTE 移动通信系统的网络建设、网络优化和运行维护等工作奠定基础。

知识目标

- 了解 LTE 的发展和演进过程。
- 掌握 LTE 的网络架构。
- 理解 OFDM 技术及其在上、下行链路中的应用。
- 理解 MIMO 技术及其工作模式。
- 了解 LTE 的关键技术。
- 熟悉 LTE 的小区搜索和随机接入过程。

能力目标

- 能够分析扁平化网络结构与其他移动通信网络的不同。
- 能够解释 OFMDA 技术在上、下行链路应用不同的原因。
- 能够根据帧结构计算 LTE 的最大传输速率。
- 能够区分 MIMO 技术中的发射分集和空间复用。
- 能够说明 LTE 采用的关键技术对系统性能提升的作用。

素质目标

- 培养自觉践行爱岗敬业、奉献社会的职业道德。
- 培养善于关联、举一反三、总结归纳的学习思维。

学习任务 7.1　掌握 LTE 系统的网络架构

7.1.1　LTE 发展概述

为了顺应移动通信数据化、宽带化、IP 化的需求，同时保持与 WIMAX/3GPP2 的竞争优势，3GPP 主导了长期演进（LTE）的标准制定和演进策略。3GPP 制定了 LTE 和系统架构演进（SAE）的演进计划，LTE 负责无线空口技术演进，SAE 负责整个移动通信系统网络架构的演进。

什么是 4G

2004 年在加拿大多伦多的 3GPP 国际会议上提出了 LTE 的概念。3GPP 针对外部标准化组织的技术演进压力，讨论未来 10 年的技术演进，考虑到 3GPP 内部已经有的 WCDMA 和 TD-SCDMA 标准，于 2005 年最终提出了 FDD-LTE 和 TDD-LTE 两种方案。2007 年 3GPP 确定了 TDD-LTE 的帧结构等内容。2008 年 12 月 3GPP 正式发布和冻结了 LTE R8 系列规范，这是第一个可以商用的 LTE 标准文本。

2009 年发布和冻结的 R9 版本，在原来 R8 版本的基础上增加了 LTE 终端定位技术、增强下行双流波束赋形传输、增强型 MBMS（E-MBMS）、网络自优化（SON）、Home eNode 等功能。

在 LTE R8 还没有完成的时候，3GPP 在 2008 年正式提出了 LTE-Advanced 的概念，并在 2009 年的中国三亚 RAN#46 会议上，启动了 LTE-Advanced R10 部分工作，包括载波聚合、增强型多输入多输出（MIMO）、中继等技术的研究。2010 年 12 月发布了 R10 的第一个规范。2011 年 3GPP LTE-Advanced R11 项目启动，重点是完善 R10 的载波聚合、增强干扰消除、MBMS、最下路测和自组织优化、机器间通信等内容。2012 年 3GPP LTE-Advanced R12 项目启动。

3GPP 的目标是打造超越现有无线接入能力、全面支撑高性能数据业务、确保在未来 10 年内领先的新一代无线通信系统。为此，LTE 提出的设计目标如下。

1）带宽灵活配置：支持 1.25～20MHz 带宽，实际支持 1.4MHz、3MHz、5MHz、10MHz、15MHz、20MHz。

2）峰值速率（20MHz 带宽）：下行 100Mb/s，上行 50Mb/s。

3）实际实现峰值速率比目标高。

4）控制面时延小于 100ms，用户面时延（单向）小于 5ms。

5）能为速度大于 350km/h 的用户提供 100kb/s 的接入服务。

6）支持 E-MBMS。

7）取消 CS 域，CS 域业务在 PS 域实现，如 VOIP。

8）支持与现有 3GPP 和非 3GPP 系统的互操作。

9）系统结构简单化，低成本建网。

2013 年底，工业和信息化部向国内三大运营商分配 TDD-LTE 扩大规模试验频段。

中国移动为 1880～1900MHz、2320～2370MHz、2575～2635MHz 频段，中国联通为 2300～2320MHz、2555～2575MHz 频段，中国电信为 2370～2390MHz、2635～2655MHz 频段。

7.1.2　LTE 系统网络架构

SAE 是为了实现 LTE 提出的目标而从整个系统架构上考虑的演进，采用扁平化的网络结构，如图 7.1 所示，主要由演进型分组核心网（EPC）、E-UTRAN 和用户设备（UE）3 部分组成。

LTE 的网络结构

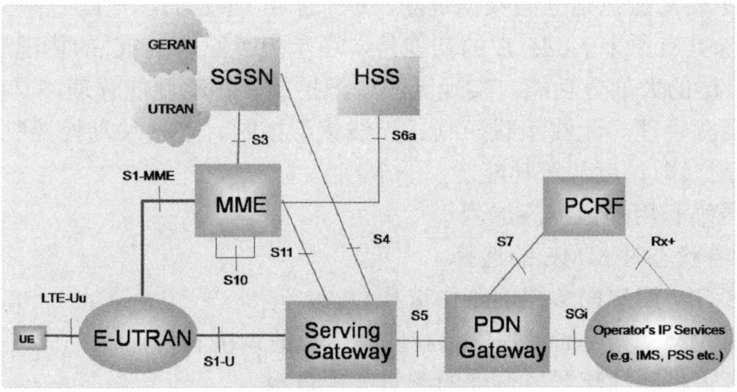

图 7.1　LTE 系统网络架构

EPC 网元包括移动管理实体（MME）、服务网关（S-GW）、PDN 网关（P-GW）；E-UTRAN 网元仅包括演进型基站（eNode B 或 eNB）；UE 指用户终端设备。广义上，EPC 和 E-UTRAN 称为分组演进系统（EPS）。

EPC 采用控制面和用户面管理完全分离的思想，以方便技术独立演进和运营商对网络节点的灵活配置，MME 为控制平面网元，S-GW 为用户平面网元。

MME 主要负责控制平面的处理，负责对用户接入、业务承载、寻呼、切换等控制信令的处理，主要包括：

1）非接入层（NAS）信令的加密和完整性保护。

2）接入层（AS）安全控制。

3）3GPP 无线网络的网间移动信令。

4）空闲状态下的移动性控制。

5）跟踪区列表管理。

6）P-GW 和 S-GW 的选择。

7）切换中需要改变 MME 时的 MME 选择。

8）切换到 2G 或 3GPP 网络时的 SGSN 选择。

9）EPS 承载控制。

S-GW 主要负责用户面的处理，作为本地基站切换时的锚定点，负责在基站和公共数据网关之间传输数据信息，主要包括：

1）分组数据路由及转发。

2）UE 移动性及用户平面切换支持。

3）合法监听。

4）运营商间的计费，基于用户和 QCI 粒度统计。

5）用户计费。

6）中止寻呼产生的用户平面。

7）网络触发业务请求过程的初始化。

8）上、下行传输层包标记。

P-GW 的主要功能包括分组数据过滤，UE 的 IP 地址分配，上、下行计费及限速。

eNode B 除具有原来 Node B 的功能外，还承担了原来 RNC 的物理层、MAC 层、RLC 层、RRC 层的大部分功能，实现无线资源控制、移动性能管理，具体包括：

1）无线资源管理。无线承载控制、无线接纳控制、连接移动性控制、上下行链路的动态资源分配（即调度）等功能。

2）IP 头压缩和用户数据流加密。

3）UE 附着状态时 MME 的选择。

4）实现 S-GW 用户面数据的路由选择。

5）执行由 MME 发起的寻呼信息和广播信息的调度和传输。

6）完成有关移动性配置、调度的测量和测量报告。

在实际配置中，一个 EPC 可以配置多个 MME 和多个 S-GW，MME 的容量根据用户数目和用户行为来规划，S-GW 根据业务数据的流量来设计。MME 采用 MME 池的方式集中配置，增强运营商对网络的管理，提高安全性和负荷容量；S-GW 的位置分散，使用户平面的路径达到最优，避免单点故障。

在 LTE 的系统结构中，E-UTRAN 与 EPC 之间的接口称为 S1 接口，E-UTRAN 连接到 MME 称为 S1-MME，又称 S1-C；连接到 S-GW 称为 S1-U，两者可以是同一个物理接口。eNode B 之间的接口称为 X2 接口；eNode B 与 UE 之间的接口称为 Uu 接口，如图 7.2 所示。

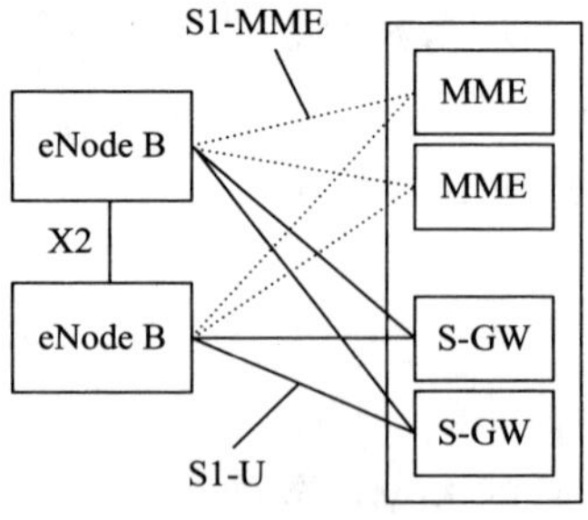

图 7.2　S1 接口

一个 eNode B 通过 S1 接口可以连接到多个 MME 和 S-GW 上，MME 之间采用负荷分担的机制。当 UE 接入的时候，MME 根据负荷情况计算出 MME 池内各个 MME 的负荷权重因子，UE 通过 eNode B 选择接入负荷合适的 MME。或者，MME 能够根据负荷分担的需要，将部分 UE 的连接切换到其他的 MME 上。

对于 UE 来说，UE 在移动过程可以选择驻留原来的 MME 和 S-GW，不需要发起新的位置更新，减小信令交互，当 UE 和 MME/S-GW 的连接路径较长时或在资源重新分配的情况下，可以切换 UE 到新的 MME/S-GW。

学习任务 7.2　理解 OFDM 技术

7.2.1　OFDM 基本原理

OFDMA 与 SC-FDMA

1. OFDM 技术的发展

OFDM 是一种基于正交多载波的频分复用技术，简称正交频分复用，是 LTE 上行和下行链路的多址接入技术基础。

OFDM 的概念并不是新出现的。早在 1966 年，Robert W.Chang 提出了有限带宽下并行传输多个数据流，并确保数据流之间没有符号间干扰和载波间干扰的技术，获得了 OFDM 的第一个专利。在当时的技术条件下，每个子载波需要单独的信号振荡器用于信号的生成，对硬件要求极高，OFDM 很难在实际系统中应用。1971 年，Weinstein 和 Ebert 提出了采用离散傅里叶变换（DFT）进行 OFDM 信号的调制与解调，使得 OFDM 各子载波信号的生成只需要一个信号振荡器。1980 年，Peled 和 Ruiz 提出了在 OFDM 符号中加入循环前缀的设计，使 OFDM 调制符号在多径传输中保持正交性。后来快速傅里叶变换（FFT）简化了 DFT 的计算方式，形成了高速有效的傅里叶变换运算方法，同时，VLSI 技术的快速发展使得 DFT 完全通过 FFT 的硬件来实现，大大促进了 OFDM 在现代通信系统中的应用，如高清电视（HDTV）、短距离超宽带（UWB）通信、全球微波互联接入（WiMax）、无线局域网（WLAN）及 LTE。

2. 傅里叶变换

傅里叶变换实现了信号从时域到频域的转换。图 7.3 为单个码元信号的时域波形与对应的频谱图。

（a）时域　　（b）频域

图 7.3　单个码元信号的时域波形与对应的频谱图

3. 正交

通俗地讲，如果两个信号在一段时间（一个周期）相乘后积分为零，则它们正交。以 $\cos(2\omega t)$ 和 $\cos(3\omega t)$ 为例，相乘再在周期内积分，相当于图 7.4 中阴影部分的面积，面积为 0，所以 $\cos(2\omega t)$ 和 $\cos(3\omega t)$ 两信号正交。

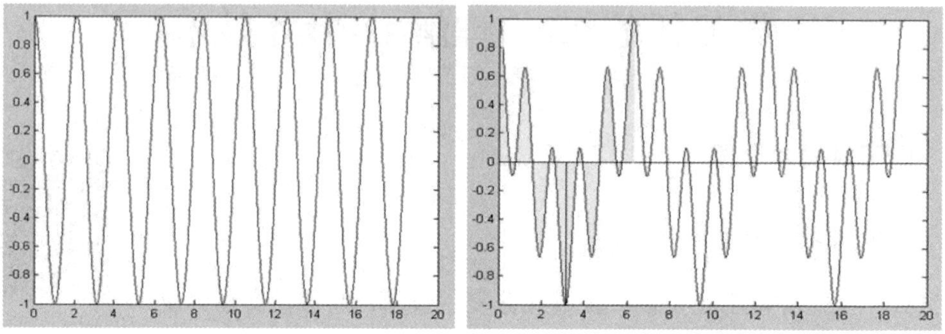

（a）cos 函数　　（b）相乘后积分波形

图 7.4　正交信号

4. OFDM 技术与 FDM 技术的比较

第一代移动通信系统使用 FDM，如图 7.5 所示，各用户所分配的载波需要保留一定的保护间隔，以减小不同载波间的频谱重叠，从而避免各载波间的相互干扰，频率不能得到有效利用。

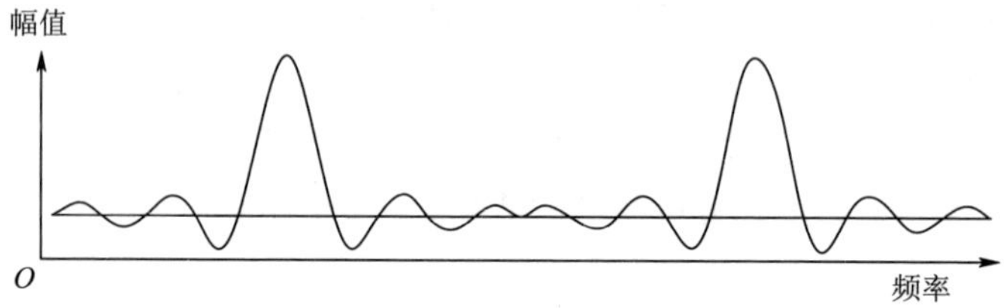

图 7.5　FDM

OFDM 的核心思想是：将频域划分为多个子信道（子载波），各相邻子信道相互重叠，但相互正交，将高速的串行数据流分解成若干并行的子数据流调制在子信道上。OFDM 的不同子信道的频谱之间是相互重叠的，通过正交来避免干扰，并且允许子载波之间具有 1/2 的重叠，有效地减小载波之间的保护间隔，提高频率利用率。

如图 7.6 所示，满足一定条件，在时域上相互叠加的几个不同频率的子载波信号，它的频谱也相互重叠。在频域上，一个载波的中心频率是其他所有载波的信号零点，此时，其他相邻载波对当前载波的干扰为零。

OFDM 的正交性体现在，在子载波都具有相同的幅值和相位的情况下，每个子载波在一个 OFDM 符号周期内都包含整数倍个周期，且各个相邻的子载波之间相差一个周期或固定的载波间隔 Δf ，用数学公式表达即为

$$f_n = f_0 + n\Delta f, \quad \Delta f = \frac{1}{T_u}$$

式中，f_n 为第 n 个子载波的频率；Δf 为子载波间隔；T_u 为 OFDM 符号周期。LTE 系统中相邻子载波的间隔即子载波带宽，为 15kHz。

$$T_u = \frac{1}{\Delta f} = \frac{1}{15\text{kHz}} = 66.7\mu s$$

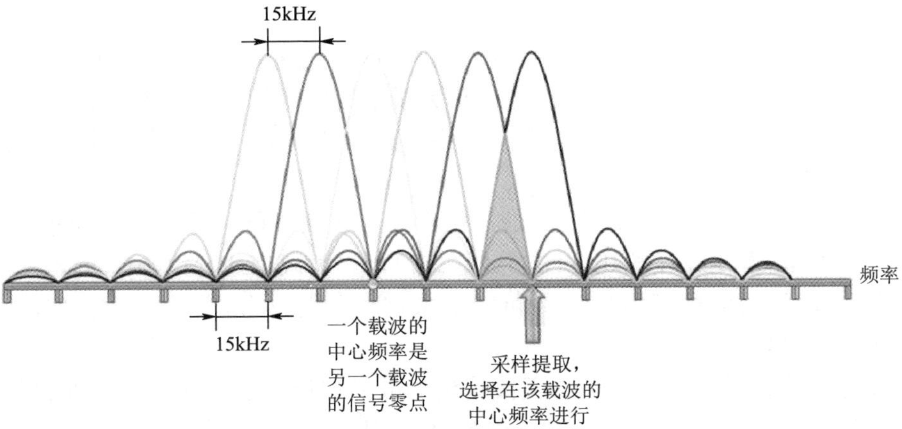

图 7.6　OFDM 子载波

5. OFDM 技术的实现

OFDM 技术主要通过快速傅里叶反变换（IFFT）实现，如图 7.7 所示。

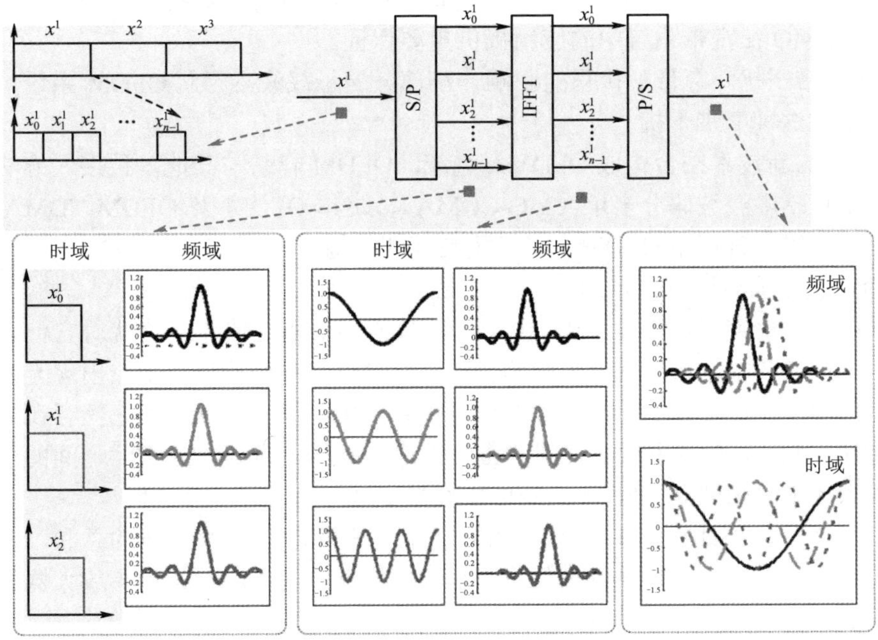

图 7.7　OFDM 技术的实现

高速的串行数据流，通过 S/P 串并转换，降速为低速的并行信号，并行信号的码元具有相同的频谱特性。然后通过子载波映射和 IFFT 实现码元信号的频谱搬移，映射到不同频率的相互正交的子载波上，最后通过 P/S 并串转换，合成在时域（time domain）子载波上相互叠加，但是在频域（frequency domain）上固定间隔重叠的 OFDM 信号。

6. OFDM 技术的优缺点

OFDM 技术具有以下优点：

1）减小 ISI（符号间干扰）。高速数据流通过串并转换，使每个子载波上的数据符号持续长度相对增加，从而可以有效地减小无线信道的时间弥散所带来的 ISI，这样就减小了接收机内均衡的复杂度，有时甚至可以不采用均衡器，仅通过采用插入循环前缀的方法消除 ISI 的不利影响。

2）频率利用率高。由于各个子载波之间存在正交性，允许子信道的频谱相互重叠，因此与常规的频分复用系统相比，OFDM 系统可以最大限度地利用频谱资源。

3）易于实现。OFDM 通过 IFFT 和 FFT 来实现子载波的调制和解调，采用 DSP 或 FPGA，易于设计实现。

4）减小频率选择性衰落。由于无线信道的频率选择性衰落存在，不可能所有的子载波同时处于比较深的衰落状态，对于每个用户可以采用连续或分布式的子载波动态分配方式，减小衰落带来的影响。

5）支持系统带宽的灵活扩展，LTE 可以支持 1.4～20MHz 的频段，不同系统带宽支持的子载波数量不同。

6）易于和 MIMO 技术结合。MIMO 技术是未来移动通信系统提升系统性能和峰值速率的关键技术。使用 MIMO 技术需要考虑 ISI 和并行传输数据流之间的干扰，采用 OFMD 为 MIMO 在宽带系统中的应用提供重要保证。

7）抗窄带干扰。窄带干扰只能影响一小部分的子载波，因此 OFDM 系统可以在某种程度上抵抗这种窄带干扰。

8）容易与新技术结合构成 OFDMA 系统。OFDM 容易与其他多种接入方法相结合使用，其中包括多载波码分多址（MC-CDMA）、跳频 OFDM 及 OFDM-TDMA 等，使得多个用户可以同时利用 OFDM 技术进行信息的传递。

OFDM 技术具有以下缺点：

1）容易受到频率偏差的影响。由于子信道的频谱相互覆盖，这就对它们之间的正交性提出了严格要求，然而由于无线信道存在时变性，在传输过程中会出现无线信号的频率偏移，如多普勒频移；或者发射机载波频率与接收机本地振荡器之间存在的频率偏差，都会使 OFDM 系统子载波之间的正交性遭到破坏，从而导致子信道间的信号相互干扰。对频率偏差敏感是 OFDM 系统的主要缺点之一。

2）存在较高的峰均比（PAPR）。OFDM 信号是多个子载波信号的总和，在幅度上叠加在一起会产生很大的瞬时峰值幅度，引起峰均比过大，对射频功率放大器的要求很高。OFDM 峰均比示意图如图 7.8 所示。

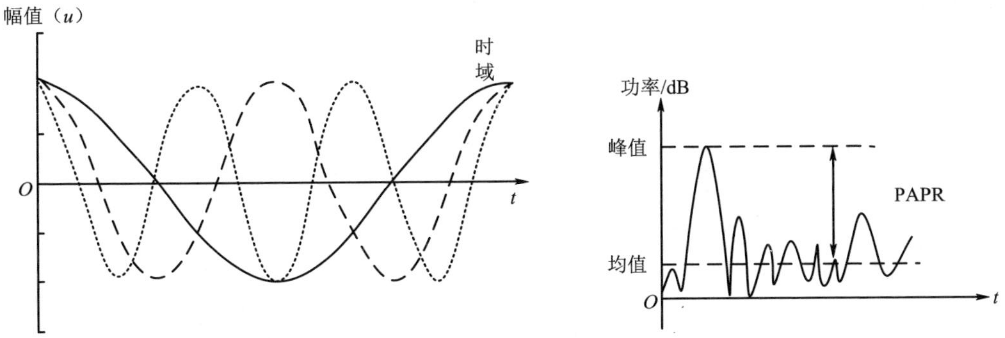

（a）重叠的子载波　　（b）峰均比

图 7.8　OFDM 峰均比示意图

3）多径时延使信号前后交叠。在移动通信系统中，无线电波的多径传播可能导致前一个 OFDM 符号与下一个 OFDM 符号有交叠，时域上相互干扰。

4）小区间干扰。OFDM 保证了小区内用户的正交性，但无法实现自然的小区间多址（CDMA 则很容易实现）。如果不采取额外设计，将面临严重的小区间干扰，为多小区间组网带来困难。

7. 循环前缀（CP）

由于存在多径时延使 OFDM 符号前后重叠，延迟信号对主径造成 ISI。通常采用均衡器通过训练序列来降低 ISI，同时降低了系统容量。LTE 中采用循环前缀来降低 ISI，抵抗多径时延。

循环前缀是复制 OFDM 原始符号尾部的信号，并将其放置到符号的头部，从而构成 OFDM 信号。前缀大小与系统可以忍耐的最大多径时延有关，不同的小区半径，循环前缀不同，如图 7.9 所示。LTE 系统设计了两种大小的循环前缀，即普通循环前缀和扩展循环前缀，后者为更大的覆盖半径而设计。

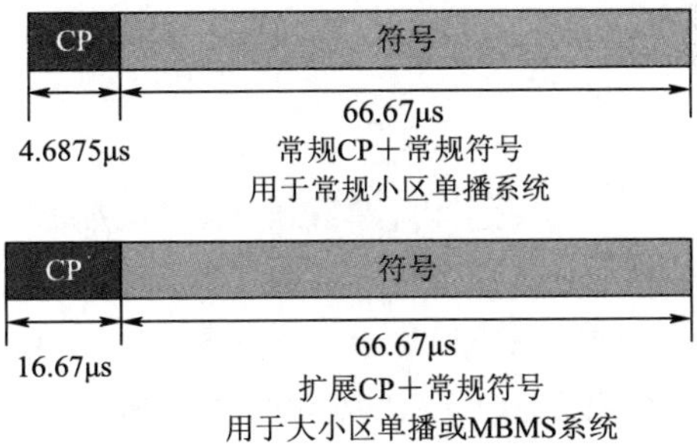

图 7.9　LTE 的循环前缀

7.2.2　OFDM 在上、下行链路中的应用

LTE 系统下行链路采用 OFDMA（正交频分多址），是基于 OFDM 的应用。下行链路 OFDM 信号产生过程如图 7.10 所示。

OFDMA 将系统带宽划分成相互正交的子载波集，不同的子载波频率不同，每个子载波上又划分为小的时间段（时隙），形成了可以分配给用户的时间-频率方格图，即时频资源，从而实现不同用户之间的多址接入，如图 7.11 所示。这可以看成一种 OFDM＋FDMA＋TDMA 技术相结合的多址接入方式。

OFDM 多个子载波的叠加信号的瞬时功率可能远远高于信号的平均功率，造成 PAPR 高，对发射机的线性度提出了很高的要求，所以 OFDMA 并不适合在上行链路使用（UE 侧使用）。LTE 上行链路采用单载波频分多址（SC-FDMA）。

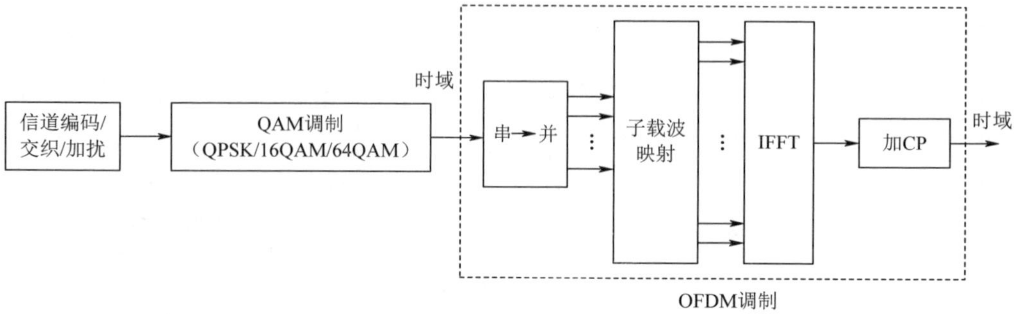

图 7.10　下行链路 OFDM 信号产生过程

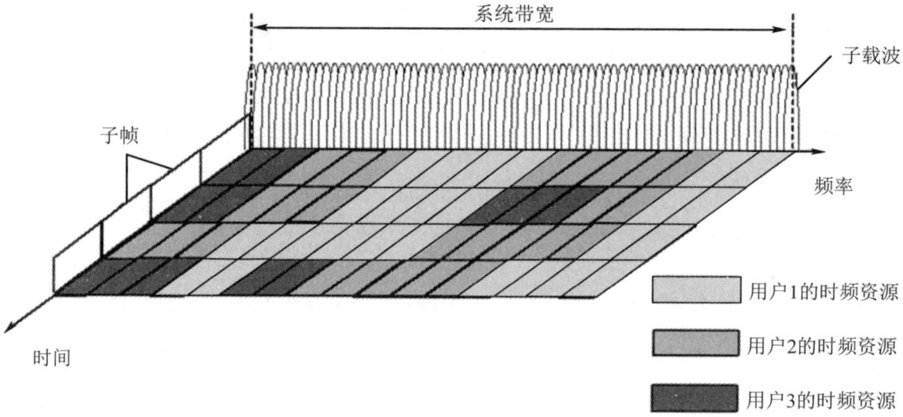

图 7.11　下行 OFDMA 示意图

从理论上讲，单载波的 FDMA 信号可以从频域或时域上产生 LTE 中采用的基于 DFT 的频域实现方式，即 DFT-spread OFDM。

通过 DFT 及子载波映射，将一连串时域离散序列信号映射到子载波或子载波集上，最后通过 IFFT 把频率波形转换为单载波波形，再加入循环前缀（CP），如图 7.12 所示。

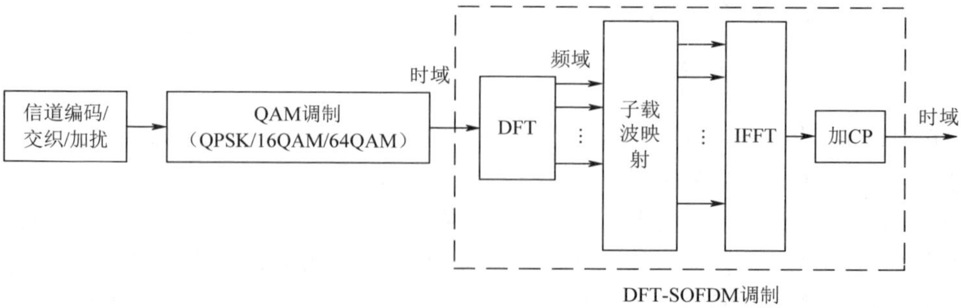

图 7.12　下行链路 DFT-spread OFDM 过程

改变 DFT 输出的数据到 IFFT 输入端的映射情况，可以改变输出信号占用的频域位置，那么不同用户只需要改变 DFT 的输出到 IFFT 输入的对应关系就可以占用不同的频段，实现多用户频谱复用，即多址接入，同时子载波之间具有良好的正交性，避免了多址干扰。

从 DFT 到 IFFT 的子载波映射有集中式和分布式两种映射方式，LTE 标准中确定采用集中映射的方式，即在任一调度周期中，一个用户分得的子载波必须是连续的。

在图 7.13 中，SC-FDMA 即采用连续映射，映射在 4 个子载波上，通过傅里叶变换形成一个 60kHz 的类似单载波信号，从而具备单载波特性，避免了 OFDMA 高的 PAPR。

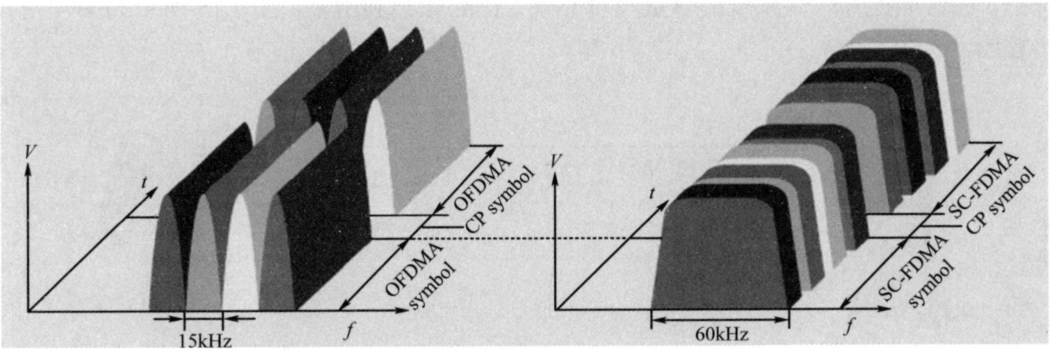

图 7.13 OFDMA 与 SC-FDMA

学习任务 7.3 理解 MIMO 技术

7.3.1 MIMO 基本原理

1. 天线的收发模式

根据天线数量的多少，天线有以下几种收发模式，如图 7.14 所示。

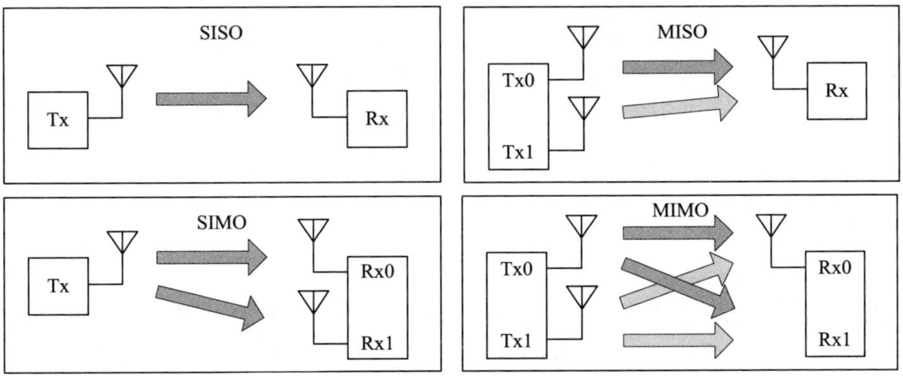

图 7.14 天线收发模式

SISO（单入单出）：发送方和接收方都只有一个天线；MISO（多入单出）：多个发

送天线，一个接收天线；SIMO（单入多出）：一个发送天线，多个接收天线；MIMO（多入多出）：发送和接收方都采用多个天线。

2. MIMO 理论模型

MIMO 利用空间中的多径因素，在发送端和接收端采用多个天线，通过时空处理技术实现分集增益或复用增益，充分利用空间资源，在无须增加频谱资源和发射功率的情况下，成倍地提升通信系统的容量与可靠性，提高频谱利用率。图 7.15 所示为两发两收示意图。

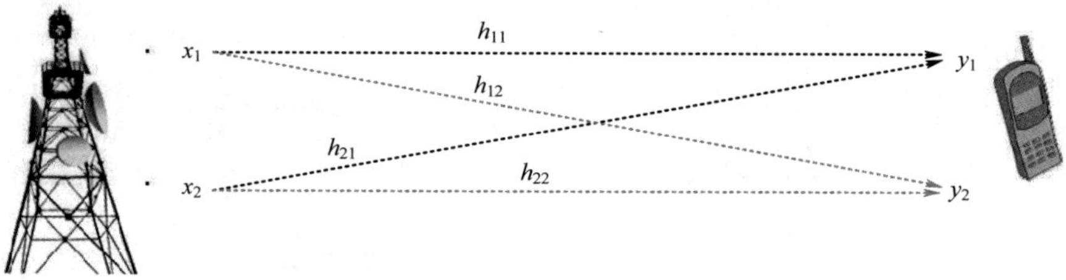

图 7.15　两发两收示意图

MIMO 是移动通信领域中无线传输技术的重大突破，证明了无线通信链路的收、发送端均采用多个天线的通信系统所具有的信道容量，将远超过香农（Shannon）提出的单天线系统（SISO）信息传输能力的极限，在未来的高速无线接入系统中有着广泛的应用前景。

假设发送和接收均采用两根天线，即 2T2R，那么接收端的信号 y 与发射信号 x 的关系表示如下：

$$y_1 = h_{11}x_1 + h_{12}x_2 + n_1$$
$$y_2 = h_{21}x_1 + h_{22}x_2 + n_2$$

式中，h 反映信道特征；n 表示独立统计噪声的高斯变量。

如果是更多的收发天线，MIMO 系统的信号模型表示为

$$\begin{bmatrix} y_1 \\ y_2 \\ \vdots \\ y_{N_r} \end{bmatrix} = \begin{bmatrix} h_{11} & h_{12} & \cdots & h_{1N_t} \\ h_{21} & h_{22} & \cdots & h_{2N_t} \\ \vdots & \vdots & & \vdots \\ h_{N_r1} & h_{N_r2} & \cdots & h_{N_rN_t} \end{bmatrix} \begin{bmatrix} x_1 \\ x_2 \\ \vdots \\ x_{N_t} \end{bmatrix} + \begin{bmatrix} n_1 \\ n_2 \\ \vdots \\ n_{N_t} \end{bmatrix}$$

写成简要的矩阵形式为

$$\boldsymbol{y} = \boldsymbol{Hx} + \boldsymbol{n}$$

经过信道容量的复杂计算，可以得出 MIMO 信道容量的上限，当发射天线与接收天线数量相等都为 N 的时候，MIMO 系统容量的上限是 SISO 系统容量上限的 N 倍。也就是说，采用 MIMO 技术，系统的信道容量随着天线数量的增大而线性增大，在不增加带宽和天线发送功率的情况下，频谱利用率可以成倍提高。

3. MIMO 基本工作模式

MIMO 有空间分集、空间复用和波束赋形 3 种基本工作模式。

1）空间分集，使用多根天线进行发射和接收，根据收发天线数又分为发射分集、接收分集与接收发射分集。

发射分集包括空时发射分集（STTD）、空频发射分集（SFTD）和循环时延分集（CDD）3 种。

① STTD 通过对天线发射的信号进行空时编码（STC）达到时间和空间分集的目的。STC 编码的思路是利用存在于空域与时域之间的正交或准正交特性，按照某种设计准则，把编码冗余信息尽量均匀映射到空时二维平面，以减弱无线多径传播所引起的空间选择性衰落及时间选择性衰落的消极影响，从而实现无线信道中高可靠性的高速数据传输。典型的 STC 编码有空时格码（STTC）和空时分组码（STBC）。

② SFTD 与 STTD 类似，不同的是，SFTD 是对发送的符号进行频域和空域编码，将同一组数据承载在不同的子载波上面获得频率分集增益。

③ CDD 并非简单的线性时延，而是利用 CP 特性采用循环时延操作。根据 DFT 特性，信号在时域的周期循环移位（即时延）相当于频域的线性相位偏移，因此 LTE 的 CDD 是在频域上进行操作的。

2）空间复用，其主要原理是利用空间信道的弱相关性，在多个相互独立的空间信道上传输不同的数据流，从而提高数据传输的峰值速率。LTE 系统支持开环空间复用和闭环空间复用。

3）波束赋形，是在发射端将待发射数据矢量加权，形成某种方向图后到达接收端，抑制噪声和干扰。与常规智能天线不同的是，原来的下行波束成形只针对一个天线，而现在需要针对多个天线，如图 7.16 所示。

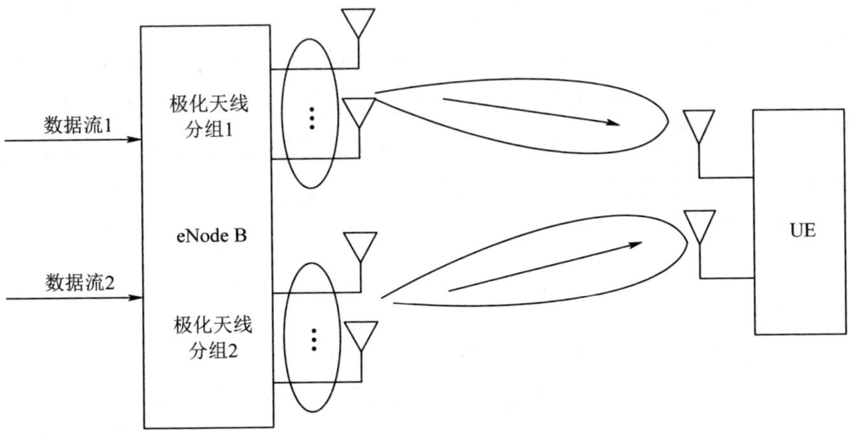

图 7.16　MIMO 的波束赋形

7.3.2 MIMO 在 LTE 中的应用

MIMO 武功三大门派

LTE 系统的下行 MIMO 技术支持 2×2 的基本天线配置，即两根发送天线和两根接收天线（2T2R）。上行链路只考虑一个发射天线，即 1×2 的天线配置。

LTE 的下行方向支持单用户 MIMO（SU-MIMO）和多用户 MIMO（MU-MIMO）。

LTE 下行的 SU-MIMO，如采用空分复用，则两根天线发射两个数据流在一个 TTI 中传送给 UE，可以成倍提高 UE 的下行速率。如果采用发射分集，则两根天线传给 UE 相同的数据流，如图 7.17 所示。

LTE 下行的 MU-MIMO，基站将占用相同时频资源的多个数据流发送给不同用户，如果采用空分复用，则给每个手机传输两个数据流；如果采用发射分集，则给每个手机传输一个数据流，如图 7.18 所示。

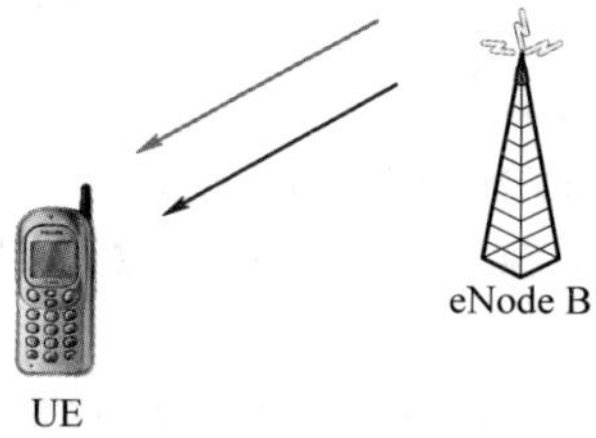

图 7.17 下行 SU-MIMO

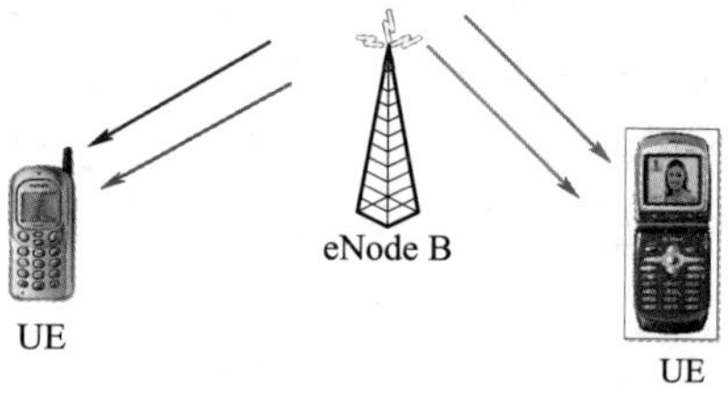

图 7.18 下行 MU-MIMO

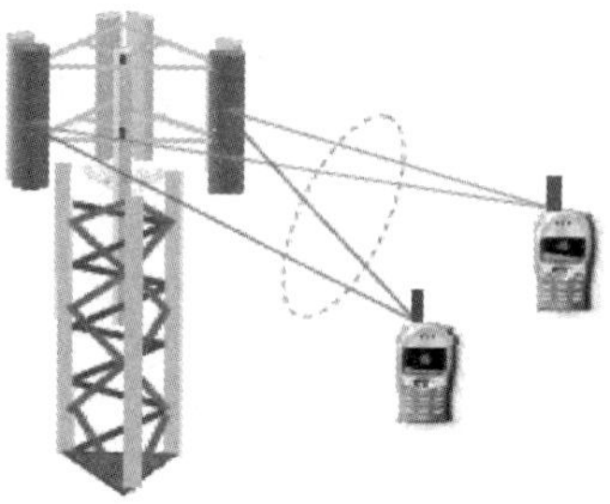

图 7.19 上行 MU-MIMO

对于 LTE 系统上行链路，在每个用户终端只有一个天线的情况下，如果把两个 MS 合起来进行发送，按照一定方式把两个 MS 的天线配合成一对，它们之间共享配对的两天线，使用相同的时/频资源，那么这两个 MS 和基站之间就可以构成一个虚拟上行 MU-MIMO 系统，如图 7.19 所示。

理论上，虚拟 MIMO 技术可以极大地提高系统吞吐量，但是实际配对策略及如何有效地为配对用户分配资源的问题，都会对系统吞吐量产生很大的影响。用户配对是上行 MU-MIMO 的重要而独特的环节，即基站选取两个或多个单天线用户在同样的时/频资源块里传输数据。由于信号来自不同的用户，经过不同的信道，用户间互相干扰的程度不同，因此，只有通过有效的用户配对过程，才能使配对用户之间的干扰最小。

LTE 的 MIMO 发送模式主要有 7 种，为 TM1～TM7。

TM1：单天线发送，使用端口 0，不使用 MIMO。

TM2：发射分集，主要用于对抗衰落，提高传输的可靠性，适用于小区边缘用户。

TM3：开环空分复用，针对小区中心用户，提高峰值速率，适用于高速移动场景。

TM4：闭环空分复用或发射分集，2 码字——提高峰值速率，适用于小区中心用户；1 码字——增加小区功率和抑制干扰，适用于小区边缘用户。

TM5：MU-MIMO 或发射分集，提高系统容量，适用于室内覆盖。

TM6：Rank1 的闭环发射分集，增强小区功率和小区覆盖，适用于业务密集区。

TM7：使用单天线端口 5，无码本波束成形；适用于 TDD；增加小区功率和抑制干扰，适用于小区边缘用户。

天线发送模式有不同的优先级，某些环境因素的改变，如距离基站的位置、运动的速度等，导致手机需要自适应 MIMO 发送模式。模式 2/3 适用于高速移动环境，不要求终端反馈 PMI；模式 4/5/6/7 适用于低速移动环境，不要求终端反馈 PMI 和 RI。如果从低速移动变为高速移动，则采用模式 2 和模式 3；如果从高速移动变为低速移动，则采用模式 4 和模式 6，如图 7.20 所示。

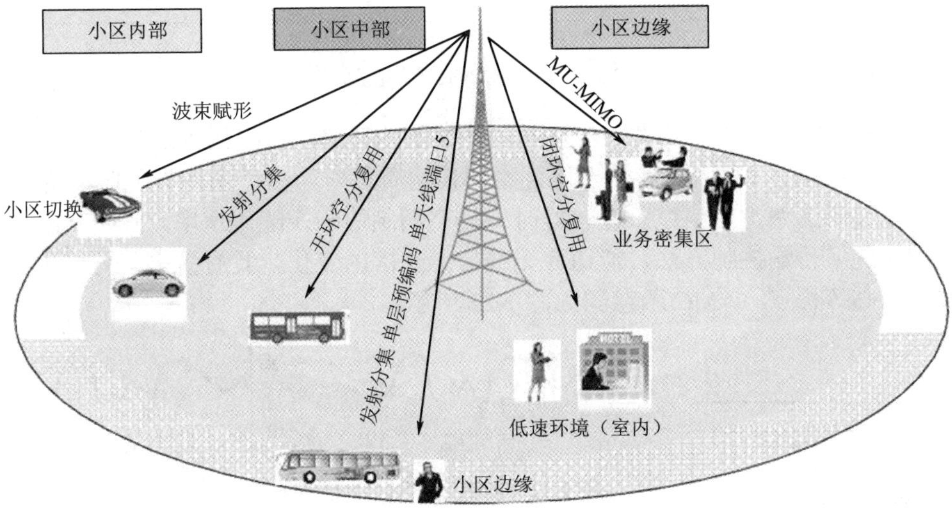

图 7.20　不同环境下的 MIMO 模式

学习任务 7.4　熟悉 LTE 系统的关键技术

LTE 系统的关键技术有基于 OFDM 技术、MIMO 技术、AMC（自适应调制和编码）技术、快速 MAC 调度技术、HARQ（混合自动重传请求）技术、小区干扰抑制与协调技术等。

1. 基于 OFDM 技术

LTE 采用基于 OFDM 的 OFDMA（正交频分多址）技术作为下行多址接入方式；采用基于 DFT 扩展 OFDM（DFT-S-OFDM）的单载波 FDMA（SC-FDMA）作为上行多址方式。

2. MIMO 技术

MIMO 技术俗称多天线技术，在下行链路可以实现发射分集、空间复用、波束赋形等，提高链路质量和容量；在上行链路可以实现发射分集和空间复用。

3. AMC 技术

LTE 的链路自适应技术主要包括功率控制和速率控制的自适应。

1）功率控制通过动态调整发射功率，维持接收端一定的信噪比，从而保证链路的传输质量。当信道条件较差时需要增加发射功率，当信道条件较好时需要降低发射功率，从而保证了恒定的传输速率，如图 7.21 所示。

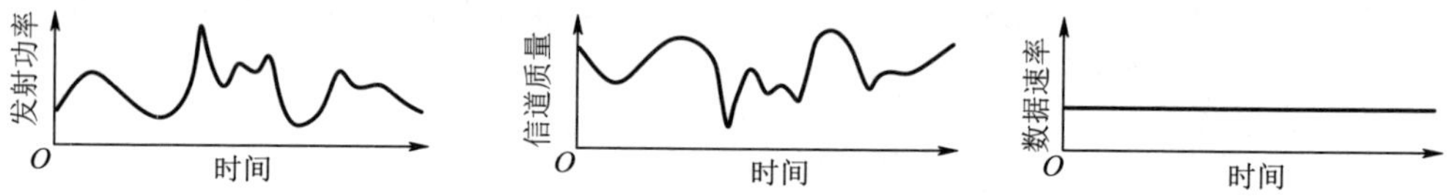

图 7.21　功率控制的链路自适应

2）速率控制即 AMC 技术，在发射功率恒定的情况下，根据信道状态动态地选择适当的调制和编码方式（MCS），确保链路的传输质量。当信道条件较差时，降低调制等级及信道编码速率；当信道条件较好时，提高调制等级及编码速率。AMC 技术实质上是一种变速率传输控制方法，能适应无线信道衰落的变化，具有抗多径传播能力强、频率利用率高等优点。AMC 示意图如图 7.22 所示。

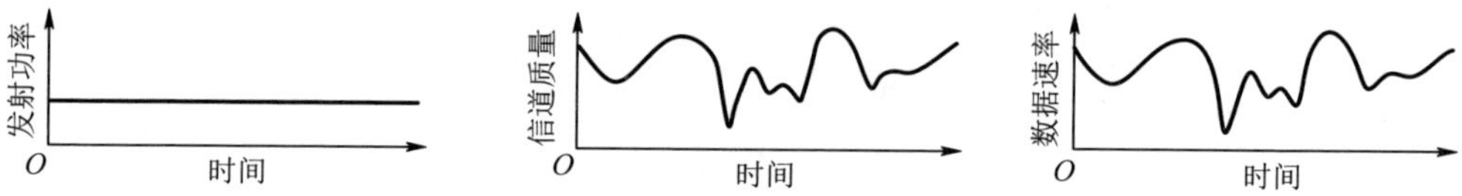

图 7.22　AMC 示意图

LTE 制定了多种调制方案供选择，其下行主要采用 QPSK、16QAM 和 64QAM 这 3 种调制方式，上行主要采用位移 BPSK、QPSK、16QAM 和 64QAM 这 4 种调制方式。

LTE 下行链路 AMC 通过反馈的方式获得信道状态信息，终端检测下行公共参考信号，进行下行信道质量测量并将测量的信息通过反馈信道（CQI,PMI,Rank）反馈到基站侧，基站侧根据反馈的信息进行相应的下行传输 MCS 格式的调整，如图 7.23 所示。CQI（信道质量指示）值与调制方式的对应关系如表 7.1 所示，CQI 越高，表示信道质量越好。

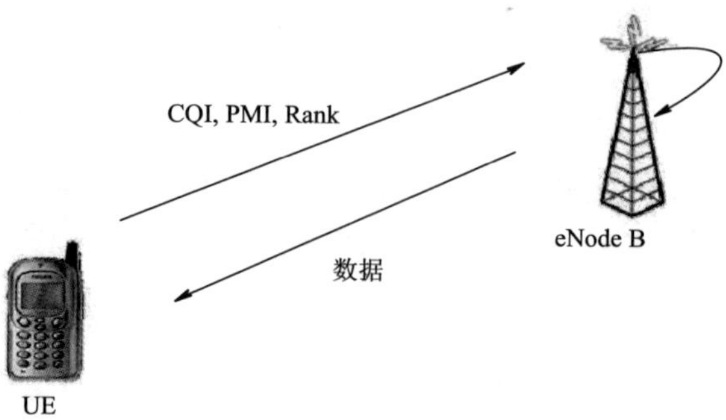

图 7.23　AMC 过程

表 7.1　CQI 值与调制方式的对应关系

CQI 值	调制方式	码率×1024	效率
0	超出范围		
1	QPSK	78	0.1523
2	QPSK	120	0.2344
3	QPSK	193	0.3770
4	QPSK	308	0.6016
5	QPSK	449	0.8770
6	QPSK	602	1.1758
7	16QAM	378	1.4766
8	16QAM	490	1.9141
9	16QAM	616	2.4063
10	64QAM	466	2.7305
11	64QAM	567	3.3223
12	64QAM	666	3.9023
13	64QAM	772	4.5234
14	64QAM	873	5.1152
15	64QAM	948	5.5547

LTE 上行链路 AMC 与下行链路 AMC 过程不同，上行过程不再采用反馈方式获得信道的质量信息。基站侧通过对终端发送的上行参考信号进行测量，进行上行信道质量测量；基站根据所测得的信息直接进行上行传输格式的调整并通过控制信令通知 UE。

4. 快速 MAC 调度技术

信道调度的基本实现是对于某一块资源，选择信道传输条件最好的用户进行调度，从而最大化系统吞吐量。多载波的 LTE 的时频资源更加适合在频域和时域上进行信道调度。

最大 *C/I* 算法：在选择传输用户时，只选择最大载干比（*C/I*）的用户，即让信道条件最好的用户占用资源传输数据，当该用户信道变差后，再选择其他信道最好的用户。基站始终为该传输时刻信道条件最好的用户服务。最大 *C/I* 算法必然照顾了离基站近、信道好的用户，而其他离基站较远的用户则无法得到服务，基站的服务覆盖范围非常小。这种调度算法是最不公平的。

轮询算法（RR）：这种算法循环地调用每个用户，即从调度概率上说，每个用户都以同样的概率占用服务资源。

基于流量的轮询方式，不管每个用户所处环境的差异，按照一定的顺序进行服务，保证每个用户得到的流量相同。

基于时间的轮询方式，每个用户被顺序地服务，得到同样的平均分配时间，但每个用户由于所处环境的不同，得到的流量并不一致。

还有正比公平（PF）算法、持续调度（PS）算法、半持续调度（SPS）算法、动态调度（DS）算法等。

5. HARQ 技术

HARQ 技术是将前向纠错 FEC 和自动重复请求 ARQ 两种差错控制方式结合起来使用，采用 FEC 减少重传的次数，降低误码率，使用 ARQ 的重传和 CRC 校验来保证分组数据传输等要求误码率极低的场合。该机制结合了 ARQ 方式的高可靠性和 FEC 方式高通过效率，在纠错能力范围内自动纠正错误，超出纠错范围则要求发送端重新发送。

根据重传时的数据特征是否发生变化，又可以将 HARQ 的工作方式分为自适应 HARQ 和非自适应 HARQ 两种。

6. 小区干扰抑制与协调技术

LTE 采用正交频分多址（OFDMA）技术，依靠频率之间的正交性作为区分用户的方式，比 CDMA 技术更好地解决了小区内干扰的问题。但是作为代价，OFDMA 系统带来的小区间干扰（ICI）问题可能比 CDMA 系统更严重。

LTE 中采用了加扰、跳频传输、发射端波束赋形及 IRC、小区间干扰协调、功率控制等方式来抑制和协调小区干扰。

小区间干扰协调以小区间协调的方式对资源的使用进行限制，包括限制哪些时频资源可用，或者在一定的时频资源上限制其发射功率，可以采用静态的方式，也可以采用半静态的方式。

静态小区间干扰协调不需要标准支持，属于调度器的实现问题，可以分为频率资源协调和功率资源协调两种。

半静态小区间协调的一种功率资源协调方法如图 7.24 所示。频率资源被划分为 3 个部分，所有小区都可以使用全部的频率资源，但是不同的小区类型只允许一部分频率可以使用较高的发射功率，如位于小区边缘的用户可以使用这部分频率，而且不同小区类型的频率集合不同，从而降低小区边缘用户的干扰。

半静态小区间协调需要小区间交换信息，如资源使用信息。LTE 可以在 X2 接口交换 PRB 的使用信息进行频率资源的小区间干扰协调（上行），即告知哪个 PRB 被分配给小区边缘用户，以及哪些 PRB 对小区间干扰比较敏感。

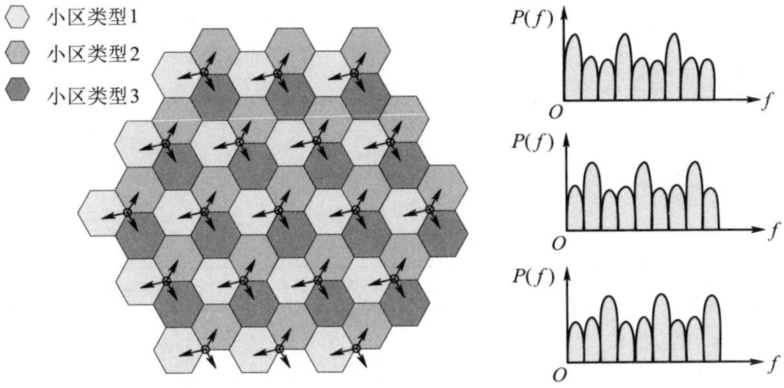

图 7.24　半静态小区间协调的一种功率资源协调方法

学习任务 7.5　理解 LTE 系统的随机接入

7.5.1　LTE 信道格式与映射

LTE 帧结构 1　　LTE 帧结构 2

1. LTE 无线帧结构

LTE 支持两种类型的无线帧结构：类型 1，适用于 FDD 模式；类型 2，适用于 TDD 模式。

帧结构类型 1 中每个无线帧长度为 10ms，分为 10 个等长的子帧，每个子帧由 2 个等长时隙构成，每个时隙（slot）长度为 0.5ms。任何一个子帧既可以作为上行，也可以作为下行，如图 7.25 所示。

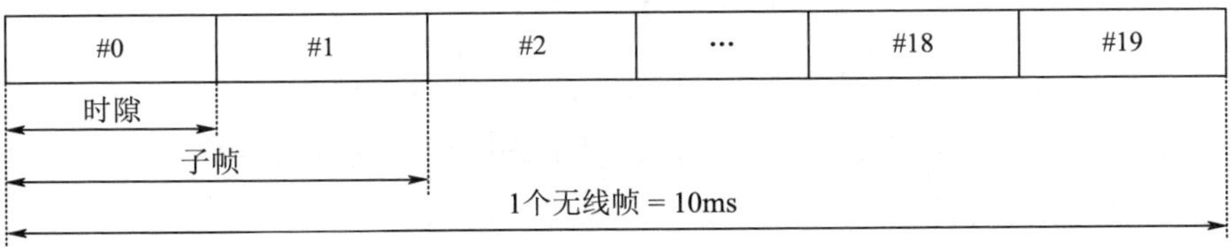

图 7.25　类型 1 的帧结构

在帧结构类型 2 中，每个 10ms 无线帧包括 2 个长度为 5ms 的半帧，每个半帧由 4 个数据子帧和 1 个特殊子帧组成。特殊子帧包括 3 个特殊时隙——DwPTS、GP 和 UpPTS，总长度为 1ms，支持 5ms 和 10ms 上、下行切换点，子帧 0、5 和 DwPTS 总是用于下行发送，如图 7.26 所示。

2. RB 和 RE

LTE 上、下行传输使用的最小资源单位称为资源粒子（RE）。LTE 在进行数据传输时，将上、下行时频域物理资源组成资源块（RB），作为物理资源块（PRB）进行调度与分配。

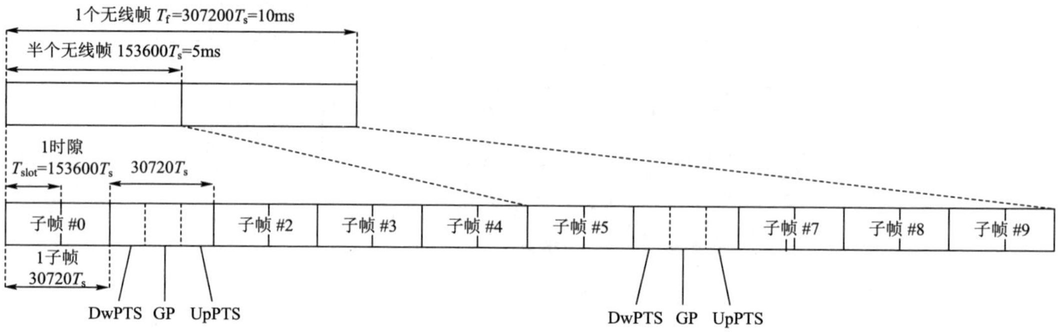

图 7.26 类型 2 的帧结构

一个 RB 由若干个 RE 组成，在频域上包含 12 个连续的子载波，在时域上包含 7 个连续的 OFDM 符号（在 Extended CP 情况下为 6 个），时间长度为 0.5ms，即一个时隙。每个子载波占用 15kHz 带宽，12 个子载波共占用 180kHz 带宽，如图 7.27 所示。

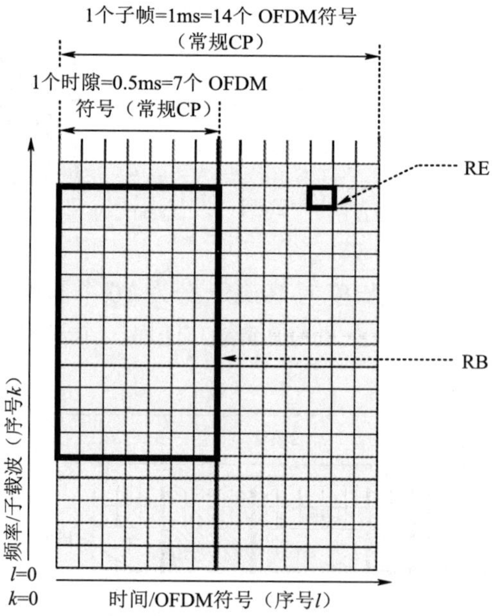

图 7.27 RB 和 RE

TTI 是物理层数据传输调度的时域基本单位，1 TTI=1 子帧=2 时隙。

不同带宽系统的子载波数量和 PRB 个数如表 7.2 所示。

表 7.2 不同带宽系统的子载波数量和 PRB 个数

载波带宽/MHz	1.4	3	5	10	15	20
子载波间隔/kHz	15					
时隙长度/ms	0.5					
采样频率/MHz	1.92	3.84	7.68	15.36	23.04	30.72

续表

FFT 点数	128	256	512	1024	1536	2048
可用子载波数量	72	180	300	600	900	1200
PRB（或一个时隙的 RB）数目	6	15	25	50	75	100

资源单元组（REG）是控制区域中的 RE 集合，用于映射下行控制信道，每个 REG 中包含 4 个数据 RE，控制信道单元（CCE）由 9 个 REG 和 36 个 RE 组成。

3. 物理信道

LTE 中有物理信道、传输信道、逻辑信道。物理信道是物理层的一系列 RE 的集合，用于承载源于高层的信息。上行物理信道有 PUSCH（物理上行共享信道）、PUCCH（物理上行链路控制信道）、PRACH（物理随机接入信道），下行物理信道有 PBCH（物理广播信道）、PHICH（物理 HARQ 指示信道）、PDSCH（物理下行共享信道）、PDCCH（物理下行控制信道）、PCFICH（物理控制格式指示信道）、PMCH（物理多播信道）。

PUSCH：用于承载上行用户数据。

PUCCH：主要携带 ACK/NACk、CQI、PMI 和 RI 等控制信令。当没有 PUSCH 时，UE 用 PUCCH 发送 ACK/NACK、CQI、调度请求（SR\RI）信息；当有 PUSCH 时，在 PUSCH 上发送这些信息。

PRACH：用于随机接入，发送随机接入需要的信息、preamble 等。

PBCH：传送下行系统带宽、SFN（系统帧号）、PHI 指示信息、天线配置信息等系统广播消息。在 LTE 系统中，对于不同的带宽，PBCH 都占用中间的 1.08MHz（72 个子载波）进行传输。PBCH 位置如图 7.28 所示。

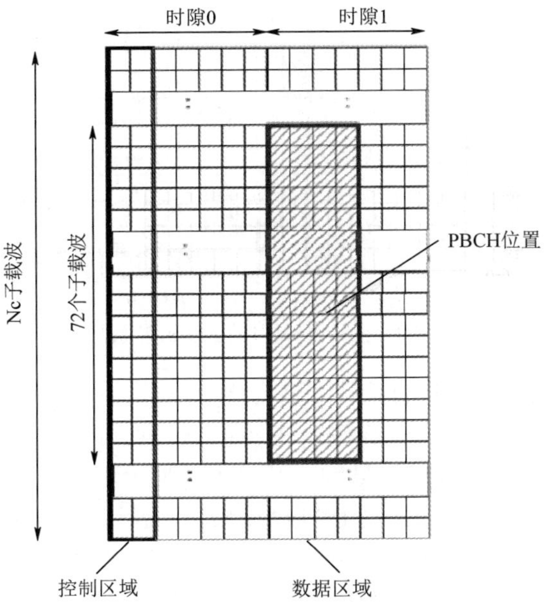

图 7.28　PBCH 位置

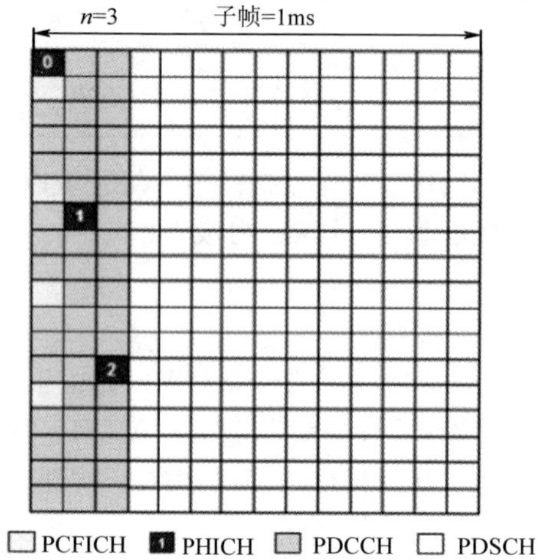

图 7.29 PHICH 位置

PHICH：通过 I/Q 复用、CMD、FDM 承载多个用户的 HARQ 上行信道的反馈信息。PHICH 位置如图 7.29 所示。

PDSCH：用于承载 unicast（单播）数据信息。

PDCCH：指示 PDSCH 相关的传输格式、承载资源分配信息、功率控制信息、HARQ 等。

PCFICH：指示在一个子帧中传输 PDCCH 所使用的 OFDM 符号的个数。

PMCH：用于承载 multicast（多播）数据信息。

4. 物理信号

在物理层发送处理的还有一些物理信号，它们是一系列 RE 的集合，这些 RE 不承载任何源于高层的信息，分为参考信号（RS）和同步信号（SS）。在下行链路中有 RS 和 SS，在上行链路中仅有 RS。

下行参考信号 RS 类似 CDMA/UMTS 的导频信号，用于下行物理信道解调及信道质量测量，协议指定有 3 种参考信号，小区特定参考信号（CRS）为必选，MBSFN Specific RS、UE-Specific RS 为可选。

两天线端口的 RS 配置原则，如图 7.30 所示。

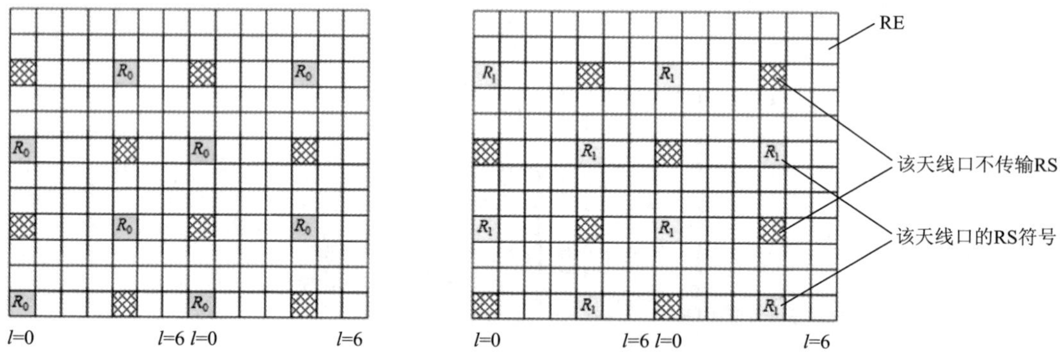

图 7.30 两天线端口的 RS 配置原则

- 对于每个天线端口，RS 的频域间隔为 6 个子载波。
- 被 RS 占用的 RE，在其他天线端口相同 RE 上必须留空。
- 当天线端口增加时，系统的导频总开销也增加，可用的数据 RE 减少。
- LTE 的 RS 是离散分布的，而 CDMA/UMTS 的导频信号是连续的。
- RS 分布越密集，则信道估计越精确，但开销越大，影响系统容量。

SS：用于小区搜索过程中 UE 和 E-UTRAN 的时频同步。无论系统带宽是多少，SS 只位于系统带宽的中部，占用 72 个子载波，分为主同步信号（PSS）和辅同步信号（SSS）。

PSS：用于符号 timing 对准，频率同步，以及部分的小区 ID 侦测。

SSS：用于帧 timing 对准，CP 长度侦测，以及小区组 ID 侦测。

TDD-LTE 和 FDD-LTE 的 SS 的位置/相对位置不同，利用 PSS、SSS 相对位置的不同，终端可以在小区搜索的初始阶段识别系统是 TDD 还是 FDD，利用 PSS 和 SSS 的组合可以区分小区。SS 的位置如图 7.31 所示。

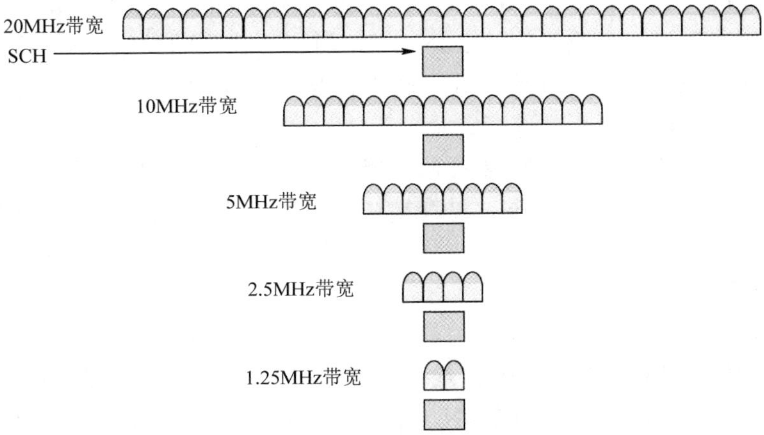

图 7.31　SS 的位置

5. 逻辑信道、传输信道、物理信道映射

逻辑信道、传输信道、物理信道的相互映射关系如图 7.32 所示。

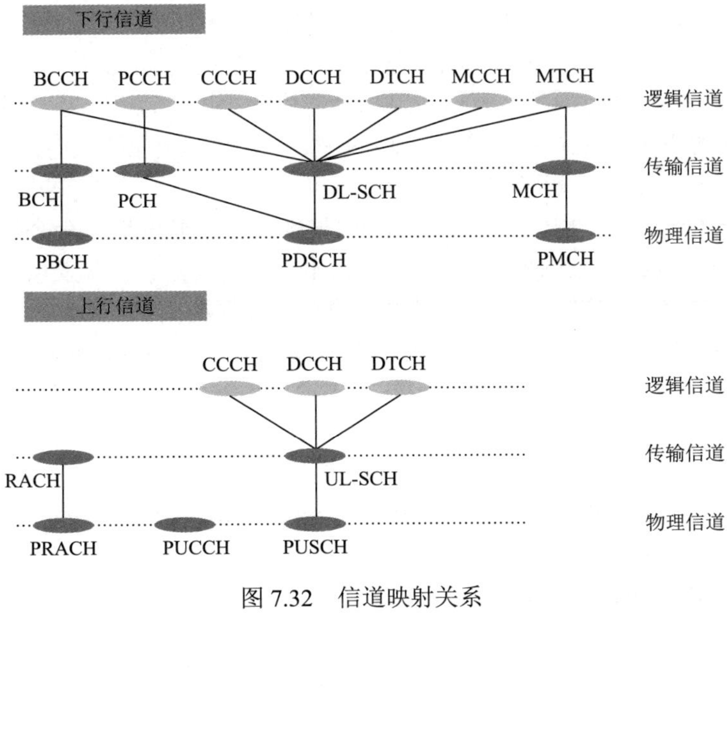

图 7.32　信道映射关系

7.5.2 UE 开机流程

1. PLMN 选择

UE 在开机后，会尝试驻留在上一次关机后所存储的小区。如果不能驻留或者是 UE 的第一次开机，那么 UE 会在 E-UTRAN 频段中扫描所有的载频信道。

如果搜索到了一个或多个 PLMN，UE 将把所找到的满足质量门限的 PLMN 报给 NAS。获取 PLMN ID，不满足质量门限的 PLMN 将和测量值一起上报给 NAS 层。NAS 层选定 PLMN，再进行小区选择。

终端要维护几种不同类型的 PLMN 列表，每个列表中会有多个 PLMN。

RPLMN——已登记 PLMN，是终端在上次关机或脱网前登记的 PLMN。

EPLMN——等效 PLMN，为与终端当前所选择的 PLMN 处于同等地位的 PLMN，其优先级相同。

HPLMN——归属 PLMN，为终端用户归属的 PLMN。

UPLMN——用户控制 PLMN，是存储在 USIM 卡上的一个与 PLMN 选择有关的参数。

OPLMN——运营商控制 PLMN，是存储在 USIM 卡上的一个与 PLMN 选择有关的参数。

FPLMN——禁用 PLMN，为被禁止访问的 PLMN。

APLMN——可获取 PLMN，为终端能在其上找到至少一个小区，并能读出其 PLMN 标识信息的 PLMN。

PLMN 的选择有自动和手动两种：

1）自动选择。当终端开机或脱网时，其非接入层功能模块会利用终端中存储的 PLMN 信息首先选择一个 PLMN，然后命令接入层功能模块去搜索该 PLMN。相应地，接入层利用终端中存储的小区列表信息来选择、捕获小区，或启动小区搜索程序来搜索属于该 PLMN 的小区。如果捕获成功，则将搜索结果报告给非接入层；否则，将由非接入层再次选择一个 PLMN，重新搜索。

2）手动选择。当终端开机或脱网时，其非接入层功能模块会命令接入层去搜索所有的 PLMN，然后接入层将搜索到的所有 PLMN 信息报告给非接入层，由用户手动操作来选定一个 PLMN。其后的搜索过程与自动选择过程相同。

小区的选择与重选。选择一个 PLMN，然后搜索该 PLMN 的小区，如果在该 PLMN 下无法捕捉到合适的小区，则上报 PLMN 列表启动新一轮的小区获取过程。

2. 小区搜索过程

下行同步信号分为 PSS 和 SSS。LTE 支持 504 个小区 ID，并将所有的小区 ID 划分为 168 个小区组，每个小区组内有 504/168=3 个小区 ID。小区 ID 号由主同步序列编号和辅同步序列编号共同决定，具体关系为

$$N_{\mathrm{ID}}^{\mathrm{cell}} = 3N_{\mathrm{ID}}^{(1)} + N_{\mathrm{ID}}^{(2)}$$

式中，$N_{\mathrm{ID}}^{(1)}$ 代表小区组 ID，取值范围为 0～167；$N_{\mathrm{ID}}^{(2)}$ 代表组内 ID，取值范围为 0～2。

小区搜索的第一步是检测出主同步序列编码 $N_{ID}^{(2)}$，再根据二者间的位置偏移检测辅同步序列编码 $N_{ID}^{(1)}$，进而计算出小区 ID。采用 PSS 和 SSS 两种同步信号能够加快小区搜索的速度。小区搜索过程如图 7.33 所示。

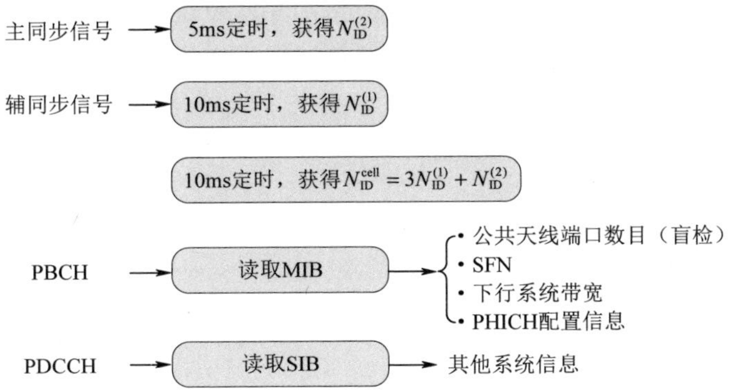

图 7.33　小区搜索过程

（1）PSS 检测

确定载频范围后，UE 首先在频域中央的 1.08MHz 内进行扫描，分别使用本地主同步序列与接收信号的下行同步相关，根据峰值确认服务小区使用的 3 个 PSS 序列中的哪一个（对应于组内小区 ID），以及 PSS 的位置。

（2）CP 类型检测

LTE 子帧采用常规 CP 和扩展 CP 两种类型检测，因此在确定了 PSS 的位置后，SSS 的位置仍然存在两种可能，需要 UE 采用盲检的方式识别，通常是利用 PSS 与 SSS 相关峰的距离进行判断。

（3）SSS 检测

在确定了子帧的 CP 类型后，SSS 与 PSS 的相对位置也就确定了。由于 SSS 的序列数量比较多（168 个小区组），且采用两次加扰，因此，检测过程相对复杂。SSS 在已知 PSS 位置的情况下，可通过频域检测降低计算复杂度。SSS 可确定无线帧同步（10ms 定时）和小区组检测，与 PSS 确定的小区组内 ID 相结合，即可获取小区 ID。

（4）频率同步

为了确保下行信号的正确接收，在小区初步搜索过程中，在完成时间同步后，需要进行更精细化的频率同步，确保收、发两端信号频偏的一致性。为了实现频率同步，可通过 SSS 序列、RS 序列、CP 等信号来进行载频估计，对频率偏移进行纠正。

（5）读取 MIB

一旦 UE 搜寻到可用网络并与网络实现时频同步，获得服务小区 ID，即完成小区搜索后，UE 将解调下行物理广播信道（PBCH），获取系统带宽、发射天线数等系统信息。

（6）解调 PDCCH

完成上述过程后，UE 解调 PDCCH，获取网络指配给这个 UE 的寻呼周期。然后在固定的寻呼周期中从空闲（IDLE）状态醒来解调 PDCCH，监听寻呼。如果有属于该 UE 的寻呼，则解调指定的 PDSCH 资源，接收寻呼。

7.5.3 UE 随机接入过程

随机接入是 UE 与网络之间建立无线链路的必经过程，通过随机接入，UE 与 E-UTRAN 实现上行时频同步。只有在随机接入过程完成后，eNode B 和 UE 才可能进行常规的数据传输和接收。

下面 6 种场景，UE 需要进行随机接入：

1）请求初始接入。

2）从空闲状态向连续状态转换。

3）支持 eNode B 之间的切换过程。

4）取得/恢复上行同步。

5）向 eNode B 请求 UE ID。

6）向 eNode B 发出上行发送的资源请求。

物理层的随机接入过程包含两个步骤：UE 发送随机接入 preamble（前导码）及 E-UTRAN 对随机接入的响应。

随机接入前，物理层应该从高层接收到 PRACH 参数（PRACH 配置，频域位置，preamble 格式等），以及小区使用 preamble 根序列及其循环位移参数，如图 7.34 所示。

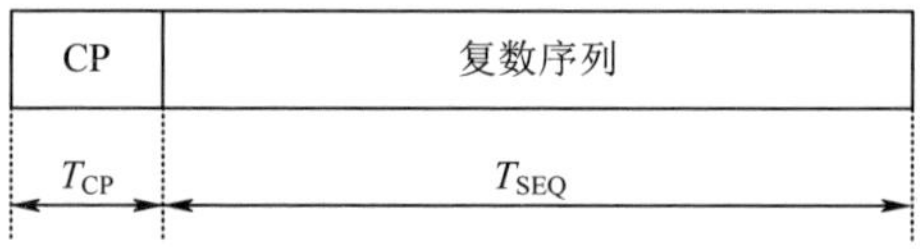

图 7.34 随机接入 preamble

物理层随机接入 preamble，由复数序列（sequence）和循环前缀（CP）构成。由于 UE 上行发送是功率受限的，在大覆盖条件下需要较长的 PRACH 发送，以获得所需的能量积累，因而随机接入突发长度应该是可调整的，以适应不同的小区半径。

UE 随机接入过程如图 7.35 所示。

1）高层请求发送随机接入 preamble，继而触发物理层随机接入过程。

2）高层在请求中指示 preamble index、preamble 发射功率、相关的 RA-RNTI，以及随机接入信道的资源情况等信息。

3）UE 决定随机接入信道的发射功率为 preamble 的目标接收功率+路径损耗。发射功率不超过 UE 最大发射功率，路径损耗为 UE 通过下行链路估计的值。

4）通过 preamble index 选择 preamble 序列。

5）UE 以计算出的发射功率，用所选的 preamble 序列，在指定的随机接入信道资源中发射单个 preamble。

6）在高层设置的时间窗内，UE 尝试侦测以其 RA-RNTI 标识的 PDCCH。如果侦测到，则相应的 PDSCH 被传往高层，高层从共享信道中解析出 20 位的响应信息。

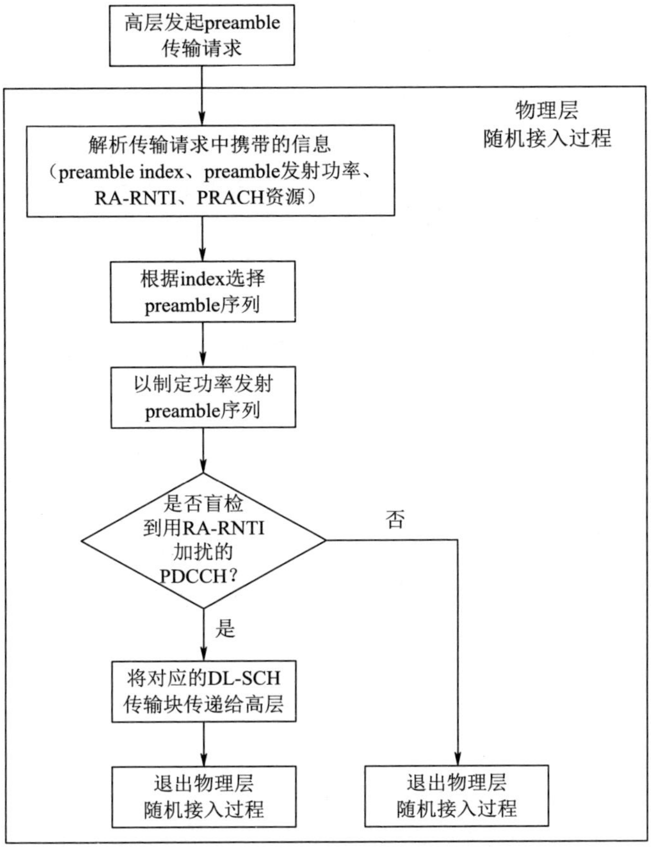

图 7.35　UE 随机接入过程

LTE 支持两种模式的随机接入：竞争性随机接入和非竞争性随机接入。

在竞争性随机接入过程中，UE 随机地选择随机接入前导码，这可能导致多个 UE 使用同一个随机接入前导码，进而导致随机接入冲突，为此需要增加后续的随机接入竞争解决流程。

在非竞争性随机接入过程中，eNode B 为每个需要随机接入的 UE 分配一个唯一的随机接入前导码，避免了不同 UE 在接入过程中产生冲突，因而可以快速地完成随机接入。

移动通信小百科之典型事迹

抗疫先进　电信榜样

2020 年 9 月 8 日，全国抗击新冠肺炎疫情表彰大会在北京人民大会堂隆重举行。中国电信武汉分公司荣获“全国抗击新冠肺炎疫情先进集体”称号。新冠肺炎疫情发生以来，中国电信武汉分公司作为中国电信参与疫情防控的火线尖兵，以大无畏的担当精神、铁一样的战斗品格为中央企业树立了良好的形象和人民口碑，让党旗在疫情防控第一线高高飘扬，央企担当得到全国人民的高度认可。

在 2020 年疫情防控艰苦的条件下，中国电信武汉分公司无畏艰辛困难，抢建火神山、雷神山信息云网，为两座新建定点医院提供了从基础设施建设到信息化系统搭建的一揽子通信配套服务，仅用 26 小时就在火神山区域开通了 5G 基站，在不到两天的时间内完成火神山医院光网、4G/5G 无线网的高质量全覆盖，又协助央视频“疫情 24 小时”栏目率先开通 5G 通信网络直播，促成过亿“云监工”的正能量传播。

小　结

1. 第四代移动通信 LTE 概述

2004 年 3GPP 正式提出了长期演进（LTE）的概念，是“确保在未来 10 年内领先”的新一代无线通信系统，满足移动通信数据化、宽带化、IP 化的需求。2008 年发布第一个正式的 LTE 商用版本 R8，同时推进 LTE-Advanced 的工作，推出 R9、R10 版本。3GPP 满足内部 WCDMA 和 TD-SCDMA 系统的需求，LTE 分为 FDD-LTE 和 TDD-LTE 两种制式。

2. LTE 网络结构

LTE 网络采用扁平化的网络架构，由 EPC、eNode B、UE 这 3 个部分组成。EPC 主要由 SGW、MME、PGW 组成；eNode B 除具有原来 Node B 的功能外，还承担了原来 RNC 的大部分功能，包括物理层功能、MAC 层功能、调度、无线接入许可控制、接入移动性管理及小区间的无线资源管理功能。EPC 和 eNode B 通过 S1 接口连接，eNode B 之间通过 X2 接口连接，eNode B 与 UE 之间通过 Uu 接口连接。

3. OFDM 技术

OFDM（正交频分复用）技术将系统带宽分为相互正交的子载波，减小了载频间隔，有效提高了频率利用率。LTE 的上、下行链路分别采用基于 OFDM 技术的 OFDMA 和 SC-FDMA 多址方式。

4. MIMO 技术

MIMO（多输入多输出）技术即多天线技术，突破了理论极限，在 N 进 N 出的多天线系统中，信道容量极限值约等于单天线系统的 N 倍，是未来无线通信系统的主流天线技术。LTE 使用多天线技术实现发射分集、空间复用、波束赋形等功能。LTE 协议规定 MIMO 有 TM1～TM7 共 7 种传输模式，UE 可以根据不同的无线环境和位置自适应传输模式。

5. LTE 的关键技术

LTE 的关键技术主要包括 OFDM 技术、多天线技术、链路自适应技术、HARQ 技术、小区间干扰抑制与协调技术等。AMC 自适应编码与调制是链路自适应技术的一种，根据信道反馈选择不同的信道编码方式和调制方式。

6. LTE 系统的随机接入

LTE 上、下行传输使用的最小资源单位称为资源粒子（RE）。LTE 在进行数据传输时，将上、下行时频域物理资源组成资源块（RB），作为物理资源块（PRB）进行调度与分配。物理层信道和物理信号按照 LTE 协议规定，映射到 RE 时频资源上。UE 小区搜索通过主同步信号（PSS）和辅同步信号（SSS）确定小区 ID。UE 通过 PRACH 发送随机接入请求，接入网络。

练习题与思考题

1. 简述 LTE 标准的制定演进历程。
2. 简述 LTE 的主要指标。
3. LTE-Advanced 与 LTE 是什么关系？
4. 简述 LTE 网络的系统架构。
5. OFDM 与传统的 FDM 有什么区别？为什么能提高频率利用率？
6. LTE 上行和下行的多址方式是什么？为什么 LTE 上行不采用和下行一致的多址方式？
7. OFDM 技术有哪些优势和缺点？
8. MIMO 技术中的发射分集和空间复用怎么区分？
9. 简述 AMC 自适应调制编码技术。
10. 为什么在 OFDMA 系统存在严重的小区间干扰？应怎么解决？
11. 简述 LTE 中的时频资源的子载波、子帧、时隙、RB、RE 等概念。
12. 简述小区搜索过程。
13. 简述随机接入过程。

学习笔记

实践训练任务工单 7

专业：______________　　班级：______________ 姓名：______________　　学号：______________
实训名称： LTE 现网频段的测试与分析。 **实训目的：** 能够对照中国三大运营商的频谱分配表，测试并分析现网中实际使用的频谱资源，具有根据实际情况灵活分析问题的能力。
任务描述
3GPP 标准化组织规定了 LTE 的 TDD 和 FDD 频段，共包括了 29 个不同的 FDD 频段和 12 个 TDD 频段，但随着标准化进程的不断深入，将会增加更多可用的频段。随着数据业务容量的增加，中国移动、中国联通、中国电信三大运营商在目前现网中实际用了哪些频段？是否在原来的频段上又新增了扩展频段？是否通过重耕方式与 3G/2G 共享了频谱呢？ “纸上得来终觉浅，绝知此事要躬行。”同学们可以利用手机终端在应用程序中下载移动通信网络测试 App，查看本地区所在位置运营商现在使用的频率及频段编号，做好表格记录，并随着位置区域的变化，验证运营商是否启用了扩展频段。
任务实施
1. 利用手机终端在应用程序中下载移动通信网络测试 App，测试当前小区所用的频段编号，并拿着手机步行到不同的位置，查看频率参数及 PCI 参数有无变化，并做好表格记录。移动通信网络测试 App 频率测试界面如图 7.36 所示。 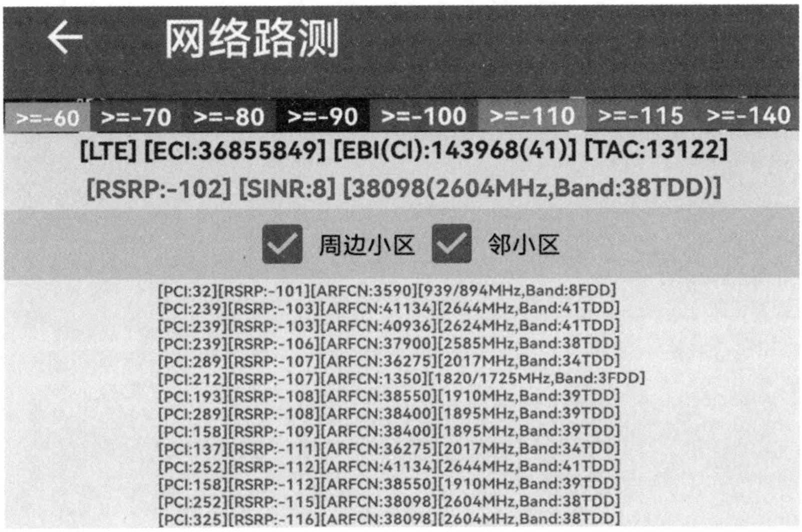 图 7.36　移动通信网络测试 App 频率测试界面 2. 汇总不同小组测试的数据，分析并讨论不同运营商现在使用了哪些频率及频段

编号，验证运营商是否启用了新的扩展频段。

3. 根据本模块中有关小区主、辅同步信号的知识，分析测试参数 LTE 的物理小区标识参数 PCI 与小区主、辅同步信号的关系。

任务总结

1. 任务讨论总结

2. 任务实施总结

模块 8

第五代移动通信系统（5G）

本模块介绍实现万物互联的第五代移动通信系统，主要内容包括5G的基本概念、性能指标、技术路线、应用场景、无线关键技术、网络关键技术、网络架构、网络部署方式、网络接口、帧结构、物理信道和传输信道。通过学习本模块，学习者可以深入理解5G移动通信系统的网络架构、基本原理和关键技术，为从事5G移动通信系统的网络建设、网络优化和运行维护等工作奠定基础。

知识目标

- 了解5G移动通信的概念与关键能力。
- 熟悉5G移动通信系统的关键技术。
- 熟悉5G移动通信系统的应用场景。
- 掌握5G移动通信系统的网络架构。
- 掌握5G移动通信系统的帧结构及信道。

能力目标

- 能够解析5G移动通信系统实现高速率的原因。
- 能够分析5G移动通信系统的高可靠、低时延特征。
- 能够分析5G移动通信系统如何实现大连接。
- 能够对比5G应用场景与关键技术的关系。

素质目标

- 培养乐于实践、乐于服务的劳动品格。
- 激发投身网络强国建设、科技报国的家国情怀和使命担当。

学习任务 8.1 熟悉 5G 移动通信系统

移动通信自 20 世纪 80 年代诞生以来，经过多年的爆发式增长，已成为连接人类社会的基础信息网络。移动通信的发展不仅深刻改变了人们的生活方式，而且已成为推动国民经济发展、提升社会信息化水平的重要引擎。随着 5G 进入大规模商用阶段，5G 将渗透到未来社会的各个领域，以用户为中心构建全方位的信息生态系统。5G 将使信息突破时空限制，提供极佳的交互体验，为用户带来身临其境的信息盛宴；5G 将拉近万物的距离，通过无缝融合的方式，便捷地实现人与万物的智能互联。5G 将为用户提供光纤般的接入速率，“零”时延的使用体验，千亿设备的连接能力，超高流量密度、超高连接数密度和超高移动性等多场景的一致服务，业务及用户感知的智能优化，同时将为网络带来超百倍的能效提升和超百倍的比特成本降低，最终实现“信息随心至，万物触手及”的总体愿景。

8.1.1 5G 的概念与关键能力

回顾移动通信的发展历程，每一代移动通信系统都可以通过标志性能力指标和核心关键技术来定义，其中，1G 采用频分多址（FDMA），只能提供模拟语音业务；2G 主要采用时分多址（TDMA），可提供数字语音和低速数据业务；3G 以码分多址（CDMA）为技术特征，用户峰值速率达到 2Mb/s 至数十 Mb/s，可以支持多媒体数据业务；4G 以正交频分多址（OFDMA）技术为核心，用户峰值速率可达 100Mb/s 至 1Gb/s，能够支持各种移动宽带数据业务。5G 的关键能力比前几代移动通信更加丰富，用户体验速率、连接数密度、端到端时延、峰值速率和移动性等都为 5G 的关键性能指标。然而，与以往只强调峰值速率的情况不同，业界普遍认为用户体验速率是 5G 最重要的性能指标，它真正体现了用户可获得的真实数据速率，也是与用户感受最密切的性能指标。基于 5G 主要场景的技术需求，5G 用户体验速率应达到 Gb/s 的量级。面对多样化场景的极端差异化性能需求，5G 很难像以往一样以某种单一技术为基础形成针对所有场景的解决方案。此外，当前无线技术创新也呈现多元化发展趋势，除新型多址技术外，大规模天线阵列、超密集组网、全频谱接入、新型网络架构等也被认为是 5G 的主要技术方向，均能够在 5G 主要技术场景中发挥关键作用。

综合 5G 的关键能力与核心技术，5G 概念可由“标志性能力指标”和“一组关键技术”来共同定义。其中，标志性能力指标为“Gb/s 用户体验速率”；一组关键技术包括大规模天线阵列、超密集组网、新型多址、全频谱接入和新型网络架构，如图 8.1 所示。

5G 需要具备比 4G 更高的性能，支持 0.1～1Gb/s 的用户体验速率，每平方千米一百万的连接数密度，毫秒级的端到端时延，每平方千米数十 Tb/s 的流量密度，每小时 500km 以上的移动性和数十 Gb/s 的峰值速率。其中，用户体验速率、连接数密度和时延是 5G 最基本的 3 个性能指标。同时，5G 还需要大幅提高网络部署和运营的效率，相比 4G，频谱效率提升 5～15 倍，能效和成本效率提升百倍以上。

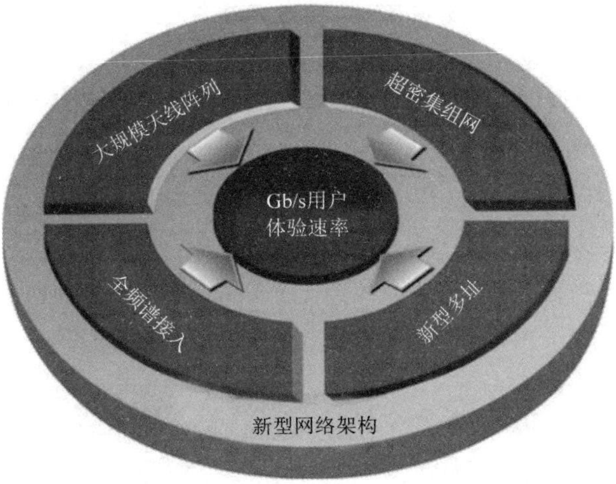

图 8.1 5G 关键技术

性能需求和效率需求共同定义了 5G 的关键能力，犹如一株绽放的鲜花，如图 8.2 所示。红花绿叶，相辅相成，花瓣代表了 5G 的六大性能指标，体现了 5G 满足未来多样化业务与场景需求的能力，其中花瓣顶点代表相应指标的最大值；叶子代表 3 个效率指标，是实现 5G 可持续发展的基本保障。

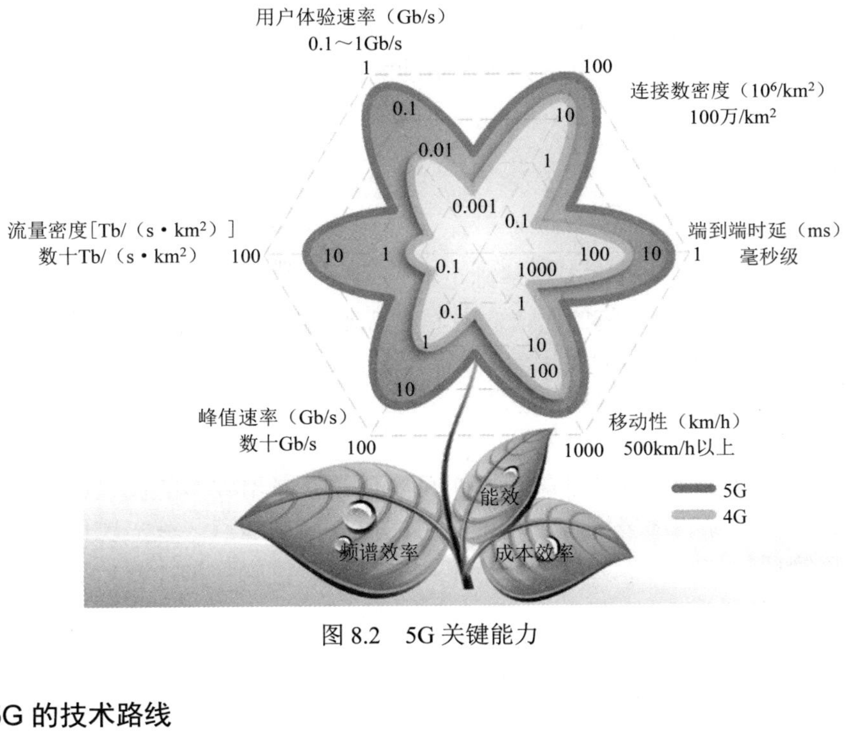

图 8.2 5G 关键能力

8.1.2 5G 的技术路线

5G 的技术路线与主要场景如图 8.3 所示，从技术特征、标准演进和产业发展角度分析，5G 存在新空口和 4G 演进空口两条技术路线。新空口路线主要面向新场景和新频段进行全新的空口设计，不考虑与 4G 框架的兼容，通过新的技术方案设计和引入创新技术来满足 4G 演进路线无法满足的业务需求及挑战，特别是各种物联网场景及高频段需求。4G 演进路线通过在现有 4G 框架基础上引入增强型新技术，在保证兼容性的同时实现现有系统性能的进一步提升，在一定程度上满足 5G 场景与业务需求。此外，无线局域网（WLAN）已成为移动通信的重要补充，主要在热点地区提供数据分流。

图 8.3　5G 的技术路线与主要场景

8.1.3　5G 关键技术

5G 技术创新主要来源于无线技术和网络技术两方面。在无线技术领域，大规模天线阵列、超密集组网、新型多址和全频谱接入等技术已成为业界关注的焦点；在网络技术领域，基于软件定义网络（SDN）和网络功能虚拟化（NFV）的新型网络架构已取得广泛共识。

1. 5G 无线关键技术

（1）大规模天线阵列

大规模天线阵列在现有多天线基础上通过增加天线数可支持数十个独立的空间数据流，将数倍提升多用户系统的频谱效率，对满足 5G 系统容量与速率需求起到重要的支撑作用。大规模天线阵列应用于 5G，需解决信道测量与反馈、参考信号设计、天线阵列设计、低成本实现等关键问题。

（2）超密集组网

超密集组网通过增加基站部署密度，可实现频率复用效率的巨大提升，但考虑到频率干扰、站址资源和部署成本，超密集组网可在局部热点区域实现百倍量级的容量提升。干扰管理与抑制、小区虚拟化技术、接入与回传联合设计等是超密集组网的重要研究方向。

（3）新型多址技术

新型多址技术通过发送信号在空/时/频/码域的叠加传输来实现多种场景下系统频谱效率和接入能力的显著提升。此外，新型多址技术可实现免调度传输，将显著降低信令开销，缩短接入时延，节省终端功耗。目前，业界提出的技术方案主要包括基于多维调制和稀疏码扩频的稀疏码分多址（SCMA）技术，基于复数多元码及增强叠加编码的多用户共享接入（MUSA）技术，基于非正交特征图样的图样分割多址（PDMA）技术，以及基于功率叠加的非正交多址（NOMA）技术。

（4）全频谱接入

全频谱接入通过有效利用各类移动通信频谱（包含高低频段、授权与非授权频谱、对称与非对称频谱、连续与非连续频谱等）资源来提升数据传输速率和系统容量。6GHz 以下频段因其较好的信道传播特性可作为 5G 的优选频段，6～100GHz 高频段具有更加丰富的空闲频谱资源，可作为 5G 的辅助频段。信道测量与建模、低频和高频统一设计、高频接入回传一体化及高频器件是全频谱接入技术面临的主要挑战。

2. 5G 网络关键技术

5G 网络是基于 SDN、NFV 和云计算技术的更加灵活、智能、高效和开放的网络系统。5G 网络架构包括接入云、控制云和转发云 3 个域，如图 8.4 所示。接入云支持多种无线制式的接入，融合集中式和分布式两种无线接入网架构，适应各种类型的回传链路，实现更灵活的组网部署和更高效的无线资源管理。5G 的网络控制功能和数据转发功能解耦，形成集中统一的控制云和灵活高效的转发云。控制云实现局部和全局的会话控制、移动性管理和服务质量保证，并构建面向业务的网络能力开放接口，从而满足业务的差异化需求并提升业务的部署效率。转发云基于通用的硬件平台，在控制云高效的网络控制和资源调度下，实现海量业务数据流的高可靠、低时延、均负载的高效传输。

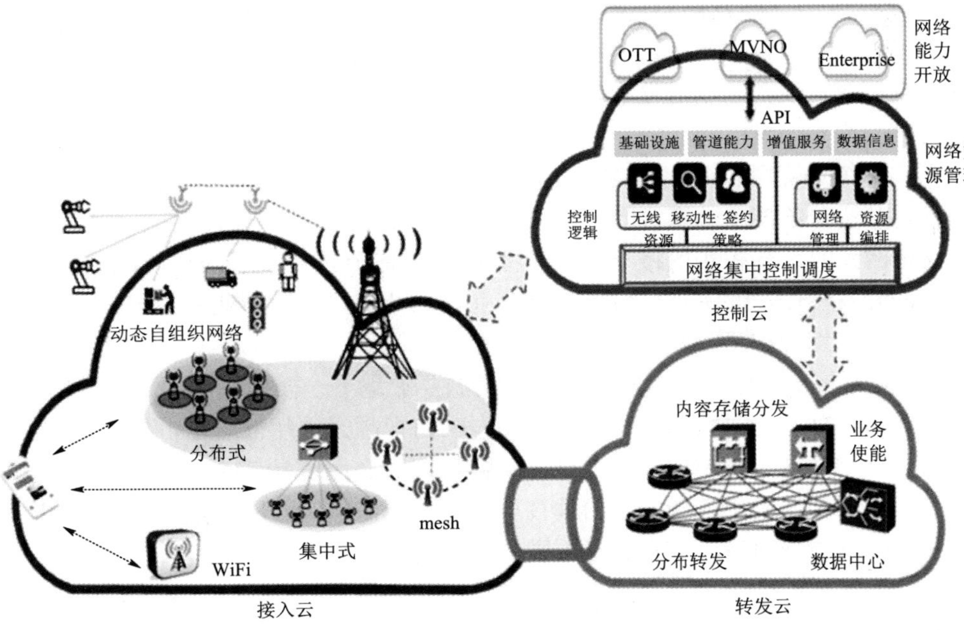

图 8.4　5G 网络“三朵云”架构

基于“三朵云”的新型 5G 网络架构是移动网络未来的发展方向，但实际网络发展在满足未来新业务和新场景需求的同时，也要充分考虑现有移动网络的演进途径。5G

网络架构的发展会存在局部变化到全网变革的中间阶段，通信技术与 IT 技术的融合会从核心网向无线接入网逐步延伸，最终形成网络架构的整体演变。

与 4G 时期相比，5G 网络服务具备更贴近用户需求、定制化能力进一步提升、网络与业务深度融合及服务更友好等特征，其中代表性的网络服务能力包括网络切片、多接入边缘计算、按需重构的移动网络、以用户为中心的无线接入网和网络能力开放等。

（1）SDN/NFV 技术

软件定义网络（SDN）是指从 OpenFlow 发展而来的一种新型的网络架构，这种技术的初衷是期望研究人员能够在校园网上进行新型协议的部署试验，并由此诞生了 OpenFlow 协议。随后，该概念被逐渐扩展成为软件定义网络，其核心理念是使网络软件化，使网络能力充分开放，从而使网络能够像软件一样便捷、灵活，提高网络的创新能力。

SDN 的主要特征包括以下 3 个方面：

1）网络资源虚拟化支持逻辑网络和物理网络分离，逻辑网络可以根据业务需要配置、迁移，不受物理位置的限制。

2）网络控制集中化支持网络资源的集中控制，使得全局优化成为可能，如流量工程、负载均衡。支持将整个网络当作一台设备进行维护，设备零配置，即插即用，大幅降低运维成本。

3）网络能力开放化应用和网络的无缝集成应用，告诉网络如何运行才能更好地满足应用的需求，如业务的带宽、时延需求、路由的成本等。

NFV 技术的基础就是 IT 业界的云计算和虚拟化技术，网络功能虚拟化并非简单地在设备中增加虚拟机，其中重要特征在于引入虚拟化层之后，虚拟功能网元（VNF）与硬件完全解耦，改变了电信领域软件、硬件紧绑定的设备提供模式。虚拟机对上层应用屏蔽硬件的差异，虚拟功能网元可以部署在虚拟机上，进而允许运营商对电信系统的硬件资源实行统一管理和调度，能够大幅提升电信网络的灵活性、缩短业务的部署和推出时间、提升资源的使用效率。同时，网络功能虚拟化之后，电信设备演进为虚拟功能网元，这些网元的开发和实现将不再依赖特定的硬件平台，可以降低电信设备（虚拟功能网元）的开发门槛，促进电信设备制造产业链的开放，加速新业务的推出。

（2）网络切片技术

5G 服务是多样化的，这些服务对网络的要求是不一样的，例如，工业自动化要求低时延、高可靠，但对数据速率要求不高；高清视频无须超低时延，但要求超高速率；一些大规模物联网不需要切换，部分移动性管理对之而言是信令浪费等。5G 时代，单一的物理网络无法满足各种场景的垂直行业的性能需求，于是，就要把网络切成多个虚拟且相互隔离的子网络，分别应对不同的服务需求。

网络切片是提供特定网络能力和网络特性的逻辑网络，具有业务可隔离、功能可定制、资源可伸缩的特性。网络切片必须包括 CN 的控制面和媒体面。网络切片就是将物理网络切割成多个虚拟的端到端网络，每个虚拟网络之间的功能都是独立的，任何一个虚拟网络发生故障都不会影响其他网络。网络资源与部署位置解耦，支持切片资源动态扩容、缩容调整，提高网络服务的灵活性和资源利用率。切片的资源隔离特性增强了整体网络的健壮性和可靠性。

（3）多接入边缘计算

多接入边缘计算（MEC）作为 5G 网络体系架构演进的关键技术，可满足系统对于吞吐量、时延、网络可伸缩性和智能化等多方面的要求。依托于 MEC，运营商可将传统外部应用拉入移动网络内部，使得内容和服务更贴近用户，提高移动网络速率、降低时延并提升连接可靠性，从而改善用户体验，开发网络边缘的更多价值。

MEC 可以实现多种网络接入模式，如 LTE、WiFi、有线，甚至 ZigBee、LoRa、NB-IoT 等各种物联网应用场景；网络功能和应用部署在网络的边缘侧，尽可能地靠近最终用户，降低传输时延；采用云计算和雾计算技术，降低大规模分布式网络建设和运维成本。MEC 是一种使能网络边缘业务的技术，具备超低时延、超高带宽、实时性强等特性，是 IT 与 CT 业务结合的理想载体平台。

8.1.4　5G 应用场景与关键技术的关系

连续广域覆盖、热点高容量、低功耗大连接和低时延高可靠 4 个 5G 典型技术场景具有不同的挑战性指标需求，在考虑不同技术共存可能性的前提下，需要合理选择关键技术的组合来满足这些需求。

在连续广域覆盖场景中，受限于站址和频谱资源，为了满足 100Mb/s 的用户体验速率需求，除需要尽可能多的低频段资源外，还要大幅提升系统频谱效率。大规模天线阵列是其中主要的关键技术之一，新型多址技术可与大规模天线阵列相结合，进一步提升系统频谱效率和多用户接入能力。在网络架构方面，综合多种无线接入能力及集中的网络资源协同与 QoS 控制技术，为用户提供稳定的体验速率保证。

在热点高容量场景中，极高的用户体验速率和极高的流量密度是该场景面临的主要挑战，超密集组网能够更有效地复用频率资源，极大提升单位面积内的频率复用效率；全频谱接入能够充分利用低频和高频的频率资源，实现更高的传输速率；大规模天线阵列、新型多址等技术与前两种技术相结合，可实现频谱效率的进一步提升。

在低功耗大连接场景中，海量的设备连接、超低的终端功耗与成本是该场景面临的主要挑战。新型多址技术通过多用户信息的叠加传输可成倍提升系统的设备连接能力，还可通过免调度传输有效降低信令开销和终端功耗；F-OFDM 和 FBMC 等新型多载波技术在灵活使用碎片频谱、支持窄带和小数据包、降低功耗与成本方面具有显著优势；此外，终端直接通信（D2D）可避免基站与终端间的长距离传输，实现功耗的有效降低。

在低时延高可靠场景中，应尽可能降低空口传输时延、网络转发时延及重传概率，以满足极高的时延和可靠性要求。为此，需采用更短的帧结构和更优化的信令流程，引入支持免调度的新型多址和 D2D 等技术以减少信令交互和数据中转，并运用更先进的调制编码和重传机制以提升传输可靠性。此外，在网络架构方面，控制云通过优化数据传输路径，控制业务数据靠近转发云和接入云边缘，可有效降低网络传输时延。

学习任务 8.2　掌握 5G 移动通信系统总体架构及物理层技术

8.2.1　5G 网络总体架构

5G 网络总体架构如图 8.5 所示，NG-RAN 表示无线接入网，5GC 表示核心网。

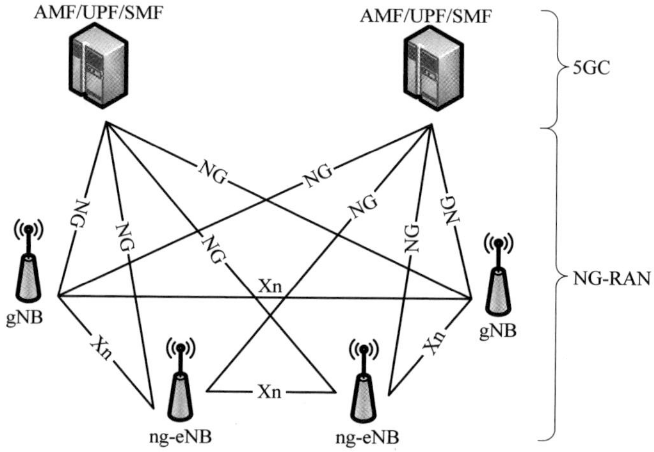

图 8.5　5G 网络总体架构

无线接入网 NG-RAN 包含 gNB 和 ng-eNB 节点。

gNB 表示 5G 基站，提供 NR 用户平面和控制平面协议和功能。

ng-eNB 表示能接入 5G 系统的 4G 基站，提供 E-UTRA 用户平面和控制平面协议和功能。

NG-RAN 的具体功能包括：小区间无限资源管理、无线承载控制、连接移动性控制、测量配置与规定和动态资源分配。

5GC 核心网包含 AMF（接入和移动性管理功能）、UPF（用户面功能）和 SMF（会话管理功能）3 个功能模块。

1）AMF 的功能类似 4G 的 MME 移动性管理功能，主要用于 UE 接入鉴权、空闲模式下移动性管理、UE 位置区管理、3GPP 系统内互操作的信令节点。

2）UPF 的功能类似 4G 的 SGW/PGW 用户面功能，主要用于上、下行数据的路由和转发，用户面数据探测和策略执行。

3）SMF 的功能类似 4G 的 MME/SGW/PGW 承载管理功能，主要用于会话（session）管理（5G 数据连接不再称为承载，而是称为会话）、UE IP 地址分配和用户面功能的选择与控制。

8.2.2　5G 网络部署方式

5G 网络的部署方式有两种，分别是独立组网（SA）和非独立组网（NSA），如图 8.6 所示。

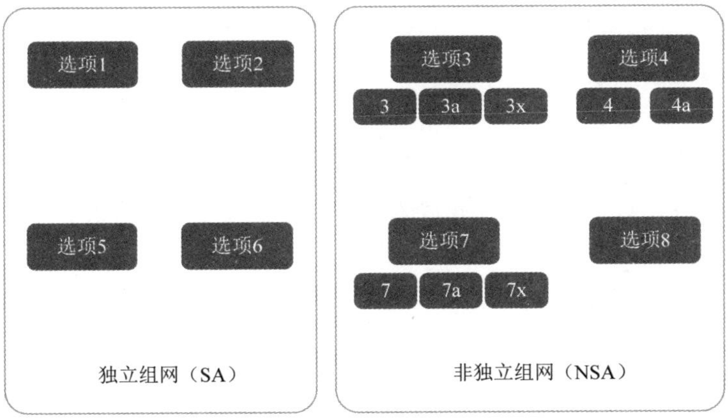

图 8.6　SA 和 NSA 组网

SA 一共有 4 种选项，分别是选项 1、选项 2、选项 5 和选项 6；NSA 也同样有 4 种选项，分别是选项 3、选项 4、选项 7 和选项 8。

1. SA 方式

SA 组网方式如图 8.7 所示。

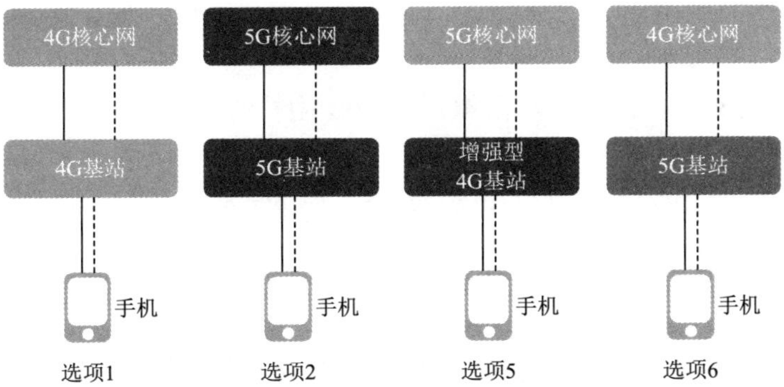

图 8.7　SA 组网方式

1）选项 1 实际上是纯粹的 4G 网络，它的无线部分使用 4G 基站 eNode B，核心网使用 4G 核心网 EPC。

2）选项 2 实际上是纯粹的 5G 网络，它的无线部分使用 5G 基站 gNode B，核心网使用 5G 核心网 5GC，此架构为 5G 的终极形态。但最大的问题是需要新建无线设备和核心网设备，因此投资巨大。

3）选项 5 实际上是对选项 2 的折中方案，它的核心网使用 5G 核心网 5GC，而无线部分继续使用增强型 4G 基站。5G 核心网设备相比无线部分，投资要小很多，因此此方案是一个投资小、见效快的方案。但是增强型 4G 基站在原有的 4G 基站的基础上进行了升级，能够支持 5G 协议，使之能够连接 5G 核心网。但增强型 4G 基站的速率、时延、容量等都不能与 5G 基站相比。

4）选项 6 在无线部分采用了 5G 基站，核心网依旧使用 4G 核心网。运营商可能采用的5G独立组网方案只有选项2和选项5。

2. NSA方式

1）选项3系列如图8.8所示。

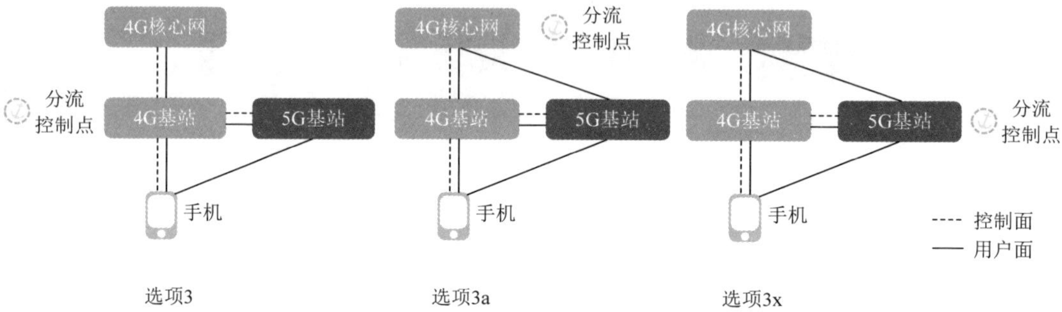

图8.8　选项3系列

选项3系列又分为3、3a和3x共3种，这3个选项的区别在于数据分流控制点（锚点）不同。

① 选项3的数据分流控制点在4G基站。4G基站不但要负责控制管理，还要负责把从核心网接收下来的数据分为两路：一路直接发送给手机；另一路分流到5G基站，然后发送给手机。

② 选项3a的数据分流控制点在4G核心网，由核心网向4G和5G基站分发用户面数据。

③ 选项3x的数据分流控制点在5G基站。由5G基站进行分流，避免了对已经在运行的4G基站和4G核心网做过多的改动，又利用了5G基站的速度快、能力强的优势，因此得到业界的广泛青睐，在5G商用初期热点覆盖上成为非独立组网部署的首选。

2）选项7系列如图8.9所示。

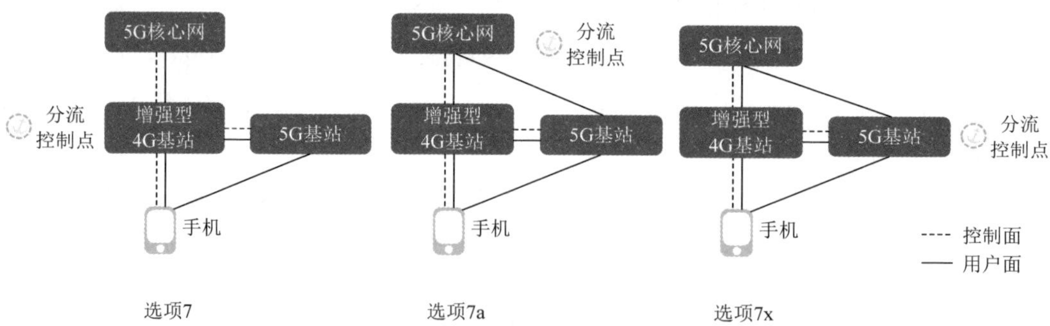

图8.9　选项7系列

选项7系列又分为7、7a和7x共3种，它们的关键区别也在于数据分流控制点（锚点）不同。

对比选项3系列可以得出，选项7和选项3的区别在于核心网换成了5G的核心网，因此选项7能够支持5G的新功能和新业务。因此，在5G部署初期及中期场景中，由升级后的增强型 4G 基站提供连续覆盖，5G 仍然作为热点覆盖提高容量，建议使用选项 7x。

3）选项 4 系列如图 8.10 所示。

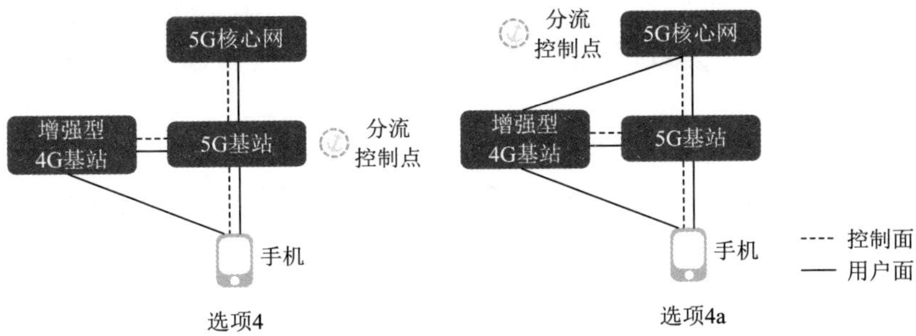

图 8.10　选项 4 系列

选项 4 系列又分为 4 和 4a 两个选项。在选项 4 系列中，核心网切换为 5G 核心网，5G 基站成为控制面锚点。

选项 4 和选项 4a 的区别在于锚点是 5G 基站还是 5G 核心网，这两者都是新网元，不涉及 4G 设备的升级和改造，因此 5G 商用中后期的部署场景建议使用选项 4。

4）选项 8 只是将选项 4 系列中的 5G 核心网换成了 4G 核心网，因此在这里不讨论选项 8。

8.2.3　5G 的网络接口

gNB 与 ng-eNB 之间通过 Xn 接口连接，gNB/ng-eNB 通过 NG-C 接口与 AMF 连接，通过 NG-U 接口与 UPF 连接。

1. NG 接口

NG-U 接口用于连接 NG-RAN 与 UPF，其协议栈如图 8.11 所示。协议栈底层采用 UDP、IP，提供非保证的数据交付。

NG-C 接口用于连接 NG-RAN 与 AMF，其协议栈如图 8.12 所示。在传输中，IP 为信令提供点对点传输服务。SCTP 保证信令的可靠交付。NG-C 接口主要有以下功能：

1）NG 接口管理。
2）UE 上下文管理。
3）UE 移动性管理。
4）NAS 信令传输。
5）寻呼。
6）PDU Session 管理。
7）更换配置。
8）警告信息传输。

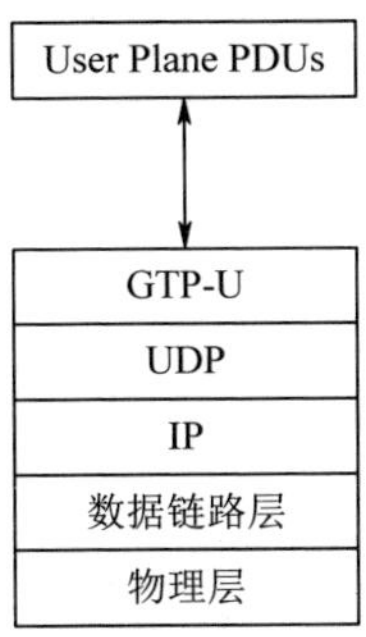

图 8.11　NG-U 接口协议栈

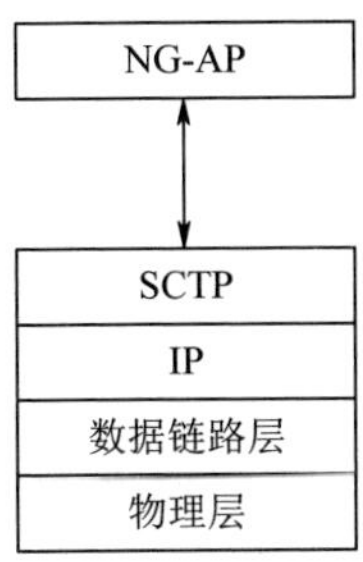

图 8.12　NG-C 接口协议栈

2. Xn 接口

Xn-U 接口用于连接两个 NG-RAN 节点。Xn-U 接口协议栈如图 8.13 所示。GTP-U 基于 UDP、IP 网络之上，为数据提供非保证服务。Xn-U 主要包含两个功能：数据转发和流控制。

Xn-C 接口用于连接两个 NG-RAN 节点。Xn-C 接口协议栈如图 8.14 所示。IP 为信令提供点对点传输，SCTP 为信令提供可靠交付。Xn-C 接口主要有以下功能：

1）Xn 接口管理。

2）UE 移动性管理，包括上下文传输和寻呼等。

3）双链接。

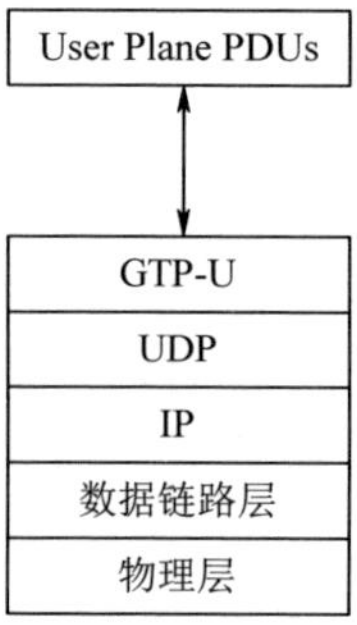

图 8.13　Xn-U 接口协议栈

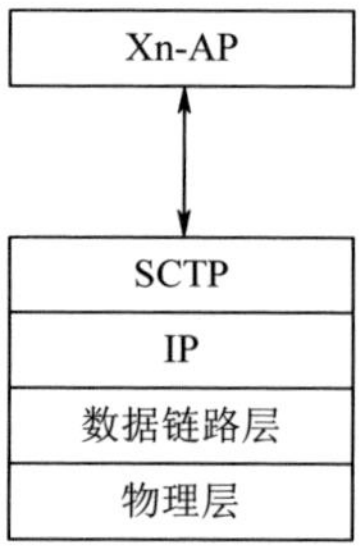

图 8.14　Xn-C 接口协议栈

3. F 接口

gNB 根据不同场景和业务的需求，可以分解为中央单元（CU）和分布式单元（DU）两部分。CU 主要包括非实时的无线高层协议栈功能，同时也支持部分核心网下沉和边缘应用业务部署。DU 主要处理物理层功能和实时性需求的媒体接入控制功能。F1 接口位置如图 8.15 所示。

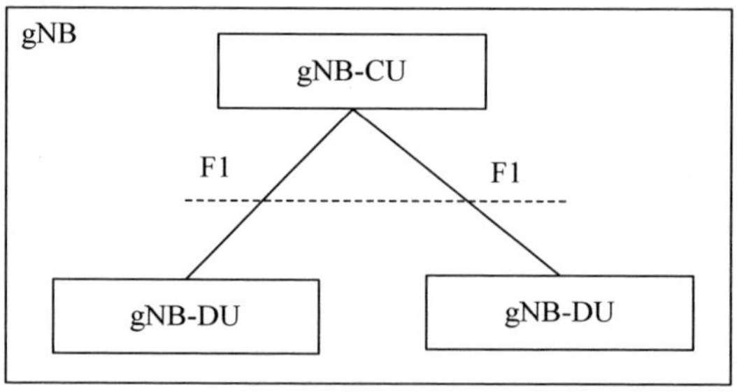

图 8.15　F1 接口位置

CU 也可以称为 gNB-CU，DU 也可以称为 gNB-DU。CU 和 DU 之间用标准接口 F1 进行连接和通信。F1 接口是开放的接口，从逻辑上支持控制面和用户面分离。CU 控制面与 DU 之间的接口是 F1-C，CU 用户面与 DU 之间的接口是 F1-U。

F1-C 接口协议功能包括 F1 接口管理、gNB-DU 管理、系统消息管理、gNB-DU 和

gNB-CU 测量报告、负载管理、寻呼、F1 UE 上下文管理和 RRC 消息转发。

F1-U 接口协议功能包括用户数据转发和流控制功能。

gNB 应该在哪个节点上实现 CU 和 DU 切割呢？理论上依据运营商或主设备场景建议的部署，可以在协议栈的任何一层进行切割。一般来说，通常在 PDCP 层及 RLC 层之间分割，PDCP 及以上层由 CU 实现，RLC 及以下层由 DU 实现。

F1 接口的协议分割如图 8.16 所示。

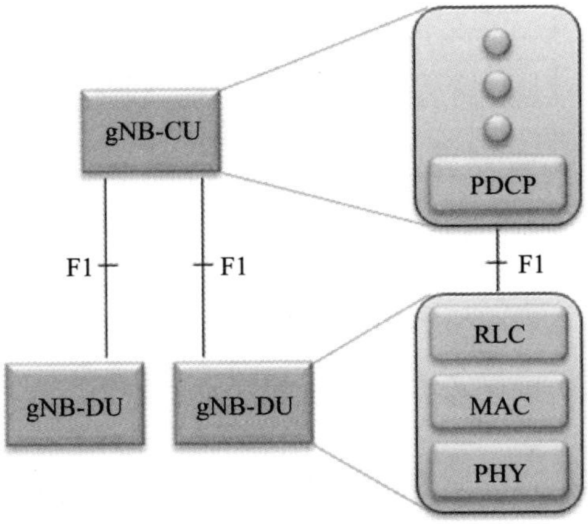

图 8.16　F1 接口的协议分割

5G 基站采用 CU 和 DU 分离的结构，可以提高基站实时处理性能，也可以使用 NFV/SDN 功能；F1 接口支持未来针对新需求、新业务和性能的可扩展，可满足不同的场景需求。

4. Uu 接口

Uu 接口是 UE 和 gNB 之间的接口，称为空中接口或无线接口，从逻辑上分为控制面和用户面。控制面和用户面同时具有 PHY（物理层）、MAC（媒体接入控制）层、RLC（无线链路控制）层和 PDCP（分组数据汇聚协议）层。

Uu 接口控制面如图 8.17 所示。

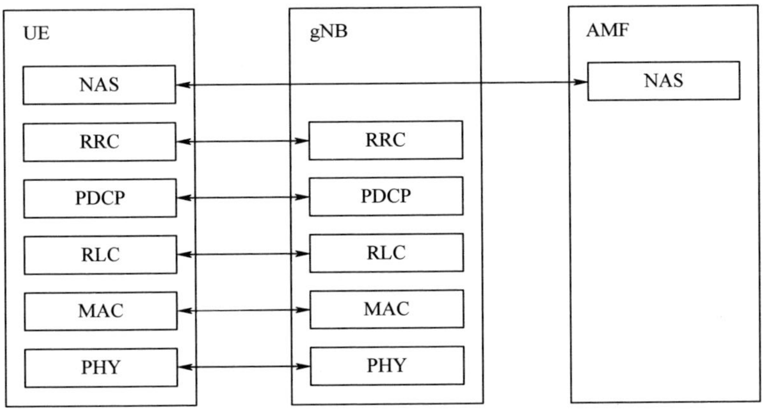

图 8.17　Uu 接口控制面

Uu 接口控制面在底层协议之上，具有 RRC（无线资源控制）层和 NAS（非接入层）功能。NAS 是 UE 和 AMF 之间传输的协议。

Uu 接口用户面如图 8.18 所示。

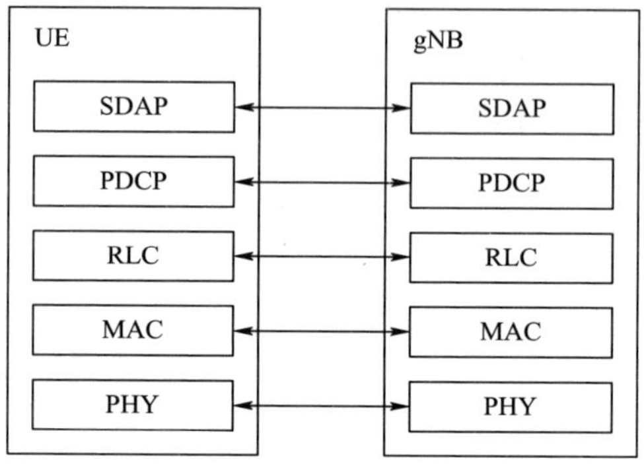

图 8.18 Uu 接口用户面

Uu 接口用户面在底层协议之上，具有 SDAP（服务数据适配协议）层功能。

（1）PHY

PHY 层的主要功能是错误检测、FEC 加密解密、速率匹配、物理信道的映射、调整和解调、频率同步和时间同步、无线测量、MIMO 处理、射频处理。

（2）MAC

MAC 子层主要负责逻辑信道和传输信道的承接及对无线资源的调度，主要功能包括逻辑信道和传输信道之间的映射、复用/解复用、调度、HARQ、逻辑信道优先级设置。

（3）RLC

RLC 子层主要提供无线链路控制功能，为上层提供分割、重传控制及按需发送等服务。RLC 子层包含透明模式（TM）、非确认模式（UM）和确认模式（AM）3 种传输模式，主要提供纠错、分段、重组等功能。

（4）PDCP

PDCP 层的功能包括传输用户面和控制面数据、维护 PDCP 的 SN 号、路由和重复（双连接场景）、加密/解密和完整性保护、重排序、支持乱序递交、重复丢弃、ROHC（用户面）。

（5）RRC

RRC 层主要用来处理 UE 与 NR 之间的所有信令（用户和基站之间的消息），包括系统消息、准入控制、安全管理、小区重选、测量上报、切换和移动性、NAS 消息传输、无线资源管理等。

（6）NAS

NAS 层主要用于 UE 与 AMF 之间的连接和移动控制。虽然 AMF 从基站接收消息，但不是由基站始发的，基站只是透传 UE 发给 AMF 的消息，并不能识别或更改这部分消息，因此被称为 NAS 消息。NAS 消息是 UE 和 AMF 的交互，如附着、承载建立、服务请求等移动性和连接流程消息。

（7）SDAP

SDAP 层负责根据 QoS 的要求将 QoS 承载映射到无线承载。由于在 5G/NR 中 gNB 与 5GC 之间的接口是新增的 NG 接口，NG 接口基于 QoS 流，而空口基于用户的 DRB 承载，也可以说从 PDCP 开始就是 DRB 承载，因此在 5G/NR 中需要新增一个适配子层——SDAP 层，以便将 QoS 映射到 DRB。LTE 中的核心网是 EPS 承载，其与 DRB 承载可直接一一对应，不需要适配过程。

8.2.4　5G 网络的物理层

1. 波形、子载波、CP 配置和帧结构

NR 系统下行传输采用带循环前缀（CP）的 OFDM 波形；上行传输可以采用基于 DFT 预编码的 CP-Based OFDM 波形，也可以与下行传输一样，采用带 CP 的 OFDM 波形。

NR 与 LTE 系统都基于 OFDM 传输。两者主要有以下两点不同：

1）LTE 只支持一种子载波间隔 15kHz，而 NR 目前支持 5 种子载波间隔配置。

2）LTE 上行采用基于 DFT 预编码的 CP-Based OFDM，而 NR 上行可以采用基于 DFT 预编码的 CP-Based OFDM，也可以采用不带 DFT 的 CP-Based OFDM。

NR 支持的子载波间隔、CP 类型、数据信道如表 8.1 所示。NR 一共支持 5 种子载波间隔配置，即 15kHz、30kHz、60kHz、120kHz 和 240kHz。一共有 2 种 CP 类型，即 Normal（常规型）和 Extended（扩展型）。扩展型 CP 只能用在子载波间隔为 60kHz 的配置下。其中，子载波间隔 15kHz、30kHz、60kHz 和 120kHz 可以用于数据传输信道，而子载波间隔 15kHz、30kHz、120kHz 和 240kHz 可以用于同步信道。

表 8.1　NR 支持的子载波间隔、CP 类型、数据信道

μ	$\Delta f = 2^{\mu} \cdot 15/\text{kHz}$	CP 类型
0	15	Normal
1	30	Normal
2	60	Normal/Extended
3	120	Normal
4	240	Normal

NR 中连续的 12 个子载波称为物理资源块（PRB），在一个载波中最大支持 275 个 PRB，即 275×12=3300 个子载波。

上、下行中一个帧的时长固定为 10ms，每个帧包含 10 个子帧，即每个子帧固定为 1ms。同时，每个帧分为两个半帧（5ms）。每个子帧包含若干个时隙，每个时隙固定包含 14 个 OFDM 符号（如果是扩展 CP，则对应 12 个 OFDM 符号）。因为每个子帧固定为 1ms，所以对应于不同的子载波间隔配置，每个子帧包含的时隙数是不同的。具体的个数关系如表 8.2 所示。

表 8.2　不同子载波间隔下，帧和子帧包含的时隙数

μ	N_{symb}^{slot}	$N_{slot}^{frame,\mu}$	$N_{slot}^{subframe,\mu}$
0	14	10	1
1	14	20	2
2	14	40	4
3	14	80	8
4	14	160	16

NR 的传输单位（TTI）为 1 个时隙。如上所述，对于常规 CP，1 个时隙对应 14 个 OFDM 符号；对于扩展 CP，1 个时隙包含 12 个 OFDM 符号。

由于子载波间隔越大，对应时域的 OFDM 符号越短，则 1 个时隙的时长也就越短。所以子载波间隔越大，TTI 越短，空口传输时延越低，当然对系统的要求也就越高。

2. 带宽频点

在 NR 中，3GPP 主要指定了两个频点范围：一个通常称为 Sub 6GHz；另一个通常称为毫米波（millimeter wave）。Sub 6GHz 称为 FR1，毫米波称为 FR2。FR1 和 FR2 具体的频率范围如表 8.3 所示。

表 8.3　FR1 和 FR2 具体的频率范围

频率范围名称	对应频率范围/MHz
FR1	450～6000
FR2	24250～52600

对于不同的频点范围，系统的带宽和子载波间隔都有所不同。在 Sub 6GHz 中，系统最大的带宽为 100MHz，而在毫米波中，最大的带宽为 400MHz。子载波间隔 15kHz 和 30kHz 只能用在 Sub 6GHz 中，而子载波间隔 120kHz 只能用在毫米波中，子载波间隔 60kHz 可以同时在 Sub 6GHz 和毫米波中使用。

3. 物理信道

（1）物理下行共享信道（PDSCH）

PDSCH 采用 LDPC 编码，LDPC 编码时需要选择相应的 Graph：Graph 1 或 Graph 2。Graph 的不同，简单理解就是编码时采用的矩阵不一样。Graph 的选择规则如下（A 为码块长度，R 为码率）：

如果 $A \leqslant 292$，或者 $A \leqslant 3824$ 且 $R \leqslant 0.67$，或者 $R \leqslant 0.25$，选择 Graph 2。其他情况选择 Graph 1。

（2）物理下行控制信道（PDCCH）

PDCCH 用于调度下行的 PDSCH 传输和上行的 PUSCH 传输。PDCCH 上传输的信息称为 DCI（下行链路控制信息），包含 Format 0_0、Format 0_1、Format 1_0、Format 1_1、Format 2_0、Format 2_1、Format 2_2 和 Format 2_3 共 8 种 DCI 格式。

1）Format0_0 用于同一个小区内的 PUSCH 调度。

2）Format0_1 用于同一个小区内的 PUSCH 调度。

3）Format1_0 用于同一个小区内的 PDSCH 调度。

4）Format1_1 用于同一个小区内的 PDSCH 调度。

5）Format2_0 用于指示时隙格式。

6）Format2_1 用于指示 UE 那些它认为没有数据的 PRB(s)和 OFDM 符号（防止 UE 忽略）。

7）Format2_2 用于传输 TPC 指令给 PUCCH 和 PUSCH。

8）Format2_3 用于传输给 SRS 信号的 TPC，同时可以携带 SRS 请求。

PDCCH 信道采用 Polar 码信道编码方式，调制方式为 QPSK。

（3）PSS/SSS/PBCH

NR 包含两种同步信号，即主同步信号（PSS）和辅同步信号（SSS）。PSS 和 SSS 信号各自占用 127 个子载波。PBCH 信号横跨 3 个 OFDM 符号和 240 个子载波，其中有一个 OFDM 符号中间 127 个子载波被 SSS 信号占用。物理广播信道（PBCH）的编码方式为 Polar 编码，调制方式为 QPSK。PSS/SSS/PBCH 在时频资源格上的位置关系如图 8.19 所示。

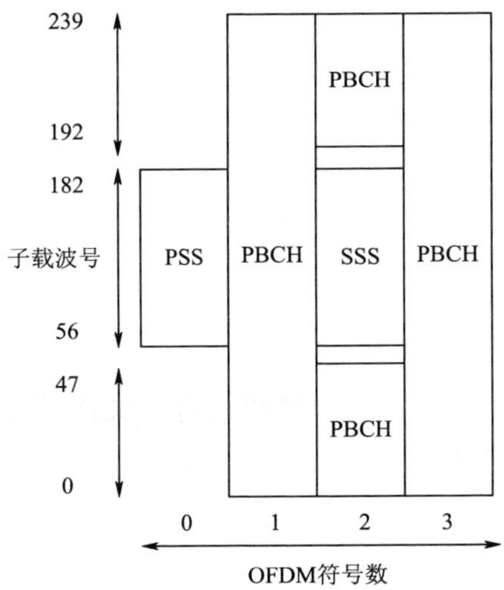

图 8.19　PSS/SSS/PBCH 在时频资源格上的位置关系

（4）物理上行共享信道（PUSCH）

PUSCH 采用 LDPC 编码，LDPC 编码时需要选择相应的 Graph：Graph 1 或 Graph 2。Graph 的不同，简单理解就是编码时采用的矩阵不一样。Graph 的选择规则如下（A 为码块长度，R 为码率）：

如果 $A \leqslant 292$，或者 $A \leqslant 3824$ 且 $R \leqslant 0.67$，或者 $R \leqslant 0.25$，选择 Graph 2；其他情况选择 Graph 1。

（5）物理上行控制信道（PUCCH）

PUCCH 携带上行链路控制信息（UCI）从 UE 发送给 gNB。根据 PUCCH 的持续时间和 UCI 的大小，一共有 5 种格式的 PUCCH 格式。

格式 1：1～2 个 OFDM，携带最多 2b 信息，复用在同一个 PRB 上。

格式 2：1～2 个 OFDM，携带超过 3b 信息，复用在同一个 PRB 上。

格式 3：4～14 个 OFDM，携带最多 2b 信息，复用在同一个 PRB 上。

格式 4：4～14 个 OFDM，携带中等大小信息，可能复用在同一个 PRB 上。

格式 5：4～14 个 OFDM，携带大量信息，无法复用在同一个 PRB 上。

不同格式的 PUCCH 携带的信息不同，对应的底层处理也有所差异，此处不展开介绍。

UCI 携带的信息如下：

1）CSI（信道状态信息）。

2）ACK/NACK。

3）调度请求（scheduling request）。

PUCCH 大部分情况下采用 QPSK 调制方式，当 PUCCH 占用 4～14 个 OFDM 且只包含 1b 信息时，采用 BPSK 调制方式。

（6）物理随机接入信道（PRACH）

NR 支持两种长度的随机接入（random access）前缀。长前缀长度为 839，可以运用在 1.25kHz 和 5kHz 子载波间隔上；短前缀长度为 139，可以运用在 15kHz、30kHz、60kHz 和 120kHz 子载波间隔上。长前缀支持基于竞争的随机接入和非竞争的随机接入；而短前缀只能在非竞争随机接入中使用。

4. 传输信道

传输信道描述“信息该怎么传输”这个特性，每个传输信道规定了信息的传输特性。

下行传输信道如下。

（1）广播信道（BCH）

1）固定的，预先定义好的传输格式。

2）在整个小区中广播。

（2）下行共享信道（DL-SCH）

1）支持 HARQ。

2）支持链路动态自适应，包括调整编码、调制方式和功率等。

3）支持在整个小区中广播。

4）可以使用波束赋形。

5）UE 支持非连续性接收（为了节能）。

（3）寻呼信道（PCH）

1）UE 支持非连续性接收（为了节能）。

2）需要在整个小区中广播。

3）映射到物理资源上（可能会动态地被其他业务和控制信道占用）。

上行传输信道如下。

（1）上行共享信道（UL-SCH）

1）可以使用波束赋形。

2）支持链路动态自适应，包括调整编码、调制方式和功率等。

3）支持 HARQ。

4）支持动态和半动态资源分配。

（2）随机接入信道（RACH）

1）仅限传输控制信息。

2）有碰撞的风险。

移动通信小百科之通信历史

坚持自主创新，华为主推的 Polar 码成为国际标准

2018 年 7 月，华为在深圳总部举办隆重颁奖仪式，为 5G 极化码（Polar 码）发现者、土耳其的 Erdal Arikan 教授颁发特别奖项，致敬其为人类通信事业发展所做出的突出贡献，同时百余名标准与基础研究领域的华为科学家和工程师也获得了表彰。

Erdal Arikan 教授于 2008 年公开发表了 Polar 码论文，开拓了信道编码的新方向。Polar 码是世界上第一类能够被严格证明达到香农极限的信道编码方案，能够大幅提高 5G 编码性能，降低设计复杂度，确保业务质量。

华为从 2010 年开始研究 Polar 码的理论和应用，经过长期坚持和数十亿美元研究经费的投入，在 3GPP RAN 187 次会议的 5G 短码方案讨论中，华为公司主推的 Polar 码方案成为 5G eMBB 场景控制信道的编码方案，Polar 码成功进入 5G 基础通信框架协议，实现了中国在基础通信编码领域的突破。

中国不仅在 Polar 码上实现突破，从 2020 年世界 5G 大会上获悉，在全球 5G 标准必要专利声明中，来自我国企业的专利占 34%，居全球排行榜首位，我国已成为全球重要的 5G 专利申请聚集地之一。

小　　结

1. 第五代移动通信系统概述

面向未来的移动互联网和物联网业务需求，5G 将重点支持连续广域覆盖、热点高容量、低功耗大连接和低时延高可靠 4 个主要技术场景，将采用大规模天线阵列、超密集组网、新型多址、全频谱接入和新型网络架构等核心技术，通过新空口和 4G 演进两条技术路线，实现 Gb/s 的用户体验速率，并保证在多种场景下的一致性服务。

2. 5G 移动通信系统的总体架构及物理层技术

5G 移动通信系统的总体架构由 NG-RAN（无线接入网）和 5GC（核心网）组成。NG-RAN 包含 gNB 或 ng-eNB 节点，5GC 一共包含 3 个功能模块：AMF、UPF 和 SMF。gNB 与 ng-eNB 之间通过 Xn 接口连接；gNB/ng-eNB 通过 NG-C 接口与 AMF 连接，通过 NG-U 接口与 UPF 连接。NR 与 LTE 系统都基于 OFDM 传输，NR 一共支持 5 种子载波间隔配置，即 15kHz、30kHz、60kHz、120kHz 和 240kHz。NR 中连续的 12 个子载波称为物理资源块（PRB），在一个载波中最大支持 275 个 PRB。上、下行中一个帧的时长固定为 10ms，每个帧包含 10 个子帧，即每个子帧固定为 1ms。在 NR 中，3GPP 主要指定了两个频点范围，一个通常称为 Sub 6GHz，另一个通常称为毫米波。5G 移动通信系统的物理信道包括物理下行共享信道（PDSCH）、物理下行控制信道（PDCCH）、主同步信号（PSS）、辅同步信号（SSS）、物理广播信道（PBCH）、物理上行共享信道（PUSCH）、物理上行控制信道（PUCCH）和物理随机接入信道（PRACH）。传输信道包括广播信道（BCH）、下行共享信道（DL-SCH）、寻呼信道（PCH）、上行共享信道（UL-SCH）和随机接入信道（RACH）。

练习题与思考题

1. 5G 移动通信系统的关键能力是什么？
2. 5G 移动通信系统的无线关键技术有哪些？
3. 5G 移动通信系统支持哪些技术场景？
4. 请说明 5G 移动通信系统的总体架构。
5. 简述 5G 物理层的波形、子载波、CP 配置和帧结构。
6. 5G 移动通信系统包括哪些信道？

学习笔记

实践训练任务工单 8

专业：______	班级：______
姓名：______	学号：______

实训名称：5G 阵列天线的观察及内部结构分析。

实训目的：能通过对室外 5G 天线系统的观察与天线内部结构分析，充分理解大规模阵列天线在 5G 空中接口中的具体作用，并训练收集和处理信息的能力。

任务描述

"信息随心至，万物触手及。"5G 是真正实现万物互联的基础技术，助力网络强国、数字中国和智慧社会的发展。面对高清视频、虚拟现实等大数据量的传输，5G 采用了大规模天线阵列等关键技术，对满足 5G 系统容量与速率需求起到重要的支撑作用。那么，这种大规模阵列天线在实际应用中是什么形状呢？通信技术的工程师又是如何在面积不大的天线结构中设计高达 64 个无线收发通道的呢？

请学习者提前查阅 5G 基站天线安装规范，在室外对 5G 天馈系统进行实训观察，拍照搜集各运营商的 5G 天线图片，并结合 5G 天线内部结构，分析阵列天线之间所要求的间距条件。

任务实施

1. 提前确定所需观察的 5G 基站天线的位置，在"安全第一"的前提下规划好观测线路，准备好拍照工具，到达室外指定位置，对 5G 天馈系统进行实训观察，并做好记录。

2. 拍照搜集各运营商的5G天线图片，并查阅资料，查看5G天线内部结构及各组成部分，分析阵列天线之间所要求的间距条件，充分理解大规模阵列天线在5G空中接口中的具体作用。

任务总结

1. 任务讨论总结

2. 任务实施总结